首版荣获

中国出版政府奖图书奖
"三个一百"原创图书出版工程

New Structural Economics

—典藏版—

林毅夫 著

北京大学出版社

图书在版编目(CIP)数据

新结构经济学:典藏版/林毅夫著. —北京:北京大学出版社,2019.1
ISBN 978-7-301-29610-3

Ⅰ.①新… Ⅱ.①林… Ⅲ.①结构经济学—研究 Ⅳ.①F014.6

中国版本图书馆 CIP 数据核字(2018)第 123405 号

书　　　名	新结构经济学（典藏版）
	XINJIEGOU JINGJIXUE（DIANCANG BAN）
著作责任者	林毅夫　著
责 任 编 辑	任京雪　刘　京
标 准 书 号	ISBN 978-7-301-29610-3
出 版 发 行	北京大学出版社
地　　　址	北京市海淀区成府路205号　100871
网　　　址	http://www.pup.cn
微信公众号	北京大学经管书苑（pupembook）
电 子 邮 箱	编辑部 em@pup.cn　总编室 zpup@pup.cn
电　　　话	邮购部 010-62752015　发行部 010-62750672
	编辑部 010-62752926
印 刷 者	北京中科印刷有限公司
经 销 者	新华书店
	720 毫米×1020 毫米　16 开本　26 印张　410 千字
	2019 年 1 月第 1 版　2023 年 12 月第 6 次印刷
印　　　数	24001—27000 册
定　　　价	85.00 元

未经许可，不得以任何方式复制或抄袭本书之部分或全部内容。
版权所有，侵权必究
举报电话：010-62752024　电子邮箱：fd@pup.cn
图书如有印装质量问题，请与出版部联系，电话：010-62756370

序:我的求索

我有幸在2008年6月作为首位来自发展中国家的经济学者出任世界银行首席经济学家一职。这个位子被认为是经济学家在国际上的最高职位,历来均由发达国家的大师级经济学家担任。我一生中也有幸亲身经历了两次发展奇迹。1952年,我出生于中国台湾,当时的台湾与多数非洲经济体一样贫穷落后。1979年,我来到中国大陆。那时的台湾已经成为一个新兴工业化经济体,而那时的大陆则依然如我出生时的台湾一样贫穷,甚至比绝大多数非洲经济体还落后。[1]当我到世界银行任职时,中国大陆的经济也已经奇迹般地实现了像台湾地区那样的腾飞。

这两次经历让我确信贫困并非宿命。一个国家即便深陷贫困陷阱的泥沼长达数个世纪,也能够骤然改变命运,踏上快速发展转型之路,在一两代人之间摆脱贫困,实现工业化、现代化。

世行的梦想是致力于构建一个没有贫困的世界。当应邀出任其首席经济学家一职之时,我深感荣幸,试图以自身体验所获得的启迪去贡献于世行这一宏伟目标的实现。作为一名受到传统儒家文化熏陶的中国知识分子,年少时我立志要奉献自己的所学来致力于祖国的现代化。在世行任职时,我有机会接触到许许多多发展中国家杰出的知识分子,让我感动不已的是他们也和我一样怀着报效他们祖国的志向。不论旅行到何处,我发现其他发展中国家的农民和工人与我从小看到的中国的农民和工人一样,都殷切地期盼经由自己的辛勤劳动让自己和后代过上丰衣足食的生活。我在世行的各种公务活动中碰到过许多国家的领导人,他们也都迫切地想要求得能够为其国家带来繁荣的良方。这些国家领导人基本上也都是理性的,都想长期执政,并且,如果执政不成问题,他们也都想青史留名。实现这两个目标的最佳方式就是为其国家和人民带来富强繁荣康乐。然而,除了屈指可数的几个幸运的国家之外,令人失望的是,绝大多数发展中国家依然深陷贫困之中。[2]

中国原是四大文明古国之一,直到17—18世纪之后才落后于西方国家。年少时,我总认为西方发达国家能够有其现在靓丽的发展成绩,必然是因为它们拥有一部能让一个国家摆脱贫困实现繁荣的"真经"。只要求得这部真经,带回来真诚地实践,就能够贡献于祖国的繁荣昌盛,帮助祖国人民过上和西方发达国家人民一样的富足生活。我有幸在1982年到当代经济学的圣殿芝加哥大学攻读博士学位,1986年取得学位后,到耶鲁大学又做了一年博士后,1987年满怀着信心和希望回到国内工作。

回国后我发现,中国政府从计划经济向市场经济转型过程中推行的各项政策,基本上都违背了我在芝加哥大学博士课程中学到的一个运行良好的市场经济应该有的基本原则。20世纪八九十年代西方经济学界的主流是新自由主义,认为有效的经济体系必须建立在私有产权的基础上,由市场决定价格、配置资源,政府的作用则仅限于保护产权、推行法治、维护社会秩序。当时经济学界的共识是,计划经济不如市场经济,计划经济向市场经济的转型应该执行根据新自由主义所形成的华盛顿共识,以"休克疗法"的方式一步到位地推行私有化、市场化、自由化,消除经济中政府各种不当干预所形成的扭曲(Summers,1994)。当时还有一个共识,渐进、双轨的转型不仅会导致资源错误配置,而且还会滋生腐败、恶化收入分配,是比计划经济还要糟糕的制度。中国推行的却是这种被学界认为是最糟的转型方式(Murphy et al.,1992;Sachs et al.,2000)。

我是应该像众多国内外经济学家那样,以现有的主流理论为依据,把转型中出现的诸多问题都归咎于中国政府过度干预,未能彻底地推行私有化、市场化、自由化,一次性地消除所有的扭曲,还是应该放弃现有的主流理论,以开放的心态把中国政府当作一个以实现稳定和发展为目标而面临各种现实约束条件的理性决策者,构建新的理论体系来分析中国在转型过程中取得的成绩和出现的问题?我选择了后者。

1994年,我和蔡昉、李周合作出版了《中国的奇迹:发展战略和经济改革》[3]一书。通过该书的分析,我理解到,中国转型前政府对市场的各种干预、扭曲旨在保护那些违背比较优势的重工业优先发展部门中缺乏自生能力的企业。渐进、双轨的改革一方面为先前优先发展部门中的国有企业提供了转型期的保护和补贴;另一方面放开准入并因势利导民营和外资企业进入符合比较优势的劳动密集型部门。这种方式使得中国经济在转型期同时实现了稳定和快速增长,但是因为扭曲的继续存在从而会伴随着收入分配恶化和腐败,所以,这本书的分析建议中国应该放弃赶超战略,改为实行比较优势战略,并在转型过程中创造条件解决传统部门中企业自生能力的问题,消除双轨制遗留下来的扭曲,以建立完善的市场经济体系。

  这本书也预测到,如果像华盛顿共识所主张的那样试图通过私有化、市场化和自由化一次性地消除所有的扭曲,则势必导致先前优先发展的部门中缺乏自生能力的企业的破产,引起大规模失业和社会、政治不稳定。出于对这种严重后果的担忧或是对那些仍然被认为是因国防安全与民族自豪感需要而必须存在的"先进产业"的考虑,政府可能不得不在推行了休克疗法、取消了先前"明"的扭曲所给予的保护补贴后,再度引入各种"暗"的扭曲和干预以保护已经私有化了的企业。私有企业对这种隐性保护补贴寻租的积极性会比国有时更高,代价会更为高昂,腐败和收入分配恶化的程度也会较之渐进、双轨的改革更为严重(Lin and Tan,1999)。

  20 世纪八九十年代发生在社会主义和非社会主义国家的转型结果与《中国的奇迹》一书的预言一致。不管采取何种转型方式,收入分配恶化和腐败的情形都将存在,总的来讲,在推行休克疗法的国家会更加严重(World Bank,2002)。少数几个在转型期实现了稳定和快速发展的经济体,如在 20 世纪 70 年代末、80 年代初开始转型的中国、越南和老挝,以及 70 年代初就开始转型的印度洋中的非洲小岛国毛里求斯,都采取了从主流经济学理论来看最糟糕的渐进、双轨的转型。那些遵循主流经济学理论主张的休克疗法的国家却经历了"失去的二十年":在 20 世纪八九十年代的年均增长率还不如六七十年代,且危机频仍(Easterly,2001)。

  发展中国家的发展实践也让我感觉到迫切需要对现有的主流经济学理论进行反思。第一次世界大战以后民族主义风起云涌,第二次世界大战以后发展中国家纷纷摆脱了西方列强的殖民地半殖民地枷锁,取得了政治独立,在第一代革命家的领导下开始进行工业化和现代化的建设。在 20 世纪五六十年代,主流理论思潮建议发展中国家迎头赶上,建立起当时发达国家所拥有的那种资本密集型的先进现代化大产业。这种思潮的逻辑似乎令人信服:除非劳动生产率达到发达国家的水平,否则没有哪个国家能够达到和发达国家同样的收入水平,发展现代化的资本密集型大产业被认为是任何发展中国家要达到和发达国家同一劳动力生产率水平所必需的前提条件。

在当时,市场失灵被认为是发展中国家未能建立起这些先进的大产业的原因。因此,主流的经济学理论,也就是后来被称为结构主义的第一版发展经济学理论,建议政府克服市场失灵,以进口替代战略的方式,通过直接动员和配置资源来发展这些资本密集型的大产业。推行该战略的国家通常会出现一个短时期的投资拉动的快速增长,但之后,经济便会出现停滞并危机不断。少数几个实现奇迹式发展的东亚经济体则是采取出口导向战略,从发展传统小规模的劳动密集型产业起步,而根据当时的主流理论,这种战略是错误的。

构建或学习理论是为了认识世界、改造世界。不容讳言的事实是,现代的主流理论基本上都是由生活在发达国家的学者根据他们所观察到的发达国家的现象和经验构建的。但是,从1987年回国后的切身体验以及对西方主流理论演进史的学习,让我认识到发达国家其实并不存在一本"放诸四海而皆准,百世以俟圣人而不惑"的真经。为什么呢?一个显而易见的理由是,理论的适用性取决于前提条件的相似性,发展中国家由于条件和发达国家有差异,即使在发达国家适用的理论在发展中国家也不见得适用。更何况发达国家盛行的理论就像时尚一样,不断被新的理论所扬弃,也就是说,发达国家的理论即使在发达国家也不见得总是适用。倘若发展中国家的政府、企业或个人根据发达国家盛行的理论来做决策,则经常会有"淮南为橘,淮北为枳"的遗憾。这个认识让我幡然醒悟,为何第二次世界大战以后的两百多个发展中经济体为了追赶发达经济体,也和中国一样都做了许许多多艰苦卓绝的努力,但是尚无根据发达经济体的主流理论制定政策而取得经济发展成功的例子,少数几个成功的发展中经济体的政策在推行时从当时的主流理论来看则是错误的。

发展中国家的知识分子如果死抱着发达国家的主流理论,容易看到发展中国家和发达国家的差距而变成一个批评家。发展中国家的知识精英若想要对本国现代化的建设有所裨益,则需要自己去认识发展中国家出现的各种现象背后的因果逻辑,建立起新的理论、概念,产生新的思想,并据此提出不同于主流理论的政策建议。在《中国的奇迹》出版以后我继续沿着这个方向努力,2001年芝加哥大学经济系设立了以我在芝加哥大学时的导师之一D.盖尔·约翰逊教授命名的年度讲座,请我去做首讲,我借此机会把过去十来年的研究做了一个总结,发表了题为"发展战略、自生能力和经济收敛"的演讲[4],会后诺奖获得者詹姆斯·赫克曼在接受芝加哥大学的校报 *Chicago Maroon* 采访时称,根据我的研究"过去 15 年出现的新发展理论是无用的,……包括许多芝加哥大学的教授所做的研究是无用的"[5]。他所说的新发展理论是 20 世纪八九十年代非常盛行的"内生增长理论",芝加哥大学的罗伯特·卢卡斯教授在这个领域的开创性研究是他在 1995 年获得诺奖的原因之一。

2005 年我又有幸获得英国剑桥大学的邀请去做 2007 年的马歇尔讲座。英国剑桥大学是 19 世纪末到 20 世纪中叶国际经济学界的圣殿,马歇尔、庇古、凯恩斯、罗宾逊夫人、卡尔多等经济学界耳熟能详的大师云集。马歇尔本人是新古典经济学派的创始人,是继亚当·斯密之后的另一位集大成者。该校为纪念他的贡献,从 1946 年开始每年邀请一位经济学家去做以他名字冠名的讲座,邀请信提前两年发出,给主讲者充分的时间做准备。我是第 61 位主讲者,也是第 2 位登上这个讲坛的发展中国家经济学家。在我之前的 60 位主讲者中有 15 位获得了诺贝尔经济学奖。由于诺贝尔经济学奖是在 1968 年才开始颁发的,获奖者必须在世,因此,在我之前的主讲者中有资格得到诺奖的应该超过 15 位。我利用这个机会梳理了第二次世界大战以来的发展理论,并以《中国的奇迹》一书中提出的经济体制内生于发展战略的理论框架为基础构建了一个数理模型,用第二次世界大战以来发展中国家的经验数据对这个理论模型的各个推论做了经验检验。演讲的内容后来整理成书以《经济发展与转型:思潮、战略与自生能力》为名由英国剑桥大学出版社出版。[6]这本书共有 5 位诺奖获得者写下推荐序,创下了剑桥大学出版社的纪录。其中贝克尔写道:"林毅夫的观点虽然颇有争议性,但却非常具有启发意义。"福格尔则说:"林毅夫不仅影响了中国政府和企业界的思想,而且影响了美国和西欧的经济分析。"诺斯指出:"林毅夫的马歇尔讲座集提供了一个绝好的机会,一方面去理解过去几十年中为世人所瞩目的亚洲之崛起,另一方面也对经济学家有关发展问题的标准化解释投以怀疑的眼光。"斯宾塞评价:"这本书从很多方面来说都是一本重要的著作。……他的分析以贸易理论和比较优势为基础,但是,将其转化为自成体系的增长战略和政策的动态分析则是一项重要的成就。"斯蒂格利茨则称赞:"这是一本充满智慧的、具有革命性意义的书,解释了为何一些发展中国家取得成功而其他国家失败。"

2008年6月我到世行任职,在去世行之前我以中国的经验为切入点去反思主流的经济发展和转型的理论,世行的工作给了我一个更高、更广阔的平台去观察和了解其他发展中、转型中国家的经验,检验我根据熟悉的中国和东亚经验所形成的理论体系的适用性。世行首席经济学家直接主管的发展研究部有300多位受过良好训练的经济学家,间接主管的经济学家则超过1 000位。此外,还有许多机会和来自各个发展中国家和发达国家的优秀经济学家及政府领导人做面对面的直接交流。经过一年的碰撞切磋更坚定了我对过去二十多年来的研究在理论上的意义和在实践上的价值的信心,因此,借2009年6月我到世行工作一年时一个内部讨论会的机会,把我的研究正式定名为新结构经济学,作为继第二次世界大战之后侧重于政府作用的结构主义、20世纪80年代以来侧重于市场作用的新自由主义之后的第三版发展经济学。2011年3月耶鲁大学经济增长中心邀请我去做著名的库兹涅茨年度讲座,我借此机会以"新结构经济学:反思发展问题的一个理论框架"为题做了演讲,向经济学界正式宣告新结构经济学的诞生。[7]

在提出新结构经济学时,我倡议经济学界的同行在研究发展和转型问题时要重回亚当·斯密,但不是回到亚当·斯密在《国富论》中提出的观点,而是回到亚当·斯密的研究方法,也就是《国富论》的全书名《对国民财富的性质和原因的研究》所揭示的对所关心的问题、现象的"性质和原因"的研究上来。发展经济学所关心的问题是如何帮助一个国家实现快速的经济发展。根据经济史学家麦迪森的研究,在18世纪之前即使是西欧那些发达国家也要1 400年的时间人均收入才能翻一番,快速的经济发展是在18世纪工业革命发生以后才出现的现象。[8]这种快速经济发展的本质是劳动生产率和人均收入水平的不断提高,其原因则是技术的不断创新和产业的不断升级使得劳动的产出和价值不断增加,伴随着生产规模、市场范围、资本需求和风险的扩大,各种相应的硬件基础设施和软件制度环境也必须不断完善以降低交易费用、减少风险。

新结构经济学以企业自生能力为微观分析基础,以每一个时点给定的要素禀赋结构为切入点,提出经济发展是一个动态的结构变迁过程,需要依靠"有效的市场"来形成能够反映要素稀缺性的价格体系以诱导企业按比较优势来选择产业、技术从而形成竞争优势,也要有"有为的政府"来解决结构变迁过程中必然出现的外部性问题和软硬基础设施完善的协调问题,一个国家只有同时用好市场和政府这两只手才能实现快速、包容、可持续的增长。

新结构经济学和传统的结构主义的区别在于,结构主义认为不同发达程度国家的结构差异是外生的,新结构经济学则认为其是内生于要素禀赋结构的差异。新结构经济学和一般新古典经济学的差异在于,一般新古典经济学把发达国家和发展中国家的结构同质化,没有区分发达国家和发展中国家产业和技术的差异。

前两版的发展经济学都以发达国家为参照系,要发展中国家去发展发达国家拥有而自己缺乏的产业(结构主义的进口替代)或要发展中国家去采用发达国家能做好而自己做不好的各种制度安排(新自由主义的华盛顿共识),新结构经济学则强调经济发展要从发展中国家有什么(也就是要素禀赋)和能做好什么(也就是比较优势)着手。政府的作用则是为在市场竞争中能做好的产业消除增长瓶颈,帮助企业把这些产业做大做强。

在我提出"有为政府"的观点时,其他学者经常提出的一个问题是如何保证政府的干预是正确的。就此,我发表了"增长甄别和因势利导:政府在结构变迁动态机制中的作用"[9]一文给予回应。

2012年6月世行任期结束前我将先前所写的相关论文结集,以《新结构经济学:反思经济发展与政策的理论框架》为名由世行出版。离开世行以后,我又以新结构经济学的观点结合我在世行走访非洲和其他发展中国家的所思所见,用通俗易懂的语言写了《繁荣的求索:发展中经济如何崛起》,由普林斯顿大学出版社出版。这两本书的中文版都由北京大学出版社出版。

经济学被人戏谑为"令人抑郁的科学"(a dismal science),在发展中国家尤其是这样,因为从主流的经济学理论来看,发展中国家处处是不足和缺点。与之相反,新结构经济学提供了一个完全不同的视角,从发展中国家有什么、能做好什么作为切入点,发现发展中国家处处是机会,认为任何一个发展中国家,不管基础设施和制度环境多么糟糕,企业都有追求利润的动机,只要政府能够采取务实的政策,利用可动员的有限资源和施政能力,设立工业园或经济特区,为具有比较优势的产业提供足够好的局部有利的基础设施和营商环境以降低内外资民营企业生产、营销的交易费用,那么任何发展中国家都可以立即将微观企业和个人的积极性调动起来,踏上快速的技术创新、产业升级的结构转型和动态增长之路,而不必像新自由主义所主张的那样必须等所有的制度都建设好了,再来由市场自发的力量推动经济发展。

以中国为例,1979年开始向市场经济转型时,中国营商环境差[10],基础设施落后[11],投资环境糟糕[12]。中国并没有按照华盛顿共识的思路,把上述问题在全国范围内解决好再坐等各种新的产业在市场竞争中自发地涌现。相反,中国各级政府动员其有限的资源和能力建立了经济特区和工业园区。从全国的角度来看,各项指标很差,但是在特区和园区内,基础设施的瓶颈得以缓解,营商环境也变得富有竞争力。

中国在转型初期虽然劳动力成本很低,但是中国缺乏技术和管理的知识以利用这个优势生产具有合格质量可以出口到国际市场的劳动密集型产品。为了克服这个瓶颈限制,中国各个地区、各级政府积极地招商引资,鼓励国外既有技术和管理经验,又有国际买家信心的外资企业到经济特区和工业园区来投资设厂。通过采取这种务实的办法,中国迅速发展起了劳动密集型的轻工业,成为世界工厂。在局部地区取得的成功为政府改善其他地方的基础设施和消除扭曲提供了资源和条件。

上述务实的理念和做法虽然从盛行的新自由主义的角度来看是最糟糕的选择,但是却成为中国乃至东亚其他经济体,甚至非洲岛国毛里求斯发展成功的秘方。

华坚鞋业在埃塞俄比亚的快速成功证明了这种务实的发展思路和做法在其他发展中国家同样适用。为了验证新结构经济学的政策适用性,2011年我在世行委托了一项名为"非洲轻工业"的研究项目。该项研究发现,埃塞俄比亚制鞋业的工资只有中国同行业工资的八分之一到十分之一,越南同行业的一半。埃塞俄比亚的劳动生产率大约为中国的70%,与越南大体相当。劳动成本大约占中国制鞋业总成本的四分之一,因此埃塞俄比亚在制鞋业上很有竞争力。但是,2010年,中国的制鞋业雇用了1 900万个工人,越南有120万,而埃塞俄比亚只有区区8 000人。

2011年3月,我带着研究成果到埃塞俄比亚首都亚的斯亚贝巴拜会了当时的总理梅莱斯·泽纳维,告知了他这项研究的发现,并向他介绍了中国建立工业园区,创造局部有利的基础设施和营商环境以"筑巢引凤",以及政府一把手亲自招商引资、增加投资者信心来发展具有比较优势并可以迅速形成竞争优势的产业的经验。同年8月,梅莱斯利用到深圳参加大运会的机会,亲自邀请中国的制鞋厂商去埃塞俄比亚投资。华坚鞋业是国内生产出口中高档女鞋的一家大型生产厂商,受此邀请,2011年10月由老板张华荣带队到亚的斯亚贝巴考察,当场决定投资,并招募了86名当地工人到中国进行培训,3个月后,于2012年1月便在亚的斯亚贝巴附近的东方工业园开设了鞋厂。从最初的550个工人,到12月底扩充到1 800人,建厂当年华坚鞋业已经让埃塞俄比亚的鞋业出口翻了一番多,截至2018年已经雇用了8 000多人。

埃塞俄比亚是世界上最贫穷的国家之一,2012年人均国内生产总值仅为453美元,又地处内陆,按照世行的指标来看,总体的基础设施和营商环境在全世界排名皆靠后。2012年前,埃塞俄比亚和绝大多数非洲国家一样,外商从来没有将其视为一个可以作为加工出口基地的国家,发达国家的买家也从来不会有信心向埃塞俄比亚的加工企业下订单。华坚鞋厂立竿见影的成功改变了外国投资者和外国买家对埃塞俄比亚的印象和信心。2013年由埃塞俄比亚政府出资在亚的斯亚贝巴附近的博莱拉明(Bole Lamin)建立了一个新的工业园,第一期规划建22栋标准厂房,到了年底8栋已经建成,其他14栋还在规划中。2013年冬不到3个月的时间,这些厂房就被22家外国出口加工企业抢租一空。世行过去对建立工业园持保留态度,在上述成绩面前,2014年破天荒地给埃塞俄比亚提供了2.5亿美元的40年免息贷款,支持哈瓦萨等工业园建设,这个工业园在2016年年初开建,10个月建成,立即吸引了二十多家成衣、纺织的全产业企业入驻,目前已雇用1万多名工人,预计到2020年可雇用5万人。尽管按照世界银行的营商指标排名,埃塞俄比亚从2012年的第125位跌到了2018年的第156位,但是在这几年里埃塞俄比亚的外商直接投资从1亿美元增加到了4.2亿美元,成为非洲国家中外商投资的首选之地,在非洲其他国家普遍去工业化时,埃塞俄比亚的工业产值翻了两番,2012—2017年间,其GDP年均增长率达9.7%,成为非洲乃至全世界增长最快的国家。

思路决定出路,上述的经验证明,包括撒哈拉以南非洲在内的发展中国家无须坐等所有的发展条件都具备了才开始发展经济。按照新结构经济学的主张,只要发展中国家的政府能够务实地利用其有限的资源和施政能力创造局部有利的条件以支持内外资企业利用该国的要素禀赋结构发展该国具有比较优势的产业,那么,每个国家都能够迅速创造出在国际市场具有竞争优势的产业来,都有可能告别过去的命运,开启一个充满活力的发展和脱贫的新篇章。

我非常高兴《新结构经济学》和《繁荣的求索》出版以后得到了包

括五位诺奖获得者在内的许多好评。其中斯宾塞称:"《新结构经济学》是一部真正重要且富有雄心的作品,……将成为全球学者和政策制定者的重要参考,在发展中国家是如此,在发达国家中也将得到越来越多的重视。"斯蒂格利茨称:"世界银行一直致力于实现一个没有贫困的世界。在这部杰出的著作中,其首席经济学家林毅夫勾画了一个让这个梦想成为现实的经济路线图,……林毅夫的观点已经激起了讨论和争辩,这本书的贡献将确保他的观点在发展政策的反思中继续成为焦点。"对《繁荣的求索》,阿克尔洛夫赞道:"在这部著作中,林毅夫将他研究东亚起飞中获得的智慧,与250年来的经济思想编织在一起。他为我们提供了一个视角:在全球范围内终结贫困是可能的。不会再有别的经济学家能写出比这更优秀、更重要的作品了。"福格尔则称:"《繁荣的求索》是一部重要的著作。全书写作上充满热情且条理清晰,折射出作者对全球经济议题的深刻理解。同时还提出了务实的解决方案。"谢林称:"这确实是一部令人振奋的作品,……林毅夫提出了一个令我信服的新结构经济学。"

更让我高兴的是,新结构经济学的理论框架得到了许多发展中国家实践者的接纳和重视。2012年9月,卢旺达总统保罗·卡加梅访问中国,为了和我讨论如何将新结构经济学的思路应用于卢旺达的经济发展,他特地在中国多停留了两天,以便等我从乌兹别克斯坦参加会议回来和他面谈。2013年2月,我率领北京大学国家发展研究院的教授到坦桑尼亚访问,坦桑尼亚总统贾卡亚·基奎特邀请我担任顾问,为新建立的工业园区出谋划策。2014年1月,塞内加尔总统麦基·萨勒为表彰我对发展经济学理论的反思和推动非洲国家经济发展的贡献,授予我国家功勋勋位高级骑士团司令勋章。2014年7月,我访问埃塞俄比亚时,新任总理海尔马里亚姆·德萨莱尼给我颁发奖牌以表彰我对埃塞俄比亚经济发展的贡献。2015年12月,我受邀访问吉布提,向伊斯梅尔·奥马尔·盖莱总统提出了建立自贸先导区等经济发展建议,得到了盖莱总统的高度认可并实现了快速推进。2016年12月,我受帕特里斯·塔隆总统的邀请,利用在塞内加尔参加学术会议之机访问贝宁,塔隆总统特地中断其在欧洲的访问,于凌晨3点半赶回贝宁与我会谈,又于当日夜间再次飞回欧洲继续其原定行程。此外,非洲的乌干达、加纳、科特迪瓦、尼日利亚、南非,以及亚洲的伊朗、巴基斯坦、斯里兰卡、乌兹别克斯坦、哈萨克斯坦等国家的政府,也都对新结构经济学及其政策建议表现出了极大的兴趣,邀请我去他们国家访问、讲学、提供咨询、担任顾问。

同样让我感到欣喜的是新结构经济学在波兰这样已经迈过高收入门槛的国家也产生了影响。2015年10月,法律与公正党成为波兰1989年转型以来首次在国会选举中获得过半数席位可以单独组阁的政党,上台后立即由副总理兼财政部和发展部部长马特乌什·莫拉维茨基宣布,以新结构经济学为理论基础制定"负责任的发展战略"。2017年1月,我与华沙大学管理学院院长阿洛伊齐·诺瓦克合作编写的《低水平先进国家的新结构经济学》一书在波兰出版,莫拉维茨基副总理亲自作长序推荐,介绍了波兰运用新结构经济学理论制订经济发展计划的原因。2017年12月,莫拉维茨基被任命为总理,在他2018年1月的达沃斯演讲中,我很高兴地听到,波兰在2017年以欧盟10%的人口创造了70%的就业。

《新结构经济学》和《繁荣的求索》中文版出版以后也在国内得到了好评,获得了包括国内新闻出版领域最高奖的"中国出版政府奖"在内的众多奖项。其中,"新结构经济学:反思发展问题的一个理论框架"一文则获得了中国世界经济学会浦山世界经济学优秀论文奖。在国内的政策实践方面,新结构经济学的理论框架在河间、西藏、吉林、中山、和田等地的应用也初见成效。其中,河间作为新结构经济学的首个政策实践基地,在新结构经济学的理论指导下大力改造提升传统产业,积极培育壮大战略型新兴产业,不断优化产业结构,2016年其以8.2%的GDP增速在河北省经济中一枝独秀。新疆和田则是中国最为贫困的地区之一。2017年其人均GDP仅为全国平均水平的20%,在全国334个地市州中排名倒数第一。和田自然环境恶劣,是典型的绿洲经济,人均耕地1.2亩,工业产值占地区生产总值的8.4%,城镇化率仅为27.3%。全地区"七县一市"均为国家级贫困县。和田123万适龄劳动人口中,有约60万人处于失业半失业状态。当地政府运用新结构经济学中的"有效市场"和"有为政府"理论,积极招商引资。2017年8月,河南许昌的假发与服装生产企业亨利达到和田考察,10月在和田洛浦投资生产假发,2018年4月开始出口美国,到6月雇用员工已达2000人,预计年底可达5000人,设立的服装厂预计到年底可雇用1000人,这是和田首家雇佣人数超过千人的企业。随着跨地区交通基础设施的改善,运输成本不断下降,且东部地区工资上涨,和田已具备承接劳动密集型加工出口产业,形成数个5万、10万人产业集群的条件,这有助于解决当地的就业问题,为精准扶贫和民族和谐做出贡献。

2015年12月14日,新结构经济学研究中心在北京大学成立,后升格为研究院,2016年4月29日,南南合作与发展学院成立,与新结构经济学研究院分别承担新结构经济学的教学以及理论创新、智库建设等工作,目前已经在学术研究、学科建设、人才培养、政策实践等方面取得了一些成绩,产生了一定的影响。

新结构经济学的理论来自对中国自身以及其他发展中国家发展和转型成败经验的总结,这个理论体系来自对过去实践经验的总结,也期盼对中国和其他发展中国家未来发展和转型的实践能够有参考借鉴的价值,更期盼新结构经济学的理论对中华民族伟大复兴的中国梦的实现,以及"百花齐放春满园"的所有发展中国家的共同发展、共同繁荣的时代的到来能够有所贡献。

林毅夫
2018年7月于北京大学朗润园

注释

1. 世界银行的统计数字显示,1979年中国大陆的人均国内生产总值(GDP)按现价计算为152美元,撒哈拉沙漠以南非洲国家的平均数为573美元,中国尚不及其三分之一。
2. 在1950—2008年间,全世界有两百多个发展中经济体,只有中国台湾地区和韩国从低收入变为高收入;13个经济体从中等收入变为高收入,其中有8个是西欧周边原本和发达经济体差距就不大的欧洲国家;28个经济体人均收入和美国的差距缩小了10个百分点或更多,其中,不少是石油等资源输出经济体;另外,有18个经济体人均收入和美国的差距不仅没有缩小,反而扩大了10个百分点以上。上述数据说明第二次世界大战以来,绝大多数的发展中经济体仍深陷低收入或中等收入陷阱(Lin and Rosenblatt, 2012)。
3. 该书的中文版于1994年由上海人民出版社和上海三联书店出版,英文版于1995年由香港中文大学出版社出版。另外还有日文、俄文、法文、韩文、越南文等版本。
4. *Economic Development and Cultural Change*,2003年第51卷第2期,第277—308页。
5. *Chicago Maroon*,2001年5月15日,第5页。
6. 中文版由北京大学出版社在2008年出版。
7. 论文和多位学者对此文的评论发表于《世界银行研究观察》2011年第26卷第2期,见本书第一篇文章。
8. 经济史学家乔治·克拉克甚至宣称:"人类历史中其实只发生了一件事,即1800年前后开始的工业革命。只有工业革命之前的世界和工业革命之后的世界之分,人类其他的历史细节有意思,但不关键。"见陈志武"量化历史研究告诉你一个完全不同的历史观"一文。http://www.360doc.com/content/14/0806/17/17132703_399893815.shtml。

9. 论文和多位学者对此文的评论发表于《发展政策评论》2011年第29卷第3期,见本书第四篇文章。

10. 根据世界银行的营商环境指标,2013年中国排名第91位,即使在历经三十多年的市场化改革之后依然靠后,甚至比非洲的一些国家还差。http://www.doingbusiness.org/rankings。

11. 1984年我第一次从广州到深圳时,200多公里的路走了十几个小时,要经过四次摆渡才能到达。现在有了高速公路,两个小时就到了。我在世行工作时走访过近60个发展中国家,它们的基础设施大多比我在20世纪80年代初所看到的中国的情况要好。

12. 根据世界银行发布的《2010年跨国投资》报告,中国的投资环境在研究样本的87个经济体中垫底。http://iab.worldbank.org/~/media/FPDKM/IAB/Documents/IAB-report.pdf。

参考文献

Chandra, V., J. Y. Lin, and Y. Wang. 2013. "Leading Dragon Phenomenon: New Opportunities for Catch-up in Low-income Countries," *Asian Development Review* 30(1): 52—84.

Crook, C. 2012. "An Economics Masterpiece You Should Be Reading Now," *Bloomberg*, December 18, 2012. Online at: http://www.bloomberg.com/news/print/2012-12-18/an-economics-master

Easterly, W. 2001. "The Lost Decades: Developing Countries' Stagnation in Spite of Policy Reform 1980—1998," *Journal of Economic Growth* 6: 135—157.

Lin, J. Y. 2012. "From Flying Geese to Leading Dragons: New Opportunities and Strategies for Structural Transformation in Developing Countries," *Global Policy* 3(4): 397—409.

Lin, J. Y., and G. Tan. 1999. "Policy Burdens, Accountability, and the Soft Budget Constraint," *American Economic Review: Papers and Proceedings* 89(2): 426—431.

Lin, J. Y, and D. Rosenblatt. 2012. "Shifting Patterns of Economic Growth and Rethinking Development," *Journal of Economic Policy Reform*: 1—24.

林毅夫、蔡昉、李周,《中国的奇迹:发展战略与经济改革》,上海人民出版社、上海三联书店1994年版;香港中文大学出版社1995年英文版。

MOFCOM. 2013. *China Africa Economic and Trade Co-operation 2013*. Online at: http://english.mofcom.gov.cn/article/newsrelease/press/201309/20130900285772.shtml

Murphy, K. M., A. Shleifer, and R. W.

Vishny. 1989. "Industrialization and Big Push," *Journal of Political Economy* 97: 1003—1026.

Sachs, J., W. Woo, and X. Yang. 2000. "Economic Reforms and Constitutional Transition," *Annals of Economics and Finance* 1: 435—491.

Summers, L. 1994. "Comment," in O. J. Blanchard, K. A. Froot, and J. Sachs (eds.), *The Transition in Eastern Europe*, Vol. 1. Chicago: Chicago University Press: 252—253.

Wolf, M. 2012. "Pragmatic Search for Path to Prosperity," *Financial Times*, October 14. Online at: http://www.ft.com/intl/cms/s/2/a6c9aba2-12d2-11e2-ac28-00144feabdc0.html#axzz2yP5dD2mg

World Bank. 2002. *Transition: the First Ten years, Analysis and Lessons for Eastern Europe and the Former Soviet Union*. Washington, DC: World Bank.

World Bank. 2010. *Investing Across Borders 2010*. Washington, DC: World Bank.

World Bank. 2013. *Doing Business Indicators 2013*. Washington, DC: World Bank.

目 录

导论	001
新结构经济学：反思发展问题的一个理论框架	009
评论与回应1　安妮·克鲁格　丹尼·罗德里克	
约瑟夫·斯蒂格利茨	
评论与回应2　韦　森　余永定　张曙光　黄少安	
张　军　林毅夫	
对"华盛顿共识"的重新审视	124
增长报告和新结构经济学	146
辩论　发展中国家的产业政策应该遵循还是违背比较优势	169
增长甄别与因势利导	
——政府在结构变迁动态机制中的作用	190
评论与回应　德克·威廉·特威尔德　苏雷什·坦杜尔卡	
爱丽丝·安士敦　K.Y.阿莫亚科　霍华德·帕克	
林佑赫　林毅夫　孟　加	
增长甄别与因势利导框架的应用	
——尼日利亚的案例	246
产业政策与中等收入国家的经济发展	278
一个制度变迁的经济学理论	
——诱致性和强制性变迁	287
金融结构与经济发展	318
发展战略、制度与经济绩效	335
结语：致新结构经济学大道上的后来者	386

导　　论

自从1776年亚当·斯密(Adam Smith)的《国民财富的性质和原因的探究》(*An Inquiry into the Nature and Causes of the Wealth of Nations*)一书发表以来,对可持续增长的追求已经成为全世界的经济学家和政策制定者最为着迷的课题。以今天的生活标准衡量,在18世纪初世界上的所有国家都处于贫困状态。各国经济以农业为主体。在上千年时间里,人均国内生产总值(gross domestic product, GDP)的增长率一直在年均0.05%左右徘徊。直到工业革命开始之后,现今发达国家的人均收入增长才开始加速,19世纪的年均增速跃升至约1%,到20世纪又翻了一番,约为2%。这是一个不可想象的变化。18世纪之前世界总收入翻一番要用约1 400年,但在19世纪,同样的过程只用了约70年,到了20世纪,现今发达国家只需要35年(Maddison, 1995)。然而,增长加速仅限于工业革命的发源地英国、西欧的一些经济体,还有英国的"海外分支"国家:澳大利亚、加拿大、新西兰和美国(Maddison, 1982)。这导致了各国收入水平的巨大差距。最发达的少数国家和占大多数的底层低收入国家的收入比率从1870年的8.7倍上升到了1960年的38倍(Pritchett, 1997)。

第二次世界大战后,多数发展中经济体都获得了经济和政治独立,并开始了战后或独立后重建。到20世纪末,小部分发展中经济体实现了长时期的高速增长,赶上了先进的工业化经济体,或是显著缩小了与它们的差距。日本在1950年仍是一个发展中国家,人均收入只有美国的五分之一,但是到了1970年,就已经达到了美国收入的63%,并一举成为世界第二大经济体。日本的崛起源于20世纪五六十年代令人瞩目的年均9.6%的经济增长率,而如此高的增长率则是由农业经济向工业经济的转型和关键制造业部门的持续升级驱动的。采用外向型和市场友好型发展战略,亚洲"四小龙"——中国香港、韩国、新加坡和中国台湾——在20世纪60年代早期至90年代早期以超过7%的年经济增长率快速成长。这表明保持令人瞩目的高经济增长率、缩小与发达经济体的差距是可以实现的。近年来,一些大的经济体已经起飞,如中国、巴西和印度,使它们成为新的全球经济增长极(世界银行,2011)。这些经济体的高经济增长率导致贫困显著减少。在1981—2005年间,日均消费低于1.25美元的人口比例已经减少了一半,从52%下降到了26%。这种贫困的减少在我的祖国——中国表现得最为明显。1981年,中国84%的人口生活在贫困线以下,但到了2005年,这个比例降到了16%,远低于发展中国家的平均水平。

尽管在21世纪这种高速且持续的增长扩展到了一些撒哈拉沙漠以南和拉丁美洲的国家,但这样的增长仍然只是特例,而不是普遍规律。多数发展中国家遭遇过长期持续的增长乏力(Reddy and Minoui, 2009)。1960—2009年间,仅约三分之一的低收入国家达到了中等或中等以上的收入水平。尽管中等收入国家在支撑全球经济增长中的权重不断上升,但其中许多国家陷入了"中等收入陷阱"(middle-income trap)。在1960年已经取得独立并达到中等收入水平的国家中,到2009年几乎四分之三的国家仍然停留在中等收入水平或倒退回低收入国家行列。成功达到高收入水平的经济体是西欧的一些国家、日本、亚洲"四小龙"以及拉丁美洲的两个岛国(巴巴多斯以及特立尼达和多巴哥)。如果我们能从大多数发展中国家失败的发展尝试中吸取教训,尤其是从少数成功案例中吸取经验,探索经济增长的本质和决定因素,向政策制定者提供释放他们国家增长潜力的政策工具,贫困将可以在一两代人的时间内成为往昔的回忆。

如果没有结构转变,持续的经济增长将不可能实现(Kuznets, 1966)。所有仍处于贫困中的国家都未能实现结构转变,也就是说,它们未能实现从农业和传统商品生产向制造业和其他现代经济活动的转变。在目前发展难度最大的撒哈拉沙漠以南的非洲,农业仍然占据主导地位,农业劳动力占劳动力总量的63%,其2005年制造业所占的份额反而还低于1965年(Lin, 2011)。近期的实证研究也证实,亚洲与拉丁美洲和非洲的发展中国家增长的差异的大部分可以归因于结构转变对总体劳动生产率的贡献(McMillan and Rodrik, 2011)。

第二次世界大战后,发展经济学成为现代经济学的一个独立的分支。各个第一代发展经济学流派实际上都强调结构转变的重要性,并把结构的差异看作市场失灵的结果。因此,他们都主张政府干预,通过进口替代和优先发展现代先进产业促进结构转变。在这一时期,新的贸易保护措施如进口配额和外汇管制首次被大多数国家大规模使用以管理国际收支差额。早期的发展经济学家以凯恩斯主义为分析的主要理论基础,提倡"直接控制教条"(dirigiste dogma)(Lal,1983),指出发展中国家与工业化国家有着不可消除的差异,并将其作为他们理论的中心论点。大多数发展中国家和多边发展机构遵循了这些政策建议。从拉丁美洲到欧洲、亚洲和非洲,结果都不尽如人意,这些国家与工业化国家的差距拉大了。

第一波经济发展思潮提倡的政府干预主张的失败催生了一股新的经济发展思潮,后者强调政府失灵,采取非结构性的思路实现经济发展。该思路强调市场在配置资源和提供经济发展的激励方面的基础性作用,在他们的政策建议中忽视不同发展水平的国家的结构差异,期待结构转变在一个国家的发展进程中自发出现。

凯恩斯主义宏观经济学也受到了 20 世纪 70 年代出现的滞胀、80 年代的拉丁美洲债务危机和计划经济体制失败的挑战。理性预期理论成为关于经济发展的主导理论体系;对于支持国家在利用财政、货币和贸易政策促进经济发展方面的作用而言,理性预期理论也有助于反驳其结构主义理论基础。新的经济发展思潮强调矫正价格,创造稳定的市场环境,强化保持市场良好运行所必需的各项制度(产权、良好的治理结构、商业环境等),培养人力资本(教育和健康)以适应技术进步对熟练工人日益增加的需求。

多边机构和政府相关机构是这一波经济发展思潮的主要倡导者,并通过它们的方案影响了发展中国家的经济政策。它们的政策建议和附加条件在很大程度上以其稳定经济和调整结构的方案为基础。这些方案反映了新的主流思想,并倡导经济自由化、私有化以及严密的稳定经济方案的实行。这些政策在促进增长和创造就业方面效果不佳,充其量是值得讨论的。

在近期的经济发展史上,出现了一些奇怪而出人意料的事情:人们观察到 20 世纪后半期成功的发展中国家并没有遵循占主导的经济发展思想或第一波和第二波经济发展思潮的政策主张。这一令人不解的事实促使研究者们重新审视一些构成经济发展理论基础的大前提。

如前文所述,工业革命以来引领世界经济增长的国家和成功追赶上发达国家的国家在就业结构和一、二、三产业对经济增长的相对贡献方面都经历了意义深远的结构转变。从发展经济学的理论进展、争论和挫折中吸取经验教训,由一小群经济学家如 Dani Rodrik、Ricardo Hausmann、Andres Velasco、Philippe Aghion、Michael Spence、Ann Harrison、Célestin Monga、我自己以及其他一些人推动的第三波经济发展思潮正在形成中。它旨在将结构转变重新带回经济发展研究的核心,并强调市场和国家在促进经济发展过程中所扮演的重要角色。这些经济学家一致认同市场应该作为资源配置的基本机制,但政府也必须发挥积极的作用,以对促进产业升级和多样化的投资行为进行协调,并对动态增长过程中先行者产生的外部性予以补偿。

本书阐述的"新结构经济学"试图为这一第三波经济发展思潮开辟道路。考虑到过去数十年中经济增长成功和失败的经验教训,新结构经济学提出了一种新古典主义的方法来研究经济结构的决定因素和动态发展过程。它认为一个经济体的经济结构内生于它的要素禀赋结构,持续的经济发展是由要素禀赋的变化和持续的技术创新推动的。

一国的要素禀赋在任意特定的时刻是给定的,但随着时间的推移是可变的。它决定了一国的比较优势,并从而决定了该国的最优产业结构。一个特定国家产业结构的升级要求要素禀赋结构的升级(即由劳动力和自然资源相对丰裕的结构升级到资本相对丰裕的结构)和新技术的引进,同时基础设施也要相应改善以有利于经济运行。新结构经济学认为,一国要素禀赋结构升级的最佳方法是在任一特定时刻根据它当时给定的要素禀赋结构所决定的比较优势发展它的产业。经济将最富竞争力,经济剩余将最大,资本积累和要素禀赋结构的升级也将是最快的。为了让一国的私营企业进入该国具有比较优势的产业,要素相对价格必须充分反映这些要素的相对稀缺程度,同时这些要素价格只能在运行良好的市场上通过竞争来决定。因此,市场应该成为经济的基础性制度。

对于新技术的引进,发展中国家可以通过借鉴或采用在发达国家已经成熟的技术,从而将它们的劣势转变为优势。与之相反,发达国家必须在全球技术前沿上进行生产,并必须持续在研发方面进行新的投资以实现技术创新。因此,发展中国家有潜力实现高于发达国家数倍的技术创新率。

然而,产业结构的升级和基础设施的相应改善需要协调投资行为,并对由先行者产生的、无法被私营企业内部化的外部性予以补偿。

没有这样的协调和对外部性的补偿,经济发展的进程将放缓。因此政府应主动设法缓和协调问题和外部性问题,从而促进结构转变。

第一篇文章回顾经济发展思潮的演变,并阐述新结构经济学的主要论点和推论。本文还包括我的同事 Anne Krueger、Dani Rodrik 和 Joseph Stiglitz 对这一体系富有深刻见解的评论,以及我对他们的评论的回应。

为什么"华盛顿共识"所倡导的改革方案在拉丁美洲和东欧转型国家导致了严重的经济问题,而中国的双轨制渐进式改革实现了转型时期的稳定和快速增长?第二篇文章从新结构经济学的视角对"华盛顿共识"进行重新审视,并为新的转型经济学提供分析的基础。

第三篇文章阐述新结构经济学是如何对以往关于经济发展和增长的思想做出补充的。本文比较了新结构经济学的建议和由增长与发展委员会(Commission on Growth and Development)在 2008 年出版的增长报告中总结的成功国家的特征事实,并讨论了从新结构经济学可以得出的政策建议。比较优势原则和国家在促进结构转型方面的作用是本体系的两个关键方面,在本文后面张夏准和我的辩论中对它们进行了进一步的讨论。

第四篇文章阐述增长甄别与因势利导框架(growth identification and facilitation framework, GIFF)。该框架依据新结构经济学体系为政策制定者促进结构转变设计了一种循序渐进的方法。它指导政策制定者如何甄别与一国潜在的比较优势相一致的新产业。同时,它讨论了信息、协调和外部性等产业升级的内在问题,也讨论了有助于克服这三大制约的政府政策。通过解释以往的产业政策缘何屡屡失败,本文也提示政府不要采取那些旨在保护不符合本国比较优势的企业和产业的政策。Dirk Willem te Velde、Suresh Tendulkar、Alice Amsen、K. Y. Amoako、Howard Pack 和林佑赫对这一思路提出了发人深省的评论。最后,本文以我的一个回应作为总结。

第五篇文章说明如何在发展中国家应用增长甄别与因势利导框架。以尼日利亚为例,本文选取了合适的参照国(comparator country)并选取了许多尼日利亚可能具有潜在比较优势而参照国可能正在失去比较优势的产业。本文认为,以下产业可以作为政府干预的目标:食品加工、轻工制造业、箱具制造、制鞋、汽车零部件制造和石化制造业。本文还讨论了这些产业的价值链中经济增长所面临的紧约束,以及对产业政策的实施过程中与治理结构相关的各种问题的一些解决机制。

虽然许多国家的产业政策不成功,但是没有产业政策的国家,其经济发展必然不成功。第六篇文章从新结构经济学的视角分析为何经济发展需要产业政策。本文指出,经济发展需要"有效的市场"和"有为的政府"的共同作用,进而简要分析了发展中国家和发达国家在运用产业政策时为何会失败。基于新结构经济学的研究视角,本文将中国的产业分为追赶型、领先型、转进型、弯道超车型、战略型五种类型,阐述了中国应该如何针对各种不同类型产业面对的市场失灵问题,制定有效的产业政策。

第七篇文章讨论在经济发展过程中的制度变迁问题。制度可以定义为社会成员所遵守的行为准则,其作用在于处理不确定性并增进个人效用。为获得制度性服务需要支付一定的成本,用最小的成本来提供给定数量服务的制度安排为最优的安排。一个社会中各种制度安排是彼此关联的。不考虑社会中的其他相关制度安排,我们无法评价某个特定制度安排的效率。将一个社会中有效的制度安排直接移植到另一个社会未必有效。

经济增长可能会导致制度性服务的供求发生变化,从而造成某种现存的制度安排过时。为了实现经济增长所带来的机会,经常需要引进新的制度安排,因此,制度变迁是发展过程中不可避免的现象。

从某种现行的制度安排转变到另一种制度安排是一个需要成本的过程;除非人们从新的制度安排下所得到的净收益超过制度变迁所带来的成本,否则,就不可能出现自发的制度变迁。制度变迁通常需要集体行动,一旦引进了一种新的制度安排,它就变成了公共物品,因此,"搭便车"是制度变迁所不可避免的问题,自发性制度变迁所提供的新制度安排的数量也就可能会少于社会所需要的最优制度供给量。政府是一个社会里所有制度安排中最重要的一个。政府可以采取强制性行动来弥补自发性制度供给之不足。然而,受意识形态、集团利益冲突以及社会科学知识限制等的影响,政府有可能无法实现其应有之功能,但是,政府强制性制度变迁成功的前提是存在有自发性制度变迁的需求但无法克服集体行动的问题而失败的基础上。

第八篇文章集中探讨金融结构和发展的问题。在不同国家以及同一国家的不同发展阶段,金融结构都有着显著性的差异。本文论证了一国的最优金融结构内生于该国对金融服务的真实需求,后者以该国的产业结构为基础,而产业结构又取决于该国的要素禀赋结构所决定的比较优势。在历史上,金融学文献曾认为对经济发展起重要作用的是金融深度而非金融结构。本文概述了支持如下观点的理论和实证研究进展：金融结构对经济发展非常重要且内生于产业结构。本文还讨论了实际金融结构背离最优结构的一些情形。

新结构经济学认为，采取遵循比较优势的发展战略的国家比其他国家表现得更好。第九篇文章提供了支持这一观点的实证证据。这些证据表明，那些遵循比较优势的国家有着更高的增长率、更低的经济波动性和更小的不平等。本文认为，大多数发展中国家赶超发达国家的失败在很大程度上可以归因于政府经济发展战略不合理。在过去，政府优先发展某些资本密集型产业，而非集中全力为符合该国比较优势的部门创造可自行的发展环境，提升经济竞争力和发展效率，以促进该国要素禀赋结构和比较优势的升级。

最后以我在首届新结构经济学专题研讨会上的一些肺腑之言作为本书的结语，希望我的一个视角、一个切入点、一个概念和一个愿望，能够成为经济学界的共识和共同努力的目标，帮助所有发展中国家发展经济，消除贫困，实现共享和繁荣。

正如2011年5月4日我在马普托发表的联合国大学世界发展经济学研究院年度演讲中所说，我相信每一个发展中国家，包括撒哈拉沙漠以南的非洲国家，都能以8%或更高的增长率持续增长数十年，显著地减少贫困，并在一两代人的时间内成为中等甚至高收入国家，只要它的政府根据本国的比较优势采取了正确的政策体系促进该国私人部门的发展并充分发挥后发优势（Lin，2011）。我希望本书的出版有助于发展中国家实现这一目标。

参考文献

Harrison, A., and A. Rodríguez-Clare. 2010. "Trade, Foreign Investment, and Industrial Policy for Developing Countries," in Dani Rodrik (ed.), *Handbook of Economic Growth*, vol. 5. Amsterdam, The Netherlands: North-Holland, 4039—4213.

Hausmann, R., D. Rodrik, and A. Velasco. 2005. "Growth Diagnostics," in J. Stiglitz and N. Serra (eds.), *The Washington Consensus Reconsidered: Towards a New Global Governance*. Oxford: Oxford University Press.

Kuznets, S. 1966. *Modern Economic Growth*. New Haven, CT: Yale University Press.

Lal, Deepak. 1983. "The Poverty of 'Development Economics,'" Institute of Economic Affairs, London.

Lin, Justin Yifu. 1995. "The Needham

Puzzle: Why the Industrial Revolution Did not Originate in China," *Economic Development and Cultural Change* 41 (2): 269—292.

——. 2011. "From Flying Geese to Leading Dragons: New Opportunities and Strategies for Structural Transformation in Developing Countries," WIDER Annual Lecture 15, Helsinki: UNU-WIDER. (A shorter version of this paper is forthcoming in *Global Policy*.)

Maddison, Angus. 1982. *Phases of Capitalist Development*. Oxford, UK: Oxford University Press.

——. 1995. *Monitoring the World Economy, 1820—1992*. Paris: OECD.

McMillan, Margaret, and Dani Rodrik. 2011. "Globalization, Structural Change and Productivity Growth," Kennedy School of Government, Harvard University, Cambridge, MA., http://www.hks.harvard.edu/fs/drodrik/Research%20papers/Globalization,%20Structural%20Change,%20and%20Productivity%20Growth.pdf

Pritchett, Lant. 1997. "Divergence, Big Time," *Journal of Economic Perspectives* 11(3): 3—17.

Ravallion, Martin. 2011. "A Comparative Perspective on Poverty Reduction in Brazil, China and India," *World Bank Research Observer* 26(1): 71—104.

Reddy, Sanjay, and Camelia Minoiu. 2009. "Real Income Stagnation of Countries 1960—2001," *Journal of Development Studies* 45(1): 1—23.

Spence, M. 2011. *The Next Convergence: The Future of Economic Growth in a Multispeed World*. New York: Farrar, Straus and Giroux.

World Bank. 2011. *Global Development Horizons—Multipolarity: The New Global Economy*. Washington, DC: World Bank.

新结构经济学:
反思发展问题的一个理论框架*,**

几十年后,那时的经济史学家在回顾人类过去百年历史的时候,很有可能会对这一期间(尤其是 20 世纪下半叶)不同国家迥异的经济发展绩效而着迷。一方面,他们会对巴西、智利、中国、印度尼西亚、印度、韩国、马来西亚、毛里求斯、新加坡、泰国、越南等少数国家快速的经济增长而感到吃惊。在这些国家,工业化的进程快速地改变了当地的生产、生活状况和农业经济,使数亿人在一代人的时间里摆脱了贫困。另一方面,他们也会对许多其他国家未能获得可持续的经济增长而感到迷惑不解。在这些国家,仍有超过六分之一的人口处于贫困之中。他们还将注意到,尽管发展中国家自身付出了很大的努力而且也得到了许多多边发展机构的援助,但是除少数成功的经济外,大多数发展

---

* 本文改编自作者代表国际复兴开发银行/世界银行发表的同名文章("New Structural Economics: A Framework for Rethinking Development," *The World Bank Research Observer* (2011) 26 (2): 193—221, Oxford University Press)。ⓒ 2011 The International Bank for Reconstruction and Development/The World Bank. 本文及"评论与回应 1"由苏剑翻译。

** 我于 2011 年 3 月 1 日在耶鲁大学经济增长研究中心以本文内容做过一个报告,作为该中心的库兹涅茨讲座。我也于 2009 年 6 月 2 日就本文的主要观点在本人到任世界银行一周年时举行的讨论会和 DEC 的第四次首席经济学家研讨会上进行了阐述。我以本文的缩减版本在以下场合做过报告或讲座:2009 年 10 月 19—20 日墨西哥银行举办的"促进经济增长的挑战与战略"研讨会,2009 年 11 月 5 日开罗大学的公开讲座,2009 年 11 月 17 日韩国发展研究院,2009 年 12 月 8 日经济合作与发展组织(OECD),2010 年 1 月 19 日联合国大学世界发展经济学研究院(UNU-WIDER),2010 年 1 月 21 日斯德哥尔摩转型经济研究院,2010 年 9 月 8 日柬埔寨国立管理大学,2011 年 4 月 26 日意大利银行,2011 年 4 月 29 日达累斯萨拉姆大学。

Célestin Monga 为本文提供了许多非常有价值的帮助;本文同样获益于 Gary Becker, Otaviano Canuto, Ha-Joon Chang, Luiz Pereira Da Silva, Augusto de la Torre, Christian Delvoie, Asli Demirgüç-Kunt, Shantayanan Devarajan, Hinh T. Dinh, Shahrokh Fardoust, Ariel Fiszbein, Robert Fogel, Alan Gelb, Indermit S. Gill, Ann Harrison, James Heckman, Aart Kraay, Auguste Tano Kouame, Norman V. Loayza, Frank J. Lysy, Shiva S. Makki, William F. Maloney, Mustapha Kamel Nabli, Vikram Nehru, Howard Pack, Nadia Piffaretti, Mohammad Zia, M. Qureshi, Martin Ravallion, Sergio Schmukler, Claudia Paz Sepúlveda, Luis Serven 和 Harald Uhlig 等学者的评论。我还要感谢编辑和三位匿名审稿人的意见和建议。

中国家并没有缩小它们与发达国家的差距。

长期可持续的、包容性的经济增长是推动发展中国家减少贫困并缩小与发达国家收入差距的驱动力。当前所发生的这场大萧条以来最严重的全球经济危机，促使我们对现有的经济理论进行反思。因此，这也是经济学家重新检验经济发展理论的好时机。本文讨论了第二次世界大战结束以来经济发展思潮的演变，然后提出了一个使发展中国家实现可持续增长、消除贫困并缩小与发达国家收入差距的理论框架。这一框架可称为"关于经济发展过程中结构及其变迁的一个新古典框架"，或"新结构经济学"。它的要点如下：

第一，一个经济体的要素禀赋结构会随着发展阶段的不同而不同。因此，一个经济体的产业结构也会随着发展阶段的不同而不同。每一种产业结构都需要相应的基础设施（包括有形的和无形的）来促进它的运行和交易。

第二，经济发展阶段并非仅有"穷"与"富"（或"发展中"与"工业化"）这种两分的情况，而是一条从低收入的农业经济一直到高收入的后工业化经济的连续谱，经济发展的每一个水平都是这条连续谱上的一点。因此，发展中国家产业升级和基础设施改善的目标，未必就是发达国家现有的产业结构和基础设施状况。

第三，在经济发展的每一个水平上，市场都是资源得以有效配置的基本机制。然而，作为一个动态的过程，经济发展必然伴随着以产业升级以及"硬件"和"软件"（有形的和无形的）基础设施的相应改善为主要内容的结构调整。这种升级和改善需要一个内在的协调机制，对企业的交易成本和资本投资回报具有很大的外部性。这样，在市场机制外，政府就需要在结构调整的过程中发挥积极作用。

本文以下部分组织如下：首先，回顾经济发展思潮的演变，并对其中的几个主要学派做出评论。然后，我将给出新结构经济学的基本原理和理论框架，以及市场的功能和政府的作用。最后，我将比较新旧结构经济学的异同，并在新结构经济学的框架下对一些主要政策议题做出初步讨论。

对经济发展思潮和发展经验的简要回顾

人均收入可持续增加和经济可持续增长（这种收入增加和经济增长以持续的技术创新和产业升级为特征）的过程是现代以来才发生

的。从亚当·斯密时代一直到20世纪初期,大多数经济学家都相信自由放任是实现经济可持续增长的最好方法。他们假设,在那些繁荣的经济体中,所有关于资源配置的决策都由不受政府干预的自由市场中互动的经济个体做出。价格机制不仅决定生产什么和如何生产,还决定为谁生产。家庭和企业就像被一只"看不见的手"支配着,在追逐自己的利益时也使他人和整个社会从中得到了好处。尽管自由放任的主张受到了马克思主义经济学家和其他一些经济学家的挑战,但它仍然在所有国家都成为研究经济增长的主流理论框架并持续了很长一段时间。这一理论框架确实提供了有关经济发展的许多真知灼见,但却忽略了连续的、根本性的技术变迁和产业升级过程的重要性,而这一过程恰恰是区别现代经济增长和前现代经济增长的关键之处(Kuznets,1966)。

经济发展研究沿着增长理论和发展理论这两条彼此相关却又独立的路径前进着。尽管一些现代增长理论的关键要素(竞争性行为、均衡动态机制、物质资本和人力资本的重要性、收益递减的可能性和技术进步的影响)已经在古典经济学家的作品中出现(Ramsey,1928;Schumpeter,1934),但是系统性的建模工作是从20世纪40年代才开始的,那时一些开拓者使用一些基本变量构建了基于总量生产函数的一般模型。Harrod(1939)和Domar(1946)引发了大量基于这些路线的研究。在他们研究的基础上,索洛-斯旺(Solow-Swan)模型激起了第一波对经济增长进行系统分析的浪潮。这一研究浪潮的目标是理解增长机制、甄别增长的决定因素、发展增长核算技术,而这些都有助于解释动量的变化和经济政策的作用。这一代研究者强调资本在经济增长中的中心地位。这些模型中的一个重要预测是条件收敛,这一预测以资本收益递减的假设为前提——穷国每个工人的平均资本更少(相对于其长期或稳态工人平均资本水平),所以穷国可以增长得更快。尽管这一假设使得模型得出了条件收敛的重要预测,但它仍然看起来很奇怪:技术这一决定一国长期增长的主要因素却被这些模型排除在外(Lin and Monga,2010)。

这就需要有一个对技术变迁有说服力的理论,于是形成了新的一波研究经济增长的浪潮。所谓的"内生增长理论"假定技术是非竞争性的,因为技术作为一种生产要素,与资本和劳动大不相同——它可以在边际成本为零的情况下被他人无限使用(Romer,1987,1990;Aghion and Howitt,1992)。然而,重要的是下一个逻辑环节,我们需要对技术的公共品属性有一个更好的了解,把它看作一个部分可排他的非竞争性物品。这波研究对技术做出重新分类,不仅把技术当作一个公共品,还把它看作一种在一定程度上可被私人控制的物品。然而,把它看作一个部分可排他的非竞争性物品,从而给予它某种程度的可排他性或私人专用性,不足以保证生产和使用它的激励是社会最优的。因此,技术市场偏离完全竞争是必要的。这种偏离导致了较高的方法论回报。新古典增长模型把技术和要素积累看作是外生的,而内生增长模型则通过新思想的形成解释了技术随时间增长的原因,并为技术边界(technological frontier)模型提供了微观基础。

接下来需要弄清楚的问题是,从一国到另一国的技术扩散是如何发生并带来或维持接受国的经济增长的,以及为什么没有发生在另外一些国家。为了回答这些重要问题,人们近年来考虑了许多非常有趣的可能性(Jones, 1998; Acemoglu et al., 2001; Glaeser and Shleifer, 2002)。在过去的几十年里,我们对经济增长的理解无论是在理论上还是在实证上都取得了进步。然而,在甄别用以维持和加速某些特定国家经济增长的、可操作的政策工具方面,经济增长研究仍面临方法论上的重大困难和挑战。在经济发展理论的这一特定领域,理论进展非常缓慢。Rosenstein-Rodan 在 1943 年的一篇论文将发展问题带入了这一学科的前沿。这篇论文表明,发展的良性循环从本质上取决于单个厂商水平上的规模经济和市场规模的互动。具体而言,它认为,只要市场大到能够让现代生产方式的高效率足以弥补高工资所带来的成本,现代生产方式就会比传统生产方式更有效。但是,市场规模本身又取决于这些现代生产方式在多大程度上被采用。因此,如果现代生产方式被大规模采用,那么经济发展过程就将是自我加强且自我维持的。反之,经济将被无限期地困于贫困陷阱中。

Rosenstein-Rodan 的框架引发了一系列类似的研究(Chang, 1949; Lewis, 1954; Myrdal, 1957; Hirschman, 1958),这些研究被称为"经济发展的结构主义方法"。这些早期的发展理论认为,市场有着难以克服的缺陷,在加速经济发展方面政府是一个强有力的补充手段(Rosenstein-Rodan, 1943; Nurkse, 1953; Hirschman, 1958)。大萧条期间国际贸易的剧烈收缩导致战后出现了关于出口的悲观主义思潮。例如,拉丁美洲的政治领导人和社会精英受到大萧条中的经济窘境和贸易条件恶化,以及 Prebisch(1950) 和 Singer(1950) 的文章的强烈影响,认为初级出口品贸易条件的恶化是长期的,直接导致了财富从这些资源密集型发展中国家流向了资本密集型发达国家。他们指出,发展中国家避免被发达国家剥削的唯一途径,就是通过一个所谓的进口替代过程来发展本国制造业。此外,在亚洲、中东以及之后在非洲,以前的殖民地、半殖民地国家在独立的过程中,也伴随着强烈的国家主义情绪。

但是,在许多国家,结果是令人失望的,用心良苦的政府干预失败了。这就是20世纪60年代和70年代拉丁美洲、非洲和南亚国家的情形,这些国家那时采取的发展战略中,进口替代和贸易保护是其关键特征。许多前社会主义发展中国家在转轨过程中未能实现有力增长的主要原因之一是,它们违背了由自身要素禀赋结构所决定的比较优势,不顾国内资本的稀缺,去优先发展资本密集型的重工业。为了实施这种战略,发展中国家的政府不得不去保护优先部门中大量没有自生能力的企业(Lin, 2009a; Lin and Li, 2009)。

保护这些不可持续的产业免受进口产品的竞争,也给这些发展中国家带来了许多其他成本:(1)提高了进口产品和进口替代产品相对于世界市场的价格,强化了激励结构的扭曲,使得经济的消费组合未能达到应有的经济效率;(2)过多的小规模生产造成了市场分割,进一步降低了效率;(3)减少了外国企业的竞争,加强了国内企业的垄断地位,而这些国内企业的所有者在政治上有着紧密的联系;(4)带来了寻租和腐败的机会,提高了投入成本和交易费用(Krueger, 1974; Krugman, 1993)。

随着结构主义教条指导下的、政府主导的经济发展战略在许多国家纷纷失败,自由市场理论开始胜出并逐步影响了经济发展思潮,这个趋势因宏观经济学领域的新革命而进一步被加强。20世纪70年代的滞胀、80年代的拉丁美洲债务危机和社会主义计划经济体制的崩溃,都对当时流行的凯恩斯主义宏观经济学提出了挑战。所谓的"理性预期革命"出现了,并反驳了结构主义关于如下论断的理论基础:政府可以利用财政政策和货币政策来促进经济的发展。

布雷顿森林体系的崩溃,使得一些曾经在国际资本市场上无节制借贷的国家无法偿还其贷款。当国际金融市场意识到这一点后,拉丁美洲债务危机在1982年爆发了。危机发生前,墨西哥和其他几个拉丁美洲经济体正因其占世界相当比例的债务而不堪重负,一连串相互联系的外生冲击更使得它们雪上加霜(Cardoso and Helwege, 1995)。这次危机促使一些多边借贷机构以及双边借贷者(尤其是美国)要求拉丁美洲各经济体进行一揽子综合性改革，并提出一整套因循新古典范式的自由市场政策，这套改革方案后来被称为"华盛顿共识"（Williamson，1990）。

华盛顿共识很快被认为是"位于华盛顿的一些国际金融机构施加于那些不幸国家，并使这些国家走向危机和痛苦的一套新自由主义政策"（Williamson，2002）。这套政策要求积极推行经济自由化和私有化，并执行一套严格的经济稳定方案。然而，就经济增长和就业创造来说，其效果不尽如人意，充其量是值得讨论的（Easterly et al.，1997；Easterly，2001）。到20世纪90年代末，随着结构主义经济学的逐渐褪色和自由市场经济学的盛行，在发展经济学研究领域中，一个时代结束了。这个时代的主流研究方法是跨国回归，旨在甄别经济增长的决定因素。这个方法重点分析多个增长决定因素的独立效应和边际效应，这导致了对复杂经济模型的线性化。然而，人们普遍认为，增长决定因素之间是相互作用的；若想取得成功，一项政策改革必须与其他改革配套进行。人们也普遍认为，从这些回归模型导出的政策方案没有产生切实的结果。

关于非线性的一个替代视角是由Hausmann et al.（2005）提出的增长诊断（Growth Diagnostics）或者决策树方法。他们认识到了结构变迁在经济发展过程中的中心作用，并认为各个国家的增长都面临一些"紧约束条件"（binding constraints）。他们指出，这些紧约束因时、因国而异，因此在实践中至关重要的就是要找出这些约束条件。这个理论实际上强调，政府没有能力同时推进所有改革，政府需要依据影子价格揭示的信息排出各项改革的优先序。值得注意的是，增长诊断方法是难以操作的，除非我们放弃各领域改革的互补性假设，而这一假设正是线性增长回归模型的主要特征。

尽管主流经济学理论预言发展中国家与发达国家之间的差距将会缩小，但事实上却越来越大，这引起了争议。一些经济学家认为这是政策处方错了，或对其效果的预期错了，或者二者都错了；另一些人则指出经济增长的研究者忽视了异质性（每个国家都有自己的特点）。有人认为，经济增长的跨国分布可能具有多种模式（存在"收敛俱乐部"［convergence clubs］），但这仍未解决关于经济增长研究新方向何在的争论。相反，一些基本问题又回到了人们的研究视野中：在寻找经济增长的决定因素时，发展经济学家们是否找错了地方？是否更应关注制度（或制度结果），而不是关注政策或仅仅关注政策？此外，如果它们没有反映其他因素的影响,良好的制度结果是怎样得到的?

在相当长的一段时间内,人们一直在搜寻这些问题的答案。自20世纪80年代以来,许多发展经济学家试图更好地理解政策、制度变迁或外国援助究竟是通过怎样的因果关系和传导渠道来影响经济增长的。这些因果关系和传导渠道也正是经济增长研究越来越多地集中于住户和企业层次上的微观行为的根源所在,其目的有两个:一是允许经济中(国家之间以及国内)存在异质性;二是弄清楚经济增长的约束条件如何具体作用于微观层面。

国际援助的有效性也越来越令人失望,使得人们开始对发展项目和方案的效果进行更严格的评价。这就产生了发展研究的一条新思路,由麻省理工学院贫困研究室的经济学家们领衔推动,其目的是通过随机化控制试验(randomized control trials, RCT)或社会试验,"以基于科学证据的政策来减贫"。尽管随机化控制试验有助于理解一些特定的微观发展项目的效果,但它们的出发点往往不是在战略上清晰地评估一个特定的方法如何填补我们最为迫切希望知道的知识空白(Ravallion, 2009)。他们往往是先选定某一特定的研究方法,再选择适合使用这个研究方法的问题来研究。由此产生的对政策制定有用的结果往往是研究过程中偶尔出现的副产品,而不是一开始就设定的目标。

最近的微观实证研究可能的确使人们更好地理解了一些重要问题,比如投资环境对企业绩效的影响、家庭行为对生产率的影响等(Rosenzweig and Wolpin, 1985)。但是,"存在一种风险,发展经济学如今的大部分研究,其领域过窄且/或普适性较差,对于减贫、促进结构变迁和持续增长益处甚微"(世界银行,2010)。

现在,已经到了重新审视发展经济学的现状、从过去的经验和知识中学习、提供新的思想和框架的时候了。下一部分我将根据过去的经验和经济学理论阐述新结构经济学的一些基本原理,这一新的结构经济学用新古典方法研究经济发展过程中的经济结构及其动态变迁。[1]

关于经济结构及其变迁的新古典框架

分析经济发展的起点是经济的禀赋特征。一个经济的禀赋特征在任何给定时间是给定的,但会随着时间的推移而变化。按照古典经济学的传统,经济学家一般认为,一国的禀赋仅由土地(或自然资源)、劳动力和资本(包括物质和人力资本)构成。[2]这些实际上是要素禀赋,是经济中的企业在生产中使用的。应该指出的是,新结构经济学强调资本劳动比的动态变化。这是因为,在实事求是地讨论一国的经济发展时,土地都是外生给定的,而自然资源的存量是固定的,发现也是随机的,例如矿产资源。理论上说,也应将基础设施作为一个经济的禀赋的一部分。基础设施包括硬件(有形的)基础设施和软件(无形的)基础设施。硬件基础设施包括高速公路、港口、机场、电信系统、电网和其他公共设施等。软件基础设施包括制度、条例、社会资本、价值体系,以及其他社会和经济安排等。基础设施影响每个企业的交易成本和投资的边际收益。

处于不同发展阶段的国家,由于要素禀赋结构不同,相应也会有不同的经济结构。处于初级发展阶段的国家,其要素禀赋结构一般会呈现出劳动力或自然资源相对丰裕,同时资本相对稀缺的特点,因而生产也多集中于劳动力或资源密集型产业(主要有维持生存的农业、畜牧业、渔业和采矿业),采用传统的、成熟的技术,生产"成熟的"产品。除了矿业和种植业,这些生产活动很少有规模经济。这些国家的企业规模一般而言相对较小,市场交换往往也不正规,通常仅限于在当地市场上与熟人进行交易。这种生产和交易对硬件和软件基础设施的要求不高,只需要相对来说比较简单、初级的基础设施就可以了。

位于发展阶段谱线另一端的高收入国家,则呈现出一幅完全不同的要素禀赋结构图景。这些国家相对丰裕的要素不是劳动力,也不是自然资源,而是资本;因而在资本密集型产业中具有比较优势,这些产业具有规模经济的特征。各种硬件(电力、通信、道路、港口等)和软件(法律法规体系、文化价值系统等)基础设施也必须与全国性乃至全球性的市场活动相适应,这种情形下的市场交易是远距离、大容量、高价值的。

经济发展要求在现有产业中不断引入新的、更好的技术。低收入国家的绝大多数人都以农业为生。农业技术的改进对于增加农民收入和减贫是必不可少的。然而,经济发展也要求经济不断地从现有产业向新的、资本密集度更高的产业扩展,从而实现产业多样化和产业升级。如果没有这样的结构变迁,人均收入持续增加的余地就很小。因此,本文的讨论将集中于与产业升级和多样化有关的问题。

在产业升级过程中,发展中国家具有后发优势,资本密集度从小到大的所有产业都可供选择。然而,要实现向资本更密集产业的升级,发展中国家首先需要升级其要素禀赋结构,而这就要求资本积累速度高于劳动力增长速度(Ju et al., 2009)。当一个国家在经济发展过程中顺着产业阶梯拾级而上时,由于资本设备的不可分性,该国生产的规模效应也在扩大。该国企业的规模更大,需要更大的市场,这些都反过来要求基础设施(比如电力、交通、金融以及其他软件基础设施)的相应变化。

产业升级和产业多样化的过程也增加了企业所面临的风险。企业离世界科技前沿越近,就越难以从发达国家引进成熟技术,也就越需要自主研发新技术和新产品,从而面对的风险就越大。根据风险的来源,一个企业独有的风险可以分为三类:技术创新风险、产品创新风险和管理才能风险。在发展的初级阶段,企业倾向于使用成熟的技术为成熟的市场生产成熟的产品。此时企业面临的主要风险来自企业所有者—管理者的管理才能。当发展到了更高水平,企业往往发明新技术以向新市场生产新产品。此时除管理才能风险以外,企业还会面临技术和市场成熟的风险。因此,虽然技术创新、产品创新和管理才能都影响到企业的总体风险,但三者之间的相对重要性却因产业和发展阶段的不同而大不相同。

随着企业规模、市场范围和风险性质的变化,以及产业结构的升级,经济对基础设施(包括硬件和软件)的要求也在发生变化。倘若基础设施无法同时改善,各个产业的升级过程都将面临 Leibenstein(1957)讨论过的 X-低效率(X-inefficiency)问题。在任何给定时点,一个经济体的产业结构内生决定于该时点上劳动力、资本和自然资源的相对丰裕程度,因此,随着资本积累或人口增长,经济的要素禀赋结构也会发生变化,使其产业结构偏离原来发展阶段下的最优产业结构。[3]

当企业所选择的产业和技术都与经济体要素禀赋结构所决定的比较优势相符时[4],经济将会最有竞争力。[5]随着这些充满竞争力的企业和产业不断成长,它们将占有更大的国内、国际市场份额,同时也将最大限度地创造经济剩余(表现为工资和利润)。而且,由于产业结构在那个要素禀赋结构下是最优的,如果把这些经济剩余重新投资的话,则其回报也将最大。随着时间的推移,经济将不断积累实物和人力资本,不断提升自身的要素禀赋结构和产业结构,并且使得本国企业在资本和技术更为密集的产品中越来越有竞争力。

企业关注的是利润。要想使企业自发进入和选择符合要素禀赋结构的产业和技术,该经济的价格体系就必须反映要素的相对稀缺程度,而只有竞争性的市场才能做到这一点(Lin, 2009a; Lin and Chang, 2009)。因此,无论在哪一个发展水平上,市场都应被作为基础性的资源配置机制。这种遵循比较优势的发展方法对于贫穷国家的经济发展而言看起来或许是缓慢而令人沮丧的。但事实上,这种办法却是积累资本和提升要素禀赋结构的最快方法;并且,只要能够得到更为发达的国家已经开发出来且依然存在于这些国家的技术,并进入这类产业,其产业结构升级速度还可加快。在每一个发展水平上,发展中国家的企业都可以选择适合该阶段要素禀赋结构的技术(并进入相关产业),而不用自己重新研发(Gerschenkron, 1962; Krugman, 1979)。正是这种利用已臻完善的技术进入现有产业的做法,让一些东亚新兴工业化经济体维持了年均8%—10%的GDP增速。

随着发展中国家沿产业和技术阶梯拾级而上,许多其他变化都随之而至:企业所采用的技术越来越复杂,资本需求增加,生产和市场规模也有了变化。远距离市场交易越来越多。因而,为了给新升级的产业中的企业降低交易成本,并使其达到生产可能性边界,一个灵活、平稳的产业和技术升级过程就需要教育、金融、法律和硬件基础设施方面同时做出相应改进(Harrison and Rodríguez-Clare, 2010)。显而易见,单个企业无法有效地内部化所有这些变革成本,而多个企业之间为了应对这种挑战进行的自发协调往往也不可能实现。基础设施的改善需要集体行动,至少需要基础设施服务的提供者与工业企业二者之间协调行动。这样,就把政府拉了进来,政府要么自己进行这些基础设施的改善,要么就需要积极协调各方的行动。

当一个经济体的要素禀赋结构发生变化之后,其潜在比较优势也会发生变化,哪些新产业符合这一新的比较优势呢?这就出现了信息不足的问题。要想成功进行产业升级,就要求有一些先驱企业去尝试解决这一问题。这些先驱企业不管成功还是失败,它们的经验教训都会带来有价值的信息外部性。因此,除了在改善硬件和软件基础设施中发挥积极作用,发展中国家的政府,与发达国家的政府一样,还需要对先驱企业产生的信息外部性进行补偿(Rodrik, 2004; Lin, 2009a; Lin and Monga, 2011; Harrison and Rodríguez-Clare, 2010)。[6]

新结构经济学"新"在何处

正如所有的科研活动一样,对经济发展的思考必然是一个不断融合、发现和再创造的连续过程。我们现有的知识,都源自过去数十年来不同背景、不同学科的思想家的努力,而且是在一波又一波的理论和实证研究中发展起来的。因此,十分自然地,这里所提出的新结构经济学与已有的发展经济学文献相比,既有类似之处,又有差异。评价新结构经济学的主要贡献的依据,应该是它所提出的新的政策见解,以及由它引发的未来研究议题的相关性。

与早期结构变迁文献的不同之处

早期的在经济发展背景下讨论结构变迁的文献大多与 Rostow (1990 [1960]) 和 Gerschenkron (1962) 有关。为了更好地理解经济发展是如何发生的以及应该采取什么样的发展战略来促进经济发展,前者认为,根据各国的增长水平,可以把世界各国分为五类:(1) 传统社会,特征是维持生存的经济,产品未被用于交换,甚至未被记录,以物易物的存在,农业在经济中占比较高且是劳动密集型的;(2) 具备增长所需的前提条件的社会,资本在农业中的使用增加,采矿业有了一定程度的发展,储蓄和投资有了一定程度的增长;(3) 处于经济起飞状态的社会,投资水平和工业化水平都更高,储蓄有了进一步的积累,农业劳动力占比下降;(4) 走向成熟且财富积累既导致在高附加值产业的进一步投资也导致经济进一步发展的社会,此时经济增长变得可自我持续,产业多元化,更尖端的技术被使用;(5) 高消费社会,产出水平很高,服务业在国民经济中占主导地位。

对于 Rostow 的观点——所有的发展中国家都要经历一个相似的发展水平序列,以及这一观点的推论——把不同国家的发展路径进行普遍化是可能的,Gerschenkron 提出了质疑。新结构经济学认为,从低水平到高水平的经济发展是一个连续过程,并非五个不同水平的机械序列。尽管一国产业结构的变迁反映了该国要素禀赋结构的变化,但是在要素禀赋结构类似的国家,产业发展的方式可以是不同的和非线性的。在市场全球化、新产品层出不穷、技术变迁持续不断的今天,这一点尤为正确,各国可以利用许多在过去不可能获得的机会,并专门发展彼此不同的产业。

经济增长委员会(The Growth Commission, 2008)以及 Jones and Romer (2009) 提出了现代增长分析的一些关键的特征事实:在发展产业中遵循比较优势的经济在本国和世界市场上的竞争力都是最强的。其结果是,该国的收入可能达到最大,用于储蓄的剩余也可能达到最大。资本投资的收益也会达到最大。这样,家庭就会有最高的储蓄倾向,使得该国的要素禀赋结构得到更快的升级(Lin and Monga, 2010)。围绕这些特征事实,存在一些内生性和外生性问题,新结构经济学为理解这些问题提供了一个分析框架。

与旧结构经济学的异同

"新"与"旧"结构经济学的相同之处是,二者的理论基础都是发展中国家与发达国家之间经济结构的差异,并且都认为,在经济从较低阶段向较高阶段发展时,政府可以起到积极作用。然而,就政府干预的目标和方式而言,新旧结构经济学却有着深刻的差异。旧结构经济学倡导的经济政策是违背比较优势的,它建议发展中国家的政府通过直接的行政手段和价格扭曲来优先发展先进的资本密集型产业;而新结构经济学则强调市场在资源配置中的核心作用,认为政府应该解决外部性问题和协调问题,以帮助企业进行产业升级。

新旧结构经济学之间的差异,是由于其对结构刚性的根源看法不同:旧结构经济学认为,存在一些市场失灵,使得发展中国家难以发展先进的资本密集型产业,这些市场失灵是由结构刚性外生决定的,而这些结构刚性的存在,又是源于垄断的存在、劳动力对价格信号的反常反应和/或要素的不可流动性。与之相反,新结构经济学认为,发展中国家若想发展先进的资本密集型产业,是不可能取得成功的,这是由其要素禀赋结构所内生决定的。对于发展中国家竞争性市场中的企业来说,资本的稀缺、软件和硬件基础设施的落后,都使得资源从已有产业向先进的资本密集型产业的重新配置无利可图。

旧结构经济学对世界的看法是两元的、有局限性的,它把世界各国仅仅分为两类:"低收入的外围国家"和"高收入的中心国家"。因而也就相应地用两分法来描述发展中国家和发达国家之间产业结构的差异。与之相反,新结构经济学则认为,发展中国家和发达国家之间产业结构的这种差异反映了处于一整个谱线上的不同发展水平。新结构经济学还抛弃了依赖理论。在新结构经济学看来,在全球化程度不断提高的世界上,通过进行产业多样化并建立符合比较优势的产业结构,从而提高经济增长速度,并在开放的、全球化的世界上通过利用后发优势来实现经济收敛,发展中国家就有可能逆转不利的历史趋势。

新旧结构经济学之间的另一重大区别在于其对经济管理中运用关键工具的理论依据不同。旧结构经济学把政府对经济活动的系统性干预看作现代化目标不可缺少的组成部分。把经济从"发展中国家"转变为"工业化国家"的主要政策工具有泛保护主义(如政府强加进口关税以保护国内幼稚产业)、刚性汇率政策、金融抑制,以及在大多数部门设立国有企业等。

与之相反,新结构经济学把进口替代看作发展中国家在发展过程中爬升产业阶梯的自然现象,前提是进口替代符合要素禀赋结构的变化所导致的比较优势的转移。但是,新结构经济学抛弃了传统的进口替代战略,该战略依靠在低收入的、劳动或资源密集的经济中运用财政政策或价格扭曲来发展不符合本国比较优势的、成本较高的资本密集型产业。新结构经济学还强调,发展中国家的产业升级过程,必须与该国比较优势的变化相一致,后者反映了物质资本和人力资本的积累以及要素禀赋结构的变化。只有这样,才能确保新产业中的企业具备自生能力。新结构经济学的结论是,政府在产业多样化和产业升级过程中的作用,应被限制在提供关于新产业的信息、协调同一产业中不同企业的关联投资、为先驱企业补偿信息外部性,以及通过孵化和鼓励外商直接投资来培育新产业方面(Lin, 2009a; Lin and Chang, 2009; Lin and Monga, 2011)。硬件和软件基础设施的改善有助于降低单个企业的交易费用,并为经济的产业发展过程提供便利,因此,政府还必须在改善硬件和软件基础设施方面起到有效的引导作用。

新结构经济学:一些政策启示

经济发展思想的最终目的,是为穷国取得可持续的、包容性的经济和社会发展提供政策建议。尽管从新结构经济学推导出来的具体政策措施尚需进一步研究,而且这些政策措施也在很大程度上取决于各国国情,我还是将在这一部分就几个问题提出一些初步的想法。

- **财政政策** 直到20世纪20年代英国出现极高的失业率以及发生大萧条以前,经济学家们普遍认为政府适当的财政政策就是维持预算平衡。20世纪早期严重的经济危机导致了凯恩斯主义反周期观点的出现,凯恩斯主义认为政府应使用税收和支出政策来缓和经济周期。凯恩斯主义经济学模型有一个隐含的假定,那就是乘数大于1^7;这一假定的推论是,政府可以做一些私人部门做不了的事情:以几乎为零的社会成本动员经济中的闲置资源(失业劳动力和闲置资本),也就是说,在政府这样做时,GDP的其他部分(消费、投资和净出口)不会因这些政策而下降。新古典经济学对此提出了质疑。新古典经济学指出了所谓"李嘉图等价"陷阱存在的可能性,在他们看来,家庭事实上会根据对未来的预期调整消费和储蓄决策。他们认为,扩张性的财政政策(经济刺激方案)会被看作需要在未来偿还的即期支出或税收减免。他们的结论是,在 GDP 给定的情况下,乘数有可能小于 1,政府支出的增加并不能引起 GDP 其他部分的同等增加。新古典经济学甚至还指出了一些罕见的乘数为负的情形,在这些情形中,政府财政紧缩的效果反而是扩张性的(Francesco and Pagano, 1991)。

从新结构经济学的角度来看,发达国家和发展中国家财政政策的效果可能会不同,原因在于两类国家利用反周期支出进行促进生产率的投资方面的机会不同。一般而言,对于发展中国家的经济增长来说,实物基础设施是一个紧约束;而在提供必要的基础设施以促进经济发展方面,政府的作用必不可少。在这种情况下,衰退就将成为进行基础设施投资的绝佳机遇,原因有三。第一,这些投资不仅增加了短期需求,也提高了长期经济增长率[8];第二,投资成本低于正常时期;第三,未来经济增长率的提升和财政收入的增加将弥补这些投资成本,从而避免李嘉图等价陷阱(Lin, 2009b)。

如果一个发展中国家的政府能够按照新结构经济学的理论,遵循本国比较优势来促进产业发展,则其经济强劲增长的可能性很大,贸易方面将表现良好,需要政府补贴的无自生能力的企业也会较少,因此其经济将更有竞争力,财政状况和对外收支也会更好。在这种情况下,该经济发生内源性危机的次数将更少。而如果经济受到外部冲击的打击,比如本次全球经济危机,政府将有更大的回旋余地来执行反周期的财政刺激政策,对基础设施和其他社会事业进行投资。这些公共投资将提升经济的增长潜力,降低私人部门的交易费用,提升私人部门的投资回报,并在未来产生足以清偿初始投资成本的税收。

新结构经济学除了对财政刺激措施的态度不同,就管理自然资源财富提出的战略也不同。在资源丰富的国家,新结构经济学建议,从资源性收入中拿出适当比例用于人力资本投资、基础设施投资、社会资本投资,并对非资源部门的先行者进行补偿以促进结构转型。为达到最大效果,用这些资源性收入进行的投资项目应该有助于消除产业多样化和产业升级的紧约束,尤其是在基础设施和教育部门。微观经济分析表明,即使穷国工厂里的出厂成本与富国相同,效率低下的基础设施也将导致这些穷国无法参与国际市场的竞争。非洲国家的货运成本和保险成本是世界平均水平的250%[9],道路货物运输时间是亚洲国家的2—3倍。由于缺乏金融资源和合适的政策框架,许多这类国家往往无力维持必要的投资水平和维护成本。在这种情况下,有效的政府财政措施不应是将资源性收入存入主权基金并投资于外国股权或外国项目,而应将其相当大的比例投资于能够促进本国经济发展和结构变迁的国内或地区性项目,比如那些刺激新制造业发展、使产业多样化、提供就业,以及使得产业不断升级的潜力有所提升的项目。[10]

• **货币政策** 旧结构经济学认为,货币政策必须置于政府控制之下(即中央银行不是独立的),并通过影响利率甚至影响部门信贷配置来执行。但旧结构经济学同时也认为,还有其他许多因素也影响发展中国家的投资需求曲线,这些因素的影响过于强大,以至于单凭货币政策并不能实现足够的投资、将资源配置到战略部门以及减少失业。

在理性预期革命的基础上,对于货币政策可被用来支持产业发展这一观点,新古典经济学提出了质疑。新古典经济学认为,货币政策的主要目标是维持价格稳定,并提倡由独立的中央银行采用短期利率政策来维持总体价格水平(或控制货币供给的增速),而不是刺激经济活动,引发通货膨胀。

新结构经济学则认为,在发展中国家,利率政策完全有可能被用作反周期的调控工具,也完全有可能在衰退时期被用作鼓励基础设施投资和产业升级投资的工具。这些措施将有利于经济在未来的生产率增长。对于发达国家,在衰退和产能过剩时期,以货币政策来刺激投资和消费经常是无效的,尤其是在经济中有利可图的投资机会很少、人们的预期普遍比较悲观、失业率居高不下、人们对未来缺乏信心、经济很有可能已陷入流动性陷阱的情况下,这时名义利率已接近于零。然而,值得指出的是,发展中国家是不太可能陷入流动性陷阱的。即使国内现有产业出现产能过剩,产业升级和产业多样化的空间仍然很大。在衰退时期,只要利率足够低,这些国家的企业就会有激励进行能够提升生产率、促进产业升级的投资。况且,这些国家通常面临很多基础设施瓶颈,在衰退时期降低利率将促进对这些基础设施的投资。

新古典经济学对货币政策目标的传统观点太狭窄了。在经济衰退时期,货币政策应该着眼于刺激那些能够消除增长瓶颈的投资。从实践的角度来说,这意味着在衰退时期应该不仅仅降低利率(如多数情况下标准的泰勒规则)。它还意味着,货币当局需要诉诸暂时的利率补贴、灵活的信贷配置规则、类似的限时政策工具等手段,政策指向是被开发银行看作紧约束的基础设施项目,最好是那些处于回报最大、政治经济约束易于管理的地理位置上的项目。

- **金融发展** 人们普遍认为,金融系统的发展对于经济持续增长至关重要,但对其在这一过程中起到了怎样的具体作用却众说纷纭。人们观察到,发展中国家经济发展的主要约束之一是缺乏资本积累。从这一点出发,旧结构经济学认为欠发达国家金融部门的问题源自普遍的市场失灵,这些市场失灵无法单靠市场力量自身来克服。[11]他们建议政府插手干预这一资本积累过程,动员储蓄,配置信贷,以支持先进的资本密集型产业的发展。这常常导致金融抑制(McKinnon,1973;Shaw,1973)。在一些国家,特别是撒哈拉沙漠以南的非洲国家,对预算软约束的信念导致政府在国有金融机构积累了赤字,并产生了一个普遍的、自我抑制的商业文化,这种商业文化不仅存在于银行业,还存在于私人企业(Monga,1997)。吸取这些教训后,新古典经济学家们提倡金融自由化。他们认为,官僚通常既无激励也无能力有效地干预信贷配置和定价,而界定清晰的产权体系、运作良好的合约制度安排以及竞争会为一个健全的金融系统的出现创造条件。他们建议政府放弃对银行的所有权,并去除对信贷配置和利率的限制(Caprio and Honohan,2001)。

新结构经济学尽管也同意金融抑制的负面效果,却强调如下事实:那些扭曲是人为设计出来的,目的是保护发展中国家优先部门中缺乏自生能力的企业。新结构经济学还强调,要在转轨过程中同时实现经济稳定和快速增长,对国内金融和对外贸易部门进行自由化时的政策顺序就很重要。新结构经济学认为,每个给定发展阶段的最优金融结构可能取决于当时的主导产业结构、平均企业规模和企业面临的主要风险类型,而这些因素又进一步内生决定于当时经济体的要素禀赋结构。国家的政策往往不顾自身经济结构状况偏爱大银行和股权市场,但新结构经济学建议,这些收入较低的国家不应复制发达工业化国家的金融结构,而应将地区性的中小银行作为其金融系统的基础,以使得农业、工业和服务业中的小企业能够获得足够的金融服务。随着产业升级,以及这些国家的经济越来越依赖资本密集型产业,大银行和复杂的股权市场也将在这些国家的金融体系中占据越来越重要的地位(Lin et al.,2009)。

- **外国资本** 旧结构经济学认为世界以中心—外围关系为特征,倾向于认为外国资本是工业化国家及其跨国企业用以维持它们对发展中国家有害的控制的工具。它们否定跨国资本自由流动能够改善资源配置效率的看法,把对发展中国家的外商直接投资看作发达国家取得对穷国企业的所有权和主导穷国经济的工具。旧结构经济学因此倡导对一切形式的国际金融流动予以严格管制。

新古典经济学则认为,跨国资本流动有以下几个好处:使储蓄不足的国家能够为国内有前景的投资项目进行融资;使投资者多样化其投资组合;使投资风险分散更广;推动跨期贸易,即以今天的商品换取明天的商品(Eichengreen et al., 1999)。因此,新古典经济学赞成开放资本市场或使其自由化,以期实现更为有效的储蓄配置、更大的投资多样化可能性、更快的经济增速以及更为缓和的经济周期。然而,应该指出的是,一些新古典经济学家也认为,不完全信息、资本的大进大出以及其他一些问题也会扭曲发展中国家的自由化金融市场,导致次优结果,损害社会总体福利。

新结构经济学则认为,与其他形式的资本流动相比,外商直接投资对发展中国家是有利的,因为它的目标投资方向往往就是与这些国家的比较优势相一致的产业。相较于银行贷款、债务融资以及资产组合投资(portfolio investment)而言,在恐慌时期外商直接投资的流向不太会突然逆转,也就不会像债务和资产组合投资那样因资金流向突然逆转而导致严重的金融危机。而且,外商直接投资一般都会带来技术、管理、市场渠道和社会网络,这些正是发展中国家所缺乏的,也是其产业升级所必需的。因此,外商直接投资的自由化应成为整体发展战略的一个有益的组成部分。相反,资产组合投资快速进出,金额巨大,主要从事投机活动(集中于股市和房地产市场),会引起泡沫和经济波动,因而在发展中国家不应受到鼓励。[12] Lucas(1990)提出了一个谜题:资本为什么会从资本稀缺的发展中国家流向资本充裕的发达国家?新结构经济学可以解释这一谜题:如果发展中国家的基础设施没有得到改善,也未随着比较优势的变化进行产业升级,那么发展中国家所积累的资本可能面临收益递减的困境,导致发展中国家资本收益降低,资本就流向了发达国家。

● **贸易政策** 对于外贸,旧结构经济学曾有多种研究思路,但它们都一致认为,与全球经济相融合必然会固化现有的世界权力体系,在这个权力体系下,西方发达国家及其跨国公司主宰着发展中国家并剥削其经济。为摆脱这种依赖陷阱,旧结构经济学家建议优先考虑进口替代战略,让发展中国家先在封闭的、受保护的环境中发展,直至其现代产业有能力与发达的工业化国家在世界市场竞争。

在20世纪80年代,一些经济学家开始持有截然相反的观点。观察到发展中国家的大部分危机都有外部因素的影响,他们认为,这些危机的直接原因就是缺乏足够的外汇以偿还债务和购买进口商品。他们建议外贸自由化和大力发展出口,以出口收入挣取外汇,从而解决这一问题。这也与如下观点一致:在长期,外向型发展战略比内向型发展战略更有效。还有人认为,外向型发展战略能够提高对非熟练劳动力的需求和这些工人的工资水平,正如在几个成功的东亚经济体所发生的那样(Kanbur, 2009),这进一步支持了上述观点。

新结构经济学与新古典经济学一样,都认为进出口内生取决于经济体要素禀赋结构所决定的比较优势(进出口是产业升级过程的重要特征,其变化反映了比较优势的变化)。全球化使发展中国家能够利用后发优势,达到比处于世界技术前沿的国家更快的技术进步速度和结构转型速度。开放对于发展中国家与发达国家之间差距的收敛至关重要。然而,新结构经济学也认识到,许多发展中国家开始攀登产业阶梯的时候,往往面临旧结构经济学进口替代战略所留下的诸多扭曲。因此,新结构经济学建议贸易自由化应该采用渐进法。在转型中,对那些不符合比较优势的产业,政府可以提供某种临时保护;同时,对那些在过去被严格管制和抑制但却符合比较优势的产业,则应该放开准入。已被自由化的部门的高速增长为改革旧的优先部门创造了条件。在转型过程中,这种实用的两轨法思路有可能在没有人受到损失的情况下实现增长目标(Naughton, 1995; Lau et al., 2000; Subramanian and Roy, 2003; Lin, 2009a)。

- **人类发展** 关于人类发展在经济增长中的作用,旧结构经济学言之甚少。与之相反,新古典经济学表明,许多国家在19到20世纪人均收入不断增长的主要原因是科学技术知识的进步,因为这种进步提高了劳动力和其他要素的生产率。而经济理论则进一步阐明,增长是新知识和人力资本相互配合、相互作用的结果,这也解释了如下现象:所有那些取得显著经济增长的国家都同时出现了科技的巨大进步和教育培训的大幅增加。教育、培训、健康,这三者作为最重要的人力资本投资,被认为是经济发展最重要的驱动力(Becker, 1975; Jones and Romer, 2009)。

新结构经济学认为,人力资本是一个国家资源禀赋的组成部分。对经济个体而言,在与经济发展相伴的产业升级和技术创新过程中,风险和不确定性将增加。当各个企业沿着产业阶梯攀登至新的、资本更密集的产业并越来越接近世界产业前沿的时候,它们面临的风险水平也更高。人力资本可以提高劳动者应对风险和不确定性的能力(Schultz,1961),但其形成则需要很长时间。一个人在年轻的时候若失去了接受教育的机会,那么在以后可能就没有能力弥补这一损失。在一个动态增长的经济中,新产业、新技术要求新的劳动技能,因此提前做好规划并进行相应的人力资本投资是十分重要的。但是,人力资本的提升必须与物质资本的积累和产业升级保持齐头并进。否则,人力资本要么因为投资不足而成为经济发展的紧约束,要么则因为教育培训投资过快使一批高学历的劳动者无法找到相应的工作而造就沮丧的年轻一代。

一套精心设计的人力资本开发政策应该是一个国家总体发展战略不可缺少的重要组成部分。新结构经济学超越了新古典经济学关于教育的传统观点,认为发展战略需要包含人力资本投资政策以促进产业升级,并使经济体充分利用所有资源。这些战略的关键是要遵循Lucas(2002)的建议:人力资本拥有数量和质量两个维度。这个战略还应针对各个劳动者在其生命周期上所处的不同阶段来设计提升其劳动技能的政策[13],政府和私人部门应该通力合作以预计和应对劳动力市场上对劳动者技能要求的变化。第二次世界大战后,有 13 个国家或地区[14]实现了持续超过 25 年的 7% 以上的高速增长,新加坡就是其中之一。新加坡是把人力资本发展作为国家战略的成功范例(Osman-Gani,2004)。它的人力资本发展战略已超越了学校教育的范畴,把在职培训也作为人力资本积累的重要组成部分。而且,新加坡还根据本国的其他战略性经济政策不断修订和调整其人力资源战略。

结语

新结构经济学强调要素禀赋、不同发展水平上产业结构的差异,以及经济中的各种扭曲带来的影响,这些扭曲来源于政策制定者过去对经济的不当干预,这些政策制定者对旧结构经济学的信念,使他们高估了政府在矫正市场失灵方面的能力。新结构经济学还指出了如下事实:华盛顿共识所倡导的政策常常未考虑发达国家与发展中国家间的结构性差异,也忽略了发展中国家对各种扭曲进行改革时的次优性质。

这里提出的新结构经济学试图构建一个具有普遍意义的框架，来理解人们观察到的、关于持续增长的各种特征事实背后的因果关系。具体而言，新结构经济学的目标如下：（1）建立一个分析架构，将发展中国家的要素禀赋和基础设施、发展水平，以及相应的产业、社会、经济结构等因素考虑在内；（2）分析政府与市场在不同发展水平上的作用，以及从一个水平向另一个水平的转换机理；（3）分析经济扭曲出现的原因，以及政府为退出扭曲应该采取的措施。过去几十年中，有一些分析框架曾主导着人们对于发展的思考，却同各国的经验事实鲜有联系。新结构经济学的努力方向，并不是用另一个意识形态主导的政策框架来替代它们，而是考虑各国的要素禀赋结构和发展水平，提出一条因国而异的、严谨的、有创见的、对于发展政策来说切实可靠的路线。这一框架强调，应更好地理解一个国家发展过程中不同发展水平上结构差异的影响，尤其是涉及适当的制度与政策，以及结构转变过程中私人部门面临的各种约束与激励的方面。

发展经济学的现状和全球危机对发展中国家经济的严重影响都强烈呼唤着一个新的框架来思考发展的问题。新结构经济学所提出的研究议程应该能够丰富人们的研究，深化人们对经济发展本质的理解。这将有助于低收入和中低收入国家实现动态的、可持续的、包容性的经济增长，并消除贫困。

注释

1. 我将结构主义经济学家的早期贡献如 Prebisch（1950）和 Furtado（1964，1970），以及最近的成果如 Taylor（1983，1991，2004）和 Justman and Gurion（1991）称为旧结构经济学。
2. 任一特定时刻一个经济的总要素禀赋，也就是该经济的总预算约束，与要素禀赋的结构，同家庭的偏好和企业的生产技术，三者共同决定了经济中要素和产品的相对价格。总预算和相对价格是经济分析的两个最基本的参数。另外，在任一特定时刻，要素禀赋是给定的，但会随时间变化。这些特点使得要素禀赋及其结构成为经济发展分析的最佳出发点。除赫克歇尔-俄林的贸易理论以外，经济学界没有给予要素禀赋及其结构足够的重视。
3. 每一个发展水平上的产业结构内生于一国要素禀赋结构的观点成为大量理论研究的主题。例如，Lin and Zhang（2009）利用动态一般均衡框架建立了一个把结构变迁和不断的产品升级结合在一起的内生增长模型，来研究一个欠发达国家（LDC）产业结构的内生性、合适的技术和经济增长。他们采用了两部门模型：传统部门的技术变迁主要是采用 Romer（1990）提出的以扩展产品种类为基础的横向创新的方式；而现代部门的技术变迁主要是不断用先进的资本密集型产业来替代落后的劳动密集型产业。这需要一个利润驱动型的企业或企业家进行有目的的投资（Grossman and Helpman，1994）。该模型告诉我们：（1）欠发达国家的最优产业结构和发达国家（DC）的不同；（2）适宜欠发达国家现代部门采用的技术应该在发达国家的技术边界之内；（3）由于欠发达国家资本相对稀缺，一个进入资本密集型先进产业（以发达国家为标准）的该国企业将无法生存下去。Ju et al.（2009）利用一个动态一般均衡模型证明：随着一国的资本禀赋变得更加充足，该国的产业将会内生地升级到资本更密集的产业。该模型描绘了一个连续的倒 V 形产业演化路径：当资本积累到一个特定点的时候，一个新的产业产生、繁荣，然后衰落，最终消失。当该产业衰落的时候，一个资本更密集的产业将会出现并蓬勃发展。在一个开放经济中，资本是流动的；但是这种资本的流动性不会使高收入的、资本充足的国家的资本劳动比和低收入的、资本缺乏国家的资本劳动比相等。这是因为资本从高收入国家流向低收入国家主要有两个目的。第一个目的是利用低收入国家劳动力（或自然资源）充足的比较优势，把其当作出口基地。为了达到这个目的，其产业应该与低收入的接受国由其要素禀赋结构决定的比较优势相一致，尽管外商投资企业采用的技术可能比本国企业资本更密集。第二个目的是获得进入低收入国家市场的通道。就这种类型的资本流动而言，外商投资的产业要比当地企业的资本更密集，但仅有那些与接受国的比较优势相一致的生产活动才会被安排在该国，比如把零件组装成最终产品。因此，即使资本具有流动性，由"一个国家在任一给定时点的相对资本丰裕度是给定的"这一假设得来的理论观点依然是成立的。

4. 对于非贸易品，成本最小的生产技术也是由要素禀赋结构内生决定的。也就是说，当资本相对充足的时候，生产非贸易品的技术也是相对资本密集的，这与贸易品部门一模一样。为了简洁，本文的讨论集中于贸易品部门。

5. Porter（1990）使"竞争优势"这一名词流行起来。基于他的论述，如果一个国家的产业符合如下四个条件，那么这个国家将在全球经济中获得竞争优势：（1）这些产业在生产中，密集地使用该国丰富的、相对便宜的要素；（2）其产品拥有广大的国内市场；（3）每个产业形成一个产业集群；（4）每个产业的国内市场是竞争的市场。其中，第一个条件实际上意味着这些产业应符合由该国要素禀赋结构所决定的比较优势；而第三和第四两个条件仅当产业与该国要素禀赋结构相符时才会成立。因此，上述四个条件可以归结为两个相互独立的条件：比较优势与国内市场大小。而在这两个独立条件之中，比较优势又是最为关键的，因为如果一个产业符合该国的比较优势，那么该产业的产品就可以以全球为市场。这也是这个世界上很多最富有的国家都很小的原因所在（Lin and Ren，2007）。

6. 发达国家当今的产业已处于全球的最前沿，面临下一个前沿产业将会是什么的不确定性。因此，这些国家支持先驱企业的政策措施往往以对大学中研究（这些研究对私人企业的研发有外部性）的支持、专利、资本投资的税收优惠、行政命令、国防合同和政府采购的形式出现。税收优惠、国防合同、政府采购形式的支持是针对特定产业或特定产品的。同样,因为预算约束,政府对基础研究的支持也应优先考虑特定的产业或产品。然而,政府对先驱企业的支持在发展中国家,特别是低收入国家,经常是失败的。最重要的原因之一是,这些国家的政府支持的企业往往属于不符合该经济体比较优势的产业(Lin, 2009a; Lin and Chang, 2009)。

7. Barro(2009)将凯恩斯主义积极财政政策称为"极端需求观"或"新巫术经济学"。

8. 最近的研究表明,发展中国家的投资项目中,通信项目的平均回报为30%—40%,发电项目为超过40%,而道路建设平均超过200%。在泰国,2006年因断电造成的生产损失相当于做生意的总间接成本的50%。企业常常依赖自有的发电机去弥补不可靠的公共电力供给的不足。在巴基斯坦,2002年被火灾毁掉的被访者中,60%以上拥有自己的发电机。而要维护一个发电机往往成本高昂,负担很重,对解决就业最为重要的中小企业尤为如此。然而,虽然这些成本是由私人负担的,但其收益却扩散到整个经济。

9. 以成本的百分比计算(资料来源:UNCTAD统计数据库)。

10. 开采自然资源可以创造很大的收益,但却常常是资本非常密集的活动,只能创造有限的就业机会。在最近一次对巴布亚新几内亚的访问中,我观察到,塔布比尔的奥克泰迪铜金矿的出口收入占全国出口的将近80%,给政府的收入占政府总收入的40%,但只提供了2 000个工作岗位。目前正在审查的一个液化天然气项目,在2012年完工后,将使得巴布亚新几内亚的国民收入翻一番,但只能提供8 000个工作岗位。而该国650万人口的大部分仍然需要靠维持生存的农业为生。那些在现代采矿业就职的极少数工人精英,和在仅能维持生存水平的农业就职的农民之间的巨大生活水平差距,成为社会紧张的根源之一。在博茨瓦纳也有类似情况:虽然钻石采掘业的巨大成功在过去40年中一直支持着博茨瓦纳的增长奇迹,但博茨瓦纳没在该产业之外实现多样化,也没有创造就业机会,这就解释了该国不平等程度加大,以及许多人类和社会发展指标恶化的原因。

11. Gerscherkron(1962)提出了相似的观点,指出在一个较弱的制度环境下,仅靠私人部门无法有效地解决金融渠道不畅的问题。

12. 大量突然涌入的投资组合资本,更可能投向投机性而非生产性部门,原因有二:第一,在已有产业大幅增加投资会使得资本边际收益递减;第二,产业的快速、大幅升级受制于人力资本,以及软件和硬件基础设施。

13. Carneiro and Heckman(2003)证明了人生早期形成的认知性和非认知性技能对于解释不同社会群体间教育程度以及其他社会—经济成功程度等指标差异的重要性。他们提供了早期教育回报高、后期补偿性教育回报低的经验证据。

14. 这些国家和地区包括:博茨瓦纳,巴西,中国内地,中国香港特别行政区,印度尼西亚,日本,韩国,马来西亚,马耳他,阿曼,新加坡,中国台湾地区,泰国。

参考文献

Acemoglu, D., S. Johnson, and J. A. Robinson. 2001. "The Colonial Origins of Comparative Development: An Empirical Investigation," *American Economic Review* 91: 1369—1401.

Aghion, P., and P. Howitt. 1992. "A Model of Growth through Creative Destruction," *Econometrica* 60(2): 323—351.

Barro, R. J. 2009. "Government Spending is No Free Lunch," *The Wall Street Journal*, January 22.

Becker, Gary S. 1975. *Human Capital: A Theoretical and Empirical Analysis, with Special Reference to Education*. 2nd edn. New York: Columbia University Press for NBER.

Caprio, G., and P. Honohan. 2001. *Finance for Growth: Policy Choices in a Volatile World*. New York: World Bank and Oxford University Press.

Cardoso, E., and A. Helwege. 1995. *Latin America's Economy*. Cambridge, MA: MIT Press.

Carneiro, P., and J. J. Heckman. 2003. "Human Capital Policy," IZA Discussion Papers 821, Institute for the Study of Labor (IZA).

Chang, P. K. 1949. *Agriculture and Industrialization*. Cambridge, MA: Harvard University Press.

Domar, E. 1946. "Capital Expansion, Rate of Growth, and Employment," *Econometrica* 14, (April): 137—147.

Easterly, W. 2001. *The Elusive Quest for Growth: Economists' Adventures and Misadventures in the Tropics*. Cambridge, MA: MIT Press.

Easterly, W., N. Loayza, and P. J. Montiel. 1997. "Has Latin America's Post-reform Growth been Disappointing?" World Bank Policy Research Paper 1708, World Bank, Washington, D. C., August.

Eichengreen, B., M. Mussa, G. Dell'Ariccia, E. Detragiache, G. M. Milesi-Ferretti, and A. Tweedie. 1999. "Liberalizing Capital Movements: Some Analytical Issues," Economic Issues no. 17. IMF, Washington, D. C.

Francesco, G., and M. Pagano. 1991. "Can Severe Fiscal Contractions be Expansiona- ry? —Tales of Two Small European Countries," in O. J. Blanchard and S. Fischer, *NBER Macroeconomics Annual 1990*. Cambridge, MA: MIT Press.

Furtado, C. 1964. *Development and Underdevelopment*. Los Angeles: University of California Press.

——. 1970. *Economic Development of Latin America*. London: Cambridge University Press.

Gerschenkron, A. 1962. *Economic Backwardness in Historical Perspective: A Book of Essays*. Cambridge, MA: Belknap Press of Harvard University Press.

Glaeser, E., and A. Shleifer. 2002. "Legal Origins," *Quarterly Journal of Economics* 117 (November): 1193—1229.

Grossman, G. M., and E. Helpman. 1994. "Endogenous Innovation in the Theory of Growth," *Journal of Economic Perspectives* 8(1): 23—44.

Growth Commission. 2008. "The Growth Report: Strategies for Sustained Growth and Inclusive Development," Washington, D. C.

Harrison, A., and A. Rodríguez-Clare. 2010. "Trade, Foreign Investment, and Industrial Policy for Developing Countries," in D. Rodrik (ed.), *Handbook of Economic Growth*, vol. 5. Amsterdam, The Netherlands: North-Holland, 4039—4213.

Harrod, R. F. 1939. "An Essay in Dynamic Theory," *The Economic Journal* 49 (193): 14—33.

Hausmann, R., D. Rodrik, and A. Velasco. 2005. "Growth Diagnostics," in J. Stiglitz and N. Serra (eds.), *The Washington Consensus Reconsidered: Towards a New Global Governance. Oxford: Oxford University Press.

Hirschman, A. O. 1958. *The Strategy of Economic Development*. New Haven, CT: Yale University Press.

Jones, C. I. 1998. *Introduction to Economic Growth*. New York: W. W. Norton.

Jones, C. I., and P. M. Romer. 2009. "The New Kaldor Facts: Ideas, Institutions, Population, and Human Capital," NBER Working Paper Series 15094.

Ju, J., J. Y. Lin, and Y. Wang. 2009. "Endowment Structures, Industrial Dynamics, and Economic Growth," Policy Research Working Papers Series 5055, World Bank, Washington, D. C.

Justman, M., and B. Gurion. 1991. "Structuralist Perspective on the Role of Technology in Economic Growth and Development," *World Development* 19(9): 1167—1183.

Kanbur, R. 2009. "The Crisis, Economic Development Thinking, and Protecting the Poor," Presentation to the World Bank's Executive Board, July.

Krueger, A. 1974. "The Political Economy of Rent-Seeking Society," *American Economic Review* 64(3): 291—303.

Krugman, P. 1979. "A Model of Innovation, Technology Transfer, and the World Distribution of Income," *Journal of Political Economy* 87(2): 253—266.

——. 1993. "Protection in Developing Countries," in R. Dornbusch (ed.), *Policymaking in the Open Economy: Concepts and Case Studies in Economic Performance*. New York: Oxford University Press, 127—148.

Kuznets, S. 1966. *Modern Economic Growth: Rate, Structure and Spread*. New Haven, CT: Yale University Press.

Lau, L. J., Y. Qian, and G. Roland. 2000. "Reform without Losers: An Interpretation of China's Dual-track Approach to Transition," *Journal of Political Economy* 108(1): 120—143.

Leibenstein, H. 1957. *Economic Backwardness and Economic Growth: Studies in the Theory of Economic Development*. New York: Wiley.

Lewis, W. A. 1954. "Economic Development with Unlimited Supplies of Labor," The Manchester School, May.

Lin, J. Y. 2009a. *Economic Development and Transition: Thought, Strategy, and Viability*. Cambridge: Cambridge University Press.

——. 2009b. "Beyond Keynesianism," *Harvard International Review* 31 (2): 14—17.

Lin, J. Y., and H. Chang. 2009. "DPR Debate: Should Industrial Policy in Developing Countries Conform to Comparative Advantage or Defy It?" *Development Policy Review* 27(5): 483—502. (Reprinted in chapter II of this volume.)

Lin, J. Y., and F. Li. 2009. "Development Strategy, Viability, and Economic Distortions in Developing Countries," Policy Research Working Paper 4906, World Bank, Washington, D. C., April.

Lin, J. Y., and C. Monga. 2010. "The Growth Report and New Structural Economics," Policy Research Working Papers Series 5336, World Bank, Washington, D. C. (Reprinted in chapter II of this volume.)

——. 2011. "DPR Debate: Growth Identification and Facilitation: The Role of the State in the Dynamics of Structural Change," *Development Policy Review* 29 (3): 259—310. (Reprinted in chapter III of this volume.)

林毅夫、任若恩,"东亚经济增长模式相关争论的再探讨",《经济研究》,2007年第8期,第4—12页。

Lin, J. Y., and P. Zhang. 2009. "Industrial Structure, Appropriate Technology and Economic Growth in Less Developed Countries," Policy Research Working Paper 4906, World Bank, Washington, D. C., April.

Lin, J. Y., X. Sun, and Y. Jiang. 2009. "Towards a Theory of Optimal Financial Structure," Policy Research Working Papers Series 5038, World Bank, Washington, D. C.

Lucas Jr., R. E. 1990. "Why Doesn't Capital Flow from Rich to Poor Countries?" *American Economic Review* 80(2): 92—96.

——. 2002. *Lectures on Economic Growth.* Cambridge, MA: Harvard University Press.

McKinnon, R. I. 1973. *Money and Capital in Economic Development.* Washington, D. C.: Brookings Institution.

Monga, C. 1997. *L'argent des autres—Banques et petites entreprises en Afrique: le cas du Cameroun.* Paris: LDGJ-Montchretien.

Myrdal, G. 1957. *Economic Theory and Under-developed Regions.* London: Duckworth.

Naughton, B. 1995. *Growing out of Plan: Chinese Economic Reform 1978—1993.* Cambridge: Cambridge University Press.

Nurkse, R. 1953. *Problems of Capital Formation in Underdeveloped Countries.* New York: Oxford University Press.

Osman-Gani, A. M. 2004. "Human Capital Development in Singapore: An Analysis of National Policy Perspectives," *Advances in Developing Human Resources* 6(3): 276—287.

Porter, M. E. 1990. *The Competitive Advantage of Nations.* New York: Free Press.

Prebisch, R. 1950. *The Economic Development of Latin America and its Principal Problems.* New York: United Nations. Reprinted in *Economic Bulletin fo Latin America* 7(1): 1—22.

Ramsey, F. P. 1928. "A Mathematical Theory of Saving," *Economic Journal* 38(152): 543—559.

Ravallion, M. 2009. "Evaluation in the Practice of Development," *The World Bank Research Observer* 24(1): 29—53.

Rodrik, D. 2004. "Industrial Policy for the Twenty-First Century," Cambridge, MA. [http://ksghome.harvard.edu/~drodrik/unidosep.pdf].

Romer, P. M. 1987. "Growth Based on Increasing Returns Due to Specialization," *American Economic Review* 77(2): 56—62.

——. 1990. "Endogenous Technological Change," *Journal of Political Economy* 98(5, Part 2): *The Problem of Development: A Conference of the Institute for the Study of Free Enterprise Systems*, October: S71—S102.

Rosenstein-Rodan, P. 1943. "Problems of Industrialization of Eastern and Southeastern Europe," *Economic Journal* 111(210—211, June-September): 202—211.

Rosenzweig, M. R., and K. I. Wolpin. 1985. "Scientific Experience, Household Structure and Intergenerational Transfers: Farm Family Land and Labor Arrangements in Developing Countries," *Quarterly Journal of Economics* 100, Supplement.

Rostow, W. W. 1990 [1960]. *The Stages of Economic Growth: A Non-communist Manifesto*, 3rd edn. New York: Cambridge University Press.

Schultz, T. W. 1961. "Investments in Human Capital," *American Economic Review* 51(1): 1—17.

Schumpeter, J., 1934. *The Theory of Economic Development.* Cambridge, MA: Harvard University Press.

Shaw, E. 1973. *Financial Deepening in E-*

conomic Development. New York: Oxford University Press.

Singer, H. 1950. "The Distribution of Gains between Investing and Borrowing Countries," *American Economic Review* 40(May): 473—485.

Subramanian, A., and D. Roy. 2003. "Who Can Explain the Mauritian Miracle? Mede, Romer, Sachs, or Rodrik?" in. D. Rodrik (ed.), In *Search of Prosperity: Analytic Narratives on Economic Growth*. Princeton: Princeton University Press, 205—243.

Taylor, L. 1983. *Structuralist Macroeconomics: Applicable Models for the Third World*. New York: Basic Books.

——. 1991. *Income Distribution, Inflation and Growth: Lectures on Structuralist Macroeconomic Theory*. Cambridge, MA: MIT Press.

——. 2004. *Reconstructing Macroeconomics: Structuralist Proposals and Critiques of the Mainstream*. Cambridge, MA: Harvard University Press.

UNCTAD Statistical Database. http://www.unctad.org/templates/page.asp?intItemID=2364&lang=1

Williamson, J. 1990. "What Washington Means by Policy Reform," in J. Williamson (ed.), *Latin American Adjustment: How Much Has Happened?* Washington, D.C.: Institute for International Economics.

——. 2002. "Did the Washington Consensus Fail?" [http://www.petersoninstitute.org/publications/papers/paper.cfm?ResearchID=488].

World Bank. 2005. *Economic Growth in the 1990s: Learning from a Decade of Reform*. Washington, D.C.

World Bank. 2010. "Research for Development: A World Bank Perspective on Future Directions for Research," Policy Research Working Paper 5437, Washington, D.C.

评论与回应 1

安妮·克鲁格[*,**]

自从发展经济学成为一门学科以来,人们就一直在寻找经济发展的唯一核心所在。物质资本积累、人力资本、产业发展、制度效率、社会资本以及许多其他因素都曾经成为人们关注的焦点。而对应于每一个因素,都或明或暗地涉及政府的作用。

如果我对林毅夫的观点的理解是对的,那么他希望表达的思想是:新结构经济学(New Structural Economics, NSE)认为传统思想忽略了由市场决定的比较优势,以及经济增长要求每一个发展阶段上都有"软件"和"硬件"(无形和有形)基础设施的改善。这样的升级和改善需要协调,并且内化于由企业交易成本和投资收益带来的外部性。因此,除了一个有效的市场机制,政府也应该在推动结构转变中起到积极作用(第10页)。

他似乎还认为,经济增长几乎完全取决于产业的增长,而且经济增长的核心挑战是不断的产业"升级"或者说不断地沿增加值链向上移动。他认为,"自由放任思想……忽略了连续的、根本性的技术变迁和产业升级过程的重要性,而这一过程恰恰是区别现代经济增长和前现代经济增长的关键之处。"(第11页)

问题是,这种转变和升级是否必须在发展过程的早期进行。在许多国家,非熟练劳动力进入非熟练劳动密集型产业,这些产业的产出会扩张一段时期,在这一时期中,越来越多的工人熟悉了现代生产技术,对这类产品的出口也相应增加。只有到了经济发展过程的后期,在

---

[*] 安妮·克鲁格(Anne Krueger)是约翰·霍普金斯大学高级国际研究院(SAIS)的国际经济学教授,并且是斯坦福国际发展研究中心的高级研究员。

[**] 本文改编自安妮·克鲁格代表国际复兴开发银行/世界银行发表的文章("Comments on 'New Structural Economics' by Justin Lin," *The World Bank Research Observer* (2011) 26 (2): 222—226, Oxford University Press)。© 2011 The International Bank for Reconstruction and Development / The World Bank。

农村劳动力被大量吸收之后,产业升级才成为工业增长的主要内容。这种升级的大部分发生在现有企业,是这些企业对真实工资上升、资本成本下降的反应,也是它们在国际市场上学习的结果。

但是,在大多数国家,只有在农业生产率提高时农村劳动力才会被吸收。林毅夫的新结构经济学似乎将增长等同于工业扩张,而忽略了农村地区劳动力(和土地)生产率增长的重要性。对于很多国家来说,农业研发投入不足以及农村医疗卫生和教育方面投入不足已经成为它们发展战略的主要劣势。虽然在减少对农业的歧视方面已经取得了很大进步,但是林毅夫提出的新结构经济学似乎支持工业和城市偏向,而这个偏向本身在许多国家就是非常大的扭曲。

我同意应该由市场来决定比较优势,而且政府有责任保证一个合理的激励体系,并且提供相应的基础设施(包括硬件基础设施和林毅夫所说的"软件"基础设施)。

但是这个观点没有任何新意。能够称为"新"的部分是如下断言:协调和基础设施升级应该以某种方式与一些特定产业相联系。这就引出了一个问题:大多数经济学家都认为,在选择基础设施项目时应该采用成本—收益分析,如果"外部性"与"协调"是重要的,那么它们是对特定产业重要还是对整个工业经济重要?如果是前者,那么那些产业如何确定,在成本—收益分析中又如何估计外部性?或者这些产业会被确定吗?如果认为基础设施是与特定产业相关的,那么也无法搞清楚是什么基础设施。就像讨论幼稚产业的存在性一样,相信它(可能)存在是一回事,确定哪些产业是幼稚产业又是另一回事。即使这些产业存在而且能够被甄别,又会出现如下问题:政府该提供怎样的激励以促进这些产业的发展?(这些激励会是企业专有的吗?是以关税的形式么?或是对企业或产业的补助呢?每一种形式都存在巨大的问题。)如果这个显得更"传统",那么什么是新的呢?如果基础设施是产业专用的(或者产业群专用的),同样的问题仍然需要解决。

关于林毅夫是如何考虑的,很多地方都有线索:"当一个经济体的要素禀赋结构发生变化之后,其潜在比较优势也会发生变化,哪些新产业符合这一新的比较优势呢?这就出现了信息不足的问题。要想成功进行产业升级,就要求有一些先驱企业去尝试解决这一问题。这些先驱企业不管成功还是失败,它们的经验教训都会带来有价值的信息外部性。因此,除了在改善硬件和软件基础设施中发挥积极作用,发展中国家的政府,与发达国家的政府一样,还需要对先驱企业产生的信

息外部性进行补偿。"(第18页)

这样,幼稚产业的问题就又出现了。如何预测这些信息外部性呢?Baldwin(1969)指出,除甄别这些外部性之外,这个观点还存在很多困难。而且生产和出口非熟练劳动密集型商品的企业通常都了解国际市场中的机会,并在积累了经验之后选择进行升级。这种学习过程对韩国、中国台湾和其他地区的企业来说似乎不是一个大问题。

关于林毅夫设想的另一个线索是他倡导对基础设施投资的协调。他说道:"基础设施的改善需要集体行动,至少需要基础设施服务的提供者与工业企业二者之间协调行动。这样,就把政府拉了进来,政府要么自己进行这些基础设施的改善,要么就需要积极协调各方的行动。"(第18页)这将如何实施我们还不清楚。林毅夫坚持认为,只要基础设施同比较优势未来的演化方向是一致的,它就应该随着经济增长而升级。但是他并未深究未来演化方向的甄别方法。把单个企业或产业卷入基础设施投资决策又似乎赋予了它们过大的影响力。

尽管我们承认所有事情不能一蹴而就,但是在进行大型投资时只关注特定领域却忽略其他领域的战略非常值得怀疑。为什么在分配稀缺资本时,使得一些活动具有很好的基础设施而其他的却基础设施不足?这个原因我们不得而知。在没有进一步证据的情况下,这看上去似乎是一种扭曲。另外,我们还要问一问:为什么软件基础设施,例如"商业环境"(由商业准则、税收和补贴结构、相关规定等构成),不能适用于整个经济体?而且,哪些领域或产业应该受到特别优惠?林毅夫没有就选择这些领域或产业的标准展开讨论。而硬件基础设施到底有哪些不包括道路和港口且是产业特定的,对此也没有进行讨论。

但是这所有的一切都建立在如下命题的基础上:公共部门的决策者知道多快的"升级"速度是合适的,也知道外部性的程度有多大。这带来了很多问题。首先,即使我们能够知道哪些活动具有比较优势,这样的优势通常是这样形成的:小企业进入,它们中的一些取得成功并逐渐发展壮大。任何升级战略都将不可避免地偏爱大型名企,因此将遇到与以前进口替代战略同样遇到的问题,而按照林毅夫的看法,进口替代战略是失败的。在产业中挑选优胜者非常困难;这种挑选不能是针对特定企业的,否则就会出现腐败和任人唯亲这一类老问题。同时,要支持的"产业"作为一个内部无差别的实体也很难认定:纺织业是一个产业么?合成纤维是一个产业么?尼龙是一个产业么?当然,这样的细分还能够继续下去。随着资本和劳动技能逐渐积累,如何决定把工业园区和出口加工区建在哪里呢？又如何决定哪些企业将有资格进入这些园区呢？

林毅夫的另一条论点与扭曲的作用有关。他似乎认为，原先采用进口替代战略的国家扭曲了产业结构，从而影响了后续政策的制定。具体地，他说道："许多发展中国家开始攀登产业阶梯的时候，往往面临旧结构经济学进口替代战略所留下的诸多扭曲。因此，新结构经济学建议贸易自由化应该采用渐进法。在转型中，对那些不符合比较优势的产业，政府可以提供某种临时保护；同时，对那些在过去被严格管制和抑制但却符合比较优势的产业，则应该放开准入。"（第26页）

那么，对这些产业应该给予多少保护，保护持续多长时间，如何选择需要保护的产业等，林毅夫同样没有说明。而更重要的是，你可以想象，要求力度更大、时间更持久的保护的政治压力会有多大。大家都知道，保护一些产业就意味着不保护其他产业，所以改革的收效必然会被削弱。更麻烦的是，对自由化改革的主要挑战之一是使人们相信这些政策的改变都是不可逆的。林毅夫的解决方法将使创造可信度的难度加大。而更缓慢的转型意味着时间更长，而在这段时间内增长是缓慢的，反对自由化的政治压力也将逐步积聚。

总的来说，很多人会支持林毅夫分析中的大部分内容，但其分析有两个方面不足以令人信服。一个是由政府主导的具有潜在比较优势的产业的甄别，另一个是产业专用的基础设施的提供。林毅夫希望大家对此进行更深入的研究。这些研究首先要回答的问题是：证明产业（或产业群）外部性的存在；如何事先甄别和测度这种外部性；何种政府支持将提高潜在福利和增长前景，而不像进口替代政策那样带来寻租机会。

在这些问题未被回答之时，新结构经济学恐怕会被作为政府支持特定产业甚至特定企业的许可证，其作用方式可能并不比进口替代策略更有助于经济增长。

参考文献

Baldwin, Robert E. 1969. "The Case against Infant Industry Protection," *Journal of Political Economy* 77(3): 295—305.

丹尼·罗德里克[*],[**]

林毅夫希望让结构主义经济学重回历史舞台,我十分支持他的想法。他希望将结构主义的思想和新古典经济学的逻辑思维结合起来,我同样支持这一想法。我已经支持他两次了,我暂时保留我的第三次支持,这样我就能对他写的一部分内容持保留意见。

结构主义最中心的观点是发展中国家在本质上与发达国家不同。它们不只是富裕国家的缩小版本。要理解低发展水平的困难,就必须理解就业结构和生产结构是如何决定的,特别是传统和现代生产活动下社会边际劳动产出之间的巨大差距,还必须理解如何克服结构转变的障碍。

而新古典经济学的中心思想是人们对激励如何做出反应。如果我们想要对政府应该做些什么提出建议,那么我们就需要理解人们面对的激励是什么。比如说,为什么老师会教书,并把有用的知识和技巧传授给学生;为什么企业家会在新的经济活动中投资;等等。(当然,我们也不能忘了政府部门的工作者也必须有激励去做经济意义上"正确"的事情。)

把这两套思想结合起来,就能够产生一套新的发展经济学,它既不摒弃当代经济学分析方法,又能够适当考虑到发展中经济的特定情况。这样的发展经济学才是政府进行经济干预合适的依据。它既不假设政府全知,又不假设政府完全利他。它能够正确看待市场的力量和效果。但它也不会毫无保留地认为发展是一个自动的过程,只要政府不加干预,发展本身就能自动进行。

因此,正如林毅夫正确指出的,政府在促进产业升级和多样化的过程中可以起到积极的作用。他列举了政府的许多值得期待的功能,例如提供关于新产业的信息、协调企业间和产业间的投资、信息外部性的内部化、通过鼓励外商直接投资来培育新产业等。这类政策在发达的经济体中可能是不必要的或者多余的,但是对于急需发展的贫穷

---

[*] 丹尼·罗德里克(Dani Rodrik)是哈佛大学约翰·肯尼迪政府学院的国际政治经济学教授。

[**] 本文改编自丹尼·罗德里克代表国际复兴开发银行/世界银行发表的文章("Comments on 'New Structural Economics' by Justin Lin," *The World Bank Research Observer* (2011) 26 (2): 227—229, Oxford University Press)。ⓒ 2011 The International Bank for Reconstruction and Development / The World Bank.

国家来说则是必需的。

为了区分传统的结构主义经济学和他的结构主义发展经济学,林毅夫指出了二者之间的一个重要区别:传统的结构主义学派倡导的政策与经济体的比较优势不一致。与之相反,新结构经济学"强调市场在资源配置中的核心作用,认为政府应该解决外部性问题和协调问题,以帮助企业进行产业升级"(第20页)。林毅夫认为,政府的政策应该"服从"比较优势,而不是"抵制"它。

这里就是我要与林毅夫讨论的地方。林毅夫似乎希望同时支持和反对比较优势,我不明白这如何进行。如果你像林毅夫一样相信外部性和协调问题需要得到解决,那么你就必须承认这些问题妨碍了企业合理地进行投资,你就必须承认市场给企业家发送了错误的信号——在这里投资,而不是那里,这时根据市场价格反映的比较优势来配置资源,对社会来说就是次优的。只有当市场价格能够真实反映比较优势的时候,比较优势才对企业有实际意义。

所以当林毅夫建议政府介入并解决市场失灵问题,而且向政府推荐上面列举的政策——协调投资、培育新产业等——的时候,他也同时建议政府抵制市场价格反映的比较优势。在这一方面,在传统学派和新学派之间并没有太多分歧。

林毅夫不希望政府采用"传统意义上的"进口替代战略去培育那些"背离国家比较优势"的资本密集型产业。但是培育那些背离比较优势的产业不就是日本和韩国在转型时期做过的事情吗?不就是中国一直在成功进行的吗?根据我的计算,中国出口的产品是一个比它富裕3—6倍的国家应该生产的。如果中国凭借其巨大的农村劳动力剩余,专门化生产它的比较优势决定的产品,那么它会像现在这样出口高级产品吗?

在这种条件下,有些人区分了静态和动态的比较优势,但我不认为这个区分是适当的。市场失灵在市场价格和社会边际价值之间打入了一个楔子,并且扭曲了用以显示比较优势的相对价格。这些扭曲是反映在跨期相对价格上,还是反映在现在的相对价格上,这些都不重要。林毅夫推荐的那些政府政策旨在抵消这样的市场扭曲,它们的预期效果是诱使企业做出背离比较优势的选择。

我觉得我与林毅夫的分歧主要是在方法论上——甚至可能只是用语上,也许实际上并不重要。可能林毅夫心中所想的,是现在的产业政策需要比旧结构主义者推荐的温和一点。它们必须更尊重市场和激励;必须充分注意到政府失灵的影响;还必须特别考虑市场失灵,而不是去特别考虑私人部门那些模糊的缺点。我同意以上所有观点。

但是存在一个更深层次的问题,它与我们刚刚得出的政策含义相关。原则上来说,用于应对市场失灵的政策应该具有很强的针对性。因此,如果问题是一种信息溢出,那么政府最优的方法就是补贴信息产生过程。如果问题是缺乏协调,那么政府最优的方法就是撮合各方,协调投资。事实上,我们不是总能准确地甄别出市场失灵,也不是总能找到有直接针对性的解决方式。现实情况是,结构主义——无论是传统学派还是新学派——要求的那类政策必须在一个次优的环境中实施。在这样一种环境中,一切就不再是那样直接有效了。

可想而知,这就是林毅夫所建议的渐进法,比如渐进地进行贸易自由化。对于一些难以事先准确甄别,或者不能用庇古最优干预手段适当应对的市场失灵来说,这样一种方法至多是一种次优的补救方式。但是这与旧结构主义方法有多大不同呢?大部分结构主义者不也认为政府保护是一种权宜之计,在具有了必要的工业能力之后就该摒弃吗?

我再次重申,我与林毅夫的分歧是次要的,相比我们在大部分观点上的一致,这些分歧不值得一提。我们的争论有点像共产主义者之间的内部争论——革命是需要加强阶级斗争呢,还是可以跳过阶级斗争呢——而他们的观点与外部世界大不相同。

作为一个同行者,我被林毅夫所尝试做的事情深深地鼓舞着。现在是应该恢复他理论中的那些常识在发展经济学中的地位的时候了。

约瑟夫·斯蒂格利茨[*,**]

12 年前,当我还是世界银行首席经济学家的时候,我提出发展经

---

[*] 约瑟夫·斯蒂格利茨(Joseph Stiglitz)是哥伦比亚大学金融与商务学的教授,也是哥伦比亚大学国际思想委员会的主席。这篇文章最初是为世界银行就林毅夫的论文"新结构经济学"所开的研讨会准备的。此处的观点以斯蒂格利茨和 Bruce Greenwald(2006;2012)的合作作品为基础。斯蒂格利茨对 Eamon Kirchen-Allen 提供的科研协助表示感谢。

[**] 本文改编自约瑟夫·斯蒂格利茨代表国际复兴开发银行/世界银行发表的文章("Rethinking Development Economics," *The World Bank Research Observer* (2011) 26 (2): 230—236, Oxford University Press)。© 2011 The International Bank for Reconstruction and Development / The World Bank.

济学的主要挑战是从此前几十年的经验教训中学习。这几十年中,一部分国家(大多数在亚洲,一小部分在其他地区)实现了经济学家未能预测到的巨大成功;然而其他许多国家却在缓慢增长,甚至停滞或倒退——这与传统经济学模型的收敛预测是不一致的。那些成功的国家实行了与华盛顿共识大不相同的政策,虽然有些部分是相同的。华盛顿共识中所建议的政策并未带来高增长、稳定或者贫困的减少。我离开世界银行后不久,采取华盛顿共识政策建议的阿根廷出现了危机,这加重了人们对华盛顿共识的疑惑。

全球金融危机也使新古典经济学范式在发达工业化国家理所当然地受到了质疑。发展经济学的大部分内容都被认为是回答这样一个问题:发展中国家如何能够成功地向市场导向型政策框架(即所谓的"美国特色的资本主义")转型? 这场讨论不是关于目标本身,而是关于实现目标的路径。其中有些人支持"休克疗法",其他人则认为按部就班、循序渐进的方式更加合理。全球金融危机向这个模式提出了质疑,即使是发达国家也需要重新审视。

在这篇短文中,我希望指出的是,发达国家和欠发达国家增长和稳定的长期经验,以及我们对市场经济的优势和局限性的更深层次的理论理解,对研究发展的"新结构方法"提供了支持。这种方法在某些方面与林毅夫的观点类似,而在其他方面则有很大不同。这种方法认为,市场的局限性比林毅夫认为的更严重——即使运行良好的市场经济体本身都既不稳定也不有效。历史上唯一一个没有反复发生金融危机的现代资本主义时期,是大萧条之后世界主要国家实行强力金融管制的短暂时期。有趣的是,那段时期也是经济快速增长和增长的成果被广泛共享的时期。

但是政府不仅有一个限制性的功能,它也能够起到建设性的和推动性的作用。政府可以鼓励企业家精神,提供物质和社会基础设施,保证教育机会和金融渠道,支持技术和创新。

我的思路的不同之处不仅体现在对无约束市场的效率和稳定的看法上,还体现在经济增长的原动力方面。自从索洛半个多世纪前的论文(Solow,1957)发表以来,人们已经知道人均收入增长的主要来源是技术的革新。[1]

"知识的增加是增长的主要源泉"这一说法对发展中国家来说似乎更加具有说服力。《世界发展报告(1998—1999)》中强调,区分发展中国家和发达国家的不只是资源的差距,还有知识的不同。我们对一个国家的资本积累受到哪些限制理解得很好,但对国家间知识差距缩短的速度受到哪些限制就不那么了解了。

但是,从建设"学习型社会"的观点中所得出的发展战略与从新古典模型中所得出的发展战略有很大差异。前者注重吸收、消化并最终生产知识,而后者将注意力集中于增加资本和资源的有效分配。既然经济体的部门结构取决于资源禀赋,那么随着时间的推移,经济体的部门结构会有一个自然的进化。市场有效地分配资源,使得经济结构随着(内生的)资源禀赋的变化而变化。在这种观点下,政府的主要职责是不妨碍市场机制的运行。

传统的市场失灵理论通过提出一系列的市场缺陷来驳斥上面的观点。例如,资本市场的缺陷意味着新的企业往往很难融资,而这些新企业的融资是部门调整的要求。个人没有足够的资金供自己教育使用。经济中普遍地存在外部性——不仅是环境外部性,而且还有那些与系统风险相关的外部性,这次经济危机里就表现得甚为明显。过去20年的研究探讨了像资本市场缺陷这样的市场失灵造成的结果,并将这些缺陷归咎于不完美和不对称的信息,并提出了一套解决方案,这些方案在一些国家的一些时期收到了很好的效果。好的金融管制(比如印度的金融管制)能够保护一个国家免受国际金融危机的破坏。

但是学习型社会的观点——我和 Greenwald 称之为"婴儿经济"——为我们的分析提供了一个新的维度(Greenwald and Stiglitz, 2006)。知识不同于通常意义上的商品。知识积累与外部性有内在的联系——知识溢出的存在。知识本身就是一件公共品。如果知识的积累、吸收、消化、生产和传递对发展非常重要的话,那么就无法保证市场本身能够走向成功。而事实上,的确有人认为市场做不到这一点。

林毅夫所倡导的"新结构经济学"和这种观点是完全一致的。他对政府指导经济发展的方式提供了建议,强调政府调控经济时应该采取符合比较优势的方式。问题是比较优势的某些最重要的元素是内生的。瑞士制表业的比较优势与它的地理位置就没有关系。

标准的赫克歇尔-俄林理论强调商品交易是要素移动的替代品。这个理论提出之后,资本在全球化的影响下才以现在的方式流动。在资本充分流动的情况下,对于除农业之外的产业,就不再需要用自然资源禀赋来解释生产和专业化的模式了。[2] 简而言之,国家无须受限于传统的资源禀赋决定的发展方式。更重要的是知识和企业管理的"禀赋"。政策应该关注促进和改造这些禀赋的因素。

即使一国政府希望避免提出这些问题,它们也难以避免。因为政府的作为和不作为都会给学习型社会的建设带来正面或负面的影响。在基础设施、技术和教育的投资方面,这显然是正确的;事实上对于金融、贸易、知识产权和竞争方面的政策来说,这也是成立的。

建设学习型社会的中心问题是甄别有必要学习的部门,这些部门学习的收益未被企业自己全部得到,因此在学习方面投资不足。在其他文章中,Greenwald 和我提出,这意味着应该对工业部门予以鼓励,因为工业部门一般具有较大的溢出效应。以上观点能够解释亚洲国家出口导向型增长模式的成功。如果韩国让市场自己运行,那么它就不会走上成功发展之路了。静态的生产效率要求韩国生产大米;如果韩国真这样做的话,那么它今天可能成为最高效的大米生产国之一,但是它仍然会是一个穷国。正如 Arrow(1962)指出的,人们可以在工作中学习(并且通过学习来学会如何学习[Stiglitz, 1987])。

以上论述凸显了与强调短期效率的新古典理论的主要不同之处。在静态和动态效率之间的权衡取舍在对专利法的讨论方面有很多应用。

对于这些产业政策来说[3],主要的关注点是实施问题,发展中国家真的有能力做到么？我们需要对这个问题予以考虑。一个国家的成功发展离不开政府的重要作用。政府不仅需要约束和创造市场,还要推出这些产业政策;不论是东亚国家还是发达工业化国家,不论是在它们的发展过程中还是现在,都是如此。政府的关键任务在于采取各种政策并拿出实际行动(来创造一些制度,比如有效的公民服务),以提高公共部门的工作质量。成功发展的国家都是这样做的。那些有意或无意削弱国家的政策是不太可能这样做的。

经济政策必须反映国家实施这些政策的能力。对出口产业有利的汇率政策获得支持的原因之一是它们具有普遍效力:政府不需要挑选需要支持的特定"战略性"产业。这里同样存在权衡取舍:如果选择具有最大外部性的部门作为扶持对象,则效率可能会更高。

还有很多其他具有普遍效力的政策,比如发展导向型的知识产权政策,以及鼓励技术转移、促进地方企业管理水平提升、有助于学习型和创新型社会建设的投融资政策等(Hausmann and Rodrik, 2003; Stiglitz, 2004; Emran and Stiglitz, 2009; Hoff, 2010)。一些金融和资本市场自由化政策可能带来负效果。

政府干预从来不会是完美的,也未必具有改善经济绩效的效果。[4]问题不是在不完美的政府和完美的市场之间做出选择,而是在不完美的政府和不完美的市场之间做出选择,二者应该成为互相检验的工具。它们应被看作是互补性的,我们需要在二者之间取得一个平衡。这种平衡不应仅仅是给一个分配一些任务,给另一个分配另外一些任务,还应设计一些制度使二者有效地互动起来。

我讨论的虽然是发展经济学,但这个话题和更宽泛的社会转型主题是分不开的(Stiglitz,1998),正如 Hirschman(1958,1982)在他的文章中强调的。种族和阶层作为社会构件(social constructs),有效地抑制了世界许多地区大量人口的人类发展。关于这些社会构件如何形成、如何改变的研究就成为发展研究的核心(Hoff and Stiglitz,2010)。在这篇文章中,我对建设学习型社会予以强调。为了实现这个目标,我们需要那些改变部门构成的政策。但是成功的根本还是在于教育系统,以及它如何引导人们对变化和学习技能的态度。其他政策(例如法律系统、以性别为基础的微信用系统、肯定性行动计划等)也能够起到重要作用。在结束之前,我希望再提出两点评论。第一条是关于增长和减贫的关系。增长可能是持续性减贫的必要条件,但不是充分条件。不是所有的发展政策都是对穷人有利的,有些是对穷人不利的。至少在一些国家,金融和资本市场自由化政策造成了更大的不稳定,而这种不稳定的结果之一是更严重的贫困。[5]为了应对危机而实行的紧缩性财政和货币政策使得经济下滑加剧,导致了更高的失业和更多的贫困。建设学习型社会的政策可能对穷人有利,也可能对穷人不利,但是最成功的政策必然是具有普遍效力的,能够改变所有人的学习能力,从而对穷人是有利的。

第二条与经济发展更广义的目标(即一国公民福利的可持续提高)和我们用以评价成功的标准有关。[6]我们用以评价成功的标准一般没有包含在这里倡导的学习政策所导致的一国财富的增加。这种财富的增加随着时间的推移会逐渐被实现和认可。

后全球金融危机时代对于经济学家,包括发展经济学家来说,应该是一个激动人心的时代,因为它显著地显示了主流范式的缺点。这种范式对发展经济学曾有过巨大影响,虽然这种影响已经因它未能解决问题而逐渐减弱。幸运的是,我们还有其他可行的分析框架——有许多新思想为一些国家的巨大成功和另外一些国家的悲惨失败提供了新的解释。出于这一点理解,我们也许能够创造出新的政策框架,从而为经济增长的新时代奠定基础——这种增长应该是可持续的,并且能够提高世界上最贫困的国家大部分人们的福利。

注释

1. 甚至在索洛之前,熊彼特就提出了市场经济的力量在于它促进创新和发明的能力。索洛的理论提出不久之后,就出现了大量关于内生增长理论的文献,相关贡献者有Arrow、Shell、Nordhaus、Atkinson、Dasgupta、Uzawa、Kennedy、Fellner和Stiglitz,此后,Romer在20世纪八九十年代做了进一步的研究(详见Atkinson and Stiglitz, 1969; Dasgupta and Stiglitz, 1980a, 1980b; Fellner, 1961; Kennedy, 1964; Nordhaus, 1969a, 1969b; Romer, 1994; Shell, 1966, 1967; Uzawa, 1965)。关于内生创新(有时也被称为"诱致性"创新)的早期文章不仅研究了创新的速度,而且研究了创新的方向。关于这一研究路线相关最新成果的讨论可参见Stiglitz(2006)。
2. Krugman的著作强调了,事实上现在多数贸易都与要素禀赋的差异无关。
3. 我更为宽泛地使用了这个术语,以包括那些旨在改变经济走向的所有政策。
4. 实际上,如果所有项目都成功,那就意味着政府承担的风险太少了。
5. 正如我也指出的,这样的政策可能在促进国内学习能力方面具有负面作用。
6. 经济绩效与社会进步测量国际委员会强调GDP不能反映持续性或者福利(Fitoussi et al., 2010)。人均GDP无法反映人们的生活状况,即使大多数人的收入在降低,人均GDP也可能在上升(正如美国已经发生的那样)。GDP关注的是一个国家的生产,而不是收入。它也不反映环境的恶化或者资源的消耗。更宽泛地说,GDP不能反映发展的可持续性。美国和阿根廷都是典型的例子。它们的增长看起来很好,但都是依靠不可持续的债务支撑起来的,这些债务收入被用于消费,而不是投资。

参考文献

Arrow, K. J. 1962. "The Economic Implications of Learning by Doing," *Review of Economic Studies* 29:155—173.

Atkinson, A. B., and J. E. Stiglitz. 1969. "A New View of Technological Change," *The Economic Journal* 79(315): 573—578.

Dasgupta, P., and J. E. Stiglitz. 1980a. "Industrial Structure and the Nature of Innovative Activity," *The Economic Journal* 90(358): 266—293.

——. 1980b. "Uncertainty, Market Structure and the Speed of R&D," *Bell Journal of Economics* 11(1): 1—28.

Emran, S., and J. E. Stiglitz. 2009. "Financial Liberalization, Financial Restraint, and Entrepreneurial Development," Working paper, Institute for International Economic Policy Working Paper Series Elliott School of International Affairs The George Washington University, January, (www2.gsb.columbia.edu/faculty/jstiglitz/download/papers/2009_Financial_Liberalization.pdf).

Fellner, W. 1961. "Two Propositions in the Theory of Induced Innovations," *The Economic Journal* 71(282): 305—308.

Fitoussi, J., A. Sen, and J. E. Stiglitz. 2010. *Mismeasuring Our Lives: Why GDP Doesn't Add Up*. New York: The New Press. (The Report of the Commission in the Measurement of Economic Performance and Social Progress, also known as the Sarkhozy Commission.)

Greenwald, B., and J. E. Stiglitz. 2006. "Helping Infant Economies Grow: Foundations of Trade Policies for Developing Countries," *American Economic Review: AEA Papers and Proceedings* 96(2): 141—146.

——. 2012. *Creating a Learning Society: A New Paradigm for Development and Social Progress*. New York: Columbia University Press.

Hausman, R., and D. Rodrik. 2003. "Economic Development as Self-discovery," *Journal of Development Economics* 72(2): 603—633.

Hirschman, A. O. 1958. *The Strategy of Economic Development*. New Haven, CT: Yale University Press.

——. 1982. "The Rise and Decline of Development Economics," in M. Gersovitz and W. A. Lewis (eds.), *The Theory and Experience of Economic Development*. London: Allen and Unwin: 372—390.

Hoff, K. 2010. "Dysfunctional Finance: Positive Shocks and Negative Outcomes," Policy Research Working Paper 5183, The World Bank Development Research Group Macroeconomics and Growth Team, January.

Hoff, K., and J. E. Stiglitz. 2010. "Equilibrium Fictions: A Cognitive Approach to Societal Rigidity," *American Economic Review* 100(2): 141—146.

Kennedy, C. 1964. "Induced Bias in Innovation and the Theory of Distribution," *Economic Journal* 74(295): 541—547.

Lin, J. Y. 2010. "New Structural Economics: A Framework for Rethinking Development," Policy Research Working Paper 5197, The World Bank. (Reprinted in this chapter.)

Nordhaus, W. D. 1969a. "An Economic Theory of Technological Change," *American Economic Association Papers and Proceedings* 59: 18—28.

——. 1969b. *Invention, Growth and Welfare: A Theoretical Treatment of Technological Change*, Cambridge, MA: MIT Press.

Romer, P. 1994. "The Origins of Endogenous Growth," *The Journal of Economic Perspectives* 8(1): 3—22.

Shell, K. 1966. "Toward a Theory of Inventive Activity and Capital Accumulation," *American Economic Association Papers and Proceedings* 56: 62—68.

——. 1967. *Essays on the Theory of Optimal Economic Growth*. Cambridge, MA: MIT Press.

Solow, R. M. 1957. "Technical Change and the Aggregate Production Function," *Review of Economics and Statistics* 39(3): 312—320.

Stiglitz, J. E. 1987. "Learning to Learn, Localized Learning and Technological Progress," in P. Dasgupta and P. Stoneman (eds.), *Economic Policy and Technological Performance*. Cambridge, New York: Cambridge University Press, 125—153.

——. 1998. "Towards a New Paradigm for Development: Strategies, Policies and Processes," The 9th Raul Prebisch Lecture delivered at the Palais des Nations, Geneva, October 19, UNCTAD. Also Chapter 2 in Ha-Joon Chang (ed.), *The Rebel Within*. London: Wimbledon Publishing Company, 2001: 57—93.

——. 2004. "Towards a Pro-development

and Balanced Intellectual Property Regime," Keynote address presented at the Ministerial Conference on Intellectual Property for Least Developed Countries, World Intellectual Property Organization, Seoul, October 25. http://www2.gsb.columbia.edu/faculty/jstiglitz/download/2004_TOWARDS_A_PRO_DEVELOPMENT.htm

——. 2006. "Samuelson and the Factor Bias of Technological Change," in M. Szenberg, L. Ramrattan and A. A. Gottesman (eds.), *Samuelsonian Economics and the Twenty-First Century*. New York: Oxford University Press, 235—251.

Uzawa, H. 1965. "Optimum Technical Change in an Aggregate Model of Economic Growth," *International Economic Review* 6(1): 18—31.

World Bank. 1999. *World Development Report 1998—99: Knowledge for Development*. New York: Oxford University Press.

回应:发展思维3.0:未来的路

第二次世界大战后,为了帮助发展中国家实现工业化,减少贫困,缩小它们与发达国家的收入差距,发展经济学应运而生。但是,根据它的建议来制定经济政策的发展中国家未能实现预期目标。在发表于2011年第26卷第2期《世界银行研究观察》的一篇题为"新结构经济学:反思发展问题的一个理论框架"的文章中(这篇文章在本书中重印),我综合了半个世纪以来发展经济学提出的各种发展思路,并且对发展经济学的未来做出了展望。在这期刊物上,安妮·克鲁格、丹尼·罗德里克和约瑟夫·斯蒂格利茨也对这篇文章进行了深入的讨论。我对此感到非常荣幸和幸运,因为他们是这个领域最受尊敬的专家和最杰出的思想者,他们中的两位碰巧还是我的前任——世界银行的首席经济学家。

我的主要观点是,把发展经济学作为现代经济学的子学科而发起的早期研究者们主要关注的是市场失灵,倡导旧结构主义的、国家主导的发展政策。这些政策未能合理地考虑比较优势,也未能创造有竞争力的产业。而受到新自由主义思想启发的第二波发展思潮,关注的是政府失灵,提出了华盛顿共识型的政策,然而这种政策也失败了,未能在发展中国家实现可持续的、包容性的增长,也未能实现减贫。

回顾工业革命以来所有成功经济体的发展史,我提出了一个一般的分析框架,作为第三波发展思潮的一部分。这个分析框架着重考虑由要素禀赋结构和比较优势的改变驱动的结构变化。这套框架作为新结构经济学的一部分,将有助于国家在结构转型中起到积极作用。它也要求政策制定者在围绕市场功能设计和发展战略实施方面更加专业一些。

不出所料,安妮·克鲁格、约瑟夫·斯蒂格利茨、丹尼·罗德里克和我都认可重新掀起发展战略讨论的重要性和必要性,尤其是在目前全球金融和经济危机的情况下。但同时我们在经济史和经济理论带来的经验和教训上也有着微妙却又重要的分歧。

我与安妮·克鲁格最大的分歧在于对如下问题的回答:根本性的技术变迁和产业升级(我认为这二者是增长机理的核心,对增长机理至关重要)是否必须在经济发展的早期进行?她认为,"只有到了经济发展过程的后期,在农村劳动力被大量吸收之后,产业升级才成为工业增长的主要内容。这种升级的大部分发生在现有企业,是这些企业对真实工资上升、资本成本下降的反应,也是它们在国际市场上学习的结果"(第35—36页)。我对经济发展的看法有些许不同:非熟练的农业劳动力向非熟练劳动密集型产业转移就是结构变迁的一种形式,而这种结构变迁是不会自发进行的。我认为政策制定者应该采取积极行动以管理劳动力需求:政府确实需要促进现有的和新兴的非熟练劳动密集型产业沿着新结构经济学所指出的路线增长。没有这样的行动,许多农村外出移民将会失业,就像非洲、拉丁美洲和许多其他发展中国家的情形一样。在劳动力市场的供给方,政府也需要提供基本的教育和培训,以促使农村外出移民适应新的工作环境,满足工业部门的要求。另外,那些成功赶超的国家可以在它们的农业剩余劳动力枯竭之前很久就开始进行产业升级。中国就是这样的一个例子。2009年,中国有39.1%的劳动力在农业部门工作,这一问题在当时的学术界引发了激烈的讨论。一些经济学家怀疑中国是否已经达到了所谓的刘易斯拐点,即用尽了它的剩余劳动力。但是,中国产业迅速和持续的升级仍在继续,典型表现是向美国出口的高质量、多品种的产品。类似的情况发生在1980年的韩国,当时韩国有34%的劳动力处于农业部门。但是,韩国当时不仅已经进入了消费电子产业,还进入了造船业、汽车制造业、存储芯片等行业。

我完全同意安妮关于提高农业生产率和工业化进程必须同时进行(第36页)的观点。但是,要提高农业生产率,增加农民收入,政府就必须积极地引入农业新科技,提供扩展服务,提高灌溉水平,扩大市场渠道。政府还需要创造条件促进农业多样化,以生产出更多具有高附加值的经济作物。

安妮同意"应该由市场来决定比较优势,而且政府有责任保证一个合理的激励体系,并且提供相应的基础设施(包括硬件和软件基础设施)"(第36页)。但是她明确反对以促进特定产业的发展为目标的政府干预,并且问道:"为什么在分配稀缺资本时,使得一些活动具有很好的基础设施而其他的却基础设施不足?"(第37页)

事实上,对发展中国家制定成功的发展战略来说,甄别新产业和优先利用政府资源来发展这些产业都是至关重要的。为什么呢?因为基础设施的改善往往是产业专用的。看看非洲国家最近一些成功的案例,你就会知道甄别产业的必要性:毛里求斯的纺织产业,莱索托的服装产业,布基纳法索的棉花产业,埃塞俄比亚的鲜切花业,马里的芒果产业和卢旺达的猩猩旅游业。它们都需要政府提供不同类型的基础设施。把埃塞俄比亚的鲜切花运往欧洲拍卖地点需要在机场和正常航班上有冷藏设备,而毛里求斯的纺织品出口需要港口设施的改善,二者需要的基础设施显然不同。类似地,莱索托服装产业所需的基础设施,与马里的芒果生产和出口,或者卢旺达用以吸引猩猩观光者所需的基础设施是完全不同的。因为财政资源和实施能力的限制,每一个国家的政府必须设立优先级,以决定哪些基础设施应予优先改善,以及公共设施的最优位置应设在哪里,这样才能取得成功。邓小平在中国向市场经济转型初期就解释了这种实用智慧,他同意允许一些地区和人们先富起来,最终使所有中国人能实现共同富裕。这些地区和产业的增长能够提高财政收入,从而使得政府以后有更多的资源来为国内的其他地区改善基础设施。

还有其他原因使得有必要甄别新的部门或商业链并为基础设施投资设立优先级。要在全球化的世界市场中具有竞争力,一个新的产业不仅需要符合国家的比较优势以尽可能地降低生产要素成本,还需要尽可能地降低与交易相关的成本。为什么呢?假设一个国家的基础设施和商业环境很好,产业升级和多样化自发地发生,如果没有政府协调,则企业可能会进入很多与国家比较优势一致的产业。这样做的结果是,大多数产业不能形成足够大的产业集群,因此不能在国内和国际市场上具有竞争力。在许多产业失败之后,可能会最终出现少数产业集群。但这样的试错过程会非常漫长和昂贵。它减少了单个企业的预期回报,也削弱了产业升级和多样化的激励,减缓了国家的经济发展速度。因此发展中国家的政府必须甄别和选择那些与国家比较优势一致的新产业,使用政府的有限资源为精心选定的少数产业改善基础设施,为先驱产业提供合适的激励,并且协调这些产业中各个私营企业的相关投资行为,以便快速地建立产业集群。政府是否这样做可以解释为什么一些发展中国家能够几十年保持8%甚至更高的增长,而其他大多数国家则不能。

我同意安妮的观点,即成本—收益分析是一个很好的工具,它应该被用来评估每一个基础设施项目的潜在价值(第36页)。这样的分析为评估其他竞争方案的有效性提供了依据,并且有助于做出更好的公共投资决策。它迫使政策制定者提供定量的数据来支持定性的观点,因此对于提高社会福利来说是一种非常宝贵的技术。但是它本质上是微观的。如果没有甄别那些有潜力的产业、这些产业的所在地和所需的基础设施,那么政策制定者就会面临过多可行的项目,它们都需要严谨的成本—收益分析。而且,对于每一个公共投资项目,会有很多无形的成本和收益,其价值很难评估。众所周知,这种分析的结果对贴现率非常敏感,用于决定未来收益和成本的信息也受限于当前的知识。

在她关于幼稚产业的讨论中,安妮发现那些生产和出口非熟练劳动密集型产品的企业通常能够从国际市场波动所提供的机会中学到经验。她说道:"这种学习过程对韩国、中国台湾和其他地区的企业来说似乎不是一个大问题。"(第37页)如果学习是企业商业活动的副产品,那么它自然不是一个问题;但如果它不是随着商业活动而自发产生的过程,那么企业可能就不会有投资于学习的激励。一个低收入的国家应该在许多非熟练劳动密集型的制造业产品上具有比较优势,而这些国家可能还在进口此类商品。国内的每一个企业家应该都能获得这样的产品信息。但是,在哪里购买制造这些产品的设备和中间投入品,如何经营生产这些产品的企业,对于低收入国家的大多数企业家来说,与这些问题相关的信息和知识的获取成本就相对较高了。此外,即使获取这些信息和知识不成问题,相关基础设施投资的协调、为投资和运营进行融资、进口发展新产业的设备所需的外汇,对于私营企业来说可能依然是大问题。

安妮对所有产业专用型政府干预的怀疑,源于过去政府在选择优势产业方面的普遍失败。这种怀疑在主流经济学界和华盛顿的发展研究机构中广泛存在。那些失败主要源于许多政府错误地尝试发展背离国家比较优势的产业。那些产业中的企业在开放的竞争性市场中是没有自生能力的,它们的投资和生存取决于政府的保护、大量的补贴和政府通过垄断租金、高关税、定额限制和信用补贴等方式进行的直接的资源配置。这些措施导致的巨额租金造成了许多扭曲,很容易成为政治活动的猎物。所有这些都会造成治理问题。新结构经济学认为,随着一个国家要素禀赋结构的改变,其比较优势也是改变的,就会出现符合变化了的比较优势的新产业。当政府促进这些新产业的发展时,上述问题产生的可能性就会大大降低。

安妮也担心,甄别这样的新产业"将不可避免地偏爱大型名企,因此将遇到与以前进口替代战略同样遇到的问题"(第37页)。她的担心对于旧结构主义的进口替代战略是对的,因为那些受到优待的产业背离了所在国家(地区)的比较优势。这样的产业过于资本密集,只有一部分富裕的、政治关系好的企业才能进入这些产业。然而,如果这些被甄别的新产业与国家(地区)的比较优势一致,那么无论它们是否是资本密集型的,都会有许多新企业有能力进入并且同大企业进行竞争。20世纪60年代日本的汽车产业,70年代毛里求斯的纺织产业和中国台湾的电子产业,80年代孟加拉国的服装产业和智利的三文鱼养殖业都是典型的例子。

新结构经济学建议的政府为先驱企业提供的激励仅限于补偿这些企业产生的外部性,而非像旧结构主义的进口替代战略那样去支持那些没有自生能力的企业。因此,对先驱产业几年内免税,以及给它们优先获得外汇(如果外汇对相关国家的企业是紧约束的话)和信贷的机会就足够了。

最后,安妮对政府保护的范围、深度、期限的不确定性提出了质疑,并且指出在从严重扭曲的经济向良好运行的市场经济转型时,政府若采用双轨方式,会存在政治掠夺和寻租的风险。她认为,"对自由化改革的主要挑战之一是使人们相信这些政策的改变都是不可逆的。林毅夫的解决方法将使创造可信度的难度加大。而更缓慢的转型意味着时间更长,而在这段时间内增长是缓慢的,反对自由化的政治压力也将逐步积聚"(第38页)。可信度的观点被用来支持东欧和苏联在20世纪90年代早期在转型中实行的休克疗法。但是,即使那些企业被私有化了,转型经济体的政府常常被迫以其他变相的、不那么有效的形式提供保护和补贴,以阻止大量的失业以及随之而来的社会和政治不稳定。这样一来,很多转型经济体都落入了"有休克无疗效"的尴尴尬境地。他们的发展沿着一个"L形"的增长路径(GDP急剧下跌后长期缓慢增长),而不是休克疗法的倡导者所预期的"J形"复苏路径。相比之下,中国、越南、老挝、斯洛文尼亚、乌兹别克斯坦等成就斐然的国家通过采用一种更实际的双轨制方法转变了它们原本扭曲的经济结构。它们逐渐降低了政府对优先产业中"缺乏自生能力"的企业的补贴,同时允许原先受到抑制的私营企业、合资企业和外资企业自由进入与国家比较优势一致的部门。结论是显而易见的:对于任何已经存在严重扭曲和经济增长表现不佳的发展中国家,自由化改革过程中重获信心和信任的最好方法就是在转型过程中实现稳定和动态的高速增长。

丹尼·罗德里克和约瑟夫·斯蒂格利茨对我文章的评论表明,他们与我的分歧主要是侧重点和风格的不同,而非本质上的差别。我同意丹尼的观点,我们的分歧"主要是在方法论上——甚至可能只是用语上,也许实际上并不重要"(第40页)。然而,有一些分歧还是值得着重说明的。

除提供管制的传统理由之外,约瑟夫还认为,政府在"鼓励企业家精神,提供物质和社会基础设施,保证教育机会和金融渠道,支持技术和创新"(第42页)方面具有催化作用。他强烈挑战了人们对无约束市场的效率和稳定性的信念,并强调技术进步才是人均收入提高的关键条件。所以,他支持创建"学习型社会"(第43页)的公共行动。

在学习的重要性上我同意约瑟夫的观点。但是,学习的机制和内容可能对不同发展水平的国家来说是不同的。仍处于发展早期的发展中国家普遍缺乏必要的物质和人力资本,因而不能直接跨入资本密集型的高科技产业。对它们来说,更有效的学习和发展道路是利用后发优势,根据随要素禀赋结构变化的比较优势,朝着新产业进行升级和多样化。随之而来的经济增长、物质和人力资本积累、产业和技术升级最终将为这些国家提供机会,使它们进入和掌握处于全球前沿上的资本密集型产业和知识密集型产业。通过内部创新产生新知识的需求会随着经济的发展和知识差距(距离全球科技/工业前沿的距离)的缩小而增加。因此,学习和对人力资本的提升需要同经济发展的水平相适应。否则,单单通过提高教育水平来创建学习型社会,可能不符合新的、有活力的部门(这些部门与反映要素禀赋结构的比较优势一致)的需要。这时,受教育的青年人将找不到合适的就业机会,导致稀缺人力资本和教育资源的浪费,还很可能会像北非和许多其他发展中国家那样造成社会形势的紧张。

约瑟夫指出"比较优势的某些最重要的元素是内生的",并且说"瑞士制表业的比较优势与它的地理位置就没有关系"(第43页)。事实上制表业在16世纪时还是一个新兴产业。瑞士的金匠们在1541年开始制造手表并且在1601年形成了第一个制表业协会。[1]根据Maddison(2010)的估计,瑞士1600年的人均年收入是750国际元(以1990年为基年),是同年英国人均年收入的77%。因此,瑞士是当时世界上的"高收入"国家之一。为了获得持续的收入增长,它必须进行产业升级,以发展一些高附加值的新产业。

虽然如约瑟夫所说,瑞士制表业的比较优势与它的地理位置没有什么关系,但是地理因素可能是使瑞士成为16世纪以来制表业领头羊的重要原因。手表通常很小、轻便、附加值高,而且具有持续技术进步的潜力。这样一个产业对于瑞士这样的内陆国家来说非常合适。这也许解释了如下事实:自16世纪以来,瑞士通过持续创新维持了技术领先地位,保住了制表业,而放弃了服装、纺织、制鞋等早期兴盛的产业。

约瑟夫认为,全球化背景下完全的资本流动将使得各国摆脱资源禀赋决定的发展模式。我认为他可能有一点过于乐观了。根据他的推断,"在资本充分流动的情况下,对于除农业之外的产业,就不再需要用自然资源禀赋来解释生产和专业化的模式了"(第43页)。但是,短期的资本流动太不确定了,这样的资本不能成为发展中国家长期生产性投资的可靠来源。20世纪90年代东亚金融危机的时候我们就观察到了这一点。相比之下,外商直接投资就显得更为可靠,这是因为它们是由逐利的动机驱动的。这些资本大多都流向与接受国比较优势一致的贸易品部门或者生产活动,将其作为出口基地,或者进入该国的国内市场——除了它们偶尔会被诸如公用设施或电信之类的大型非贸易部门的私有化情形所驱动。出于他对资本流动性的乐观态度,约瑟夫强调了知识禀赋和企业家精神的重要性。知识禀赋和企业家精神的重要性怎么强调都不过分。它们的确是一个高速增长的经济体进行产业升级和多样化的驱动力。然而,正如上文所讨论的,对国家发展有用的新知识取决于与国家比较优势一致的新产业的知识需求。在开放的竞争性市场中,一个企业家如果投资于背离国家比较优势的产业,那么他就不会取得成功。

约瑟夫认为,在鼓励贸易品产业进行升级方面,低估汇率是一种具有普遍效力的政策(第44页)。这个问题有一点微妙:它可以帮助出口,也会使得设备的进口更加昂贵,这恰恰是产业升级和多样化的一个障碍(因为企业需要外国的新资本设备来升级或者多样化以进入新产业)。因此这样的政策可能会帮助已有产业的出口,但是无助于长期增长。如果以巴拉萨-萨缪尔森定理为参照的话,成功的发展中国家似乎的确采用了真实汇率贬值的政策。但是,真正的原因可能是这样的:这些国家一般是在从具有大量剩余劳动力的二元经济向一个具有统一的全国性劳动力市场的现代经济趋近。在某些阶段这个定理并不适用:在剩余劳动力被用光之前,贸易品部门和非贸易品部门的工资率不会增长,而工资的这种变动是该定理中真实汇率升值的必要条件。那么此时看上去像是低估了的汇率事实上可能正是均衡汇率。

丹尼与我的分歧似乎与他提出的假设相关。他的假设是:协调和外部性问题只在市场给企业家发送了错误信号的情况下才会存在。他因此认为我可能"同时支持和反对比较优势"(第40页)。这一点需要澄清一下:比较优势是由要素禀赋决定的。如果一个产业和国家的比较优势一致的话,那么生产的要素成本会比不一致时要低。但是为使该产业在国内外市场上具有竞争力,与交易相关的成本也需要尽可能地降到最低。然而,单个企业无法内部化交易相关成本的减少,这样的减少来自基础设施、物流、融资、劳动力的教育等。如果政府不去协调和扶持以降低这些成本,并为先驱产业产生的外部性提供补偿,那么这些产业将只会一直是国家的"潜在"比较优势。许多低收入国家在多数非熟练劳动密集型产业上一般都具有比较优势,但几乎没有哪个国家在这些产业中具有竞争力,这正是因为政府未能有效地发挥作用。因此,对于丹尼的反对应该这样解释:一个国家的"潜在"比较优势与"实际"比较优势(或者,用迈克尔·波特的说法,竞争优势)是不一样的,前者决定生产的要素成本,而后者还要求降低与交易有关的成本。因此,我虽然建议政府应该介入经济过程并解决市场失灵问题,但这一建议不应被误解为抵制一个经济体中的市场价格所表明的"自然的"或"不可去除"的比较优势,而应被看作一种打开商业竞争力的黑匣子的方式,这种方式将一个经济的潜力转化为现实,为国内企业走向市场成功创造条件。

丹尼和我之所以就政府作用的理解产生分歧,很大程度上是因为我们对日本、韩国和中国等成功国家的经验有不同的理解。他将日本和韩国的成功赶超看作背离国家的比较优势的证据(第40页)。当日本在明治时代(1868—1912)早期开始走上工业化的道路时,它还是一个农业社会,农、林、渔业的劳动人口占总劳动人口的70%以上,对国家产出的贡献在60%以上。从明治年间、大正年间(1912—1926)到战前的昭和年间(1926—1936),日本出口最多的是生丝、茶叶和海产品。这些商品的主要出口地是美国。历史学家告诉我们,随着日本港口的开放,对这些初级商品的需求迅速增长,国内的生产者从中获利不菲。尤其是蚕丝,给农村地区带来了财富,还带来了日本急需的外汇。而从江户时代(1603—1867)就已开始的采矿业,先是被政府征用,后来出售给了私人部门,成为日本的主要产业之一。这些产业的成功使得日本的人均收入从1870年的737美元增至1890年的1 012美元,涨幅达到40%,并在1929年大萧条开始之前达到了2 026美元(Maddison, 2010)。[2] 从新结构经济学的观点来看,这样的成功促进了日本的资本积累,并改变了日本的要素禀赋结构和比较优势。日本历史学家大野健一说道:"明治时期的工业化是一次'轻'工业革命,它使得日本从进口转向国内生产再进而转向出口。在这次转型过程中,棉花生产起到了关键作用。而钢铁、造船、化学工业,以及电器制造等产业都还在婴儿期,日本全国依旧处于模仿西方的学习过程中……到明治晚期,私人部门的造船、铁路车辆和机器制造业已经开始缓慢出现。"[3] 日本的工业化走的是一条雁阵形道路,循序渐进地从简单的、劳动密集型的生产转向更加资本和技术密集型的生产(Akamatsu, 1962)。

韩国也采用了现实主义的方法进行产业升级,并且把战略调整为进入那些与自己潜在比较优势一致的产业。20世纪60年代韩国发展并出口的是服装、胶合板、假发等劳动密集型产品。当资本逐渐积累,要素禀赋结构因为经济发展而改变时,韩国便向汽车等资本更为密集的产业升级。但是在升级初期,国内的生产主要集中在进口部件的装配,这是劳动密集型的生产,同时也是与当时韩国的比较优势相一致的。类似地,电子业起初主要生产家用电器,如电视、洗衣机、电冰箱等,之后才转向存储芯片的生产,这是信息产业中技术最简单的区段。韩国的技术提升是迅速的,其提升的速度同潜在比较优势变化的速度是一致的。这种变化也反映了有力的经济增长所带来的物质资本和人力资本的迅速积累,而增长之所以出现,是因为该国的主要产业部门时刻与该国现有的比较优势保持一致。

丹尼还观察到,中国成功地背离了自己的比较优势,其出口的产品是一个比中国富裕3—6倍的国家才应该出口的产品。但他忽略了中国出口的产品大多是加工品这一事实。中国仅在劳动密集的装配环节和配件生产上提供了附加值。实证研究（Wang and Wei, 2010）表明，中国出口的产品与中国的比较优势是一致的。

对于我所说的渐进型贸易自由化和旧结构主义政策的区别，丹尼也表示了质疑。旧结构主义倡导政府保护和补贴，以建立背离比较优势的新产业；而我倡导的两轨法、渐进式贸易自由化政策则建议转型国家的政府给老产业提供临时保护或补贴，这些老产业是在错误的旧结构主义战略下建立的，在开放的竞争性市场中没有自生能力。符合实际的两轨法有助于转型经济体避免不必要且代价高昂的经济和社会紊乱，最终走向以市场为基础的价格和资源分配体系，正如我在对安妮的回应中解释的那样。

总而言之，安妮似乎对我的理论框架的实用性提出了质疑。这种质疑源于对以下两个问题的探究：如何甄别哪些新产业与国家潜在的比较优势相一致？如何协调先行者的行为并对它们提供合适的激励？约瑟夫和丹尼倡导影响面较大的干预政策（比如低估真实汇率以支持贸易部门），但却不支持部门专用性政策。他们的观点也是与"如何甄别符合潜在比较优势的产业"这一问题密切相关的。在我和Célestin Monga合作的题为"增长甄别与因势利导"一文中，我们回答了这些问题。此文发表在《发展政策评论》（*Development Policy Review*）上，并收录在本书中。基于经济分析和历史经验，我们提出了这个增长甄别与因势利导框架。该框架建议，政策制定者在具有类似要素禀赋结构且人均收入约为本国两倍的高速发展国家中，寻找和甄别那些具有活力的贸易品产业。如果国内本部门已经存在私营企业，那么政策制定者需要找出它们并且消除那些影响它们进行技术升级或影响新企业进入的障碍。如果还没有这样的企业，那么政策制定者应该尽量从所模仿的国家中吸引直接投资，或者制定和实施各种规划以扶持新企业的建立。政府还应该对私营企业开发新的、有竞争力的产品的活动予以关注，并且支持成功的私人部门在新产业中创新规模的扩大。在那些商业环境不好的国家，特别经济区或工业园可以促进企业进入、外商直接投资以及产业集群的形成。最后，政府还可以通过有限期的税收优惠、参与投资项目融资、提供土地和外汇等方式帮助新产业中的先驱企业。

我感谢安妮、约瑟夫和丹尼，以及其他许多为我的文章提出评论和建设性批评意见的人们。尽管我们之间存在分歧，但是一个共识似乎正在出现：那就是需要根据前两次主要的经济发展思潮（结构主义和新自由主义)留下的经验教训,形成一个正确认识并界定政府和市场作用的新综合体系。在通往第三波发展思潮(它也许可以被称为"发展思维3.0")的道路上,显然会存在健康有益的学术分歧。正如孔子所说:"知之为知之,不知为不知,是知也。"

注释

1. http://www.fhs.ch/en/history.php。
2. 此处的美元是经过 Geary-Khamis 购买力平价调整后的以1990年为基年的美元。
3. 摘译自 *Tojokoku no Globalization*: *Jiritsuteki Hatten wa Kanoka* (Globalization of Developing Countries: Is Autonomous Development Possible?) by Toyo Keizai Shimposha (2000),引自 Japan's National Graduate Institute for Policy Studies (GRIPS)。参见 http://www.grips.ac.jp/forum-e/pdf_e01/eastasia/ch5.pdf。

参考文献

Akamatsu, K. 1962. "A Historical Pattern of Economic Growth in Developing Countries," *The Developing Economies* (Tokyo), supplement issue no.1: 3—25.

Maddison, A. 2010. "Historical Statistics of the World Economy: 1—2008 AD," (www.ggdc.net/maddison/Historical_Statistics/vertical-file_02-2010.xls).

Wang, Z., and S. Wei. 2010. "What Accounts for the Rising Sophistication of China's Exports," in R. Feenstra and S. Wei (eds.), *China's Growing Role in World Trade*. Chicago: University of Chicago Press.

评论与回应 2*

韦森:探寻人类社会经济增长的内在机理与未来道路**

引言:经济学家的天职与使命

二十多年来,林毅夫教授坚持不懈、持之以恒乃至可以说殚思竭虑地从资源禀赋、比较优势、企业自生能力的理论视角来不断创新、发展和完善他的经济学理论,以此来探究、发现和展示各国现代经济增长的一般法则。如果说2009年毅夫在剑桥大学所做的马歇尔讲座[1]已经基本上奠定了他的经济学理论的基本框架的话,那么,在世界银行任首席经济学家和高级副行长4年后,通过在当今世界范围内对许多国家经济发展路径和现实经济状况的实地观察、研究和思考,尤其是通过与多国政府领导人以及靠近政府决策层的经济学家们所进行广泛的沟通与交流,使他更能从一个理论经济学家的高度和宽广视野来验证和发展其经济学理论框架。作为世行4年的工作和研究的理论成果,他把先前已经初步构建的一国"资源禀赋(endowments)—比较优势(comparative advantage)—企业自生能力(viability)—符合比较优势的产业发展战略(strategy)—经济发展(economic development)"的理论框架(为方便起见,以下我把它简称为"ECVSE"框架),转化发展出了他的新结构经济学(New Structural Economics, NSE)的分析框架。从世行一卸任回国,毅夫就带回来了他的三本新著作的中译本《新结构经济学:反思经济发展与政策的理论框架》(林毅夫,2012a)、《繁荣的求索:发展中经济如何崛起》(林毅夫,2012b),以及《解读中国经济》(林毅夫,2012c),从而为他4年世行高职荣任交了一份富有成果的答卷,

---
* 本部分来自《经济学》(季刊)2013年第12卷第3期"评论与回应"专栏,第1051—1108页。
** 复旦大学经济学院。通信地址:上海市国权路600号复旦大学经济学院,200433; E-mail: liweisen@fudan.edu.cn。这是笔者根据2012年9月17日在北京大学国家发展研究院召开的"新结构经济学研讨会"上的主题发言的PPT扩展改写而成。笔者感谢黄有光教授和香港科技大学的王勇教授对这篇文章提出的意见和建议。然而,本文中的任何观点和谬误都由笔者自己负责。

也向中国经济学界的同行们和国人带来了他的新研究成果。令人更为称道的,他新提出的这一建立在 ECVSE 理论分析思路上的雄心勃勃的 NSE 分析框架,一方面旨在理论化现代经济增长的一般法则,另一方面又旨在为世界各国——尤其是发展中国家——的政府领导人和靠近各国政府决策层的经济学家们提供一个可操作实施的"经邦济世"的政策指导"路线图"。

在《繁荣的求索》一书中,林毅夫(2012b,第 17 页)自己解释道:"我一直认为,一个人应该像李冰一样,为自己所生活的那片热土做一些促进繁荣、惠及千秋万代之事;作为一个知识分子,应该像王阳明一样,拥有独立思考和知行合一的能力,并且即使在逆境之中也要为人民的利益而努力奋斗。这些努力为人生目标赋予了良好的意义。"毅夫的这一自我表白,道出了他的这三本相互关联的经济学著作的宏旨。

由于毅夫的这一新结构经济学的主要理论观点和现实印证已在世界范围内为一些顶尖经济学家——包括多位诺贝尔经济学奖得主级的经济学大家——进行过多年的深入探讨,作为毅夫多年的朋友,笔者谨囿于自己经济学的知识范围,尤其是从比较制度分析和奥地利学派经济学研究的理论视角,谈一点自己对这一 NSE 分析框架的学习感悟和看法,就教于毅夫和经济学界的方家和同仁。

林毅夫新结构经济学的三大理论进展与贡献

对于毅夫的三本新著的理论进展和学术贡献,许多世界著名经济学家如达斯古普塔(Partha Dasgupta)、斯宾塞(Michael Spence)、斯蒂格利茨(Joseph Stiglitz)、福格尔(Robert Fogel)、阿克劳夫(George Akerlof)、谢林(Thomas C. Schelling)、赫克曼(James J. Heckman)、迈尔森(Roger B. Myerson)、菲尔普斯(Edmund Phelps)等均已经给予了高度的评价。这些经济学大师们将毅夫的 NSE 分析框架称为"真正重要且富有雄心的作品"(Michael Spencer),"将成为重新思考发展问题的一座里程碑"(Joseph Stiglitz),因而把毅夫誉为"经济发展领域的一位世界级的杰出专家"(Partha Dasgupta)。由于这些世界诺贝尔经济学奖的大师级经济学家们已经对"新结构经济学"的理论框架做出了如此高的评价,本文谨寓于笔者知识储备的偏狭视角,狗尾续貂,仅对这三部著作的理论贡献谈以下三点:

第一,与毅夫之前的文著相比,甚至与前两年出版的他在剑桥大学所做的马歇尔讲座的《经济发展与转型:思潮、战略与自生能力》(林毅夫,2008)一书的观点相比,新近出版的这三部著作中所提出的NSE分析框架更加"强调市场在资源配置中的核心作用",因而基本主张"市场应该成为经济的基础性制度"(林毅夫,2012a,第5、44页)。

在《新结构经济学》的"导论"中,毅夫一开始就提纲挈领地道出了他的理论框架的基本思路:"新结构经济学认为,一国要素禀赋结构升级的最佳方法是在任一特定时刻根据它当时给定的要素禀赋结构所决定的比较优势发展它的产业。经济将最富竞争力,经济剩余将最大,资本积累和要素禀赋结构的升级也将是最快的。为了让一国的私营企业进入该国具有比较优势的产业,要素相对价格必须要充分反映这些要素的稀缺程度,同时这些要素价格只能在运行良好的市场上通过竞争来决定。"(同上,第5页)在其后的分析中,毅夫及其合作者还具体解释道:"采取市场机制来配置资源……是经济在发展当中遵循比较优势的必要条件。大多数企业是为追求利润而生的。如果相对价格能够反映禀赋结构中各种要素的相对稀缺性,企业在技术和产业选择上就会遵循经济的比较优势。而这个条件仅能在竞争性的市场经济中成立。所以,在发展的每一个阶段上,竞争性市场都是一个经济体资源配置的最优机制。"(同上,第88页)

坚持竞争性市场是人类社会资源配置的最优机制,从而认定市场当为经济运行的基础性制度(institution)这一点,非常重要。这实际上意味着毅夫的NSE整个理论,是建立在市场经济理论基础之上的一个分析框架和发展思路。这实际上也意味着这一NSE分析框架是沿着经济学的古典传统和新古典经济学分析理路的一个创新和发展。正如毅夫在《新结构经济学》一书中所言,在第二次世界大战后,发展经济学作为现代经济学的一个分支一出现,在很长一段时期内这个领域中较多的经济学家均偏向于主张政府干预,并主要以凯恩斯主义理论框架为其"分析的主要理论基础",提倡"统制主义的教条"(dirigiste dogma——印裔经济学家、毅夫和笔者的好友Deepak Lal之语),主张发展中国家通过进口替代和优先发展现代先进产业实现发展中国家的产业升级,从而来纠正"市场失灵"所造成的与发达国家的产业结构和国民收入的差异。然而,这一偏向于政府干预主义的第一波发展经济学的理论主张和政策建议,既没有给绝大多数发展中国家带来多大的经济增长,实际上也没有给这些国家的人民带来多少真正的福祉。从拉丁美洲到亚洲、非洲乃至到东欧一些国家,其理论主张和政策导向都好像被证明是失效的。大多数发展中国家(包括计划经济时代的中国),在战后与发达国家的差距不是缩小了,而是拉大了。

如毅夫所见,第一波政府干预主义的发展经济学理论的失效,尤其是1973年之后在"石油危机"冲击下在西方国家所出现的"滞胀"现象,宣告了这些国家的政府第二次世界大战后多年所奉行的凯恩斯主义的破产,也催生了新一波经济发展思潮,而"后者强调政府失灵,……强调市场在配置资源和提供发展激励方面的基础性作用,在他们的政策建议中忽视不同发展水平的国家的结构差异,期待结构转变在一个国家的发展进程中**自发出现**"(同上,第3页,黑体为引者所加)。这种"受到新自由主义思想启发的第二波经济发展思潮,关注的是政府失灵,提出了华盛顿共识型的政策"。然而,据毅夫观察,"这种政策也失败了,未能在发展中国家实现可持续的、包容性的增长,也未能实现减贫"(同上,第55页)。毅夫还认为,实际上,"20世纪后半期成功的发展中国家并没有遵循"第二波经济发展思潮的政策主张,且第二次世界大战后只有13个国家和地区实现了持续超过25年的7%以上的高速增长(同上,第32页)。基于这一判断和观察,毅夫及其合作者提出了发展经济学的"第三波经济发展思潮",在强调"市场应是资源配置的基础性制度"的基础上,同时又扬弃了所谓新古典经济学中所潜含的"自由放任"(laissez-faireist)精神传统,提出了他的发展经济学的第三波思潮的主要观点:政府在经济发展中在协调投资、减少外部性、增长甄别、因势利导从而促使一国要素禀赋结构升级和转变方面要发挥积极的作用。[2]

应该说,对于毅夫及其合作者的这第三波经济发展思潮,除少数极为偏执的理论家外,大多数经济学家都会同意,这也是这一NSE分析框架一提出,就受到了许多经济学家——包括一些诺贝尔经济学奖得主级经济学大师——交口称赞的主要原因。然而,如果不细读毅夫的这三部新著,人们一方面可能会囿于成见会误认为毅夫是位主张政府干预主义的经济学家,另一方面又可能会把他的这一NSE分析框架理解为不过是建立在新古典主义经济学自由市场理论基础之上的理论建构。[3]可能正是因为后一点,就连对毅夫这一NSE分析框架的表示基本同意和支持的斯蒂格利茨教授也抱怨道:"市场的局限性比林毅夫认为的更严重——即使运行良好的市场经济体系都既不稳定也不有效。"斯蒂格利茨还补充解释道:"历史上唯一一个没有反复发生金融危机的现代资本主义时期,是[1929—1933年]大萧条之后世界主要国家实行强力金融管制的短暂时期。有趣的是,那段时期也是经济增长和增长的成果被广泛共享的时期。"[4]（转引自林毅夫，2012a，第47页）斯蒂格利茨的这些评论和观点，与毅夫在《新结构经济学》中所坚持和反复强调的"在发展的每一个阶段，竞争性市场都是一个经济体资源配置的最优机制"（同上，第87页）见解，显然是有着一定的差异的。

第二，毅夫新结构经济学的另一个主要理论贡献，是从经济思想和近现代经济史研究的视角（林毅夫，2012c，第二讲），尤其是根据库茨涅茨（Simon Kuznets）的经济增长理论，明确提出现代经济增长的实质及其普遍特征事实："持续性的技术创新、产业升级、经济多样化和收入增长加速，是现代经济增长的主要特征。"按照多年来他所坚持的依照各国要素禀赋所决定的比较优势来发展经济和进行产业升级的基本思路，毅夫在这三部著作中更加明确地提出："在长期，生产率增长是与结构变迁联系在一起的，也就是说，在同样的产出水平下利用更好的知识降低生产成本，并将资源从低附加值的产业重新配置到高附加值的产业中去。"（同上，第120页）很显然，也正是因为毅夫特别注重产业升级和技术和经济结构的变迁，他把自己所努力创建的这一发展经济学的新理论称为"新结构经济学"。

正是由于多年来特别注重技术变革、产业升级、经济结构变迁在现代经济增长中的作用，毅夫先在《新结构经济学》一书中回顾了从休谟（David Hume）、斯密（Adam Smith）、李嘉图（David Ricardo）到马歇尔（Alfred Marshall）和杨格（Allen Young）的经济增长理论，并在一方面肯定了经济增长理论中"哈罗德-多马模型"和"索罗-斯旺模型"把技术明确引入增长理论和实证分析中的理论贡献，另一方面又批评了这些新古典经济学家把技术作为一个经济增长的外生变量来处理的做法，主张"经济增长的新浪潮必须给出一个关于技术变迁的令人信服的理论，让技术这一长期增长的主要决定因素摆脱新古典模型的外生性假设"。更进一步，这一NSE分析框架更加强调，"……增长在很大程度上是由创新和各种制度驱动的，这些制度在那些创新活动受到促进、变革发生所需要的条件已经具备的国家不断演变"；进而主张要"理解技术扩散是如何在国家之间产生并引发或维持经济增长的——以及它为什么没有发生在其他国家之间"（同上，第72、73页）。在回答这个复杂的问题上，除了许多经济学家提出的内生增长模型以及甄别经济增长的基本决定因素的新政治经济学的模型，毅夫及其合作者多年来一直坚持认为，"因为任一时点上的最优的产业结构，是由其现有的要素禀赋结构决定的,一个国家若想在技术发展阶段上不断爬升,首先应当改变其要素禀赋结构。随着资本的积累,经济的要素禀赋结构不断演进,从而推动其产业结构偏离由此前的要素禀赋结构所决定的最优产业结构。为了保持市场竞争力,企业就需要升级其产业和技术"(同上,第83页)。

正如反复强调"竞争性市场是一个经济体资源配置的最优机制"的观点遭到了一些对市场运行效率怀疑派的质疑一样,毅夫在这几本新结构经济学的专著中始终并反复强调技术变革、产业升级、产业结构的变迁在现代经济增长中的作用,也引来了同行们一些不同的意见。一些经济学家认为毅夫的这一 NSE 分析框架不大像斯密、杨格和杨小凯的经济学理论传统那样更加注重劳动分工和专业化在经济增长中的作用,因而一些经济学家——如北京大学的平新乔教授就在一次讨论会上讲他更加——相信杨小凯的建立在分工理论上的"新兴古典经济学"(New Classical Economics,NCE)中的发展理论框架[5],认为 NCE 的理论框架可能比毅夫的这一新结构经济学的理论框架更能揭示人类社会长期经济增长的内在机制。如果按照国际上一些经济史学家所喜欢的术语来表达,那么现在我们似乎可以认为,杨小凯的 NCE 增长理论,更强调"斯密型经济增长"(the Smithian Growth)[6],而毅夫的 NSE 理论框架,则更强调"熊彼特型增长"(the Schumpeterian Growth),亦即"库兹涅茨型增长"(the Kuznetsian Growth)。[7]当然,严格说来,在人类近现代尤其是当代社会中,斯密型增长与熊彼特型增长是很难被完全区分开的,即使我们在两个概念的界定上做些强行的人为界定,二者也是难分难解,或者说,"斯密型增长",即分工、贸易、劳动生产率提高所带来的经济增长本身,与技术创新和组织创新所带来的经济增长(即熊彼特型增长)常常绞缠在一起,且互相作用。因为,在现代社会中,没有劳动和社会分工及其专业化,就很难有科技进步和革命,且科技革命所带来的经济的快速增长如果没有市场贸易范围的扩大和市场分工的深化的社会条件,也不可能发生和持续。反过来,技术创新和组织创新又必然加深——或者说本身就意味着分工和交易的深化,因而,在现代社会中,斯密型增长和熊彼特型增长的划分似乎已经失去了意义,或者我们只能简单地把二者置放在一起笼而统之地通称为"现代经济增长"(the modern economic growth)(Kuznets,1966)。但是,由于在斯密本人所处时代,近现代工业革命和机器化大生产方式还并没有发生,且科学进步和技术发明与创新还没有完全结合在一起,而自19世纪30年代后西方世界经济的快速起飞主要得益于机器化大生产所带来的劳动生产率的迅速提高,因此,至少在分析世界近现代经济史的过程中,斯密型增长和熊彼特型增长这两个概念还是比较方便使用的。但是在严格意义上,现代经济增长,或者说自19世纪西方工业革命以来的经济增长,只不过是加进了科技革命和机器化工业大生产后的斯密动态经济增长,或者说是包含了熊彼特型增长的广义的斯密动态经济增长(韦森,2006a,2006b)。

这里应该指出,杨小凯和毅夫在经济增长理论分析理路上的这一分叉,并不完全是纯理论意义上的,而实际上涉及了对经济增长原因及其路径上的理解。在第三部分我们重新讨论经济增长中服务业——尤其是金融服务业——扩张在一国经济增长中的作用时,会再回头来探讨这个问题。

第三,在前两点的基础上,毅夫提出了在本国产业结构变迁中政府的"增长甄别与因势利导"作用,从而把他自己多年来所独创的以"ECVSE"为基本分析理路的发展经济学框架从纯理论探讨推向了可实际操作和可具体实施的阶段。

在理论上确认"市场应是资源配置的基础性制度"和"竞争性市场是一个经济体资源配置的最优机制"这一点,又把现代经济增长的主要动力和普遍特征事实认作为技术变革、产业升级、产业结构的变迁,那么毅夫就符合逻辑且自然而然地提出了他的NSE分析框架的第三个主要经济学主张,政府既不应该完全取代市场,也不应该无所作为,而应该在经济发展中尤其是在促进企业技术创新、扶植产业升级和实现经济多样化方面起积极的因势利导作用,从而在这三部著作中,进一步提出了政府在一国经济发展中的"增长甄别与因势利导框架"(Growth Identification and Facilitation Framework, GIFF)。

在这方面,毅夫在《新结构经济学》和《繁荣的求索》两部著作中论述很多,进行了诸多深入探讨和详细解释。譬如,在《新结构经济学》的"导论"中,林毅夫(2012a,第5页)就指出:"产业结构的升级和基础设施的相应改善需要协调投资行为,并对先行者产生的、无法被私营企业内部化的外部性予以补偿。没有这样的协调和对外部性的补偿,经济发展的进程将放缓。因此,政府应主动设法缓和协调问题和外部性问题,从而促进结构转变。"根据增长与发展委员会(Commission on Growth and Development)2008年发布的《增长报告:可持续和包容性发展战略》中所提出的快速经济增长国家的5个普遍特征事实——

(1) 对外开放和利用世界经济;(2) 维持宏观经济稳定;(3) 保持高储蓄率和投资率;(4) 运用市场配置机制;(5) 有一个坚定、可信赖且有能力的政府。毅夫认为,有一个坚定、可信赖、有能力和具有因势利导作用的政府,是在各国经济发展过程中采取和遵循比较优势经济发展战略的一个必要条件(同上,第 85 页)。在《新结构经济学》一书中,毅夫还提出,自 1955 年发展经济学家刘易斯(W. Arthur Lewis)提出"离开一个高明政府的正面激励,没有一个国家能获得经济进步"这一点之后,历史证明政府采取有效的主导作用的国家取得快速增长的例子有很多,而政府采取自由放任而不去解决市场失灵问题的国家却很少获得成功(同上,第 95 页)。

在现代经济增长中,政府是要作为,但到底如何作为?毅夫提出,政府不应该是一个命令型政府,或利用手中掌控的资源直接参与经济活动和市场竞争的政府,而应该是一个能帮助私人部门利用比较优势的"因势利导型政府"。这种因势利导型政府,应该"充当健康的新兴产业的助产士",而不是"一个长期在职的保姆"。

有了这个基本理念和认识,毅夫在《新结构经济学》第 3 章还具体提出了他的"增长甄别与因势利导框架"(GIFF)的"两步六法":第一步是确定一国可能具有潜在比较优势的新产业;第二步是消除那些可能阻止这些产业兴起的约束,并创造条件使这些产业成为该国的实际比较优势。在此基础上,毅夫提出了以下六项具体实施方法:(1) 政府可提供一份符合本国要素禀赋结构的贸易商品和服务的清单;(2) 在这份清单中,可优先考虑那些国内私人企业已自发进入的产业;(3) 清单上的某些产业可能是全新产业,可鼓励外资进入,还可设立孵化计划,扶持国内私人企业进入这些新产业;(4) 关注本国成功的私人企业,为新产业扩大规模提供帮助;(5) 建立工业园区和出口加工区,为新产业的成长提供良好的基础设施和商业环境;(6) 给国内先进企业或外资提供一定激励,如减税或其他优惠政策。毅夫及其合作者希望通过上述这些"因势利导"的激励措施,可以帮助发展中经济体的企业实现技术创新、产业升级、经济结构的变迁,以达致整个经济体的"有活力的可持续增长"(同上,第 135—138 页)。

通过这一 GIFF 框架的"两步六法",毅夫及其合作者旨在使其新结构经济学的主要思想和理念变成可以实际操作的政府行动指南。

构建新结构经济学框架所要进一步考虑的两个基本问题

从上一部分的分析中,我们已经知道,正是以竞争性市场为基础性制度,并以技术创新、产业升级和经济结构的变迁为经济增长的主要动力,毅夫提出了他的新结构经济学的政策主张:政府应起积极的"增长甄别与因势利导"作用,以推动本国产业升级以及以技术和经济结构变迁为主要特征的现代经济增长。现在看来,这一新结构经济学的理论框架,不但逻辑自洽,而且对发展中国家的政府制定本国的经济发展战略具有现实的指导意义。然而,这一新理论框架显然还有一些理论和现实问题需要进一步思考和探索。这里,笔者谨提出以下两个问题,供毅夫和关注这个问题的经济学界的方家和朋友们参考。

问题一:NSE 分析框架和其中的 GIFF 框架的实际运行,从理论上要求和假定一个什么样的政府及其政府领导人的行为模式?与之相关联的根本问题是,这一 NSE 分析框架是否仍然实际上是"制度缺位"(institutions free)——尤其是政治与法律制度缺位?

从世界近现代史来看,现代经济增长,主要是由科学发明、科技创新、产业升级和经济结构变迁所推动的[8],并以此为普遍特征事实的,这应该没有问题。一个国家要通过不断的科技创新、产业升级和结构变迁来发展经济,首先要考虑自己的要素禀赋,要按要素禀赋所决定的自己国家的比较优势来发展,以渐进性地进行产业升级和结构变迁,这应该也没有问题。在一国的动态发展中,政府要积极作为,要在本国的产业升级和经济结构变迁中起到积极的"增长甄别与因势利导"作用,在新产业的催生与发展中起到"助产士"的作用,乃至在新产业的创生和产业升级中解决协调问题和外部性问题,具体说来在解决企业融资和提供良好的基础设施和商业环境方面提供政策乃至资金援助之手,这看来均没有任何问题。然而,所有这些 NSE 分析框架的理论论证,是否整个框架都建立在政府领导人是利他、仁爱和无私的假说之上?依照毅夫自己的辩护,即使把新古典经济学的理性经济人假定运用到这一新结构经济学的理论建构之中,即假定任何国家的政府领导人都是"自利的",都在进行着个人及其家庭的利益最大化计算,也不会影响这一新结构经济学的整个分析基础——因为任何一国的国王、总统、总理、主席或总书记,都会希望并会尽最大努力要自己的国家经济快速发展,因为这不但会带来更多的政府税收和其他财政收入,也会使自己在历史上留下"良好治理政绩"之名。⁹同样的道理,任何一个地方的行政长官,也自然会希望并尽最大努力去推动自己所管辖地区的经济快速增长,以从中达致个人利益最大化(如升迁、政绩之名、收入和个人幸福感)。但是,即使是如此,这样的分析思路仍然似有两个问题有待深入思考和进一步研究:

首先,如何避免政府领导人在促进科技发明和创新、产业升级以及经济结构变迁中运用自己手中所掌握的权力和掌控的资源进行个人和家庭的寻租问题?这个问题乍看起来好像与 NSE 分析以及其中的 GIFF 框架没有直接关系,但实际上却牵涉这一 GIFF 框架是否能在各国得到真正实施和是否真正工作的根本性问题。如果我们假定任何政府领导人都在理论上是自利的,那么,在毅夫的这个 NSE 分析框架中,似乎根本没有——或有意识地回避了——现代政治体制中的权力制约与制衡问题,而是假定政府及其领导人有决定一个国家或地区的经济发展战略、产业升级乃至在解决协调问题和外部性问题中的完全自由裁量权(discretion),但不知毅夫想过没有,在解决所有这些经济发展问题上,乃至政府做新产业的"助产士"甚至起保姆的"作用"时,政府领导人都要运用自己所掌控的权力,都要运用自己所掌控的来自税收和其他财政收入的财力资源乃至国有资源来运作,都可能会有自己个人的喜好、偏好以及个人、家庭甚至亲友的关系在其中,因而在具体做出任何一项资助科技创新、发展新兴产业和促进产业升级的实际操作中,都有政府领导人个人的利益、喜好和关系在其中。在一个国家和地区的政府及其领导人的增长甄别与因势利导的发展规划以及实际操作和运作中,如果不考虑制度约束和体制变量,而只是理想地提出政府领导人和决策者应当怎样行为和怎样才是最优选择,其现实有效性、可实施性和操作性是要大打折扣的。

这说来并不是无聊的纯理论推理。实际上,增长与发展委员会 2008 年的研究报告和毅夫《新结构经济学》中所提供的数据就说明,尽管在过去的数十年中,世界上的许多发展中经济体的领导人在发展本经济体经济并使之经济现代化方面付出了持久和不懈的努力,但实际上在过去半个多世纪中,只有 13 个经济体[10]实现了持续超过 25 年的 7% 以上的高速经济增长,从而缩小了与西方发达国家的人均收入的差距(林毅夫,2012a,第 32 页,第 80—81 页;2012b,第 21 页,第 26 页)。[11]这一当代世界经济发展演变的事实和格局本身,不就说明了要把毅夫的 NSE 分析框架的原理尤其是把其中的 GIFF 框架运用到广大欠发达国家和发展中国家将非常困难？假定广大欠发达国家和发展中国家的政府领导人都认真学习并接受了毅夫的这一 NSE 分析框架和"两步六法"的 GIFF 框架,那么,他们就能将之运用到这些国家的经济发展中,这些国家的经济就能迅速起飞？这目前看来将仍然是个问号。因为,每个国家都有自己的制度安排、文化传统、商业精神、资源禀赋乃至经济与社会关系方面的诸多复杂和具体的情况,从而使大多数国家的政府领导人都处在变革与经济发展的巨大张力之中。再说,像伊拉克前总统萨达姆·侯赛因、利比亚前总统卡扎菲、智利前总统皮诺切特、秘鲁前总统藤森,乃至菲律宾前总统费迪南德·马科斯,以及埃及前总统穆巴拉克,等等,在他们当政期间,难道不都有一个坚定且强有力的政府？在发展本国经济上不都费了一些思量,甚至绞尽了脑汁？结果这些国家的经济表现到底如何呢？又如何避免这些国家的最高领导人及其家族乃至整个政府官僚阶层在经济发展过程中的腐败寻租行为？这难道不应成为毅夫未来新结构经济学理论建构和发展所须应考量的政治与法律制度问题？

即使把毅夫的 NSE 分析框架的原理及其 GIFF 框架运用到改革后取得了巨大经济成就的当代中国社会中,似乎仍然绕不开上述问题。自 1978 年以来,以培育和引入市场资源配置体制和对外开放为主轴的经济社会改革,已经导致中国经济有三十多年的高速增长。过去三十多年来,中国经济的高速增长所取得的伟大成就,举世瞩目,无人可置否。在过去三十多年的经济快速增长中,中国乃至各地政府和企业家一起确实充分利用了自己的资源禀赋优势,在引入市场机制和加入世界经济全球化的分工体系的黄金机遇中进行了技术和资本的引进、科技创新,在这个过程中涌现出了一大批国内的民营企业,从而进行了产业升级和持续不断的经济结构变迁。可以认为,正是这些因素合在一起,才导致了中国经济的快速起飞。这些事实几乎完全印证了毅夫的 NSE 分析框架的基本原理甚至 GIFF 框架的操作步骤。这里尤其值得提出的是,在中国过去三十多年中,尤其是自中国加入 WTO 后的十多年来,中国沿海地区的几个特区,以及全国大多数大城市和县城的经济技术开发区、保税区和科技园,在各级和各地政府的政策引导、支持和扶植下,如雨后春笋般地出现了,这无疑是过去三十多年来中国经济快速增长的强大推动力和主要贡献因素。所有这一切,又似乎完全印证了毅夫的 NSE 分析框架及其 GIFF 框架的基本思路。由此也可以认为,中国是毅夫的新结构经济学理论框架的一个巨大的成功试验场。

然而，在过去三十多年中国经济高速增长的时期，当今中国社会内部多年来积累下来了大量经济与社会问题，如地方政府的巨额负债、经济技术开发区以及一些高科技企业的巨额负债，还发生了一些负责开发区、高科技园区建设和基建投资的地方政府行政长官腐败寻租的大量问题，如苏州市前副市长姜人杰、洛阳市前中共市委书记孙善武、郑州市前中共市委书记王有杰、阜阳市原市长萧作新、原阜阳市前中共市委书记和安徽省副省长王怀忠，甚至原大连市市长和原重庆市中共市委书记薄熙来，等等。这其中哪个领导人不曾是坚定、有能力、有想法且在努力发展本地经济，甚至在发展高科技园区和推进本地区产业升级和技术创新上做出了诸多贡献的"能干的"书记和市长？这些问题难道不应该进入 NSE 分析框架的未来探讨和思考视野之中？

其次，即使我们避开发展中国家和地区的政府领导人在运用自己掌握的权力和所掌控的资源进行个人和家族的权力寻租问题，这一新结构经济学可能还有一个绕不过且必须回答的问题：NSE 分析框架及其 GIFF 框架假定政府及其领导人在正确运用一国或本地区的资源禀赋和比较优势乃至在促进科技创新、产业升级和经济结构变迁上要起到"增长甄别与因势利导"的积极作用，那么，这一理论实际上假定各国政府和各地区领导人，以及在计划委员会、发展委员会或其他政府部门的官员有完备的知识。但是，一个现实问题是：在对本国和本地区的资源禀赋、比较优势、有市场增长潜力的产品以及行业和未来各行业的发展前景的判断方面，乃至在各企业本身的竞争力和产业升级的战略选择方面，政府部门及其官员就一定比在生产和贸易第一线的企业和企业家更高明？知识更全面？判断更准确？甄别更确当？指导意见更合宜？

两百多年前，在《国富论》中，亚当·斯密（Smith，1776/1930，p. 421）在谈出"看不见的手"的原理著名论断后，接着就指出："在把资本用于国内哪些产业方面，以及在其产品能有最大价值这一问题上，处在自己本地环境中的个人所能做出的判断，显然要比任何政治家（statesman）或立法者为他做出的判断好得多。如果政治家试图指导私人去如何运用他们的资本，那不仅是自寻烦恼地去关注最没有必要关注的事，而且假定存在一个安全和可信任的政府，把这种权力交给一个荒唐且有很大幻觉地自认为有足够资格行使这种权力的一个人，甚至交给一个委员会或议会，那是再危险不过的事情了。"亚当·斯密在写作《国富论》时，现代工业和科技革命还没有发生，更没有现代的计算机网络通信工具和信息渠道。在 21 世纪高科技时代和已经计算机网络信息化的当今世界,已经没有任何一个国家的政府能够完全拿开对市场运行的干预和"调控"之手了,因而对亚当·斯密两百多年前说过的这段话,我们今天研读时要特别小心。然而,在21世纪信息化和高科技时代的今天,亚当·斯密的这句话是否还有一定的道理和参考意义?一些国家的计划委员会或科技部、发改委的官员们,在本国的科技进步、产业升级和各产业的发展前景、市场需求等经济运行方面所掌握的知识和所做出的判断,一定比本国企业乃至一些大公司的管理者和科技人员所具备的知识就多?判断就高明?难道一国的科技创新、产业升级和经济结构变迁就只是在政府所能正确甄别和因势利导之下才能发生?[12]

这说来已经不是一个纯理论推导问题了。近些年来,尽管在政府为缓和2008年下半年以来世界经济衰退对中国经济的冲击而做出的所谓"4万亿刺激计划"和保增长的宏观政策指导下,国家发改委和各级地方政府部门在促进科技创新、推动产业升级、建高科技园区和孵化新产业方面做了大量工作,投入了大量资金和资源,且在某种程度上贡献了过去几年中国经济的增长。然而,现在看来,这些政府所推动的发展新产业和产业升级政策,甚至资金和资源扶植政策,并不是没有问题的。以毅夫的NSE分析框架的思路和术语来说,过去几年,国家发改委和各级地方政府所推出的"产业升级"和"孵化新产业"政策,在很多方面不是顺应了由中国资源禀赋所决定的比较优势,而恰恰可能是违背了比较优势原理而犯了急躁、冒进和揠苗助长地推行"赶超战略"[13]的老毛病。

对于这一点,在不久前在FT中文网上发表的一篇题为"把脉当下中国经济"的长文中,笔者(韦森,2012)就曾指出,近几年国家发改委、工信部以及地方政府为振兴新产业,确实做了很多工作,推出了许多新的政策举措,甚至给予了大量的资金支持,其主导思想和愿望无疑是好的,也在某些程度上促进了中国经济发展。但是,要看到,这些政策举措在很大程度上并没有帮助企业,有些反而是害了企业。假如发改委和地方政府扶持一家企业发展太阳能产业,启动资金给了500万元,并给予企业补贴、免税等政策。这种做法表面上看似乎在帮助企业,但有可能是害了企业。因为,企业要为新产业的新产品形成规模生产,可能会从银行贷款几亿元或几十亿元,或通过IPO从资本市场募集巨额资金用来建新厂,增加生产能力。但是,当产品出来了,却发现"不经济",价格和应用不能为国内外市场所接受,或一些新产品还不能与现有能源行业的产品竞争,结果是生产出的产品卖不出去,而背上了巨额的银行负债,濒临倒闭和被清算的命运。不久前,媒体暴露出来的江西省最大的民企赛维 LDK 公司,就是一个典型的例子。无锡的尚德集团,也是这方面的例子。现在,全国有多少这样在国家扶植新产业政策下错误投资而陷入困境的企业?像这样的企业,像这样的投资,你说发改委和一些地方政府是帮助了企业,还是害了企业?这不是通过堂而皇之地鼓励新产业发展的政策把一些企业创生出来但最后推向了火坑?最后不是害了一些企业家?

当然,我们这样说并不是主张中国政府不应该鼓励新产业的发展,更不是主张科技研发和技术创新上不加大资本投入。我这里是说,只是在我们强势政府主导的经济运作体制中,在发改委掌握着巨大的政府投资和开发资金的情况下,才有了这样的结果。现在看来,新科技的研发和创新,主要应该是企业和市场的事情。除中国科学院和各高校、研究院这类科研机构确实需要国家财政支持外,企业的研发和创新,应该是企业在市场乃至在参与国际竞争中自己的事情。一些新产业的创办和发展,也应当是各种创投和风投公司的事情。在任何体制下,如果政府掌控大量财力和资源,进行新产业的直接投资,其效率都会不如企业和市场,也往往会产生大量腐败和问题。这才是问题的症结和根源。目前许多中国中小企业面临关门甚至倒闭的风险,在很大程度上与我们这种体制下政府掌握着巨大的国家财政资金乃至其"振兴几大产业"的经济刺激计划有直接的关系。一些民营企业家"跑路",甚至跳楼,这也可能是重要的原因之一。目前,一些中国大型国有企业和民营企业集团,已是负债累累,只是它们大到不能倒,从而绑架了商业银行,也绑架了地方政府,使地方政府不能让它们倒闭而已。

上述例子,也反映出了毅夫的 NSE 分析框架中的 GIFF 框架在被现实应用中可能遇到的问题。在这个问题上,限于文章篇幅,这里就不再深入展开讨论了。概言之,即使我们认识到在当代社会中毅夫所提出的这一新结构经济学的理论框架有着重要的理论和现实意义,但也不能像现在这样"institutions free",尤其是不能让政治体制和法律制度的分析维度缺位。笔者的愚见是,在未来的完善和发展中,毅夫的这一 NSE 分析框架,要把现代宪政民主政制像市场制度一样被视为现代经济可持续增长的一个必不可少的基础性制度条件。因为,只有当政府及其领导人的权力得到了现代民主政治安排中的实际制衡,才能期望他们能确当且合宜地发挥"增长甄别"和"因势利导"作用。近现代西方世界的兴起和世界范围的国家增长轨迹的"大分叉"(the great divergence)现象,不正恰恰说明并证实了这一点?

问题二:在任何一个特定时期中,一个国家的金融结构是产业结构的外生变量?还是一国经济发展中经济结构及其变迁的内在构成部分?

在与徐立新合作的"金融结构与经济发展"一文中,在《解读中国经济》第九讲,以及在与其他学者合作的新近研究(Lin et al., 2011)中,毅夫及其合作者均非常全面地回顾和探讨了金融结构与经济发展、技术创新和产业升级的关系,认为"金融在现代经济发展过程中是最重要的一个环节和部门"(林毅夫,2012c,第192页)。他们认为,金融结构内生于产业结构,产业结构则是由相对要素禀赋的价格决定的。他们还明确指出,"经济体在每一个发展阶段都存在最优的金融结构",且高效率的金融结构必定反映实体经济的需求,"从根本上看,要素禀赋状况(劳动力、资本和自然资源)决定了产业结构,反过来产业结构又离不开与特定发展阶段相适应的金融结构的支撑"(林毅夫,2012a,第219—220页)。

在现代社会中,一国的产业结构离不开金融部门的支持和支撑,这一点国际经济学界和金融界已经做了大量的研究,毅夫及其合作者在其所撰写的一些文章中也做了很好的综述。但是,综合考察毅夫的NSE分析框架及其他与合作者所做的相关研究中有关金融结构与经济发展之间关系的论述,我觉得似乎还有下面一系列问题需要进一步探讨和予以明确解释:"产业升级"是否只是指制造业内部产品生产的升级,或者是指在器物层面从农业—手工工厂—机器化生产—高科技产业的升级?这包括不包括一国经济结构内从农业、制造业向服务业的过渡?或者更窄一点说:金融服务业的发展本身是否也是产业升级的一个内在组成部分?[14]

这里之所以提出这样一些问题,是因为,综合考察毅夫的新结构经济学的理论框架,可以看出,这一框架所说的产业升级,大概主要还是指随着科学发明和技术创新所推动的产品制造业的升级,而不是指一国经济结构中第一产业、第二产业和第三产业在一国GDP总量中份额的变迁。正是因为这一点,尽管在与徐立新等作者合作的文章中,毅夫及其合作者认为,金融服务业内生于产业结构,但是,在他的NSE分析框架中,金融服务业的发展仍然是他所认为的制造业部门的以科技创新、产业升级为主要特征事实的经济发展的一个外在的促进因素。

回顾人类近现代经济史,尤其是当代经济史,我们发现,各国的经济发展和社会繁荣,并不仅仅表现为科技进步、制造业部门的产业升级,而表现为市场分工越来越细,生产越来越迂回,更多的交易部门和服务部门的出现,结果是第三产业产值占 GDP 的比重越来越大,尤其是金融服务业的比重越来越大,这些都是现代经济增长的内在构成或者说组成部分。

举个例子来说,近几年来,中国物质生产部门的许多产品的总量都为世界第一了,但是目前中国的 GDP 总量差不多只是美国 GDP 现价的一半。这是为什么?譬如,按照国际钢协 2012 年年初发布的数字,2011 年,中国的粗钢产量已经达到 6.955 亿吨(按中国工信部 2012 年 3 月发布的数字,2011 年中国的钢产量为 7.3 亿吨),占全球粗钢总产量 15.27 亿吨的 45.5%,比日本、美国、俄罗斯和印度的总和还多;中国的水泥产量也高达 20.85 亿吨,占世界水泥总产量的比重已经超过 60%;中国的煤炭产量为 19.56 亿吨油当量,远远将位居世界第二的美国(5.56 亿吨油当量)甩在身后,在全球产量中的份额提升到大约 50%;中国的汽车产量达到 1 840 万辆,比美国 1 370 万辆高出了 470 万辆;中国的造船吨位完工量高达 6 800 万吨,也保持了世界第一。另外,按照 2011 年 3 月 4 日中国国家统计局发布的数字,到 2010 年,中国已有 220 种工业产品产量居世界第一了,那为什么中国的 GDP 却不是世界第一而只有美国 GDP 的一半?其中的原因,就在于中国的服务业——尤其是金融服务业——发展的落后[15],服务业创造的产值占 GDP 的比重,远远落后于西方发达国家,甚至低于印度等发展中国家(见图 1 至图 3)。

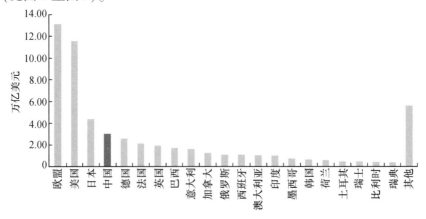

图 1　2011 年世界主要国家第三产业产值
资料来源:Wind,中金公司数据。

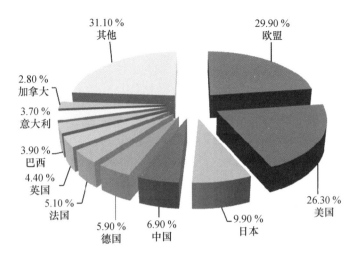

图2　2011年世界主要国家第三产业产值占全球第三产业产值的比重
资料来源：Wind，中金公司数据。

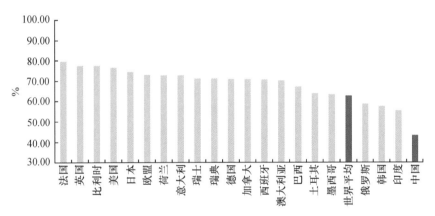

图3　2011年世界主要国家第三产业产值占各国GDP的比重
资料来源：Wind，中金公司数据。

从以上三图中，我们可以清楚地看出，尽管中国的实体部门的产值远远超过美国，但是在服务业和第三产业的发展上，中国还远远落后于美国和其他发达国家，低于世界平均水平，甚至落后于印度（按比重）。比如，2011年，中国服务业所创造的GDP占整个GDP总量的份额远远低于美国和世界一些发达国家，后者平均已占70%以上。2011年，在美国15.9万亿美元的GDP总量中，服务业所创造的价值超过76%，而同年在中国大约7.5万亿美元GDP总量中，服务业所创造的价值只占43.1%，尤其是金融服务业所创造的价值，还不到7%（而中国香港这一指标为 22%—25%，新加坡为 26%，见王力、黄育华，2012）。这一例子充分说明，服务业尤其是其中占很大成分的金融服务业，才是现代经济增长的主要构成部分。另据 CEIC DATA 数据库的统计数字，1950 年，美国制造业的产值占 GDP 的比重高达 27.03%，金融服务业只占 11.49%。60 年后，到了 2010 年，美国制造业的产值占 GDP 的比重下降到了只有 11.72%，而金融服务业的占比则提高到了 20.7%。由此看来，与其认为现代经济增长主要是由实体经济部门内部的产业升级所推动的，不如认为主要是由第一产业向第二产业尤其是第三产业中的金融服务业的过渡和转变所实现的。

基于上述事实，我们也认为，尽管在毅夫的 NSE 分析框架中将金融服务业在言辞上视为内生于产业结构又反过来是促进和推动产业结构升级和经济发展的一个内生变量，但是在这一新的发展经济学的框架中，实际上还是把金融结构及其金融服务业作为一个外生因素来处理的。如何把随着人类经济社会的发展，一个国家的第一产业和第二产业在萎缩而第三产业在国民经济中的份额在不断增大这一现代经济发展的另一个主要特征事实置放进 NSE 的经济结构变迁的框架中来分析和处理，而不是实际上只是考虑第一产业尤其是第二产业内部的技术创新和"狭义的"制造业部门的产业升级所带来的经济增长？这应该是毅夫的 NSE 分析框架所进一步考虑——至少需要进一步说明——的问题。[16] 如果这样做了，是否将会改进毅夫 NSE 的整个分析理路和框架？

到这里，我们也许就能更加清楚杨小凯生前所努力构建的建立在分工和专业化理论基础之上"新兴古典经济学"（NCE）的发展经济学框架与毅夫建立在"ECVSE"理路上"新结构经济学"（NSE）的发展经济学框架的异同、各自的优长和可能的互补了。按照亚当·斯密-阿兰·杨格-杨小凯的分工和迂回生产（round-about）的经济学分析理路，人类社会越进步，分工越细密，生产越迂回，市场越深化，一个国家的经济体总量就越大，经济也就越发展，因而在杨小凯的 NCE 分析框架中，现代服务业部门的不断涌现和服务业部门所创造的 GDP 份额越来越大，应该是经济发展的一个内生过程和自然过程；而按照毅夫的 NSE 分析框架，现代经济增长主要是以科技革命、技术创新和制造业内部的产业升级为其主要推动力量并构成其普遍特征事实的，因而在林毅夫的 NSE 分析框架中，尽管他与合作者把金融服务业视作由产业结构所内生出来的，但实际上是把它作为一个内生于（制造业的）"产业结构"但又反过来对产业结构升级和技术变迁产生重大和至深影响的"外生变量"来处理的。[17] 由此看来,杨小凯的 NCE 分析框架和毅夫的 NSE 分析框架,各有侧重,且各有所长。故此,笔者这里甚至考虑,也许只有把二者结合起来,且互相取长补短,从而进一步在把分工市场深化理论乃至制度分析真正融入毅夫的发展经济学框架中,进一步改进和完善 NSE 分析框架,才能真正构建出未来发展经济学的新的理论"范式",并为未来各发展中国家提出可操作实施的"经邦济世"的政策指导"路线图"。

余论:人类社会经济运行必然王国中的经济理论之树常青

在《繁荣的求索》一书和其他文著中,毅夫甚是喜欢引用当代经济学中的"卢卡斯之问":"人类社会经济发展的秘密和机制到底是什么?"在许多地方,毅夫还直接引用卢卡斯(Lucas,1988,p.5)教授本人的原话:"一旦一个人开始思考这些问题,他就很难再去思考其他任何问题了。"经济学中的"卢卡斯之问"和卢卡斯本人的这一表述,再清楚不过地表露了毅夫作为一个世界级经济学家的理论志向、学术目标和现实抱负。这些年来,毅夫也确实身体力行地朝着这个宏大的学术目标而精诚努力,殚思竭虑地进行理论探讨,并且硕果累累。

然而,也许毅夫也注意到了,除经济学中的这一"卢卡斯之问"外,美联储主席伯南克(Ben S. Benanke)在 1995 年也提出了"宏观经济学的圣杯"说:"解释清楚大萧条,是宏观经济学的圣杯(the Holy Grail)。大萧条不仅导致了作为一个研究领域的宏观经济学的诞生,而且还自 20 世纪 30 年代以来持续影响着宏观经济学家的信念、政策建议和研究进程。"(Bernanke,1995,p.3)伯南克还接着指出:"虽然我们还根本没碰到这一圣杯的边儿,但在过去 15 年里,人们对大萧条的理解已经有了实质性的进展。"(同上)值得注意的是,作为一个杰出的宏观经济学家,卢卡斯本人也非常热衷于经济周期理论研究,多年来曾在这个领域中发表了大量文章,并于 1981 年出版了一本《商业周期理论研究》的文集。在这部文集的结束篇"商业周期理论中的方法与问题"一文中,卢卡斯(Lucas,1980,p.712)曾说:"要阐述一门不甚令人瞩目的学科中某一应用领域的发展目标,其勃勃雄心似乎令人生畏,然而,在描述商业周期理论的发展目标时,存在不那么雄心勃勃的方式吗?"看来卢卡斯本人也无比看重商业周期理论的研究。

一方面是经济学中的有关各国经济增长秘密的"卢卡斯之问",另一方面则是有关大萧条的宏观经济学研究中的"圣杯"之说。这两个迷人的领域,曾吸引了许多人类杰出的头脑为之沉迷而奉献终生的研究精力。然而,认真审视一下当下世界经济的基本格局,就会知道,当代经济学中这两大迷人的研究领域,说来并不是经济学家们理论象牙塔之中闲情逸致的智力游戏,而是深深关系到世界数十亿人民福祉的现实大问题:一方面,西方国家自陷入1929—1933年世界大萧条以来至今复苏步履维艰、路途漫漫;另一方面,广大发展中国家又长期挣扎于经济增长乏力、发展缓慢、债务累累且绝对贫困人口还在增加(索罗斯和阿比德最近预计[Soros and Abed, 2012],到2015年,世界仍将有超过10亿人口生活于极端贫困状态)的窘境之中。尤其是近一两年来,就连过去二三十年快速增长的中国、印度、巴西、俄罗斯和南非这样的"金砖五国",也开始出现宏观经济增速放缓和下滑的征象,从而整个世界的经济前景又似乎变得灰暗不明起来了。

在此世界经济格局下,一位西方经济学家艾肯格林(Barry Eichengreen)在评价2008年这次"大衰退"时曾说过:"金融的黄金时代已经结束了。"(转引自林毅夫,2012a,第291页)著名经济学家吴敬琏(2012a)也对三十多年来高速增长的中国经济表露了一些悲观看法,"中国经济社会矛盾几乎到了临界点",且他认为,"中国的经济、中国经济的发展、中国的企业和中国的企业家现在面临着……严峻的挑战",认为过去那种"挣快钱、挣大钱的时代即将过去"了(吴敬琏,2012b)。然而,素来对人类社会发展前景充满乐观精神的毅夫却认为:"不过,在我看来,发展中国家工业化的黄金时代却才刚刚开始"(见林毅夫,2012a,第291页),并在许多媒体上表露未来20年中国还有GDP增长超过8%的**可能性**。

如何判断未来中国和世界经济的增长前景?经济学家们基于各自的理论储备、知识禀赋、研究视角以及自己所掌握的资料和数据,自有个人悲观的或乐观的看法和判断。这说来正常。笔者作为一个学习和研究经济思想、经济史乃至比较制度史的学人,现在得出了以下一个可能一些经济学家并不十分同意的判断:自亚当·斯密的《国富论》出版以来的两百多年的时间里,尽管有无数伟大和具有杰出头脑的经济学家持续不断地对人类社会经济运行的基本法则和机理做了诸多探讨和解释,但人类社会的经济运行相对于经济学家整体乃至整个人类自身而言,好像还是一个"必然王国",还不能说已是一个"自由王国"。[18]由此使我想起了18世纪伟大的德国诗人歌德(Johann Wolfgang von Goethe)的一句名言:"理论是灰色的,唯生命之树常青。"在当下世界,一方面,西方发达国家失业率居高不下,大多数家庭资产缩水,普通和失业家庭生活窘困,总需求疲软,政府债台高筑,经济复苏步履维艰和路途漫漫,而大多数发展中国家则长期增长乏力,居民收入提高迟缓,上十亿人处于极端贫困之中,社会动乱、紧张、冲突乃至政变时有发生;而另一方面,世界范围的理论经济学家们的学术探索却不断深入,新的理论建构乃至新的数学和计量模型不断和大量涌现。故此,我觉得歌德的这句名言**在当今世界**甚至可以反过来这样说:"人类的经济生活世界常常是灰色的,唯经济学理论之树常青。"

2012年10月5日谨识于复旦

注释

1. 该讲座稿以《经济发展与转型:思潮、战略与自生能力》的书名由北京大学出版社出版了中译本(林毅夫,2008),笔者也在《读书》2009年第四期上发表了对这部著作的书评(韦森,2009)。

2. 王勇在与我的来信中补充道:"新结构经济学中还有一个非常重要的值得强调的理论观点就是:不同发展阶段的最优的产业结构、金融结构、技术进步的方式、贸易结构等是不同的,是随时间变化的。在我看来,'华盛顿共识'很大程度上是用同一张发达国家的静态地图来统一指导不同发展程度的发展中国家怎么走,试图以休克疗法一夜之间将发达国家的整套核心制度全面取代各国现存的经济制度,具有拔苗助长的成分。而发展经济学的第一波思潮则过分强调政府作用与市场失灵,而政府所要保护和复制的产业也常常背离了市场法则。林老师和我一起做了一些关于产业政策的理论研究。我们强调,与原来的一些经典的如Murphy, Shleifer, Vishny等人提出的'big push'理论不同,现在我们引入了多个生产要素的禀赋结构以后,各生产要素的相对价格就成为非常重要的市场信号来帮助企业和政府判断哪些产业相对更加符合市场的力量,而之前的很多文献大都使用单要素的模型,比如只有劳动,所以经济发展导致的工资提高对所有产业的影响是中性的,不存在资本劳动之间的替代,不存在劳动密集型和资本密集型产业之间的转化与升级,所以在第一波思潮中,市场没有办法对产业的升级提供有价值的信号。"(来自王勇与笔者的通信)

3. 对于这一点,毅夫自己也承认。譬如在最近回答贝克尔(Gary Becker)教授对他的新结构经济学的观点的质疑时,毅夫明确地回答道:"我最近致力倡导的新结构经济学,作为第三波经济发展思潮,就是想从经济发展的本质和发展中国家的现实出发,把经济发展作为产业、技术以及各种软硬基础设施的结构不断变迁的过程来研究。根据不同经济发展水平的国家其实体经济的不同特性给市场、政府和各种不同的制度安排,在经济的发展、结构不断变迁的过程中如何扮演合适的角色提供**一个较为全面的新古典经济学的分析框架。**"(黑体为笔者所加)

4. 如果斯蒂格利茨这里是把西方国家在第二次世界大战后一波快速且稳定的增长归结为各国政府的强有力的金融管制,那么这可能有些判断失误,或倒因为果,或至少可以认为是以偏概全,且与战后多年流行的凯恩斯主义政府干预的经济学主张不谋而合。如何看待第二次世界大战后西方国家自20世纪50年代初到石油危机时期的快速经济增长和经济繁荣的原因?国内经济学界和经济史学界这方面有见地的讨论并不多。从当代世界经济史来看,20世纪50年代初之后,以日本、联邦德国、法国、英国、美国等国为代表的西方发达资本主义国家确实进入了一个经济快速增长时期。这一时期一直持续到1973年年底由石油危机冲击所引发的世界性经济衰退为止,之间长达近二十年。这在西方国家被称为"黄金年代"的20年。这个阶段是战后人类当代历史和世界经济格局演变中的一个重要历史时期,是西方国家经济实现高度现代化的决定性阶段。这一时期,西方国家的经济发展速度,超过了之前世界历史上的任何时期,年平均增长速度达到5.3%,从而与广大发展中国家以及当时的中央计划经济国家(包括中国)真正拉开了距离。这一时期西方经济体高速增长的主要原因是什么?笔者在2009年发表于《文汇报》周末讲演并后来收入《新华文摘》的一篇长文中曾指出,这一段时间西方现代市场经济国家的高速增长,主要是从20世纪50年代初期发生的以核能、航空和航天科技,以及计算机、IT网络信息技术为特征的"第三次科技革命"的迅猛发展所推动的。从人类社会当代历史来看,20世纪50年代初到1973年为欧美发达国家经济发展的"黄金时代",1974年到1982年是这些国家的经济"滞胀时期",1982年到20世纪90年代初是西方主要经济体的"中低速增长时期",乃至20世纪90年代到2008年下半年是西方国家的"挣扎增长时期",这几个时期合在一起,可以被认为是构成了人类进入近现代社会世界经济增长的第四个"康德拉季耶夫增长的长波",而这一长波经济增长又可以被称为由"第三次科技革命"所推动的经济增长。这里所谓的"第三次科技革命",是指人类近现代文明史上继蒸汽机技术革命和电力技术革命之后科技领域里的又一次重大飞跃。它是以原子能、电子计算机和空间技术的广泛应用为主要标志,又涉及信息技术、新能源技术、新材料技术、生物技术、空间技术和海洋技术等诸多科技和制造业领域的一场广泛的科技革命。如果说西方世界的这一长波经济增长主要是因为极大地改变了人类生活方式的现代市场经济条件下的"第三次科技革命"的话,那么斯蒂格利茨把这一波经济增长主要归结为西方各国政府的"金融管制",如果不是说倒因为果,也至少是以偏概全。同一时期,世界上实行了高度行政管制的"中央计划经济国家"为何失去了这一当代经济增长的长波的机遇?这应该是对斯蒂格利茨素来主张的"政府管制原因论"的最根本的否定。

5. 在杨小凯生前的一系列著作中,他一再提出,随着劳动分工加深,交易服务部门的收入份额上升,而交易效率决定着增长率和劳动分工演进的速率(杨小凯,2003;Yang,2003)。

6. 就笔者管窥所见,自美国著名经济史学家、耶鲁大学的经济史教授帕克(William Parker)在20世纪80年代开始使用"the Smithian Growth"概念(Parker,1984)以来,许多经济史学家和理论经济学家在欧洲经济史和中国经济史的研究中,以及在一些经济学理论文章中,经常使用"the Smithian Dynamics"这个概念而往往不对"the Smithian Dynamics"和"the Smithian Growth"这两个概念加以任何区分。爱尔兰都柏林大学的一位经济学教授凯利(Mogan Kelly)于1997年在美国哈佛大学的《经济学季刊》上发表的一篇文章中,所用的题目则是"the Dynamics of Smithian Growth"(Kelly,1997)。很显然,凯利教授的这种使用法才是一个比较精确的表达,而王国斌(Wong,1997)等经济史学家所使用的"the Smithian Dynamics",大致应该是这种"the Dynamics of Smithian Growth"概念的简略称谓。什么是斯密型增长呢? 或者说斯密型增长都包括哪些内容呢? 美国西北大学著名的经济史学家和理论经济学家莫基尔(Joel Mokyr)曾给出了一定的解释。根据帕克(Parker,1984)在《欧洲、美洲和更广大的世界》一书中对"斯密型增长"概念的界定和理解,在《财富的杠杆:技术创造性与经济进步》一书中,莫基尔(Mokyr,1990,p.5)指出:"亚当·斯密1776年曾在《国富论》中指出,贸易会导致经济的增长。斯密的增长机制(Smith's mechanism of growth)[理论]是建立在这样一种观念基础之上:更细的劳动分工会通过专业化以及完成工作任务的技能的适应性变化(adaption)而导致生产率的提高。由贸易增加所引致的经济增长可以被称作斯密型增长(着重号为引者所加)。"其后,莫基尔(Mokyr,1990,p.25)在谈到古希腊和古罗马时期的航运业(shipping)在当时西欧社会的经济社会繁荣中的作用时又指出,"在古典时期,航运对地中海沿岸的经济体来说是至关重要的。因为,在当时,繁荣主要依靠商业,即依赖于从斯密型增长所带来的收益。"由此来看,在帕克和莫基尔这些经济史学家的本来理解中,与其说斯密型增长是指在工场内部劳动分工和专业化所导致的劳动生产率的提高,不如说主要是指由于贸易(包括一个经济体内部的市场贸易和国际贸易)所引致的经济增长。然而,通过梳理经济思想史上的诸多文献,笔者认为,广义的斯密动态经济增长(the Dynamics of Smithian Growth),应该把它理解为包括"劳动分工、资本积累、技术进步与劳动生产率提高"之间相互促进并有着诸多内在相互作用的现代经济增长。黄有光(Ng,2005)在其发表在《劳动分工与交易费用》杂志第1期上的一篇题为"劳动分工与交易费用"的短文中对这种"斯密动态经济增长"的内在机制归纳出了18组相互作用关系。

7. 在《欧洲、美洲和更广大的世界》一书中,美国经济史学家帕克(William Parker)曾把"熊彼特型增长"定义为:"在信用扩张的融资支持下,由连续的和尽管有涨有落的技术变迁和创新所推动的资本主义的扩张"(Parker,1984,p.191)。对于在"信用扩张的融资支持下"的定语,莫基尔(Mokyr,1990,pp.6—7)有不同看法,认为完全不必要。他所给出的理由是,不能把熊彼特型增长局限于由信用扩张所支持的资本主义扩展,因为,"技术进步先于资本主义和信用好多世纪,而且至少超越资本主义而存在"。照莫基尔看来,所谓"熊彼特型增长",主要指是技术创新所引致的经济增长。另外,张宇燕等则认为,"经济增长"大致有三种类型。第一种是斯密型增长。这种增长来自"斯密动力"(the Smithian Dynamics),即受分工和市场规模的深化与扩大的推动,其后果通常是产出总量和人均产量的同时增长。第二种是熊彼特型增长,亦即作为技术和制度创新与扩散之产物的总量与人均产出的同时增长。从增长的结果看,这种增长也被称为库兹涅茨型增长或现代经济增长。第三种是"粗放式增长"(the extensive growth),也就是只注重产出总量的增加而不甚关心人均拥有量提高的增长。除此之外,张宇燕认为还存在"第四种增长类型",即"马尔萨斯型增长"(the Malthusian Growth),这实际上是指虽然经济总量有些增加但一种人均产出呈负增长的情形。张宇燕还认为,单纯依靠"斯密动力",在逻辑上难以导致近代工业化。这也就是人们通常所说的"斯密极限"。西方经济的起飞是突破斯密型增长,实现了熊彼特型增长,即现代经济增长的结果(张宇燕、高程,2006,第119页)。

8. 黄有光教授在对本文初稿的评述中认为,"这些因素,尤其是后面两个,一半甚至大半是经济增长的结果,而不只是推动力"。这一见解甚有道理。然而,现代经济增长主要是靠这些因素来实现的,因而产业结构升级和经济结构变迁(如生产的更加迂回、分工的深化、新的交易部门和产业的创生,服务业占GDP的比重越来越大,等等)既是现代经济增长的实现形式和结果,也是现代经济增长动态变化的原因和构成因素,因而说这些现代经济增长的推动因素,应该成立。

9. 在马歇尔讲座中,毅夫曾明确地讨论了这个问题,指出一个国家的政府领导人在任何时期一般都有两个目标:一是长期执政;二是在长期执政不受威胁的前提下青史留名。因而,政府领导人"不论在任何政治体制下,获得任期保障和历史地位的最好方法都是给国家带来繁荣"和不断提高人民生活水平(林毅夫,2008,第17—19页)。

10. 据毅夫给出的数字,这13个国家和地区包括:博茨瓦纳、巴西、中国内地、中国香港特别行政区、印度尼西亚、日本、韩国、马来西亚、阿曼、中国台湾地区和泰国。

11. 中国实际上还不在后者之列,因为目前中国的人均GDP与西方发达国家的相对差距并不比第二次世界大战后初期小。

12. 正如毅夫本人已经注意到的那样,即使许多同意"政府干预是结构转型的必要因素"观点的经济学家,仍然反对政府制定某种产业政策。正如美国前总统吉米·卡特的经济顾问委员会的主席舒尔茨(Charles Schultze)在1983年所指出的那样:"政府制定产业政策的第一个问题就是,在事前我们并不知道如何判定一个产业结构是'优胜'(winning)的产业结构。我们没有一套经济标准来确定一个国家应该发展哪些产业,也没有任何标准来确定哪些老产业需要保护和重组。"(转引自林毅夫,2012a,第135页)舒尔茨的这一段言论,与亚当·斯密在18世纪所做出的判断在精神上很显然是相通的。

13. 在《经济发展与转型》一书中,林毅夫(2008)对一些发展中国家政府违背比较优势和企业自生能力的"赶超战略"及其后果做了许多精彩和深刻的评论。

14. 对于这一点,王勇在与我的来信中解释道:"包括的。在这个 NSE 分析框架中,金融业的发展是内生的。因为不同的内生的产业对金融的服务和需求是不一样的,随着产业向资本密集型和技术密集型升级,资本需求量和投资风险都会不断提高,所以相对的最优银行规模、股市、风险投资市场在整个金融结构中的比重都会不断内生的变化。我和林老师正在写这样'demand story'的一个理论模型,强调金融制度也不能脱离发展阶段过于赶超,发展早期也许就是更应该发展中小银行以适应当时的产业结构,而不是照搬美国的金融体系,也搞同样多的风投。"

15. 黄有光教授在给笔者的来信中指出,在目前中国的统计数字中,服务业的发展可能被"严重低估"了。笔者认为,黄有光教授的这一判断有道理,但是即使中国的服务业有被低估的成分,但相比西方一些发达国家乃至全世界平均水平,仍然较低。这至少可以用中国股市、债市市值,中国经济的证券化率乃至金融证券行业的就业人数及其产值等较容易计算和统计的数据来证实。

16. 对于这一点,王勇在与我的来信中进一步解释道:"关于服务业的内生发展的确是'Kuznets Facts'的一部分,文献中也有讨论,比如最近一期 AER 上的一篇文章,名为'The Rise of Service Economy',是原来几个芝大毕业的从事'结构变迁'(structural change)研究的经济学家合写的(Buera and Kaboski, 2012)。目前中国和很多发展中经济体还处于'工业化'(industrialization)的发展阶段;而发达经济体正处于'去工业化'(de-industrialization)的阶段,美国服务部门已占 GDP 的 75% 以上,包括中国香港地区,这些都是内生的结果。中国的制造业现在正在大量地往内陆和国外转移,沿海发达地区越来越以服务业为主导。另外,服务业大部分属于'non-tradable',即无法出口,所以内需是关键。因此发展服务业可能在很大程度上归结为如何有效提高内需的问题。您提到了印度,我觉得它的服务业相对发达在某种意义上是因为它的制造业过于不发达的结果。"王勇这里提到印度的服务业占 GDP 的比重比中国高,主要是因为它的制造业不发达和工业化程度不够,这完全是有道理的。然而,也要看到,人类诸社会现代化的一般法则或发达经济体的现代经济增长的普遍特征事实是,一个经济体的经济越发达,社会越现代化,人均收入和人们生活水平越高,服务业和第三产业占 GDP 的比重就越大。这也反过来印证了我们对目前中国经济增速下行和未来中国经济发展道路的一个基本判断:在过去二三十年世界经济全球化的浪潮中,以国内经济市场化发展、人们生活水平和消费品需求提高以及外贸出口快速增加双驱动下的中国制造业的快速增加和迅速的工业化,是过去中国经济快速增长的一个主要原因。而随着中国制造业能力已经增长到诸多产业,产量已经达到世界第一,受国内人民现代生活方式所享用的家电、汽车、住房改善和世界各国市场容量的限制,中国的一些制造业的增速必然放缓,中国越来越走向依靠服务业的增加来实现未来经济增长的道路。虽然目前在中国谈"de-industralization"还为时过早,但随着中国向中等收入经济体过渡,"industrialization"的过程正在减速,而服务业和第三产业的份额将会继续增加,或言未来中国将越来越靠服务业的增长来实现 GDP 和人均 GDP 的增长,这却是一个正在发生和改变不了的大趋势。认识不到中国经济社会的这一大转型,再企望靠快速的制造业的膨胀和"industrialization"来规划未来中国的经济增长,我们可能会犯巨大的历史错误,甚至会把中国经济推向大萧条。

17. 对于这个问题,只要问一下毅夫的 NSE 分析框架中的"产业升级"到底——或主要——是指制造业和实体部门的"产品制造即技术的升级",还是指国民经济部门中以第一产业的萎缩、第二产业尤其是第三产业的扩张为普遍特征事实的国民经济结构转型,就可以大致做出这一判断了。

18. 笔者之所以得出这个判断,是出于两个方面的考虑,首先,在 2008—2009 年的世界经济衰退后,美国的失业率数年来居高不下,且大多数经济学家都判断在未来的数年中降到 8% 之下的可能性不大,欧盟各国的失业率又大都在 10% 以上而居高不下,希腊和西班牙的失业率则多年超过了 20%。对第一次世界大战后的"英国病",上了点岁数的人好像还记忆犹新,20 世纪 90 年代初以来发生的"日本病"目前看来还没过去,现在则又出了"美国病"和"欧洲病"。现在几乎没有一个经济学派能给目前陷入经济衰退而复苏步履维艰的"日本病""欧洲病"乃至"美国病"开出"有效药方"。譬如,尽管西方许多国家已经多年采取了凯恩斯本人乃至凯恩斯主义"低利率"乃至零利率的货币政策,欲以此来刺激投资和消费需求,但似乎整个西方世界陷入了"流动性陷阱"而经济几乎没有任何起色。加之,尽管西方国家的政府在面对经济衰退和政府财政赤字不断攀高时几乎无一例外地大规模增发基础货币,但数年来在西方国家到目前为止还未出现甚为严重的物价上涨。这些事实一方面表明了凯恩斯主义经济学的失灵;另一方面也无疑宣告了以米尔顿·弗里德曼所代表的货币主义经济学的破产。其次,尽管自第二次世界大战后出现了各种各样的发展经济学的理论和模型,但正如毅夫和许多经济学家所注意到的那样,在整个 20 世纪后半期,世界上只有 13 个原来较贫穷的国家和地区实现了较快的经济增长,从而缩小了与发达国家的差距。加之,对这些国家和地区(其中有 4 个经济体说汉语或言华语经济区)经济快速增长的原因的经济学解释,也是众说纷纭、莫衷一是。基于上述两个方面的考虑,我们可以认为,人类诸社会在自身的发展中自发地创生和演变出了极其复杂的现代生产、市场交换、贸易、货币、金融、信用的经济体系,但由这些"经济子系统"所构成的整个经济体系本身运行的机理和法则,人类却不能完全理解和予以理论解释,更谈不上依照理论去掌控和驾驭现代经济的运行了。

参考文献

Bernanke, B. 1995. "The Macroeconomics of the Great Depression: A Comparative Approach," *Journal of Money, Credit, and Banking* 27(1): 1—28.

Buera, F., and J. Kaboski. 2012. "The Rise of the Service Economy," *American Economic Review* 102(6): 2540—2569.

Helpman, E. 2004. *The Mystery of Economic Growth*. Cambridge, Mass.: Harvard University Press. (中译本:赫尔普曼,《经济增长的秘密》,王世华、吴筱译,中国人民大学出版社 2007 年版。)

Kelly, M. 1997. "The Dynamics of Smithian Growth," *The Quarterly Journal of*

Economics 112(3): 939—964.

Kuznets, S. 1996. *Modern Economic Growth: Rate, Structure, and Spread*. New Heaven: Yale University Press.

Lin, Justin Yifu, X. Sun, and Y. Jiang. 2011. "Toward a Theory of Optimal Financial Structure," World Bank, Washington, D.C.

林毅夫,《经济发展与转型:思潮、战略与自生能力》,北京大学出版社 2008 年版。

林毅夫 a,《新结构经济学:反思经济发展与政策的理论框架》,北京大学出版社 2012 年版。

林毅夫 b,《繁荣的求索:发展中经济如何崛起》,北京大学出版社 2012 年版。

林毅夫 c,《解读中国经济》,北京大学出版社 2012 年版。

Lucas, R. 1980. "Methods and Problems in Business Cycle Theory," *Journal of Money, Credit and Banking* 12(4): 696—715.

Lucas, R. 1988. "On the Mechanism of Economic Development," *Journal of Monetary Economics* 22(1): 3—42.

Lucas, R. 2002. *Lectures on Economic Growth*. Cambridge. MA.: Harvard University Press.

Mokyr, J. 1990. *The Lever of Riches: Technological Creativity and Economic Progress*. Oxford: Oxford University Press.(中译本:莫基尔,《富裕的杠杆》,陈小白译,华夏出版社 2008 年版。)

Ng, Yew-Kwang. 2005. "Division of Labour and Transaction Costs: An Introduction," *Division of Labour & Transaction Costs* 1(1): 1—13.

North, D. 2005. *Understanding the Process of Economic Change*. Princeton, NJ.: Princeton University Press.(中译本:诺思,《理解经济变迁过程》,钟正生等译,中国人民大学出版社 2008 年出版。)

Parker, W. 1984. *Europe, America, and the Wide World*. Cambridge: Cambridge University Press.

Smith, A. 1976/1930. *An Inquiry into the Nature and Causes of the Wealth of Nations*. vol.1: 421. London: Wmethuen & Co. Ltd.

Soros, G., and F. Abed,"唯有法治才能消除贫困",FT 中文网,2012 年 9 月 29 日头条,http://www.ftchinese.com/story/001046814,2012。

王力、黄育华,《中国金融中心发展报告:中国金融中心城市金融竞争力评价(2010—2011)》,社会科学文献出版社 2012 年版。

韦森 a,"斯密动力与布罗代尔钟罩:研究西方近代兴起与晚清帝国相对停滞之历史原因的一个可能新视角",《社会科学战线》,2006 年第 1 期。

韦森 b,"从哈耶克的'自发—扩展秩序'理论看斯密动力与布罗代尔钟罩",《东岳论丛》,2006 年第 4 期。

韦森,"目前世界经济的深层原因与中国的合宜宏观政策选择",原载于《文汇报》,2009 年 5 月 9 日第 8 版,转载于《新华文摘》,2009 年第 7 期,后收入韦森,《大转型:中国改革下一步》,中信出版社 2012 年版,第 227—242 页。

韦森,"把脉当下中国经济",FT 中文网,2012 年 08 月 10 日头条,http://www.ftchinese.com/story/001045942。

Wong, R. 1997. *China Transformed: Historical Change and the Limits of European Experience*. Ithaca: Cornell University Press.(中译本:王国斌,《转变中的中国:历史变迁与欧洲经验的局限》,李伯重、连玲玲译,江苏人民出版社 1998 年版。)

吴敬琏 a,"中国经济社会矛盾几乎到了临界点",《财经》,2012 年 9 月第 22 期。

吴敬琏 b,"吴敬琏:挣快钱、挣大钱的时代即将过去",《新京报》,2012 年 5 月 10 日。

杨小凯,《经济学:新兴古典与新古典框

架》，张定胜、张永生、李利明译，社会科学文献出版社2003年版。

Yang, X. 2003. *Economic Development and the Division of Labor*. Blackwell, Mass.: Malden.

张宇燕、高程，"海外白银、初始制度条件与东方世界的停滞：关于中国何以'错过'经济起飞历史机遇的猜想"，载华民等，《制度变迁与长期经济发展》，复旦大学出版社2006年版，第107—180页。

余永定：发展经济学的重构[*]

中国学者对于"经济增长理论"和"发展经济学"是比较熟悉的。但对什么是"结构经济学"（Structural Economics）则有些茫然。2009年，我不揣冒昧，对什么是结构经济学做了一番解释：作为经济学的一个子学科，结构经济学的出现是相当晚近的现象。在20世纪90年代之前，我并未听到过结构经济学的提法。我所知道的只是经济学中的结构主义。经济学结构主义的开山鼻祖是著名左派经济学家、拉丁美洲经济委员会主任普列比什（Raul Prebisch）。结构主义经济学与其说是经济学的一个子学科，不如说是发展经济学中强调经济的结构特征的一个学派。1983年哈佛大学教授泰勒（Lance Taylor），出版了他的著名著作《结构主义宏观经济学》。在书中，他开宗明义地指出："在一个经济体中，如果其制度和成员的行为，使得某种特定的资源配置和演化的方式（pattern）远比其他方式更有可能出现，这个经济就具有结构。"换句话说，任何经济体都有特定的制度，其成员不仅是经济人而且是政治人、社会人。经济理论不应该仅仅是由关于经济人的一系列相互联系的最大化问题及其对这些问题的解的讨论的集合。但是，泰勒并没有专门研究某一特定经济的制度与结构。《结构主义宏观经济学》虽然曾一度引起人们的关注，但从未进入经济学的主流。结构经济学的正式出现应该是在20世纪90年代。1992年美国纽约大学的杜钦（Faye Duchin）发表了一篇题为"工业投入—产出分析：对工业生态学启示"（Industrial Input-Output Analysis: Implications for Industrial Ecology）的文章。在文章中，她指出，结构经济学是从一个经济体的具

---

[*] 中国社会科学院世界经济与政治研究所。通信地址：北京建国门内大街5号中国社会科学院世界经济与政治研究所，100732；E-mail：yongdingyu@gmail.com。

体的可观测的构成部分以及相互关系出发,对整个经济体的一种细节的、细分的描述。一个经济体的结构特征可以用形式化的数学模型描述,其中最重要的数学工具是投入—产出分析。事实上,杜钦在1998年出版了一本以结构经济学为题的专著:《结构经济学:技术、生活方式和环境变化的度量》(Structural Economics: Measuring Change in Technology, Lifestyles, and the Environment, Washington DC: Island Press, 1998)。在这本专著中,杜钦把定性方法同以投入—产出分析和社会核算为基础的定量方法相结合,对居民生活方式、技术选择,以及二者对资源利用的影响进行了研究。以结构经济学为书名的最新著作可能是荷兰第尔堡大学的拉(Thijs ten Raa)的《结构经济学》(Structural Economics, Routledge, 2004)。拉认为,经济结构包含三个要素:生产者所拥有的技术、资源禀赋和居民消费偏好。结构经济学的任务是提供一种包含上述三个要素的国民核算框架,并以此为工具分析诸如服务业比重的提高对经济增长速度将产生什么影响之类的问题。拉的《结构经济学》在很大程度上是对里昂惕夫(Wassily Leintief)投入—产出分析的进一步发展与应用。除此之外,我们还可以看到一些散见于各类文章中的对于结构经济学的研究对象的讨论。例如,威廉姆斯(Bob Williams)提出:"结构经济学所研究的是经济体财富的存量(资本)和流量(收入)的分配不均,对作为整体的经济运行所产生的影响。"总的来看,尽管讨论经济结构问题的文献汗牛充栋,尽管"结构变化""结构失衡""结构调整"和"结构改革"属于当今经济学中使用频率最高的术语,但到目前为止,在西方经济学的理论发展中,结构经济理论研究一直没有发展成为一门独立的学科。

那么,林毅夫教授的"新结构经济学"又应该如何界定呢?从《新结构经济学:反思经济发展与政策的理论框架》一书来看,林教授所讨论的问题基本是发展经济学问题。正如他所指出的,与以总量生产函数(aggregate production function)为基础的增长理论(Growth Theory)不同,发展经济学中的各流派都强调结构和结构转变对经济增长的重要性。林教授与传统发展经济学的不同之处在于,他强调了要素禀赋结构和这种结构变化对经济发展的决定性作用。他的政策主张是"一个特定国家产业结构的升级要求要素禀赋结构的升级和新技术的引进,同时基础设施也要相应改善以有利于经济运行"。换言之,一个国家应该根据"当时给定的要素禀赋结构所决定的比较优势发展它的产业"。显然,林教授试图运用古典经济学的方法论和一些基本原理,特别是比较优势理论,来梳理近几十年来发展中国家的发展经验,并为发展中国家政府提供相应的政策建议。林教授的这种努力无疑有着重大的理论和实践意义。正如罗德里克在其评论中所说:"结构主义最中心的观点是发展中国家在本质上与发达国家不同。……而新古典经济学的中心思想是人们对激励如何做出反应。……把两套思想结合起来,就能够产生一套新的发展经济学。"窃以为,把林教授的理论称为"新结构主义发展经济学"比"新结构经济学"似乎更为妥帖。

我不知道是否可以这样来理解林教授的思想:经济增长过程也是一个产业升级的过程。而一个国家的产业升级要建立在给定时点上特定要素禀赋状态("要素禀赋结构")的基础之上。在没有市场扭曲的情况下,市场价格将会给出必要的信号,引导("先驱")企业根据要素禀赋结构的变化,重新配置资源实现产业升级。但是,由于存在市场扭曲,国家应该介入、通过一系列政策措施以纠正这种扭曲,使企业得以实现符合要素禀赋结构变化的产业升级。显然,林教授的思想在很大程度上反映了过去三十多年来中国改革、开放的经验。

在他的专著中,林教授以大家风范收入了一些对其观点提出批评的文章。阅读这些文章和林教授的回应,对于我们进一步理解林教授的观点很有帮助。在表示基本同意林教授思想的同时,罗德里克对林教授提出了这样一个质疑:"林毅夫不希望政府采取'传统意义上的'进口替代战略去培育那些'背离国家比较优势'的资本密集型产业。但是培育那些背离比较优势的产业不就是日本和韩国在转型时期做过的事情吗?不就是中国一直在成功进行的吗?"斯蒂格利茨提出了类似的质疑:"国家无须受限于传统的资源禀赋决定的发展方式。更重要的是知识和企业管理的'禀赋'。……如果韩国让市场自己运行,那么它就不会走上成功发展之路了。静态的生产效率要求韩国生产大米;如果韩国真这样做的话,那么它今天可能成为最高效的大米生产国之一,但是它仍然会是一个穷国。"

我个人的看法是,比较优势理论证明了国际分工的好处,但不能作为产业升级的指导理论。比较优势理论有三个基本版本:斯密的绝对优势理论、李嘉图的比较优势理论和赫克歇尔-俄林的要素禀赋说。中国的一般读者往往把比较优势理论混同于绝对优势理论。在现实中,我们的政策也是以绝对优势而非比较优势为指导的。这个问题,这里我们置而不论。赫克歇尔-俄林的要素禀赋说是比较优势理论的现代版,林教授所依据的主要是要素禀赋说。我认为要素禀赋说存在三个问题。第一,假设前提过于严格;第二,完全是静态的;第三,难以应用于产业层面。要素禀赋说适用于一个没有摩擦的大同世界。但很难应用于民族国家林立、弱肉强食的现实世界。试问,根据要素禀赋说,中国是否应该发展航天工业呢?中国是否应该建立粒子对撞机呢?如果当时中国没有轻易放弃对大飞机的研究和开发,那么中国何至于在后来的三十多年中花费上千亿美元购买大飞机呢?经过数十年的努力,中国在航空发动机方面依然未赶上世界最先进水平。显然,中国在航空发动机研发上没有比较优势,是否当初中国就不应该搞航空发动机研发,或现在应该放弃呢?

林教授完全了解比较优势理论的静态性质,因而特别强调了要素禀赋结构的升级问题。要素禀赋结构升级是产业升级的基础。但要素禀赋结构是如何升级的呢?林教授似乎把资本/劳动比的变化作为要素禀赋结构变化的主要表现(例证)。问题是,经济增长理论中的资本是同质的,而产业升级涉及的是异质资本。资本/劳动比的变化可以推导出资本和劳动边际成本和边际收入的变化,但无法解释技术转换(产业升级)。希望林教授能够把要素禀赋结构概念由宏观层面具体化到产业层面,从而建立起要素禀赋结构升级和产业升级的逻辑联系。在"十二五"规划中,中国政府确定了节能环保和新一代信息技术等七大"战略性新兴产业"。试问,这七大产业的确定与中国目前的要素禀赋结构有何关系?如果没有关系,政府确定这七大产业为"战略性新兴产业"本身是否就是错误的?此外,中国政府最近提出加强自主创新能力的政策与要素禀赋结构升级又有何关系呢?如果没有,是否可以说,要素禀赋结构升级说并没有关于产业升级的足够解释力和预测力呢?

可以看出,尽管强调应该根据要素禀赋结构决定产业升级的时序和路径,林教授对政府使用产业政策是支持的,只是不希望政府滥用产业政策。我个人相信产业政策的重要性:在发展中国家的赶超阶段,产业政策不可或缺。因为是处于赶超阶段,发展中国家政府完全可以借鉴先进国家的经验,为本国产业的发展指明方向、创造条件,为经济在日后的起飞奠定坚实的基础。很难想象,如果中国当初按照比较优势或要素禀赋理论来推动工业化,而没有在"一穷二白"的50年代建立起来较为完整的工业体系以及相应的科学和教育基础,那么今天的中国会是什么样子。当然,"真理再向前迈进一步就会变成谬误"。政府产业政策把产业发展引向死路的例子也不胜枚举。发展中国家的发展水平越是接近发达国家,产业政策发挥作用的余地就越小。就目前的中国而言,产业政策依然是必要的。但产业政策不是政府直接操作项目,不是"挑选冠军"。在经济已经起飞的阶段,产业升级应该依靠包括企业、基础研究机构和政府在内的整个体系的学习和创新。学习和创新的动力来自"公平竞争"。而"公平竞争"的环境则是由相应的政治和经济制度创造出来的——裙带资本主义和权贵资本主义创造不出这种环境。如果没有必要的制度环境,产业政策大概只能加大市场扭曲、加重腐败。例如,政府采购本来是一项有助促进产业升级、加强自主创新能力的重要举措。但是,在徇私舞弊之风盛行的情况下,政府采购成了抑制竞争,保护落后,为特定个人、企业和社会集团输送利益的手段。这种"政府采购"没有也罢。

在肯定产业政策作用的同时,发展中国家在发展过程中确实应该充分重视自己的要素禀赋特点,并把由这种特点造成的竞争优势发挥到极致。谁能否认劳动密集型产品的生产对中国经济起飞所发挥的巨大作用呢?没有劳动密集型产业的发展,中国就无法解决就业问题、就无法进入世界市场、就无法接受国际竞争的考验、就无法积累必要的资金和相应的制造技术。但是,按要素禀赋结构配置决定产业发展的理论和实践并未解决产业如何升级的问题。中国通过加入国际生产网络、充当国际加工者和装配者,发挥了劳动禀赋充裕这一优势。加工贸易固然给以东莞为代表的沿海地区带来了繁荣,但在经过二十多年实践后的今天,中国处于全球价值链低端的状况并无根本改变,而且似乎也难于改变。与此相对比,沿另一条路径发展的韩国企业,如三星等却上升到了技术的最前沿,对苹果形成了严重挑战。

当然,林教授所讨论的是一般发展中国家,而不是中国这样的特殊发展中国家的发展经验。他强调根据要素禀赋结构确定优先发展的产业思想对于一般发展中国家,特别是那些并不怀抱强国梦的大多数发展中国家来说,可能是完全正确的。中国是一个大国,存在丰富的多样性和巨大的差异性,其发展的初始条件与一般发展中国家也有很大不同。因而,中国大概可以容纳两种以上的发展模式。一些省份和产业部门按要素禀赋结构的特点寻求发展;另一些省份和产业部门根据国家的产业政策寻求发展。但对于一般发展中国家,特别是数目众多的发展中小国来说,走按要素禀赋结构实现产业结构升级(或并不寻求升级——因为我们依然不清楚如何升级)的路径可能是最好的选择。在这个意义上,我和林教授并无根本分歧。我们的不同大概仅仅是角度和侧重点的不同。

在过去5年中,林教授在任世界银行首席经济学家期间为全球经济发展,特别是发展中国家的经济发展做出了杰出的贡献。林教授在世界银行任职期间所积累的经验和对经济发展理论的思考是中国经济学界的宝贵财富。衷心期待林教授取得更大的成就。

张曙光:市场主导与政府诱导*

林毅夫教授的《新结构经济学》出版,北京大学经济研究中心和《经济学》(季刊)请我评论。这是笔者第三次评论林毅夫的著作。第一次是评论《中国的奇迹》(1995),第二次是评论《充分信息与国有企业改革》(1997)。不过,我还是按照本人立下的规矩做事:一是先要看书,再决定是否评论,因此要求在5—10天前必须拿到书;二是怎么看就怎么讲,决不讲违心的话,第一次是肯定多于批评,第二次是批评多于好评,这一次也是好话坏话都讲;三是讲成绩点到为止,讲问题要做出分析,因为学术批评是促进学术发展的必由之路。今天仍然本着这样的精神评论《新结构经济学》。

关于方法和方法论

在《新结构经济学》中,林毅夫回顾了发展经济学的历史,最早的发展经济学以结构主义为基础,从市场失灵出发,主张政府干预,既导致了一些发展中国家的危机,也促成了计划经济的建立和失败。新自由经济学依据新古典经济学,从政府失灵出发,反对政府干预,主张自由市场经济,也没有使发展中经济体避免危机而获得成功的经济发展。倒是亚洲"四小龙"和其他一些发展中经济体(包括中国)根据自己的实际,把自由市场和计划经济结合起来,取得了经济发展的成功,从不发达到中等发达,有的甚至站在了发达经济体的行列。林毅夫立足于这些经济体的实践,从评述发展经济学理论发展中,遵循新古典经济学的传统,吸收结构主义的精华,提出和建立了一个新的发展经济学的分析框架。这是一个有益的尝试和大胆的探索。我对林毅夫的

---

* 北京天则经济研究所。通信地址:北京市海淀区万柳东路怡水园2号楼601室北京天则经济研究所,100089;E-mail:zhangsg@mx.cei.gov.cn。

努力表示钦佩和支持。

在没有进行实质性的讨论以前,我想在方法论上指出两点。

不仅是发展经济学,而且是整个经济学理论和经济政策实践,其背后都有自己的社会哲学基础。概括起来,无非是自由主义和干预主义。经济理论发展和经济政策实践过程就在这两端之间摇来摆去,不仅比较完善的经济理论不在两端,有效的政策实践更是一种状态依存下的具体选择。这是其一。

其二是,不论是旧结构主义发展经济学,还是新自由主义发展经济学,都是人类认识的一个必经阶段,在偏向一端的分析和发展以后,也必然会出现一个新的综合。所以,《新结构经济学》应运而生,既不是对前两者的完全否定,也不是前两者的简单加总,而是在前人已经取得的理论认识的基础上,总结发展中国家的实践经验,而得到的一个新的思想飞跃和理论概括。

《新结构经济学》的成功之处

《新结构经济学》依据新古典经济学的理论假定和结构主义的分析方法,提出了一个发展经济学的新的分析框架。其前进之处主要有以下几个方面。

发展经济学讨论的不是经济的短期增长和波动,而是从传统经济形态到现代经济形态转变的长期成长过程。这一过程的结果和表征虽然是GDP的持续增长和经济规模的不断扩大,而实质和关键却是经济和产业结构的变迁和提升。《新结构经济学》继承了传统发展经济学从传统农业经济向现代工业经济转型的思想,明确揭示和紧紧抓住了经济和产业结构的变迁和提升这一发展理论和实践的实质和关键。

要素禀赋和比较优势理论出现得很早,但一直停留在贸易理论的分析方面,林毅夫将其运用于经济发展和发展经济学,并赋予了它们一些新的含义。同时明确指出,作为经济发展的实质和关键,经济和产业结构的变迁和提升是一个从要素禀赋及其结构的状况出发,沿着动态比较优势揭示的方向,不断创新的过程。这就表明,要素禀赋和比较优势都不是一成不变的,而是处在不断的发展和变化之中。经济发展应当紧紧抓住这两大要件,处理好它们内部结构调整以及相互之间的变动关系。

尽管存在旧结构主义和新自由主义两个极端,但市场失灵和政府失灵基本上成为经济学家的共识,分歧不在于二者的有无,只在于此多彼少。而市场失灵和政府失灵的存在使得成功的经济发展必须既运用市场机制,又少不了政府治理,而且要正确处理二者的协调和互动。在这一点上,《新结构经济学》恰当地综合了旧结构主义和新自由主义,既把市场作为根本性的基础机制,又强调发挥政府因势利导的补充作用。

从政策操作层面来看,《新结构经济学》也有自己的创造和发展。作者提出的增长甄别的六个步骤和甄别约束的方法(第220页),是一个可以采行的有效建议,为发展中国家的政策制定和实施提供了一个可以实际操作的指南。

总之,《新结构经济学》框架的提出,是发展经济学研究的一项新成果,一个新发展。

值得讨论的几个问题

《新结构经济学》既有很大的突破和前进,也有着明显的不足和值得进一步探讨的问题。这也是本人评论的重点。

一是关于市场基础和政府主导的矛盾和协调。林毅夫提出的"因势利导型政府"是一个比较好的概念,应当充分展开和发挥,但同时又使用了"政府主导"的说法(第94—95页),这就提出了一个问题,因势利导和政府主导是不是一个东西,林毅夫认为是,我认为不是。既然认为市场是有效配置资源的根本机制,就没有什么政府的主导地位和作用;而有了政府的主导地位和作用,也就不可能让市场成为配置资源的基础和根本机制。正反两个方面的经验都证明了这一点。事实上,市场既是根本的,也是主导的。过去我们讲"农业为基础,工业为主导",讲了多年,仍然没有处理好二者的关系。而改革开放以后,把市场放在了基础和主导地位,政府围绕着发挥市场的作用转,才有了后来的发展,而今天的经济失衡主要是政府取代市场主导了经济发展过程的结果。在发展中国家,政府的过分强势和过分积极是一个普遍的问题,如果明确主张政府主导,也就没有办法约束过分强势和过分积极的政府。我们强调公有制甚至国有制的主导地位,也就违背和破坏了市场平等竞争的基础,使之具有了某种特权。其实,在一般情况下,政府的因势利导作用是辅助性的,这种辅助作用是重要的和不可或缺的,但不可喧宾夺主;只有在危机发生的紧要关头,才谈得上政府的主导作用。但这种主导作用是短时间的,也是一次性的。

在讨论中，林毅夫说，"政府主导"可能是翻译的问题，但不止一个地方有这样的提法。希望能予改正，并对此做出明确的表述和分析。

二是关于应然和实然的问题。《新结构经济学》把要素禀赋结构决定经济产业结构、经济产业结构的变迁和提升决定经济从低收入到高收入的发展，作为一个实然问题来讨论，采取的是实证分析的方法，其逻辑是自洽的。然而，在讨论政府的作用时，在很大程度上是作为应然问题来讨论的，或者说是以应然问题为主、应然问题和实然问题混在一起讨论的，实证分析和规范分析也很难区分，而且逻辑是跳跃的和混乱的。这也许是《新结构经济学》的最大缺憾，也是很多外国论者提出质疑的原因。

例如，安妮·克鲁格指出，林毅夫"倡导对基础设施投资的协调，他说，'……'。这将如何实施我们还不清楚。林毅夫坚持认为，只要基础设施同比较优势未来的演化方向是一致的，它就应该随着经济增长而升级。但是他并未深究未来演化方向的甄别方法"（第37页）。

又如，德克·威廉·特威尔在讨论六个甄别步骤时说："对于第二步来说，这一步是关于政府支持（消除增长的紧约束）的，但目前尚不清楚一个国家如何知道在何种情况下哪种政策或工具最为有效（这个问题也适用于增长诊断理论）。因此，即使甄别出了合适的行业和约束条件，错误的政策工具仍可能导致意外的结果。这就引出了一个本文强调不足但却很重要的观点，即作为遵循一国比较优势的政策的需要（这隐含在第一步到第六步中），落实政策所依赖的条件（政府能力、政治激励机制、政企关系的性质）也是产业政策成功至关重要的因素。"（第221页）

再如，苏雷什·坦杜尔卡认为，林毅夫在历史分析中列举大量失败的案例和成功的案例，并列举了种种政府行为的弊端，"这些因素往往会扼杀市场运作的活力，导致猖獗的寻租活动。对符合要素禀赋结构和比较优势的产业的事先选择可能会出现错误，但要想在政策（包括补贴和关税保护）明显无效或不成功的情况下及时取消相关政策却很难。问题就很有讽刺意味地变为：如何控制一个过分热心的政府，使之不要采取自己无法有效把握的政策"（第225页）。

既然大部分评论家都提出了一个共同的问题，可见，《新结构经济学》的软肋可能就在这里。这是值得林毅夫认真思考的问题。

三是关于发展框架和行为过程的问题。之所以产生上述问题，一个重要原因在于，《新结构经济学》只有关于发展理论框架的设计，而缺少主体行为过程的分析。政府应当因势利导,进行协调,这是正确的和必要的,但什么是势?势不是一种,而是多种,因哪种势?协调什么?如何利导?采取什么办法协调?这是需要具体选择的。为什么有的政府做了,有的没有;有的做得好,有的做得差,有的甚至在相反的方向上用力?难道仅仅是认识问题或者主要是认识问题,政府和官员不懂得如何发展和如何选择?林毅夫的回答是如此。笔者认为不完全是。

在讨论时,林毅夫特别强调是知识问题,不是动机问题。我觉得把知识和动机对应起来讨论不是一个恰当的做法。笔者不怀疑政府和官员的动机,但正如后来白重恩教授所说的那样,认识问题是必要条件,不是充分条件。怎样激励政府做好事,而不做错事和坏事。这里有制度条件问题,而制度有路径依赖和制度惯性,在一个条件下有效的制度在条件变化以后,就可能变成无效的制度。而制度选择归根到底还有个行为选择和行为过程问题,即在什么条件下,行为主体如何选择自己的行为,建立有效的制度,实施正确的政策,并及时改进制度,调整政策。这可能是需要经济学家下大力气去思考和解决的问题。

四是关于政府行为假定问题。林毅夫一再申明,他是按照新古典经济学的范式进行思考和讨论问题的,但在政府行为假定上并不完全如此或者不是严格如此。在《新结构经济学》中,林毅夫实际上立足于一个好人政府:政府和官员都一心一意谋发展。实际上,如果政府官员的最大化利益与发展的目标是一致的,那么他们会努力谋发展;如果是不一致的,那么他们不会谋发展。如果激励机制是有效的,那么政府官员谋发展的努力就会促成经济的繁荣和结构的提升;如果激励机制是扭曲的,那么政府官员谋发展的努力就会造成结构的失衡和加剧经济的不稳定。无数历史事实都证明了这一点。

不仅如此,《新结构经济学》中的政府是一个抽象的政府,而不是一个由具体个人组成的机构,不是一个由不同利益集团相互争夺的权力中心。对于这样一个十分复杂的事物,切莫抽象地讨论,需要具体分析,认识和知识是一个问题,但不一定是根本问题,条件、机制和利益才是重要的。否则,形势的发展需要调整制度和改变政策,而政府偏偏不予调整和改变,仍要继续坚持已经无效的制度和过时的政策,只有碰到南墙,发生危机,才能回头。不仅如此,危机并不都是市场失灵造成的,就是这一次由美国引发的国际金融危机,政府也是重要的推手和同谋。所以,林毅夫要坚持新古典经济学的假定,就应当将其贯彻到底,体现在各个方面,才能建立一个真正有价值的发展经济学。

最后是关于《新结构经济学》的逻辑与林毅夫对中国未来20年经济增长预测之间的矛盾。迄今为止,世界上没有一个国家(地区)保持了半个世纪8%以上的增长而未发生危机的先例,就是亚洲"四小龙"也是如此。《新结构经济学》用人均收入的比例的比较作为依据也缺乏根据。中国经济经过30年超过9%的高速增长,现在结构已经严重失衡,市场机制受到抑制和扭曲,政府如何正确发挥作用和国企的强势扩张已经成为阻碍发展的关键。林毅夫的预测无意中起到了粉饰和麻醉的作用。

在讨论中,林毅夫说,是媒体断章取义,甚至是断句取义,他讲的是中国经济增长潜力,媒体报道去掉了"潜力"二字。当然,增长潜力和增长实绩是有根本区别的。但是林毅夫并未提供出20年增长8%的潜力是怎么计算出来的。要知道,增长潜力是由很多因素决定的,比如,人口条件、市场条件、资源条件、资金积累、人力资本改善、创新激励等,这些因素有的明显恶化,有的改善需要条件和机制,如何创造,能够创造到什么程度,都很不确定。虽然由于中国人的运气好,过去30年基本上没有遇到大的问题,也处于几次危机风暴的外围,但是未来20年如何才能保证不发生危机?林毅夫说,过去很多人不止一次地说狼来了,要发生危机,但狼没有来,危机也没有发生。不过,过去狼没有来,不意味着以后也不会来;过去避过了危机,也不意味着未来不会发生危机。所以,即使加上"潜力"二字,林毅夫也并没有提供出令人信服的依据。

如何进一步思考和研究

林毅夫搭起了《新结构经济学》的框架,在我看来,是一个不错的框架,但也仅仅是个框架而已。骨瘦如柴,没有血肉,或者如有人所说,有一点点血肉。因此,要做的工作还有很多。是继续坚持和深入下去,做到骨架坚实,血肉丰满,还是半途而废,就此止步;是自己领衔,自己动手,还是别人代劳,新手担纲,都是现在要做的重大抉择。

在我看来,既然有了一个很好的基础,应当继续思考和深入钻研,争取在一定的时间内,拿出一个更有价值和更有分量的发展经济学的标志性著作。当然可以自己做,也可以别人做。但我以为,还是自己领衔,并亲自动手为好。因为,林毅夫具备了做好此事的充分必要的条件。他受过现代经济学的系统训练,又有在世界银行工作的实践经验,对中国的经济问题和经济发展做过长期的观察和思考,特别是能够与国内外的高手进行交流和讨论。所有这些,也许在某一方面林毅夫并不是特别出色,但综合观察,国内经济学界没有一个人能够超过他。

任何思想理论的发展都需要方向对头,而且需要有自己的领军人物,经济学也不例外。20世纪二三十年代,陈寅恪等清华四教授领一代风骚,开一代新风,至今仍为人们津津乐道,成为美谈,也成为学术思想史的重要研究对象。在20世纪后半叶,中国台湾经济学界出现了像蒋硕杰、邢慕寰等领军人物,特别是蒋硕杰受多元文化的熏陶,师从哈耶克,又有在IMF工作的经验和在美国大学与同行交流的条件,在可贷资金问题等金融理论领域做出了自己的贡献和创造。从20世纪40年代起,他就对凯恩斯的流动性偏好理论和存量分析方法提出批评,他关于"瓦尔拉定律"及其误用的分析,不仅动摇了凯恩斯主义的理论基础,而且揭示了新古典经济学的局限,他认为资产组合平衡不宜作为货币理论的基础,存量分析方法不能代替流量分析方法成为货币市场分析的主要方法,并将其应用于国际经济学,提出了远期汇率决定理论,并建立了外汇投机与国际资金流动的理论框架。蒋硕杰把他的理论应用于台湾地区的经济发展,从而主导了20世纪后半叶台湾地区的经济政策。台湾地区经济发展的成功既是对蒋硕杰理论的经验实证,也丰富了他的理论。《新结构经济学》应当对蒋硕杰的理论给予足够的重视。

与之相比,中国大陆的经济理论发展,不仅走了很大一段弯路,而且也缺乏真正的领军人物。老一代的薛暮桥、孙冶方、董辅礽、刘国光、吴敬琏,由于时代的局限和知识结构的偏颇,自处于世界经济学主流之外,连一篇现代经济学的文章都没有,哪一个能与蒋硕杰相比?而年轻一代中的佼佼者,虽接受了现代经济学的系统训练,掌握了现代经济学的分析工具和分析方法,在没有出道和成名以前,还做一些经济学的理论研究,也有一两件像样的作品,但一旦成名,很多人就离开了学术研究。

有鉴于此,如何选择就摆在了林毅夫的面前。在笔者看来,官学两栖虽然多了一条生存的途径,但对一个真正有志于学术的学者来说,却是死路一条。特别是在现行体制之下,已经有大量悲剧发生,切不可重蹈覆辙。勿谓言之不预也。

黄少安:《新结构经济学》侧评*

林毅夫教授的《新结构经济学》是其长期理论思考、对发展中国家长期观察和研究的结果,是一项具有重要理论和应用价值的成果。他对既有发展经济学的反思,是基于对发展中国家发展历史和现实的观察和思考,从而寻求发展经济学的创新,推动或引导发展中国家更快更好地发展。

主要的观点我都是很赞同的。例如,强调经济结构及其变动的内生性,一国的经济结构及其变动是由其要素禀赋结构及其变动内生决定的;一国的经济发展过程本质上是其要素结构升级和变动,从而经济结构(产业结构)升级和变动的过程;要素禀赋及其结构决定了一国的总预算及相对价格,从而决定了一国的比较优势;特别强调一国制定发展战略必须识别和利用自己的比较优势;强调在发挥市场机制基础性作用的同时,发挥政府的作用;金融结构是内生于经济结构对金融服务的需求的,一国不同的发展阶段要求有不同的、特定的金融结构;等等。这些理论观点,有一些也许是人们的共识,或者很容易达成共识,但是,林毅夫教授都做了深刻分析和阐述以及独创性的思考,更为重要的是,他在反思发展经济学理论和发展实践的基础上,将一系列思想,用新古典的方法或者说在新古典的框架内,集成为一个有别于以往发展经济学的理论框架。我认为这些理论探索和已经提供的理论框架,起码可以在一定程度地起到为发展中国家"开处方"和"定食谱"的作用。当然,这一框架仍然可以批评和需要完善。

下面我只就几个侧面表达我的思考或进行评论:

一是针对《新结构经济学》自身的逻辑的。

在林毅夫教授的理论中,"政府"是什么性质?从赋予政府的职责来看,政府好像既是一个"好政府",又是一个能力很强的政府或一个标准很高的政府——既要在静态的意义上发现一国现有的比较优势、选择优势产业并加以扶植,又要在动态的意义上不断地发现已经变动了的比较优势、及时升级要素结构和产业结构,还要解决协调问题和外部性问题。问题是:政府的激励或动力何在?有无这样的能力——

---

* 山东大学经济研究院。通信地址:济南市山大南路27号山东大学经济研究院,250100;E-mail: shaoanhuang@sdu.edu.cn。

信息获取和比较优势甄别的能力?按照林毅夫教授强调的"新古典方法"以及他的其他著作中的思想,政府应该是,也必须是"新古典"的政府,否则,整个理论就会有逻辑上的不一致性。但是,如果是新古典意义上的政府,就有可能出于自身利益而不去利用比较优势、不采用好的制度,这样对政府更好或短期内更好。如果不是新古典的政府,就要回答政府的动力机制问题,还要考虑与新古典的结构经济学框架的逻辑一致性问题。评论人安妮·克鲁格指出了政府的信息和判断能力问题,丹尼·罗德里克指出了政府的激励问题。但是没有指出与理论框架的逻辑一致性问题。

现实中的政府,即使是一个新古典的政府,也确实在发生巨大作用,这是不可否认的。所以,林毅夫教授还是需要,也只需要在合适的地方增加一部分内容,明确阐述其政府的新古典性质,而且阐述并实证证明:即使新古典的政府有时出于自身利益考虑或因为自身能力原因而不能做出最优选择(相对于发展而言),政府的作用仍然是重要的和不可或缺的,对于处于贫困状态的发展中国家尤其如此。我们无法设想:一个贫穷的发展中国家,假如没有政府的作为能怎样发展?

二是与新结构经济学高度相关、在新结构经济学中也论及但是没有深入论述的问题。

林毅夫教授对以诺斯教授等为代表的新(古典)制度经济学是很有研究的。作为研究发展中国家的新结构经济学,肯定不会忽视制度。但是,他是在论述政府的作用时论及制度的,认为政府应该提供"各种基础设施",包括电力、港口等硬环境和法制环境、金融制度等软环境。相对于发展中的制度问题,这样的分析是不够的。因为经济发展过程在一定意义上是一个制度及其结构的变动过程。必须把制度及其结构与经济结构联系起来,有一个制度结构内生化的理论。制度结构及其变动与经济结构及其变动是什么关系?制度结构本身是内生的还是外生的?制度结构的内生性是否有两重含义:一是在微观意义上内生于与特定制度相关的不同利益主体的选择,新(古典)制度经济学已经揭示了这一内生性,从而可以解释为什么有时良性的制度创新会出现,而有时低效率的制度会比较长期地存在,形成所谓的制度的低效率纳什均衡;二是在宏观和长历史时期意义上内生于经济结构,也就是说经济发展和经济结构变动决定制度结构及其变动,反过来,制度结构及其变动也影响经济结构及其变动,互为因果。这其实也可以在马克思经济学及其历史唯物主义的话语体系中讨论。

三是从拓展新结构经济学的意义上,建议把要素结构和产业结构从数量结构的意义扩展到空间结构的意义。

因为既然讨论不同发展中国家的发展问题,一个现象是客观存在的,即不同国家的要素在空间分布上不同,即使总量和数量比例一样的要素,由于空间结构不同,对发展也会产生不同影响。对于大国来说,空间结构的意义可能会更大一些。也许这种影响没有质的差异,但是会有量的差异。在选择政策和战略时,是应该要考虑到的。

张军:"比较优势说"的拓展与局限[*]

本来,任何一位受到现代经济学训练的经济学家都深知价格机制在分配资源和实现配置效率上的头等重要性,而这正是新古典经济学的基本原理和思想。但是,当经济学家面对"战后"日本经济的高速增长和"东亚奇迹"时,却有难以达成共识的争议。争议的焦点在于,离开了政府的指导和有选择的产业政策的有效实施,这些"奇迹"是否可能。为什么会有这样的争论?一方面因为,经济学家观察到在战后能成功追赶前沿国家的经济在数量上仅是少数,大多数非洲和拉丁美洲国家即使遵循了后来被总结为正统的"华盛顿共识"(Washington Consensus)的做法,经济增长往往也是昙花一现,可实现持续增长的经济寥寥无几。另一方面也因为,当我们把"经济发展"(economic development)理解为一个以动态效率为基础的结构升级换代现象的时候,以强调静态效率最优化的新古典经济学的分析工具就遇到了极大的局限。因此,那些以思考经济发展为对象的经济学家,自然便把注意力转入了关于结构的变化和升级这个动态效率如何实现的问题之上,研究日本和东亚经济的政府如何能够做到有效促进其经济结构的持续变化升级。"发展战略"(development strategy)本不在正统经济学理论的范畴和经济学家的眼界之内,但却因上述对日本和"东亚奇迹"的争论而走进经济学家的视野。

在关于发展战略的研究文献中,把贸易政策与发展战略联系起来可能算是最早的研究尝试,距今至少有半个世纪了。在这一文献中,强

---

[*] 复旦大学中国社会主义市场经济研究中心。通信地址:上海市国权路600号复旦大学中国社会主义市场经济研究中心,200433;E-mail:junzh_2000@fudan.edu.cn。

调基于比较优势的出口导向战略与强调违反比较优势的进口替代战略得到了经济学家的广泛而认真的讨论。有关这方面的文献,安妮·克鲁格(Krueger,1984)在她的论文"比较优势与发展政策:20年之后"中提供了很好的评述,这里不再赘述。以贸易政策把经济发展与静态比较优势相联系是这一时期经济学家讨论发展战略的基本线索。不难理解,这一讨论的动机之一是试图把静态效率最优化的原理用于理解经济发展现象。但是由于战后那些成功地实现经济发展的经济多为东亚地区的经济,那么,包括日本、东亚"四小龙"以及中国、越南等在内的新兴市场经济的成功做法是否并在多大程度上可以以实行了遵循比较优势的发展战略来解释,在经济学家那里是长期争议的话题。争议取得的重要结论是,这些经济都曾在不同时期灵活地使用了不同的贸易战略和发展政策,难以用静态比较优势的分析框架来加以概括。

毫无疑问,出口导向与进口替代这个"两分法"在今天已经不再流行,留下的更多的是对这一讨论的反思。与此紧密相联系的还有关于政府与市场的边界和相对作用的讨论。同样,这一讨论也难有结论。特别是当世界银行1994年出版《东亚奇迹:经济增长与公共政策》(中文版,1995)的研究报告时,那些不主张用新古典经济学来解释经济发展现象的经济学家更是看到了主流经济学在发展经济学上的巨大局限。刚刚过世的经济学家 Alice Amsden 是这一反对派的代表人物(Amsden,2001,2007;Amsden and Chu,2003)。台湾"中央研究院"的瞿宛文教授也是这一学派的积极倡导者和推动者。关于这一学派的基本思想以及与新古典学派的分野,可参见瞿宛文教授的著作《全球化下的台湾经济》(2003)。

但不管怎么说,在过去二十多年来,以研究"经济发展"为主题的热情还是逐渐冷清了下来,所谓的发展经济学家大都转入对发展中国家"微观发展"领域(如贫困、收入分配、劳动力市场、民间信贷等)的经验实证研究中去自寻其乐了。而那些主流的经济学家则沿着另外的道路在增长、法律与金融、贸易、制度等诸多方面去开展各自的研究工作了,这些研究不是希望能够提供一个关于"发展战略"的知识,但对于更深入地解释和理解经济增长的差异现象却也都是重要的文献。不过,依然可以说,在今天欧美经济学的主流市场上,"发展经济学"作为一个讨论经济发展战略和经济收敛现象的重要领域或学科依然不见战后初期的锋芒。即使是那些被 Williamson(1990)概括为"华盛顿共识"的政策建议,虽不算是对经济发展的一般理论的总结,但的确可以视为"发展经济学"终结的标志。

而中国经济学家林毅夫20年来始终没有放弃对续写"发展经济学"的努力。他的这个努力的起点是把早期经济学家关于比较优势贸易战略的这个思想推广到发展中国家整个经济结构变化升级的全局考虑中,试图构造以符合自身比较优势的发展战略为核心的发展经济学。

在中国当代,以研究中国经济而享誉海内外的经济学家众多,但林毅夫教授则是独特的一位。在20世纪90年代中期之前,他与众多中国经济学家一样,致力于研究中国在制度转型和经济发展方面的具体而有趣的问题并取得了相当的成就。实际上,在20世纪80年代,林毅夫教授最早是因为发表关于中国农业改革的一系列经验实证研究的论文而备受国际经济学界的瞩目的。这些成果后来被翻译成中文并以《制度、技术与中国农业发展》(1992)在中国结集出版。而当众多年轻经济学家依然对中国在经济发展和转型方面的多样化的课题保持不减的兴趣的时候,林毅夫教授则开始把研究的重心从中国经济发展和转型中的多样性的具体课题的经验研究转入了对经济发展战略的更为整体的思考,试图构造出一个具有一般意义的关于发展战略的经济学架构。他以1994年的《中国的奇迹:发展战略与经济改革》为开端,到2008年在剑桥发表"马歇尔讲座",林毅夫教授以"比较优势"为核心而形成的发展战略的分析逻辑基本定型。基于"马歇尔讲座"而出版的《经济发展与转型:思潮、战略与自生能力》(2008)一书可以视为林毅夫教授在经济发展战略问题上达致新高度的标志。之后,林毅夫教授任职世界银行四年。在这四年里,他的基于比较优势的经济发展战略的分析逻辑不仅没有被搁置,反而被继续遵循,发扬光大,并巧妙地对接50年来发展经济学研究文献的演进阶段,形成了"新结构经济学"的分析框架的雏形。所以,就经济发展这一范畴而言,《新结构经济学》这本书是一个崭新的尝试。《新结构经济学》续写了中断数十年的"发展经济学"。

《新结构经济学》一书不仅从一个侧面总结了他在主持经济发展研究工作和投身于全球欠发达经济体的经济发展项目中的心得,而且把他过去20年来一直倡导的关于经济发展的比较优势的分析逻辑发扬光大,形成了一个理论分析框架并以此把过去半个多世纪以来的发展经济学的研究推向了一个新的阶段。作为世界银行的高级副行长,工作之中之外还能有多部学术著作问世,非常人所能做到。2012年10

月13日晚我在林毅夫教授60华诞的晚宴中说,给定林毅夫教授几十年来如此忙碌的工作节奏和如此丰富的研究成果,我对他是如何保障睡眠时间的秘诀感到非常好奇。

阅读《新结构经济学》很容易发现,它的分析框架的核心依然是他之前20年始终不渝秉承着的"比较优势"的概念与分析逻辑。因此,在《新结构经济学》中,你可以看到《中国的奇迹》和《经济发展与转型》中的影子。这并不奇怪。在林毅夫教授看来,在促进经济发展的众多因素当中,战略选择和政策被认为是最重要的因素。选择符合而不是违背自身比较优势的发展战略被林毅夫教授视为一个落后的经济能否实现小步快跑式的经济发展的关键。林毅夫教授批评早期一些经济学家主张的"大推进"战略,就是因为这样的战略没有很好考虑一个经济自身的初始条件和禀赋,脱离国情,有机械照搬发达经济体的产业结构之虞,自然有悖自身的比较优势。在林毅夫教授看来,遵循比较优势战略发展经济,就是要政府去选择符合自身禀赋条件的产业,形成与之相适应的产业结构,这样的产业才能自生下来,不需要政府补贴来维持其存在。所以,与主张一定程度上超越自身的禀赋条件,通过一定的价格扭曲和选择性的产业政策来鼓励一些产业的超常发展的"修正学派"不同,在林毅夫教授看来,如果政府能够按照比较优势的发展战略来实施产业政策,那么其经济结构的变化就应该是循序渐进的,不断演进的,而不是大推进和跨越式变化的。林毅夫教授认为,如果做得到这些,经济就能在这样的结构变化中得到发展,技术和产业的升级也是这样演进式地实现的。《新结构经济学》把这一结构演进的逻辑还延伸到了经济发展的其他方面,比如金融结构就要与经济发展的阶段相匹配以更好地支持经济的发展和结构变化。《新结构经济学》传递出的重要思想是,成功的发展战略就是能够动态地遵循比较优势及其演变的规律,在每一个发展的阶段上实施与发展阶段相适应的发展政策,这样就能够确保经济结构的变化始终不脱离禀赋条件的变化。这就是林毅夫教授强调的一个核心论点,即经济有什么样的产业结构,导源于要素禀赋的相对价格;而经济的增长会逐步改变要素禀赋的相对价格,从而引起产业结构的演变。

那么,政府在经济发展中应该扮演什么角色呢?这涉及了《新结构经济学》的另一个重要内容。事实上,尽管《新结构经济学》收入了林毅夫教授本人和与他人合作的七篇论文,但我认为有两篇论文对于我们认识新结构经济学的理论贡献,特别是回答政府应该如何行动这样的问题是最为重要的。这两篇论文分别是第一篇和第四篇。其中第四篇里关于"增长甄别与因势利导的框架"(Growth Identification and Facilitation Framework,GIFF)别出心裁地给出了政府的角色和具体的行动指南。就其思想而言,《新结构经济学》提倡,政府的角色不是去替代市场,扭曲市场,而是去弥补市场缺陷,不仅在提供基础设施、公共服务等方面担当重要角色,而且还在发现、诱导和促进符合比较优势的产业方面具有重要作用。这似乎与秉持新古典经济学思想的经济学家的看法又有了巨大差异,因为对后者而言,他们不相信在那些方面政府会比市场做得更好。

尽管《新结构经济学》有多篇论文讨论了务实的发展政策并对发展中国家的政府提供了具有操作性的指南,但它总体上提供的还是有关经济发展战略的思考框架(thinking framework)。一个基于这一框架的经济发展的理论还有待形成并拓展。我说的这样的理论是一个基于静态比较优势的分析逻辑来演绎和处理经济结构演变升级和经济收敛的动态的理论。这个理论要能告诉我们一个要素禀赋与发达经济体非常不同的经济,其政府如何可以通过在每个阶段上选择符合禀赋条件的发展政策快速实现在经济结构上与发达经济的收敛。我很好奇这个理论在结构上会是什么样的。在现有的文献里,当经济学家发现基于静态比较优势学说而建立起来的贸易理论(H-O 模型)与国际贸易的模式与格局越来越不吻合时,Krugman(1979,1986)等人便超越了静态比较优势理论而发展起来了新的贸易理论,试图调和 H-O 模型与新的贸易模式之间的不和。从理论上说,新的贸易理论不是基于自然禀赋和静态比较优势而是基于规模报酬递增和垄断竞争的理论框架,因为后者较适于对分工和专业化等动态效率和动态优势变化等问题的理论处理。甚至包括杨小凯力求复兴的另一个新的古典经济学(所谓超边际分析)在内,在贸易、增长与经济发展的诸多涉及动态结构变化的领域,我们看到的理论发展的方向似乎都是去超越静态效率最优化的比较优势理论来解释结构的动态变化和转型升级的经验现象。而与之相反,林毅夫教授 20 年来坚持倡导的基于比较优势的产业政策和发展战略的思维框架显然是要坚守而不是超越静态的比较优势学说的理论基础。因此,在理论上如何能够把基于静态效率的比较优势理论从贸易部门直接推演到整个产业的范围并运用于一国国内的产业政策与产业结构变化升级的领域,这是新结构经济学的基础理论工作。

除此之外,到目前为止,我们已有了 Lewis(1954)和 Ranis and Fei(1961,1964)提出的经济发展的理论,Solow(1962)给出的经济增长收敛的模型,也有了 Lucas(1988)给出的经济发展的一个新理论。所有这些有关增长与发展的理论虽然是我们理解包括中国在内的那些实现了快速经济增长的经济体的重要理论框架,但是它们从本质上说还只是一个关于增长机制的学说,它告诉了我们,哪些因素通过什么样的方式对经济增长做出贡献,但它们并不是关于经济发展战略的一般理论。如果我们把发展战略理解为能充分而有效地利用那些增长因素和机制的政策组合,那么,不涉及发展战略,似乎就不能解释为什么很多经济似乎具备了增长的要素条件而依然没有实现持久的经济增长的事实。而有意思的是,《新结构经济学》如果在理论上有重大创新,似乎它就必然要坚守贸易上的比较优势学说,并将该学说加以推广,在禀赋条件、产业结构的动态演进、增长与经济收敛等方面能提供不是超越,而是基于静态效率最优化的经济学理论。这是新结构经济学的追随者们未来努力的方向。这或许有点像今天商学院的经济学家要把正统的微观经济学改写成"管理经济学"(Managerial Economics)或者"商业战略经济学"(Economics of Business Strategy)之类的教科书一样,虽然都是希望正统的关于静态效率最优化的经济学原理能够帮助我们理解商业世界并能对改善商业决策有参考价值,但这样的尝试对真实的商业世界的决策者而言,局限很大。

即使如此,我注意到新结构经济学还是有了朝这个方向努力的开始。例如,新结构经济学将经济发展过程定义成一个连续的产业和技术升级的过程。至于经济发展过程是否连续?我相信多数经济学家会持保留意见。但是林毅夫教授这样的定义显然是符合了新古典经济学的基本思想。因为在新古典经济学的系统内,任何经济变量的变化都是连续可微的。可是,紧接着的问题就出现了,经济发展作为一个特定的对象并不在新古典经济学的概念范畴之内,因此,基于新古典经济学的理论体系来思考和对待后进国家的经济发展现象,那就只能像"华盛顿共识"所蕴含的那样,市场化是唯一的解决方案,政府可以选择经济发展政策和战略的自由和机会极其有限。所以,如果经济的发展近似于市场引导的自发演进过程(哈耶克所说的"自发秩序"),那便与发展经济学的特定讨论对象相去甚远。新结构经济学作为发展经济学的3.0版,作为思考发展战略的理论,如何为发展战略的存在留有重大空间,似乎是一个理论的挑战。

再者,如果从新古典经济学的思维框架出发将经济的发展视为一个连续的自然演进过程,似乎也难以与我们观察到的关于"东亚奇迹"的现象相一致。到目前为止,我们能观察到的那些成功实现了经济发展的国家和地区,都有一个共同的事实,那就是它们都实现了超常的经济增长(hyper growth)。所谓"超常",是相对于那些西方(欧美)发达经济体在最初发展阶段的经验而言的。事实上,从历史上看,根据麦迪森(2003)和"宾夕法尼亚大学世界表"(Penn World Tables)提供的数据可以测算出,西方发达经济作为一个整体,在1820—1950年130年的时间里,经济规模平均只扩大了5倍,而日本、东亚"四小龙"和中国的经济总量在各自进入发展阶段之后的30年内分别实现了差不多8倍和13倍的增长。这一经验现象隐含的经济增长速度非常不同。如果我们把西方发达经济体在它们早期的发展阶段(1820年之后工业革命带来的技术冲击使它们的增长加速了,但依然还只是常规性的增长,平均大约为4%左右)理解为常规和自然演进现象的话,那么,"经济发展"在战后备受经济学家的重视,原因就在于它是一个应该被定义成"超常增长"的现象,而且超常增长的动力机制应该不仅仅来自正确的价格和市场竞争。所有这些实现了超常增长的经济体都在发展战略上有某种程度的扭曲领域。比如,广泛存在于信贷、土地、投资和税收上的激励政策,长期被压低的利率和汇率政策等。从理论上说,这个现象似乎很难与新古典经济学体系中隐含的经济自然演进过程等量齐观。而《新结构经济学》在新古典经济学的框架内解释"经济发展"现象,把经济发展解释为连续的结构演变的过程,是否有降低"经济发展"作为特定增长现象研究价值之虞?

最后,我想提到,《新结构经济学》尚未提供对政府和政治结构的任何讨论。不管怎么说,从日本、东亚经济和中国的经验来看,一个经济中的政府是否作为和如何作为对于我们理解经济发展的结果至关重要。《新结构经济学》特别强调符合比较优势的发展战略对经济成功发展的重要性。而发展战略的选择是否得当,政府是否能够根据变化了的条件来调整发展战略,这些话题不仅对于理解战后经济发展的经验与教训更为重要,而且这是对政府和政治结构的最苛刻的要求。耶鲁大学的Gustav Ranis教授1995年在总结东亚经济能够保持长期发展的成功经验时曾经指出,对所有成功实现经济发展的东亚经济而言,我们必须超越以产业为核心的"政府还是市场"的狭隘观念。他写道:"关键的和具有说服力的一点是决策者持久的可塑性,在过去40

年,决策者总能在每个可以识别的增长转型的阶段上对经济正在变化的需求做出政策的相应改变。由于这个可塑性,整个系统得以避免失去动力并能在每个阶段的末尾重新驶入轨道……每个10年有每个10年的挑战,每个10年政府都能做出政策的改变,用库兹涅兹的话来说,这些政策改变是为了适应而不是梗阻私人经济所要求的变化。"(Ranis,1995,pp.509—510)东亚的经验提醒我们,成功实现经济发展和保持发展阶段间的成功转换并不是给定的或自动完成的,经济发展过程对政府提出了非常苛刻的诉求,政府也因此始终面临严峻挑战。从某种意义上说,这也许是关于经济发展战略的最核心的命题,但显然已经超越了新古典经济学的界域。但我相信,《新结构经济学》既然坚守新古典经济学的基本分析范式,当然也回避不了同样的命题。

参考文献

Amsden, A. 2001. *The Rise of "The Rest": Challenges to the West from Late-Industrializing Economies*. Oxford: Oxford University Press.

Amsden, A. 2007. *Escape from Empire: The Developing World's Journey through Heaven and Hell*. Cambridge: MIT Press.

Amsden, A., and Wan-Wen Chu. 2003. *Beyond Late Development: Taiwan's Upgrading Policies*. Cambridge: MIT Press.

麦迪森,《世界经济千年史》,伍晓鹰、许宪春、叶燕斐、施发启译,北京大学出版社2003年版。

Krueger, A. 1984. "Comparative Advantage and Development Policy 20 Years Later," in Syrquin, M., L. Tayor, and L. Westphal(eds.), *Economic Structure and Performance*. Salt Lake City: American Academic Press, Inc.

Lewis, A. 1954. "Economic Development with Unlimited Supply of Labor," *The Manchester School of Economic and Social Studies* 47(3): 139—191.

Lucas, R. 1988. "On the Mechanics of Economic Development," *Journal of Monetary Economics* 22: 3—42.

瞿宛文,《全球化下的台湾经济》,台湾社会研究丛刊(11),2003年。

Ranis, G. 1995. "Another Look at the East Asian Miracle," *World Bank Economic Review* 9 (September): 509—534.

Ranis, G., and J. Fei. 1961. "A Theory of Economic Development," *American Economic Review* 51(4): 533—565.

Ranis, G., and J. Fei. 1964. *Development of the Labor Surplus Economy: Theory and Policy*. Homewood, Ill.: Richard D. Irwin.

世界银行,《东亚奇迹:经济增长与公共政策》,中国财政经济出版社1995年版。

Solow, R. 1962. "Technical Progress, Capital Formation, and Economic Growth," *American Economic Review* 52 (May): 76—86.

Williamson, J. 1990. "What Washington Means by Policy Reform," in Williamson, J. (ed.), *Latin American Adjustment: How Much Has Happened?* Washington D.C.: Institute for International Economics.

林毅夫：评论回应

从今天的眼光来看，在18世纪西方国家工业革命发生之前，世界是平的，最发达国家和最不发达国家以人均收入来衡量的发展水平差距顶多只有4—5倍。工业革命以后，世界出现了大分歧。西方国家科学技术日新月异，经济发展一日千里；而亚非拉许多国家仍然沿袭着传统、落后的生产方式，经济发展日显落后，国家实力不振，遂成为西方工业化强权的殖民地和半殖民地。19世纪以来追求国家独立、民族振兴成为发展中国家社会各界精英的共同梦想。到了第一次世界大战民族主义风起云涌，至第二次世界大战以后，发展中国家在其几代政治领袖和全国人民抛头颅、洒热血的不懈努力之下，终于纷纷摆脱殖民统治，迎来了民族解放和政治独立，开始追求自己国家的现代化。发展中国家无不希望早日摆脱贫穷落后的面貌，和发达国家并立于世界强国之林。

因应于发展中经济体的需要，发展经济学从现代经济学中独立而出，成为现代经济学的一个分支领域。发展经济学家提出各种理论，作为国际发展机构指导新独立的落后经济体发展经济和发展中经济体政府制定发展政策的依据。但是，六十多年的时间过去了，发展中经济体的发展绩效令人失望。根据安格斯·麦迪森整理的数据，从第二次世界大战后的百废待举中恢复起来的1950年到战后最为严重的国际金融经济危机爆发的2008年间，全世界只有中国台湾和韩国两个经济体实现了现代化的梦想，从低收入经济体跃升成为高收入经济体；只有13个经济体，从中等收入进入高收入，其中只有日本、韩国、新加坡、以色列、中国台湾和中国香港不是石油生产国（地区）或第二次世界大战前就已和发达经济体差距不大的欧洲国家（地区）；全世界也只有28个经济体实现了和美国的人均收入缩小10个百分点或更多，而其中只有12个不是石油、钻石生产国或欧洲国家（地区）；而且，还有阿根廷和委内瑞拉两个拉丁美洲国家从高收入国家滑落为中等收入国家。除了近二十个在第二次世界大战前就已经是发达国家的国家，全世界200多个经济体绝大多数都陷入了低收入或中等收入陷阱之中。[1]

2008年6月我到世界银行担任高级副行长兼首席经济学家。世界银行成立于1945年年底，其宗旨为帮助世界各国发展经济，消除贫困。但是，如果把中国改革开放以后，按1天1.25美元的国际贫困标准计算,摆脱贫困的6亿多人排除在外,全世界的贫困人口不仅没有减少,反而增加了。在世界银行工作期间我有机会走访非洲、亚洲、拉丁美洲的数十个发展中国家,和其政府领导人、学术界、企业家、工人、农民深入接触交流,了解到他们和中国的政府领导人、知识分子、企业家、工人、农民一样都有强烈的愿望,希望经由他们自己的努力改善他们个人和国家的命运,也做了各种艰苦卓绝的尝试。但是,事实是他们的经济发展缓慢,经济、社会、政治危机不断,人民生活水平的改善有限,和发达国家的差距越来越大。

世界银行在每个时期的政策甚受那个时期主流发展理论思潮的影响,其他发展中国家的政策也是一样。理论的目的是帮助人们认识世界,改造世界。如果理论不能帮助人们认识现象背后的原因,或是根据理论的认识所做的努力事与愿违,那么,就应该对理论进行反思,提出新的能够帮助人们更好地认识世界、改造世界的理论。实际上发展经济学自成为现代经济学的一个独立分支以来其理论进展也是按照上述逻辑演进的。

发展经济学的第一波理论思潮,或是第一版的发展经济学称为结构主义。当时的发展经济学家认为发展中国家之所以贫穷落后是因为发展中国家没有发达国家先进的现代化资本密集型大产业;其原因则是市场失灵,依靠市场的自发力量,无法将资源配置到现代化的产业。他们主张用进口替代的战略,以政府主导,直接动员资源、配置资源来发展现代化的资本、技术密集型大产业。

到了20世纪70年代末、80年代初,经济学界反思结构主义政策的失败,催生了发展经济学的第二波思潮——新自由主义。当时主流的看法认为发展中国家之所以经济发展缓慢、危机重重是因为没有像发达国家那样完善的市场经济体制,政府对市场过多的干预导致资源错配,寻租、腐败横行。因此,新自由主义主张以"休克疗法"推行包括私有化、市场化、自由化等激进改革措施在内的"华盛顿共识"来建立完善的市场经济体制。但是,推行的结果是发展中国家经济发展的绩效进一步下滑,八九十年代的经济增长率低于六七十年代,危机发生的频率也高于前一个时期。有些经济学家因此把推行华盛顿共识改革的八九十年代称为发展中国家"遗失的二十年"。[2]

有趣的是经济发展取得傲人成绩的东亚经济体,在第二次世界大战后的发展水平普遍低于拉丁美洲和非洲国家,这些地区资源贫乏,人口众多,在当时被认为是最不具发展希望的地区。东亚经济体在五六十年代采取出口导向战略,从发展传统的劳动密集型中小规模的产业入手来推动经济发展,以当时主流的发展理论来看,这是一个错误的战略选择。到了80年代发展中国家纷纷开始进行改革时,中国、越南、柬埔寨和70年代就开始进行改革的毛里求斯采取的是被主流理论认为是比原先政府干预的计划经济体制还糟糕的渐进的双轨制改革。但是,推行在理论上被认为是最佳选择的休克疗法的国家,经济崩溃了,社会、政治危机接连不断,而推行在理论上被认为是最糟改革路径的国家却取得了稳定和快速发展的双重目标。固然,推行双轨制的国家在快速发展过程中也积累了许多问题和矛盾,如收入分配不均、腐败问题恶化等,但是,同样的问题在推行休克疗法的国家也普遍存在,甚至是有过之而无不及。

在上述重重矛盾的理论和政策实践面前,身为世界上最为重要的发展机构中领导发展理论和政策研究的首席经济学家,我不能不对盛行的,指导世界银行工作和许多发展中国家发展政策的华盛顿共识进行反思。其实,这种反思远在我到世行工作之前就已经开始。20世纪80年代初,我在芝加哥大学师从诺奖获得者舒尔茨、贝克尔等大师,受过良好的现代经济学前沿理论的训练。1987年回国工作以后有幸参与了许多改革政策的讨论,我发现政府出台的许多政策,从主流理论来看是不完善的,甚至是错误的,但是,却是有效的。对比于其他推行理论上正确的政策,结果却令人失望的国家的经验事实,让我不得不放弃现有的、看似完美的主流理论,自己去重新认识经济发展和转型的本质为何,思考在当时的条件下什么样的政策能够帮助中国抓住机遇,克服困难,推动中国的市场迈向改革,一步、一步地往前进。

2007年我荣幸地应剑桥大学之邀去发表一年一度的马歇尔讲座,利用此次机会我系统地论述了我反思的结果。在我到世行工作之后的2009年,北京大学出版社和剑桥大学出版社分别以中、英文把我的讲座以《经济发展与转型:思潮、战略与自生能力》为题出版了专集,并有五位诺奖获得者为此书的英文版写了推荐,破了剑桥大学出版社的纪录。同时,有鉴于中国的发展和改革所要解决的问题和其他发展中国家多有雷同,中国的经验可供其他发展中国家参考,而主流经济学界和其他发展中国家对中国的了解甚为有限并多误解,我也由剑桥大学出版社出版了《解读中国经济》一书。此书也得到不少好评,三位诺奖获得者为此书写推荐,其中2000年诺奖获得者赫克曼写道:"这本书向很多传统的新古典经济理论的信条提出了挑战,并解释了在现实中照搬这些原理是如何对许多转型国家造成灾难性后果的。"

在上述两本著作的基础上并结合我在世行工作期间和世行内部的经济学家,以及和许多发达国家、发展中国家经济学界的进一步讨论,我在世行到任一周年时正式打出了新结构经济学的旗号,以此为框架来反思主流的发展理论和政策,并构建第三版的发展经济学。著名的耶鲁大学经济增长中心也邀请我以新结构经济学为题去做2011年度的库兹涅茨讲座。

为了进一步推动发展经济学界共同进行反思,我邀约了多位著名经济学家在主流发展经济学期刊上对新结构经济学进行了三场讨论和辩论,这些文章以及几篇相关论文,在我世行四年工作结束离任之前的2012年年初结集,取名《新结构经济学:反思经济发展与政策的理论框架》,由世界银行出版。有两位诺奖获得者为此书写推荐,2001年诺奖获得者斯宾塞写道:"本书将成为全球学者和政策制定者的重要参考,在发展中国家是如此,在发达国家中也将得到越来越多的重视。"

为了让各界人士对新结构经济学有所了解,以产生更大的社会影响,我又写了《繁荣的求索:发展中经济如何崛起》一书,在2012年9月由普林斯顿大学出版社出版。此书用通俗易懂的语言诠释了新结构经济学的主旨,并结合了我在世行的工作经验和我自己从小以来对发展问题的思索来增加可读性。三位诺奖获得者为此书写推荐,其中2001年诺奖获得者阿克尔洛夫写道:"不会再有别的经济学家能写出比这本更优秀、更重要的作品了。"这本书也获得了英国《金融时报》著名评论员马丁·沃尔夫及《彭博新闻社》书评家克莱夫·克鲁克的好评。前者认为这是"一本既雄心勃勃又优秀的书",后者则认为这本书是他2012年读过的"最有价值的新书"。[3]

我对新结构经济学的思考源于在国内多年的工作、学习,以及和许多学者的切磋。2012年6月,世行任期结束回到国内,我抱着野人献曝的心情,盼望和国内经济学界切磋自己的一些新的心得。在北京大学出版社的鼎力支持、苏剑和张建华教授的帮助下,上述三本新书的中文版陆续出版。甚受鼓舞的是中国世界经济学会授予了"新结构经济学:反思发展问题的一个理论框架"一文代表该学会年度最高荣誉的2012年"浦山世界经济学优秀论文奖"。

我特别感谢《经济学》(季刊)在这一期邀约多年来在经济学研究、教育上成果丰硕的黄少安、韦森、余永定、张军、张曙光五位学友在百忙中撰文对新结构经济学的理论框架和不足之处进行评论。其中韦森学兄的宏文洋洋洒洒2.7万字,在酷暑又逢丁忧的心境下挥汗完成,爱我之深令我心折。这几位学友对新结构经济学的赞誉是对我的鼓励和期许。他们的质疑、批评有些是新结构经济学作为一个新框架有待充实完善之处,有些是已发表的论述不够充分、清晰,有些则是仍以旧的视角来看我所讨论的问题,有必要进一步交流、澄清。以下我就新古典经济学的实质,现代经济增长的本质,政府在经济发展中的作用,新结构经济学的理论是否建立在善良政府的假设之上等四个方面的问题来和以上五位学友交流、切磋。

新古典经济学的实质

韦森认为新结构经济学的理论框架"是沿着经济学的古典传统和新古典经济学分析理路的一个创新和发展",因为"新结构经济学强调市场在资源配置中的核心作用"。韦森同时认为新古典经济学潜含"自由放任"(laissez-faireist)的精神传统,由于新结构经济学主张政府应该积极有为地发挥因势利导的作用,因此他认为新结构经济学扬弃了新古典经济学的传统。

韦森上述的评论显然是把新古典经济学以现有的发达国家的经济学家所发展出来的理论成果的存量作为新古典经济学的范畴来画地自限了。由于自亚当·斯密以来,现代经济学的发展以西方发达国家的经济学家为主导,发展不是这些发达国家的主要社会经济问题。发达国家的经济学家在分析资源配置时通常以给定的产业、技术为前提,并且,假定不存在外部性和信息不确定性,因而,得出了竞争性市场是人类社会资源配置的最优机制,"自由放任"也就成了新古典经济学潜含的精神传统。诚如张军所言,"经济发展作为一个特定的对象并不在(由发达国家的经济学家所研究的)新古典经济学的概念范畴之内"[4],以现有的新古典理论体系来"思考和对待后进国家的经济发展现象,那就只能像华盛顿共识所蕴含的那样,市场化是唯一的解决方案,政府可以选择经济发展政策和战略的自由和机会极其有限"。

然而,理论的作用在于帮助人们认识世界、改造世界。作为来自发展中国家的经济学者,我们不能因为经济发展作为一个研究对象不在发达国家那些新古典经济学家的概念范畴之内,我们就只能削足适履地以新古典经济学现有的理论体系来"思考和对待后进国家的经济发展现象"。新古典经济学的现有理论是发达国家的经济学家以理性人的基本假设为切入点来研究、分析发达国家的重要社会经济现象所取得的成果。发展中国家的经济学家也可以以理性人的基本假设为出发点来研究对发展中国家至关重要的发展问题。现代经济增长是一个18世纪下半叶工业革命以后出现的技术、产业、硬的基础设施和软的基础设施(制度)等的结构不断变迁的过程。[5]外部性、协调和信息不确定性是这个过程内生的问题,从福利经济学第一定理可以得出政府应该积极有为,帮助单个企业克服自发发展过程中必然出现的外部性和协调多个利益不尽相同的企业行为的市场失灵问题,这样发展才能顺利进行。所以,新结构经济学对政府应该积极有为、发挥因势利导作用的强调是新古典经济学研究方法在发展问题上的运用的结果,是对新古典经济学研究传统的弘扬而非扬弃。

现代经济增长的本质

我同意韦森的看法,"在人类近现代尤其是当代社会中,斯密型增长与熊彼特型增长是很难能被完全区分开的,即使我们在两个概念的界定上做些强行的人为界定,二者也是难分难解,或者说,斯密型增长,即分工、贸易、劳动生产率提高所带来的经济增长本身,与技术创新和组织创新所带来的经济增长(即熊彼特型增长)常常绞缠在一起,且互相作用"。新结构经济学主张在现代经济增长中,随着技术创新和产业升级,生产的经济规模、产品的市场范围和交易的价值不断扩大,企业对资金的需求越来越多,面对的风险也越来越大,硬的基础设施,像交通、电力、通信、港口等必须不断改进,同时,软的基础设置,也就是金融、法律等制度也必须有相应的完善,这样才能降低各种交易费用,充分发挥技术创新和产业升级增加生产、促进发展的效用。显然新结构经济学的分析是同时将熊彼特型增长和斯密型增长结合在一起的。

韦森认为在严格意义上,现代经济增长,或者说自19世纪西方工业革命以来的经济增长,只不过是加进了科技革命和机器化工业大生产后的斯密动态经济增长,或者说包含了"熊彼特型增长"的广义的"斯密动态经济增长"。对此,我持异议。我想对现代经济增长更合适的描述是包括了"斯密型增长"的"熊彼特型动态增长"。因为,如韦森指出,斯密的分工有利于交易技术的创新,但是,交易技术的创新无法得出新产品、新产业的创新。所以,把现代经济增长总结为广义的"斯密动态经济增长"和现代经济中新产品、新产业不断涌现的主要特征不吻合。熊彼特型增长则会有不断的新产品和新产业的创新,而新产品和新产业的出现,由于风险和资金需求以及生产规模和市场范围的扩大,则会内生出对交易技术和制度改善的要求。在这两个概念上应该弄清楚是因为不同的概念会得出不同的政策侧重点。

韦森还以服务业在发达国家的比重大、增长快于制造业的增长为理由,认为现代经济增长与其说是"主要是由实体经济部门内部的产业升级所推动的,不如认为主要是由第一产业向第二产业尤其是第三产业的过渡和转变所实现的"。如果韦森的说法是正确的,那么,合理的推论是一个国家第三产业比重的提高应该提高这个国家经济增长的速度,以及在同一发展水平上第三产业比重高的国家其经济增长速度应该高于比重低的国家,但是,事实并非如此。发达国家第三产业的比重高于发展中国家,但是,发展绩效好的发展中国家其经济增长速度却可以几倍于发展好的发达国家。而且,亚非拉的许多低收入国家的第三产业的比重远大于中国,但是,它们经济增长的速度却远低于中国。

由于韦森对现代经济增长本质的认识片面强调斯密型增长,因而认为"要把现代宪政民主政制像市场制度一样被视作现代经济可持续增长的一个必不可少的基础性制度条件"。但是,即使是欧美等老牌的发达国家,其宪政民主政制也是逐步发展演进而来的,英国和美国在工业化的早期只有少数拥有资产的男性公民才有投票权。19 世纪摆脱西班牙殖民统治直接照抄美国宪法的拉丁美洲国家,和第二次世界大战后,摆脱殖民统治、直接继承英美现代民主宪政政制的发展中国家如菲律宾、印度、巴基斯坦、孟加拉国以及许许多多非洲国家,不仅没有实现向发达的工业化国家的收敛,而且还长期深陷中等收入陷阱和低收入陷阱的泥沼之中。第二次世界大战后,唯一的两个从低收入经济体跃升为高收入经济体的恰恰是在追赶过程中没有实行西方发达国家的宪政民主政制的韩国和中国台湾。美国著名的政治学家福山在其最近的一篇论文"什么是治理"中指出,宪政民主既不是好治理的必要条件也不是充分条件,他系统地论证了西方学者普遍认为宪政民主是好治理的必要条件的看法其实"仅为理论上的而非得到实证支持的事实"(more of a theory than an empirically demonstrated fact)。[6]

不管发展的水平高低如何,一个国家作为上层建筑的各种制度安排是内生的。随着经济的发展,生产力水平的提高,生产和交易规模的扩大,人民财富的普遍增长,相应的规范市场交易和人与人、人与政府互动的制度安排也必须相应地与时俱进和完善。[7]尤其是作为一个像中国这样的转型中国家,经济体制中还存在各种旧体制所遗留下来的制度扭曲,需要在转型过程中根据可能性和必要性不断深化改革,经济才能持续稳定健康发展。但是,一个国家即使到了高收入的发达阶段,有了相应的现代宪政体制,也不能保证一劳永逸。日本在1991年以后长达二十多年的停滞,和2008年英美发达国家爆发的金融经济危机,说明即使有西方国家的学者所认为的理想的现代宪政政制也不能保证其政府和领导人不被利益集团绑架,经济可以持续健康发展。

另外,韦森认为新结构经济学把金融结构视为外生变量,其实是对新结构经济学的一个误解。在新结构经济学的框架中,产业结构是内生于要素禀赋结构的,而不同的产业结构需要相应的基础设施(包括有形的如电力、交通和无形的如金融、法律)来支持其投资、运行,降低交易费用。随着产业的升级,资本需求、生产规模、风险和市场范围的不断扩大,软硬基础设施也必须不断根据实体经济生产运行的需要而相应改进。因此,适用的软硬基础设施,包括金融制度,是内生于实体经济的需要的。在新自由主义盛行的第二波发展思潮的影响下,不顾发展中国家实体经济中企业的规模和风险特性去发展所谓的现代金融体系,以及在发达国家进行脱离实体经济的金融创新恰恰是现代金融理论在20世纪80年代以后发展中国家和发达国家经济危机频仍的原因之一。

政府在经济发展中的作用

虽然,韦森认识到了现代经济增长必须包含熊彼特型增长,但是,在他的评论中却不自觉地以斯密型增长来立论,因而,对政府在现代经济增长中的作用仍坚持亚当·斯密所主张的自由放任的看法。他认为在本国的科技进步、产业升级和各产业的发展前景、市场需求等经济运行方面,政府所掌握的知识和所做出的判断不可能"比本国企业乃至一些大公司的管理者和科技人员所具备的知识就多""判断就高明"。然而,既然外部性、协调和信息不确定性的市场失灵问题内生于现代经济增长中的技术创新和产业升级的过程,如果一切依靠企业自己,那么这个过程很有可能不发生,或者发生的速度很慢,不能满足人们的就业、改善生活,尤其是在发展中国家所期望的追赶发达国家的愿望。[8]智利政府在20世纪80年代推行了华盛顿共识的改革以后就是严格地奉行了这种自由放任的哲学,结果三十多年了没有新的产业出现,结构变迁迟缓,深陷中等收入陷阱之中。2012年10月我去韩国首尔参加一个由哈萨克斯坦政府委托、亚洲开发银行组织的产业政策研讨会,哈萨克斯坦商务部的副部长在开幕致辞中抱怨到,我们按世界银行的建议把各种政府对市场的干预都取消了,企业经营环境改善了[9],但是,国内的企业并没有进行推动经济结构转型的新产业、新技术的投资,外国企业除来开发矿产资源外也没有其他投资,因而,他们转而向亚洲开发银行求助。[10]

其实,今天的英、美、德、日发达国家在它们处于追赶比它们更发达的国家的阶段时无一例外地采用了许多针对特定产业的政策措施去扶持国内的某些追赶产业的发展。一位在英国剑桥大学担任教授、在国际发展经济学界享有盛名的韩裔经济学家张夏准认为,发达国家倡导发展中国家需遵循自由放任的政策是一种"上了楼就踢掉梯子"(kicking away the ladder),防止发展中国家赶上发达国家的政策主张。[11]而且,事实上发达国家即使到今天也没有奉行自由放任的政策,它们还用专利保护,补助基础科研,政府采购,规定在一段时间内市场上只能使用某种技术、产品等措施来支持它们的企业进行技术创新和产业升级。那种认为发展中国家的政府在技术创新、产业升级上不应该发挥因势利导作用的看法,其实是要发展中国家自废武功。

那么,政府是否就如反对政府干预者所质疑的那样,"比本国企业乃至一些大公司的管理者和科技人员所具备的知识就多""判断就高明"? 在政府可用来帮助企业克服技术创新和产业升级的外部性和企业间协调问题的资源有限的情况下,政府不能不对技术创新的方向和所要升级的产业做出判断,但这种判断是否就一定比企业的判断差? 企业要获得这些信息需要投入资金和人员,政府同样也需要投入资金和人员,政府应该比企业有能力去聘请更多、更好的专家,收集更多、更全面的信息。而且,信息收集和处理的成本很高,分享的成本近乎为零,具有公共产品的特性。如果由企业自己收集,企业不会和其他企业分享,每个企业都要自己去收集、处理,就整个社会来说是重复投资,不如由政府收集、处理后和企业分享,政府还可以根据这些信息采取因势利导的支持措施,使有限的资源发挥最大的支持技术创新、产业升级,促进经济发展的效应。事实上,发达国家所采取的支持技术创新和产业升级的四个常用措施中,除专利保护是事后的奖励外,其他三项包括补助基础科研,政府采购,规定在一段时间内市场上只能使用某种技术、产品等措施也都是需要政府事先判断所要支持的技术和产业,"挑选冠军"的。[12]

韦森认为,如果政府要发挥因势利导的作用,那么,"这一理论实际上假定各国政府和各地区领导人,以及在计划委员会、发展委员会或其他政府部门的官员有完备的知识"。对于处于全球技术和产业边界的发达国家而言,不能因为信息可能不完备就因噎废食,不对技术创新和产业升级提供必要的支持,或是,将有限的资源用在随机挑选的技术或产业项目上。如果发展中国家的政府遵循新结构经济学的建议,按要素禀赋结构所决定的比较优势来推动技术创新、产业升级,那么,信息的问题则可以利用后发者的优势来克服。因为比较优势实际上是从与自己同一时代的其他国家的比较而来。新结构经济学所倡导的"增长甄别与因势利导"六步法的第一步是以和自己的要素禀赋雷同,收入水平比自己高一倍左右,而经济取得二三十年快速发展的国家的现有产业为参照。因为,一个国家如果能够维持二三十年的快速增长,那么这个国家可贸易部门的产业和服务业必然符合这个国家的比较优势。同时,一个国家如果能维持这么长时间的高速增长,其资本必然快速积累、工资成倍增长,原来符合比较优势的产业必将逐渐成为夕阳产业,而成为比较优势雷同、发展水平较低的发展中国家的朝阳产业。利用这些信息,发展中国家的政府在发挥因势利导作用时可以大大降低犯拔苗助长或因噎废食错误的概率,也可以防止政府因为利益集团的游说、寻租而去支持不符合比较优势的产业。

需要特别强调的是,新结构经济学的"产业甄别和因势利导"框架并不是由政府越俎代庖去决定一个国家应该发展什么产业,而是和企业共同决定应该发展什么产业。这个框架的第二、三、四步,都取决于国内或国外企业的自发、主动的选择,政府的作用则是以有限的资源来帮助这些具有潜在比较优势部门内的企业消除它们自己难以解决的具有外部性或需要多个企业协调才能成功解决的增长瓶颈限制。[13]而且,这些产业根据这个国家的要素禀赋及其结构,应该是生产的要素成本已经在国际比较中具有优势,政府因势利导的作用主要在于提供或协调相关企业投资于产业升级所需的软硬基础设施的完善,以帮助企业降低交易费用,使这个国家的潜在比较优势变为真正的比较优势,使这个产业成为这个国家的竞争优势。所以,在新结构经济学的框架中,一个因势利导的政府并不是韦森所担心的"掌握着巨大的政府投资和开发资金",或余永定所担心的"真理再向前迈进一步就会变成谬误,……加大市场扭曲、加重腐败"。这个框架也可以避免政府受到利益集团的游说,去发展需要政府以大量租金去保护补贴才能生存的赶超产业。[14]

政府行为的假设

韦森、黄少安、张军、余永定都像张曙光所认为的,"在《新结构经济学》中,作者实际上立足于一个好人政府;政府和官员都一心一意谋发展"。其实,我在新结构经济学中是假定所有行为者,包括政府领导人,是理性的,其行为、选择是为了满足自己的利益目标。依我个人对历史的解读以及和许多发展中国家政府领导人的个人接触的体会,在新结构经济学中,我对政府领导人的行为动机仍然如2007年马歇尔讲座中所认为的那样,政府领导人的个人目标有二:一是长期执政;二是在长期执政的目标不成问题的情况下,追求青史留名。能够最好地同时达到这两个目标的选择是在其执政期间给其治理的领地带来繁荣,使百姓人人安居乐业。如果真能达到这个目标,那么这样的政治领袖就会表现为"好人"。但是,千百年来,即使有那么多研究,包括自亚当·斯密以来的两百多年,至今尚无一套成熟的理论可以让政治领袖作为指南,使其施政给国家带来繁荣、给百姓带来安居乐业。发展经济学的第一波思潮——结构主义,和发展经济学的第二波思潮——新自由主义就是例子。在这些从逻辑上看似头头是道的主流思潮的影响下,政治领袖很容易犯下"好心干坏事"的错误,使国家和百姓蒙受损失和不幸。结果为了继续执政,这些政治领袖就很有可能采取各种必要措施去拉帮结派、收买利益集团以巩固其地位,以及腐败、贪污积累个人财富以作为下台后的生活或东山再起的资本。结果距离给国家带来繁荣、给百姓带来安居乐业的目标就越来越远,其表现也就变成为"坏人"。

在理性人的假设下,政府领导人是"好"是"坏"并非必然,关键在于是否有一个可以指导政府领导人做出实事求是、与时俱进的决策,真正能够给国家带来持续繁荣、长治久安,使百姓安居乐业、福祉不断增加,使其长期执政和留名青史的个人目标和全体人民的目标能够同时实现的理论。不管在哪种体制下,任何领导人都有一定的自由裁量权。总结发达国家和发展中国家在现代社会中经济发展成功和失败的经验,提出一个可供理性的政府领导人参考的理论,使其成为一个"好人",在运用自由裁量权去追求个人的目标的同时也能满足社会和百姓的目标,这是经济学家的责任。我想这也是为什么亚当·斯密将其现代经济学的开创之作取名为《国民财富的性质和原因的研究》的道理之所在。

另外,新结构经济学所强调的因势利导也不像韦森所认为的那样,需要"强政府"才能发挥这样的作用。新结构经济学主张一个发展中国家的技术创新和产业升级应该按其要素禀赋结构所决定的比较优势,并充分利用后发优势以"小步快跑"的方式来进行。在"增长甄别与因势利导"框架中,政府为克服外部性给予升级到潜在比较优势产业的先行企业的税收优惠、在有外汇管制时取得进口机器设备所需的外汇、在有金融抑制时优先获得贷款,为克服软硬基础措施的缺失发展工业园区、在园区内实行"一站式"服务等,应该远比发展经济学第一波思潮结构主义的进口替代战略所主张的以各种政府扭曲和保护补贴去发展资本密集型产业更简单易行、容易见效。在经济转型中,新结构经济学所主张的渐进、双轨,同样也比发展经济学第二波思潮新自由主义所主张的休克疗法,试图一步到位建立现代市场经济体制更简单易行、容易见效。

韦森以"在过去三十多年中国经济高速增长时期,当今中国社会内部多年来积累下来了大量经济与社会问题",余永定也以"加工贸易固然给以东莞为代表的沿海地区带来了繁荣,但在经过二十多年实践后的今天,中国处于全球价值链低端的状况并无根本改变,而且似乎也难于改变"来质疑新结构经济学理论的适用性。必须说明的是,新结构经济学的理论来自对中国和其他发展中国家经济发展成功和失败经验的总结,这并不代表中国各级政府所作所为都是符合新结构经济学理论的要求的。新结构经济学作为发展经济学的第三波思潮只是刚刚提出,中国各级政府和其他国家的政府一样仍然受到第一波思潮和第二波思潮的影响。从新结构经济学的角度来看,中国的渐进双轨制的改革仍然有许多不到位的地方,导致了许多腐败和收入分配差距不断扩大的社会经济问题[15],各级政府的政策也仍有不少"过犹不及"和"不及犹过"的地方。我希望新结构经济学的理论能够更广为流传,帮助中国政府继续深化改革,完成向市场经济的过渡;并且,在未来的发展中能够少犯"好心干坏事"的错误,以实现持续、快速、健康、包容的发展。

最后,韦森以过去半个多世纪中,只有13个国家和地区实现了持续超过25年的7%以上的高速经济增长,"这一当代世界经济发展演变事实和格局本身"作为他质疑新结构经济学的原理,尤其是把其中的"增长甄别与因势利导"框架运用到广大欠发达国家和发展中国家将会非常困难的证据。其实,这些证据更说明进行反思,提出新的发展理论和政策框架来供中国以及其他发展中国家的政府参考,帮助他们实现现代经济增长的重要性。经济学是现代社会科学中的显学,但是,即使经过从亚当·斯密以来的两个多世纪,尤其是发展经济学自从成为现代经济学中的一个独立的子学科以来的四分之三个世纪的无数研究,经济学家至今尚未能够提出一个有效的理论,可以作为行动指南帮助政治家实现富民强国的目标。目前的研究成果,按诺奖获得者迈克尔·斯宾塞教授的说法,只是给一个国家的经济发展提供了许多重要的食材(ingredient),但是尚缺可以遵循以做出好菜的食谱(recipe)。实际的情形是不管是先前主张以政府主导克服市场失灵以建立现代产业的结构主义,还是现在主张克服政府失灵以建立现代市场制度的新自由主义,按照这些主流理论来制定政策的国家普遍遭遇失败,经济发展迟缓、危机不断,和发达国家的差距越来越大,而经济发展成功,实现和发达国家收敛的发展中国家的发展和转型政策从主流理论来看却是错误的。

不按主流理论来制定政策需要承担许多外部(如国际货币组织、世界银行、外国政府和国外舆论界)和内部(接受了主流理论的知识界和舆论界)的压力。能够承担这种压力,自主制定政策的国家(地区)很少;在这些少数国家(地区)中,由于缺乏正确的理论指导,政策能够对头的更是少之又少。实际上,东亚经济体的成功在很大程度上是恩格斯所说的"必然王国",而非"自由王国"的结果。在马歇尔讲座中,我指出,这些东亚经济体同样受到结构主义的影响。但是,亚洲"四小龙"由于资源贫乏、人口规模小,而日本则在美国的占领下,政策受制于美国政府,它们的公权力部门能够给予企业的补贴很少,无法去支持不符合比较优势产业中不具自生能力的企业。结果,公权力部门的积极干预所提供的少量补贴从"量变到质变",成为新结构经济学中所主张的外部性的补偿和因势利导的措施。新结构经济学希望能够总结"必然王国"的成功和其他国家(地区)的失败经验,提供一个政府可以遵循的政策"食谱",根据各国(地区)具体的条件,把各种有用的"食材"调配成合适的政策,使持续、健康、快速、包容的经济发展,成为自利的领导人的"自由王国"的选择。

结语

成为一个现代化的国家不仅是中国梦也是仍占世界总人口85%的发展中国家的共同梦想。长期以来,发展中国家的知识分子总以为发达国家有一本"真经"帮助发达国家实现了现代化,把这本"经"学会拿回发展中国家来虔诚地念,就能够帮助发展中国家摆脱贫穷落后,实现现代化。但是,事实上这样的"经"并不存在,以现代经济学为例,任何盛行一时的理论思潮总被后来的学说所扬弃。[16]在发达国家发展出来的理论在发达国家都难以"百世以俟圣人而不惑",在发展中国家就更难以"放诸四海而皆准"。发展中国家的经济学家若想帮助发展中国家实现现代化,就需要自己从发展中国家的经济现象和问题中去了解背后的理论,而不是简单地拿现有的发达国家发展出来的理论来看发展中国家的现象和问题。只有这样才能真正认识世界,帮助发展中国家改造世界。我希望这场关于新结构经济学的讨论有助于中国的经济学界厘清新古典经济学的内涵和现代经济增长的本质,推动经济学家深入研究我们自己社会经济现象背后的逻辑,进行理论创新,为个人、企业和政府的决策提供参考,帮助中国早日实现现代化的梦想。理论的适用性决定于条件的相似性,我相信中国经济学家基于中国发展和转型问题的研究提出来的理论,不仅有利于中国认识和解决自己的问题,也可能比发达国家发展出来的用以解决其他发展中国家问题的理论更有参考和借鉴价值。

注释

1. 我对低收入经济体的定义为按购买力平价计算的人均收入小于或等于美国的百分之十,高收入经济体的定义则为人均收入高于或等于美国的百分之五十。资料来自 Maddison, A. 2012. "Historical Statistics of the World Economy: 1—2008 AD"。
2. Easterly, W. 2001. "The Lost Decades: Explaining Developing Countries' Stagnation in Spite of Policy Reform 1980—1998," *Journal of Economic Growth* 6(2): 135—157.
3. 马丁·沃尔夫的文章见 http://www.ftchinese.com/story/001047131;克莱夫·克鲁克的文章见 http://read.bbwc.cn/NC8zNC82Ojsw.html。
4. 括号内的文字为作者所加。
5. Kuznets, S. 1966. *Modern Economic Growth*. New Haven, CT: Yale University Press.
6. Francis Fukuyama. 2013. "What is Governance?" Center for Global Development,

Working Paper 314, Washington, D.C.

7. 制度是内生的是新制度经济学的主要结论之一,新制度经济学的另外一个主要结论是制度是有影响的。接受新制度经济学理论的学者经常只强调后者而忽视了前者。

8. 余永定认为,新结构经济学之所以主张政府发挥因势利导的作用是因为存在市场扭曲,其实,更重要的原因是在经济发展、结构转型中必然存在的市场失灵。

9. 按世界银行2011年《企业营商指标》,哈萨克斯坦在全球排名第47位,扣除掉30多个发达国家,哈萨克斯坦在发展中国家名列前茅。前面提到的智利则排名第40位。

10. 张曙光认为,"尽管存在旧结构主义和新自由主义两个极端,但市场失灵和政府失灵基本上成为经济学家的共识,分歧不在于二者的有无,只在于此多彼少"。持这种观点的学者通常会以政府失灵远多于、严重于市场失灵而反对政府发挥积极有为的作用。其实,问题的关键不在于"此多彼少"而在于如何知道市场失灵发生在何处,以及政府的干预如何避免变成政府失灵,而这正是新结构经济学所想达到的目标。

11. Chang, Ha-joon. 2002. *Kicking Away the Ladder: Development Strategy in Historical Perspective*. London: Anthem Press.

12. 余永定认为,在发展中国家产业政策还有用武之地,但是"在经济已经起飞的阶段,产业升级应该依靠包括企业、基础研究机构和政府在内的整个体系的学习和创新。学习和创新的动力来自'公平竞争'"。他的这个看法显然是与发达国家的事实不符合的。

13. 余永定认为,"按要素禀赋结构配置决定产业发展的理论和实践并未解决产业如何升级的问题",其实新结构经济学的"增长甄别与因势利导"框架就是要解决这个问题。另外,张军和余永定都质疑如何把静态和动态比较优势连接起来,在新结构经济学中这种连接是经由资本的积累,一个经济体如果在每一时点都按照静态比较优势来发展其产业,剩余会最多,投资的回报会最高,资本的积累、要素禀赋结构和比较优势的升级就会最快。

14. 张曙光评论,"因势利导和政府主导是不是一个东西,林毅夫认为是,我认为不是"。我在新结构经济学的讨论中政府的作用是限定在"因势利导"的范围内应该是清楚的。但不是因为政府的作用是因势利导,政府就绝对不能发挥主导的作用。例如,在"增长甄别与因势利导"框架的第三步,一个发展中国家为了吸引外资或孵化国内企业去发展一个目前不存在的、新的具有潜在比较优势的产业,政府就需要发挥主导的作用,否则这样的产业很有可能不会出现,经济结构也就难以转型。这一点对于从农业经济转向现代制造业的低收入国家以及资源丰富的国家的结构转型尤其重要。

15. 见我在《解读中国经济》一书中的讨论。

16. 除本文讨论的发展经济学外,以宏观经济学为例,在20世纪30年代以后凯恩斯的学说曾盛行近40年,后来被理性预期学派的理论所取代,而理性预期学派的理论后来又被新古典综合学派的理论所取代,2008年国际金融经济危机的爆发又引起了经济学界对现有宏观经济理论的新一轮反思。

参考文献

Chang, Ha-joon. 2002. *Kicking Away the Ladder: Development Strategy in Historical Perspective*. London: Anthem Press.

Easterly, W. 2001. "The Lost Decades: Explaining Developing Countries' Stagnation in Spite of Policy Reform 1980—1998," *Journal of Economic Growth* 6 (2): 135—157.

Fukuyama, F. 2013. "What is Governance?" Center for Global Development, Working Paper 314, Washington D. C.

克鲁克,"林毅夫是对的",《彭博商业周刊》,2013 年, http://read.bbwc.cn/NC8zNC82Ojsw.html。

Kuznets, S. 1966. *Modern Economic Growth*. New Haven, CT: Yale University Press.

林毅夫,《经济发展与转型:思潮、战略与自生能力》,北京大学出版社 2009 年版。

林毅夫,《解读中国经济》,北京大学出版社 2012 年版。

林毅夫,《新结构经济学:反思经济发展与政策的理论框架》,北京大学出版社 2012 年版。

林毅夫,《繁荣的求索:发展中经济如何崛起》,北京大学出版社 2012 年版。

Maddison, A. 2010. "Historical Statistics of the World Economy: 1—2008 AD," www.ggdc.net/Maddison/Historical_Statistics/horizontal-file_02-2010.xls

World Bank. 2011. *Doing Business 2011*. Washington, D.C: World Bank.

沃尔夫,"寻找繁荣之路",《金融时报》,2012 年, http://www.ftchinese.com/story/001047131。

对"华盛顿共识"的重新审视*

导言

自20世纪70年代末以来,中国和其他社会主义国家为了提高经济绩效,开始了从计划经济向市场经济的转型。图1显示,这种转型从一开始就为中国和越南带来了高速的经济增长。然而,20世纪90年代初在东欧和前苏联国家(以下简称"FSUEE")开始的转型则导致了其经济的大幅度下滑和社会发展中诸多方面的恶化(世界银行,2002;Dell'Anno and Villa,2013)。2006年欧洲复兴开发银行和世界银行对29个国家和地区(包括东欧和东南欧、波罗的海国家、独立国家联合体和蒙古)的29 000人进行调查发现,只有30%的人认为他们生活水平比1989年高(欧洲复兴开发银行,2007)。根据欧洲复兴开发银行的转型指标,FSUEE的许多转型经济体已经"卡住于转型"(stuck in transition):价格自由化、大规模私有化以及贸易和外汇市场的开放等大多数目标已在20世纪90年代末完成。然而,经济改革在治理、企业重组和竞争政策等领域却有所放缓,其速度大大低于其他发达市场经济体的标准(欧洲复兴开发银行,2013)。在同一时期,世界其他地区的大多数发展中国家都遵循国际货币基金组织(IMF)和世界银行的改革建议:减少政府干预和加强市场的作用。然而,结果也是令人失望的。在这一时期,大多数发展中国家的经济出现了恶化(Barro,1998)。Easterly(2001)将20世纪80年代和90年代称为发展中国家"失去的二十年"。

---

* 英文原文"Washington Consensus Revisited:A New Structural Economics Perspective"宣读于2013年6月25—26日在英国伦敦大学(UCL)斯拉夫和东欧研究院举办的"转型经济学与新结构经济学交会"(Transition Economics Meets New Structural Economics)国际研讨会,并发表于《经济政策改革杂志》(*Journal of Economic Policy Reform*)2014年第18卷第2期"转型经济学与新结构经济学交会"会议专刊,第96—113页。本文由汤学敏翻译。

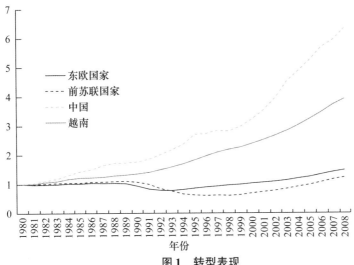

图 1 转型表现

注：1980 年人均 GDP = 1。

这种东亚国家和 FSUEE 在转型结果上的差异是经济学家意想不到的。众所周知，经济学界对所有的问题几乎都有不同的看法，然而，正如 Summers(1994, pp.252—253)所说，在对社会主义经济进行改革时，主流经济学家有了一个惊人的共识[1]：那就是采用基于"华盛顿共识"的"休克疗法"。华盛顿共识是 Williamson(1989)创造的一个术语，最初指的是为遭受危机打击的拉丁美洲国家所提供的一揽子政策方案。[2] 华盛顿共识的主要思想是消除政府的干预和扭曲，以创造一个以私有制为基础的，高效、开放、竞争的市场经济。FSUEE 所实施的向市场经济转型的休克疗法就是华盛顿共识的一个版本。

休克疗法中的一个组成要素是快速的私有化。其支撑论点如下：私人所有权是一个运行良好的市场体系的基础；真正的市场竞争需要一个真正的私营部门(Sachs and Lipton, 1990)；转型经济体中的国有企业遇到的大多数问题可以通过快速的私有化来改善(Sachs, 1992)；私有化必须在国有企业重组之前进行(Blanchard et al., 1991)。[3] 另一个早期的关于转型的共识是，需要一个全面的、大爆炸式的价格放开。在一篇有影响力的文章中，Murphy et al.(1992)将 1990—1991 年苏联产出的下降归因于部分的价格放开。他们认为，价格双轨制鼓励套利、腐败、寻租，并且将稀缺资源投入更低价值产品的生产中。休克疗法的最后一个要素是收紧政府的财政纪律以维持宏观经济的稳定，使价格起到对资源配置的导向作用，并且使市场机制更好地发挥作用。

中国是社会主义国家中第一批从计划经济转向市场经济的国家之一。在1978—1990年的12年间,中国的转型取得了显著的成效,GDP每年增长9.0%,贸易额每年增长15.4%。在这一时期,每年城市地区的人均收入增长速度为5.9%,而农村地区的人均收入则实现了每年9.9%的惊人增长速度(国家统计局,2002,第17、94、148页)。中国人民的生活水平显著提高,城乡差距有所缩小。然而,中国并没有采用休克疗法,而是在转轨时期采用了渐进式的方法。中国的国有企业并没有私有化;双轨制普遍存在,国家的计划与市场共同在资源配置中发挥着非常重要的作用。当时许多经济学家认为,虽然中国的经济转型有幸拥有非常有利的初始条件[4],但双轨制将很快导致效率损失、寻租和制度化的国家机会主义(Balcerowicz,1994;Woo,1993;Sachs and Woo,1994,2000;Qian and Xu,1993)。一些经济学家甚至声称:中国经济在转型中的双轨制方法尽管取得了最初的成功,最终也将会导致经济灾难性的崩溃(Murphy et al.,1992;Sachs et al.,2000)。[5]然而,事实证明中国经济不仅没有崩溃,而且还承受住了20世纪90年代后期的东亚金融危机和2008年的全球金融危机的冲击,并对其迅速复苏起到了重要作用;同时,还使GDP年均增长率从1979—1990年的9.0%增长到了1991—2012年的10.3%(国家统计局,2013;Lin,2012b)。

相比之下,20世纪90年代早期的大多数经济学家对前苏联国家的转型都持乐观态度,因为它们的转型遵循了主流经济学家推崇的休克疗法(Lipton and Sachs,1990;Blanchard et al.,1991;Boycko et al.,1995)。推荐使用休克疗法的经济学家也同样知道,从一个经济体系到另一个经济体系的转型需要时间,并且将既得利益放在一边是需要付出很大代价的。然而,他们乐观地预测经济会在休克疗法导致的最初的下降之后的六个月或一年内开始出现增长(Brada and King,1991;Kornai,1990;Lipton and Sachs,1990;Wiles,1995)。根据他们的论点,前苏联国家很快会跑赢中国,尽管前者的改革实施得更晚一些。然而,这样的预测从未成为现实。[6]

在转型后的最初十年中,实施休克疗法的国家经历了严重的通货膨胀和经济衰退。俄罗斯的通货膨胀率达到了每年163%,而乌克兰的通货膨胀率达到了每年244%。中欧、东南欧和波罗的海国家的累计产量下降了22.6%,独联体国家的产量下降了50.5%。俄罗斯2000年的GDP只是1990年的64%,而在前苏联国家中表现最好的波兰,与

1990年相比GDP只增长了44%。[7]同时,中欧、东南欧和波罗的海国家的基尼系数(衡量收入差距)从1987—1990年的0.23增加到了1996—1998年的0.33,独联体国家的基尼系数从0.28增加到了0.46(世界银行,2002)。总的来说,正如Campos and Coricelli(2002)所总结的:实施休克疗法的国家在改革中遇到了很大的困难,表现在七个典型事实上,分别为:产出下降,资本收缩,劳动力转移,贸易方向转变,结构改变,制度崩溃和转轨成本增加。[8]

为什么尽管中国在转型后的第一个十年中表现良好,大多数经济学家却仍对20世纪90年代初期中国经济未来的表现并不看好?许多参与苏联改革的经济学家在经济研究的前沿工作,并且被公认为现代经济学的大师,为什么他们不能预测和解释基于华盛顿共识的休克疗法带来的困境?与此同时,为什么他们对中国的转型方式表示悲观?因此,重新思考现有的经济转型理论是必要的。在本文中,我将提供一个新结构经济学的分析框架来解释为什么使用华盛顿共识作为经济转型的政策框架并不合适。本文的组织结构如下:文章的第二部分介绍新结构经济学的主要思想;第三部分定义自生能力的概念,指出转型经济体中的大多数企业事实上是没有自生能力的,因为它们的政府在转型之前采用了违背比较优势的发展战略,政府的干预和扭曲内生于对没有自生能力的企业的保护和补贴的需要;第四部分解释为什么华盛顿共识改革导致了严重的经济问题,而中国的双轨制渐进式改革实现了转型时期的稳定和快速增长;第五部分建议新古典经济学分析中纳入自生能力的概念。

新结构经济学

新结构经济学是使用新古典经济学的方法,研究一个国家经济结构的决定因素及其在发展和转型过程中随着时间的推移而变化的原因(Lin,2011,2012a)。[9]它源于对现代经济发展的本质是一个技术、产业和软硬基础设施的结构连续变化的过程的观察,这一结构的变化使得劳动生产率不断提高,进而使一个经济体中的人均收入水平持续提高。一个经济体在一段特定的时间内的最优产业结构是能够使得这一经济体在特定的时间范围内在国内和国际市场中具有最大竞争力的产业结构,这种产业结构内生于其比较优势,而其比较优势又是由该经济体给定的要素禀赋结构决定的。试图以不断向现有产业增加有形资本或劳动力投入来推动增长的经济体最终将出现收益递减;试图在产业升级过程中违背比较优势的经济体的表现将会欠佳,这是因为这将使新的产业中的企业在开放、竞争的市场中不具有自生能力,它们需要政府通过各种扭曲和干预对其进行补贴和保护才能生存(Lin, 2009)。

由于任何给定时间内的最优产业结构都是内生于其要素禀赋结构的,因此一个试图取得技术进步和发展的国家必须首先改变其要素禀赋结构。随着资本的积累,经济的要素禀赋结构会不断升级,推动着其产业结构偏离由其以前水平决定的最优水平。为了保持市场的竞争力,企业就需要相应地对其产业和技术进行升级。

如果一个经济体在其产业发展中遵循比较优势,那么其产业将具有最低的生产要素成本,从而在国内和国际市场上最具竞争力。[10]因此,它们将获得最大的市场份额,并产生最大可能的盈余,资本投资也将获得最大的回报。因此,家庭将具有最高的储蓄倾向,从而使得这个国家要素禀赋结构更快地升级。

一个发展中国家的产业发展如果能够遵循比较优势,也可以在升级过程中从后发优势中受益,并且取得比发达国家更快速的增长。发展中国家的企业可以通过从发达国家的学习和借鉴中获得与其新的比较优势相一致的产业和技术创新,从而缩小与发达国家的产业和技术差距。

主要的问题是如何确保经济能够以与其要素禀赋结构决定的比较优势相一致的方式增长。大多数企业的目标是利润最大化,在其他条件不变的情况下,这取决于投入要素的相对价格。企业通常是根据资本、劳动力和自然资源的相对价格来选择产业和技术的。因此,企业在选择产业和技术时遵循比较优势的先决条件是:具有一套能够反映各种生产要素在禀赋结构中相对稀缺性的相对价格体系。这种相对价格体系只存在于竞争性市场体系中。通常发展中国家并不具备这样的条件,因此,政府有必要采取措施来完善市场制度以创造和保护产品和要素市场的有效竞争。

在产业升级过程中,企业需要有关于生产技术和产品市场的信息。如果信息不是免费提供的,那么每个企业需要投入资源来对它进行收集和分析。尝试进入新兴产业的先行者可能会失败,失败是因为他们瞄准了错误的产业;也可能会成功,成功是因为这一产业与国家的新的比较优势相一致。如果成功,他们成功的经验可以为其他潜在进入者提供有价值的、免费的信息。由于新进入者的竞争,先行者不能获得垄断租金。此外,这些先行者通常需要投入资源来培训工人,让他们了解新的业务流程和技术,这些受过培训的工人可能会被竞争对手雇用。即使在先行者失败的情况下,他们的经验也能够向其他企业提供有用的知识,然而,他们必须承担失败的代价。换句话说,先行者的投资产生的社会价值通常比它们的私人价值大得多,而且先行者成功获得的收益和失败的成本之间并不对称。一个经济体中成功的产业升级还需要新型金融、法律和其他"软件"(或无形)和"硬件"(或有形)基础设施来促进生产和市场交易,并使经济达到其生产可能性边界。改进软硬基础设施或协调相关企业来进行完善超出了个别企业的能力范围。

因此,经济发展是一个具有外部性并需要协调的动态过程。尽管在每个特定发展阶段市场是资源有效配置的基础机制,但在经济从一个阶段转向另一个阶段的过程中,政府必须发挥积极主动的因势利导作用。他们必须进行干预以使市场正常运作,具体包括:(1)提供与要素禀赋结构变化所决定的新的比较优势相一致的产业的信息;(2)协调相关产业的投资和对基础设施进行必要的改善;(3)在产业升级和结构变迁过程中补贴具有外部性的活动;(4)通过孵化或吸引外商直接投资来克服社会资本和其他无形限制的缺陷以助推新产业的发展。

总之,新结构经济学的框架由三个方面构成:承认不同发展阶段的国家由要素禀赋结构所决定的比较优势存在差异,最优产业结构有所不同;在任何特定发展阶段市场对资源配置都起到基础性作用;政府在产业升级和结构转型过程中需要发挥因势利导作用。新结构经济学能够对最成功的发展中国家为何成功提供解释。

自生能力、发展战略和转型经济体的内生性扭曲

发展中国家要素禀赋结构的关键特征是:自然资源或非熟练劳动力相对丰富,人力和物质资本相对稀缺。根据新结构经济学原理,拥有丰富的非熟练劳动力或自然资源,但人力和物质资本相对稀缺的发展中国家在开放、竞争的市场中,具有比较优势的是劳动密集型和(或)资源密集型产业;资本相对丰裕、劳动力相对稀缺的发达国家在资本密集型产业具有比较优势和竞争力。社会主义国家的发展战略以及被第二次世界大战后许多发展中国家采用的在20世纪五六十年代占

主流的结构主义发展思潮都建议社会主义和发展中国家的政府发展资本密集型产业(Lin, 2011)。这种发展战略本质上是一种违背比较优势的赶超战略(Lin, 2003, 2009)。

在违反比较优势的赶超战略下,那些优先发展的产业中的企业在开放、竞争的市场中不具备自生能力。即使它们有良好的经营管理能力,也赚不到社会可接受的利润。[11]除非政府提供补贴和(或)保护,否则没有人会去投资或继续经营这些企业。因此,发展中国家缺少资本密集型产业并不是结构主义所声称的市场失灵的缘故,而是因为公开竞争市场中的企业不具备自生能力。[12]

为了实施赶超战略,社会主义国家和其他发展中国家的政府不得不补贴许多无自生能力的企业。由于征税能力有限,政府不得不采取行政措施,通过垄断、压制利率[13]、高估国内货币和降低原材料价格,给予赶超产业中的无自生能力的企业以补贴和保护。这种干预不可避免地导致资金、外汇和原材料的普遍短缺。因此,政府需要通过行政手段将资源直接分配给这些企业,这些手段包括社会主义国家的国家计划以及非社会主义发展中国家的信贷配给、投资和准入许可。[14]

采取了上述行政措施后,发展中国家可以建立起来不具有比较优势的赶超产业,然而这样会出现严重的信息问题。政府不可能确定必要的保护和补贴数额。当企业遭受损失时,即使是由于管理不善或道德风险问题造成的损失,企业也会将责任归咎于政府没有给予足够的保护和补贴。在这样的情况下,企业将以此为借口,要求更多的保护和补贴,最终将导致软预算约束问题(Lin and Tan, 1999)[15]和寻租行为(Krueger, 1974)。为了减少寻租的激励,所有社会主义国家和许多其他发展中国家的政府将优先发展的产业中的企业进行了国有化(Lin et al., 2001; Lin and Li, 2008)。

发达国家对先进技术的专利保护和禁运,还会导致赶超战略使发展中国家未能受益于后发优势。由于有限的可用资本、资源被优先用于发展资本密集型产业,更符合比较优势的劳动密集型产业无法得到足够的金融支持,使其发展受到抑制。由于整体经济表现不佳,开展昂贵的和风险较大的本国技术研究和开发的能力将受到限制。几年后,这些曾经一度先进的产业会变得过时,因此,与发达国家的技术差距将很快扩大。

赶超战略也会影响收入分配。在没有资本家的社会主义国家,政府可以通过直接投资来实现对优先产业的发展,同时也可以通过行政措施抑制工资率,并使其均等化,但这种平等是人为的。在其他的市场经济国家中,收入分配是两极分化的(Lin and Chen,2007; Lin and Liu 2008)。在这些国家中,只有富人和(或)裙带资本家才有能力向优先发展的资本密集型产业投资,这些人与政府有着密切的关系,并有机会获得低价的银行贷款和财政资源。对优先产业的补贴无论是通过直接还是间接税收来进行,实际上均是取自那些无法对优先产业进行投资的相对贫穷的工人和农民。因此,赶超策略不可避免地使收入分配两极化。同时,由于优先发展的产业是资本密集型的,它们只能提供有限的就业机会,而那些可能创造出更多就业机会的劳动密集型产业由于缺乏资本而无法得到充分的发展。大量劳动者或者滞留在农村或者处于失业或半就业状态,因此,工资率受到压制。所以,即使开始时实现了投资带动的快速增长,穷人也不会从增长中获益(Lal and Myint,1996)。

总而言之,虽然通过赶超战略可以在社会主义和发展中国家建立起一些先进工业,但它不可避免地会导致资源分配效率低下、工作激励受到抑制、寻租行为猖獗、收入分配恶化和经济不景气。最后,采用赶超战略不仅不会缩小发展中国家和发达国家之间的差距;相反,差距会越来越大。[16]于是,拙劣的经济表现推动了改革,推动了从政府主导的计划经济向市场经济的转型。

由于社会主义和转型经济中现存的许多企业不具备自生能力,现有的新古典经济学理论把所有现存的企业都具有自生能力作为暗含的假设,因此不适用于解决社会主义和转型经济中的问题。在企业自生能力问题未得到解决时,如果政府不愿意或不能够让不具备自生能力的企业破产,那么根据现有的新古典经济学理论来消除扭曲和改革制度安排,很可能会使这种制度安排从次优(second best)沦为第三优(third best)。因此,最好的结果是改革达不到预期的效果,最坏的结果则是使情况更为恶化。

自生能力和华盛顿共识的失败

为什么华盛顿共识改革会引起前苏联国家和许多其他发展中国家等转型经济体出现经济衰退、停滞和频繁的危机?问题并不出在建立一个开放、竞争的市场体系的目标上,而是没有认识到转型前经济体系中扭曲的内生性本质。

华盛顿共识改革的目标是消除政府在社会主义国家和其他发展中国家的扭曲和干预,并建立一个运作良好的市场体系。如果这一目标能够实现,那么市场的竞争机制将决定各种产品和生产要素的相对价格,相对价格将反映它们在要素禀赋上的相对稀缺性。有了这些价格,市场竞争将促使企业选择符合要素禀赋结构所决定的比较优势的产业、产品和技术。因此,经济将能够充分利用后发优势,并繁荣发展。

然而,转型经济中存在许多没有自生能力的企业。没有政府的保护和补贴,这些企业将无法在开放、竞争的市场中生存。一方面,如果只存在有限数量的没有自生能力的企业,那么这些企业的产值和就业则是有限的,立即消除所有政府干预的休克疗法可能会适用,随着政府保护和补贴的取消,这些没有自生能力的企业将会破产。然而,最初受到抑制的劳动密集型产业将蓬勃发展,这些产业新创造的就业机会和带来的利益可能会超过没有自生能力的企业的破产带来的损失。因此,经济可以在实施休克疗法后很快实现充满活力的增长,最多也只有最初的一小部分损失。

另一方面,如果存在大量没有自生能力的企业,那么这些企业的产值和就业将占国民经济中的很大一部分。此时,休克疗法带来的大规模的破产和失业率的急剧增加很可能导致经济的混乱。为了避免这样的结果,或者为了国防安全或自豪感而保留这些"先进的"没有自生能力的企业,政府则别无选择只能继续对这些企业提供保护和补贴。这些保护和补贴往往是以比以前的"扭曲"更不容易发现的形式出现的:将以前的次优的扭曲改变为甚至更差的第三或第四优的扭曲。即使将企业私有化了,软预算约束问题仍将继续存在,因为私人所有者有更大的动机去游说补贴和保护,对无自生能力的企业的补贴甚至可能会增加(Lin and Li,2008)。实际上,这正是在俄罗斯和东欧的其他许多及前苏联国家发生的情况(Brada,1996;Frydman et al.,1996;Lavigne,1995;Pleskovic,1994;Stark,1996;Sun and Bank,2002)。最后,这样的经济体可能会发现自己陷入了"有休克无疗法"的尴尬局面(Kolodko,2000;Galbraith,2002)。[17]

面对内生性的扭曲和经济中存在的大量没有自生能力的企业,中国政府采取的双轨制渐进式的转型方式优于休克疗法(McKinnon,1993;Lau et al.,2000)。中国政府并没有立即取消华盛顿共识建议中的所有补贴,而是采取措施来改善对农民和国有企业工人的激励,同时保留对赶超产业中国有企业的转型补贴;采用以个体家庭为基础的农业制度取代集体农业制度[18]，允许国有企业保留利润和经营自主权[19]，使农民和工人有机会获得部分的剩余。这种改革大大提高了农业和工业部门的生产积极性和生产力水平（Grove et al.，1994；Jefferson et al.，1992；Jefferson and Rawski，1995；Lin，1992；Li，1997；Weitzman and Xu，1994）。然后政府允许集体所有制的乡镇企业[20]、民营企业、合资企业和国有企业利用它们手中的资源去投资曾经被压制的劳动密集型产业。同时，政府要求农民和国有企业履行义务，以规定的价格向国家提供一定数量的产品。前者提高了资源配置的效率，后者确保了政府有能力继续补贴没有自生能力的企业。因此，经济同时实现了稳定和快速增长。

最后，随着经济的快速发展，国有企业在经济中所占的份额逐渐减小，国有企业的补贴需求减少，政府逐渐消除了价格扭曲和行政分配，并且对那些符合比较优势的劳动密集型产业部门中的中小型国有企业进行私有化（Lin，2012b；Naughton，1995；Nolan，1995；Qian，2003）。尽管没有大规模的私有化，尽管集体所有制的乡镇企业的产权模糊不清，但市场竞争更加激烈，经济效益得到了显著提高（Li，1996；Lin et al.，1998）。

越南的转型战略与中国的转型战略相似。通过这种谨慎和渐进的方法，中国和越南已经能够用市场体系取代传统的苏联体系，同时保持了稳定，实现了快速增长。

此外，毛里求斯自20世纪70年代初也采取了双轨制的方法，来开放原来违反比较优势的进口替代体系。它设立了出口加工区，鼓励出口，并限制进口以保护国内进口竞争部门中没有自生能力的企业。这一改革战略使毛里求斯在1973—1999年间GDP实现了每年5.9%的增长——这是非洲地区一个非常成功的例子（Rodrik，1999；Subramanian and Roy，2003）。

然而，双轨制能否完成从计划经济到市场经济的转型取决于是否能够解决传统部门中企业的自生能力问题（Lin，2012b）。尽管中国经济出现了非凡的增长，但也遇到了一系列问题，包括收入差距不断扩大、收入过度集中于企业部门、外部失衡和腐败泛滥等。这些问题中有许多是双轨制改革的结果，双轨制改革保留了某些扭曲，这些扭曲是向赶超产业中不具备自生能力的企业提供支持的一种方式。残留的扭曲主要包括：金融服务集中于四大国有银行，接近于零的自然资源开发税，以及主要的服务业，包括电信、电力和银行业的垄断。

这些扭曲有助于中国转型时期的稳定,但也造成了经济中收入差距的扩大和其他不平衡的上升。这是因为只有大企业和富人才能获得来自大银行提供的低利率信贷。结果是,大企业和富人获得的补贴实际上来自未能获得银行信贷服务并且相对贫穷的储户。大企业利润和财富的集中以及收入差距的扩大也就不可避免。以超低价格使用自然资源和服务业的垄断具有类似的效果。大企业和富人的消费倾向较低,收入向他们集中导致了过度储蓄和投资,导致了巨额贸易顺差。这些扭曲造成了租金、寻租和普遍的腐败。

因此,为实现向运行良好的市场经济的转型,中国必须解决结构性的不平衡问题,消除金融、自然资源和服务业部门的剩余扭曲。而这种改革的前提是解决国有企业的自生能力问题。[21]

在改革开放初期,中国还是资本短缺的低收入国家时,根据国有企业的产品特征,国有企业的自生能力问题可以通过四种不同的策略来解决(Lin *et al*., 1998, 2001)。第一类主要包括与国防相关的国有企业,尽管其资本和技术密集的特征违背中国的比较优势,但其产出对国家的安全至关重要。对于这类国有企业,直接的财政拨款对其生存来说是必要的,政府应直接监测其生产和经营活动。据合理预计,只有少数国有企业是属于这一类别的。第二类国有企业仍然需要大量的资本和技术的投入,但其产出并不涉及国家安全,而且它们拥有庞大的国内市场。这类产业的例子是电信和汽车行业。对于这类国有企业,政府可以采用"市场换资本"的方法,从国际市场获得资本来消除国内要素禀赋结构对这些企业的自生能力的不利影响。实现这一目标有两种方法:一是鼓励国有企业在国际股票市场上市;二是与外国企业合资,直接获得外国技术和资本。中国移动、中国电信和中国石油都采用了第一种方法,许多中国汽车制造商采用的是第二种方法,即合资。第三类国有企业的产品在国内的市场份额有限,因此这类国有企业不能采用"市场换资本"的方法。它们解决自生能力问题的方法是利用它们的管理能力,并将其生产转移到劳动密集型产品中,这些产品拥有庞大的国内市场,同时也符合中国的比较优势。这种方法中最成功的一个例子是彩色电视制造商——长虹。这家企业过去生产的是老式军用雷达,在转向彩电生产之后,已经占据了中国市场,在国际市场上也具有很强的竞争力。大多数国有企业在人员管理方面具有优势,如果能让它们有机会将生产线转移到劳动密集型产品的生产中,那么它们当中就会有许多可以变得具有自生能力。第四类国有企业主要包括缺乏管理能力的无自生能力的企业,也因此无法将其生产转移到新市场中,这些国有企业应该被允许破产。

企业的自生能力问题得到解决之后,企业是否能够在开放、竞争的市场中获得可接受的利润则取决于企业的经验管理。企业的绩效将取决于企业治理、激励机制和新古典经济学中确定的其他因素。在没有政策性负担时,政府将不再对企业的业绩负责。只有这样,才能对对国有企业实施保护的传统中央计划体制进行彻底的改革,完成从计划经济向市场经济的转型。[22]

结语

在本文中,我从新结构经济学的视角重新审视了作为社会主义国家和其他发展中国家转型方式的华盛顿共识。文中我强调经济发展、劳动生产率和人均收入水平不断提高是一个技术、产业和软硬基础设施等结构不断变迁的过程。不同经济发展水平的国家在经济结构上的差异是由其要素禀赋结构差异决定的。只有当产业与由要素禀赋结构决定的比较优势相一致时,这一产业中的企业才会在开放、竞争的市场中具有自生能力。转型经济体和发展中国家的许多企业不具有自生能力,是因为政府雄心勃勃的发展战略使企业置身于违背其经济比较优势的产业中。它们的生存需要政府的保护和补贴,这些保护和补贴通过价格扭曲、限制市场竞争,以及通过行政手段分配各种资源来实现。这些扭曲和干预造成的后果是竞争不足、缺乏有效的公司治理、寻租、收入分配不均和资源分配效率低下等,甚至可能出现经济危机。华盛顿共识没有充分意识到这些扭曲的内生性,为了提高市场的效率,建议各国政府将改革的重点放在加强产权、改善公司治理和消除政府对资源分配的权力等方面。当一个经济体中的大多数企业没有自生能力时,执行这种转型方式就像苏联和其他发展中国家"失去的二十年"那样,会出现"有休克无疗法"的尴尬情况(Easterly,2001;Lin and Liu,2004)。

由于计划经济、转型经济和发展中经济中的许多企业缺乏自生能力,因此,在应用新古典经济学方法研究这些经济中存在的问题时,必须放松现有的新古典经济学中暗含的所有企业都具有自生能力的假设。放松自生能力的假设将是对新古典经济学的丰富和发展,并有助于重新定义政府在经济转型和发展中的作用。当在开放、竞争的市场中存在大量的不具有自生能力的企业时,政府需要务实地设计其转型战略。政府还应该在市场经济中随着比较优势的变化发挥因势利导的作用,帮助个体企业克服产业升级过程中必然存在的外部性和协调问题(Lin,2009,2011)。

在前苏联国家和中国经历了二十多年的从计划到市场经济的转型之后,一些经济学家可能不再认为转型经济学是现代经济学的一个子领域(Sonin,2013)。然而,转型经济中仍然存在许多没有自生能力的企业和结构性问题(EBRD,2013),更重要的是,结构变化和转型是现代经济发展永恒的特征,需要的是一种新的转型经济学(Pistor,2013)。新结构经济学为新的转型经济学提供了分析的基础。

注释

1. 当然,一些经济学家持有不同的看法,Stiglitz 是一个典型。在他的著作《社会主义向何处去》(*Whither Socialism*)中,Stiglitz(1994)质疑了华盛顿共识私有化和其他基本原则的可取性。根据信息不对称的理论,Stiglitz 认为,政府应该发挥积极作用,以克服市场失灵。在一系列文章中,Dewatripont and Roland(1992a,1992b,1995)因为考虑到转型过程中输家的不确定性和赔偿成本,也赞成渐进式改革。
2. Williamson 的定义中的一揽子政策包括财政纪律,将公共支出从不加区分的补贴转向广泛提供促进增长和减贫服务、扩大税基、利率自由化、竞争性汇率、贸易自由化、统一关税、对外直接投资自由化、国有企业私有化、放松市场准入、对金融机构进行谨慎监督和对产权的法律保护。在 Williamson 创造了这个词之后,华盛顿共识就被用来指代一种强烈的以市场为基础的改革方式,成为市场原教旨主义或新自由主义的标签,尽管 Williamson 本人反对这个更广泛的定义。在本文中华盛顿共识是指第二个一般性的定义。为了反映转型的经验,Williamson 提出了一个更为细微的定义,其中纳入了本文的许多批评(Williamson,2005)。
3. 有一些经济学家主张在转型中采用逐步的、渐进的私有化方法。例如,Kornai(1990)认为,私人所有权不能通过法律在转型经济中发挥作用,在这些经济中,整个时代被迫忘记与私人所有权和私人所有权相关的公民原则和价值观,这种法律仅是对有着最精致的法律体系和商业形式的领先的资本主义国家的表面模仿而已。不过,Kornai 认为,私人所有权是一个运行良好的市场体系的基础,私有化是消除国有企业软预算约束的唯一途径。
4. 被认为有利于中国转型的初始条件包括:高比例的廉价农村劳动力,低社会保障补贴,大量的海外华人和有助于实现一些短期目标的、相对分散的经济形式。
5. 还有一些经济学家高度评价中国的改革,包括:Jefferson and Rawski(1995),McKinnon(1994),MacMillan and Naughton(1992),Naughton(1995),Singh(1991),Harrold(1992),Perkins(1988),Murrell and Xu(1993)和 Lau *et al.*(2000)。

6. Dell'Anna and Villa(2013)发现,转型时期的改革与经济增长的同步速度系数为负,但长期内在前苏联国家这一系数为正。然而,中国和越南的增长表现超过了前苏联国家中表现最好的转型国家。

7. 波兰的经济记录是前苏联国家中最好的。然而,波兰并没有完全实施休克疗法。虽然波兰的价格是自由化的,但其大部分国有企业并没有私有化(世界银行,1996;Dabrowski,2001)。

8. Kornai(2006)认为,东欧地区政治和经济制度转型是成功的,但他也承认,相当一部分人在转型过程中渡过了一段艰难的时期。

9. 根据现代经济学的惯例,这种方法的研究应该被称为结构经济学。添加"新"是为了区分这些研究与结构主义。结构主义是第二次世界大战后的第一波经济发展思潮,特别是在拉丁美洲地区。

10. 比较优势最初用于分析各国的行业间贸易。今天的大量贸易是行业内贸易。然而,如果我们以生产活动为观察单位,那么比较优势也适用于行业内贸易的分析。

11. 有许多因素可能影响企业的自生能力。在本文以及我的其他作品中,我使用"无自生能力"这一术语来描述在开放竞争的市场中一个正常管理的企业无法获得社会可接受的利润,因为它们所在的行业和技术的选择违反了比较优势。

12. 基于规模收益递增假设的理论模型,如 Krugman(1981,1987,1991)和 Matsuyama(1991),以及基于投资协调的理论模型,如 Murphy et al.(1989),假设每个国家的要素禀赋结构是相同的,因此,一旦政府帮助企业克服市场失灵,摆脱差的均衡陷阱后,那么企业将在一个不存在扭曲的、开放、竞争的市场中具有自生能力。这种模型适合讨论政府在帮助企业与其处于类似发展阶段的其他国家的企业间竞争时的作用。然而,因为发展中国家和发达国家的要素禀赋结构不同,这种模式不适合作为试图追赶发达国家的发展中国家的政策框架。在政府的帮助下,发展中国家可能能够在具有规模经济的先进资本密集型产业中将企业建立起来,然而,由于人力资本和物质资本的稀缺,发展中国家的生产成本将高于发达国家。从而,这些企业在不存在扭曲的、开放、竞争的市场中仍然是不具备自生能力的。因此,政府需要在企业建成后不断地给予补贴和保护。

13. McKinnon(1973)和 Shaw(1973)讨论的金融抑制是这一战略的结果。

14. 过度的监管和行政控制将导致许多私人活动逃到非正规部门(de Soto,1987)。

15. "软预算约束"是由 Kornai(1986)创造的一个术语,它在 Dewatripont and Maskin(1995)的文章之后成为一个热门的研究主题。Kornai(1986)认为,软预算约束是社会主义国家"家长制"的结果;Dewatripont and Maskin(1995)认为,它是一种内生现象,源自时间不一致问题。在 Lin and Tan(1999)和 Lin and Li(2008)中,我认为软预算约束来自施加给企业的政策性负担。

16. 在 Olson(1982),Acemoglu et al.(2001,2002,2005),Grossman and Helpman(1996,2001)和 Engerman and Sokoloff(1997)的模型中,政府干预、制度扭曲和寻租起源于强大的既得利益集团对政府的控制。逻辑上,他们的模型可以解释一些观察到的干预和扭曲,例如,进口配额、税收补贴和准入条例等。然而,他们的理论不能解释其他重要的干预和扭曲的存在,例如,发展中国家普遍存在的公有制企业,这违背了既得利益集团的利益。Lin(2009)的附录 I 为发展中国家观察到的一组看似不相关的甚至自相矛盾的扭曲和干预提供了一个正式模型,这一模型主要是基于政府推行的违背比较优势的战略与给定的禀赋结构间的冲突所引致的对缺乏自生能力的企业的扶持的需要。但是,一旦政府引入扭曲,即使扭曲是出于崇高目的而产生的,也会创造出一个既得利益集团。关于既得利益的论证可能适合于解释消除扭曲所遇到的困难。

17. 没有自生能力的企业在经济中比重的差异可能可以解释为什么 Sachs 推荐的休克疗法在玻利维亚成功了,而在 FSUEE 却没有成功。玻利维亚是一个贫穷的小型经济体;因此,政府可动员的用于补贴没有自生能力的企业的资源很少,没有自生能力的企业在经济中所占的比重也相对较小。Stiglitz(1998)质疑华盛顿共识的普遍适用性,因其使用一小套政策工具,包括宏观经济稳定、贸易自由化和私有化,来实现相对狭窄的经济增长目标。他鼓励各国政府使用更广泛的手段,例如金融法规和竞争政策来实现更广泛的目标,这些目标包括可持续发展、收入分配的公平性等。Stiglitz 的论点基于信息不对称和政府克服市场失灵的必要性,但是,他没有讨论如何处理发展中国家和转型经济体中那些没有自生能力的企业的问题,以及企业没有自生能力对转型路径和政策选择的影响。

18. 自 1978 年年底改革开放以来,政府最初提议提高农业采购价格、放开农村集贸市场、缩小 20—30 户的生产队规模为自愿组建的 3—5 户的生产组,但明确禁止以个体家庭为基础的农业体系替代集体生产。然而,安徽凤阳县一个贫困村的生产队在 1978 年秋季将集体土地承包给农户,到 1979 年时产量大幅上升,致使政府改变了政策,转而支持以个体家庭为基础的农业体系作为农业制度改革的新方向(Lin, 1992)。最初,集体土地只可以承包给农户 1—3 年,1985 年延长到 15 年,1994 年进一步延长到 30 年。直到 20 世纪 90 年代末,农民家庭有责任以政府规定的价格向政府提供一定数量的农产品以履行其配额义务。

19. 国企改革起始于 1979 年的利润留成制度,还包括 1986 年的合同责任制和 20 世纪 90 年代至今的现代企业制度。每一个制度首先会进行试点,然后才在全国推广(Lin, 2012b; Lin *et al.*, 2001)。

20. 乡镇企业是中国农民在转型过程中的另一个制度创新。在"包产到户"的改革之后,农民获得了大量的剩余,并在消费品部门看到了有利可图的投资机会。然而,由于当时的意识形态,私营企业的形式被禁止,农民使用集体乡镇企业作为替代抓住了这次获利的机会。政府最初对乡镇企业的运营施加了很多限制,担心乡镇企业会与国有企业竞争信贷、资源和市场。直到政府确信乡镇企业有利于增加农民收入并且能够解决城市市场短缺,才为乡镇企业的发展开了绿灯(Lin *et al.*, 2003)。

21. 除了自生能力问题,中国国有企业还有另外一个社会负担。在经济转型之前,重工业的投资只能提供有限的就业机会。政府对城市的就业负有责任,通常分配几个工人到一个工作岗位,导致国有企业劳动力冗余。工人拿到的工资很低,只足够支付当时的消费。在转型之前,国有企业将所有收入都交还给政府,政府使用财政拨款来支付国有企业的工资、退休工人的退休金和其他支出。因此,冗员和养老金支出不会构成国有企业的负担。在转型之后,国有企业开始对工人的工资和退休养老金负责。新成立的乡镇企业、合资企业和其他非国有企业处在符合中国比较优势的部门,他们不存在冗员和退休工人的养老负担问题。我把由国有企业自生能力引起的"战略性负担"以及冗员和退休工人的养老负担所带来的额外成本的"社会性负担"统称为国有企业的"政策性负担"。只要这些政策性负担存在,政府就需要对企业的损失负责,软预算约束就不会被消除(Lin and Tan,1999)。中国对消除社会性负担的必要性和方式已有共识,因此,剩下的问题是如何解决战略性负担的问题。

22. 经过三十多年的快速发展,中国现在已经是一个中等偏上收入的国家,由于资本的迅速积累,比较优势从劳动密集型产业逐渐转向资本密集型产业,除了与国防安全有关的少数资本极端密集的企业,绝大多数国有企业现在已经符合中国的比较优势,企业在开放竞争的市场中具有自生能力。中国应该与时俱进地将双轨制改革遗留下来的扭曲取消掉,完成从计划经济向市场经济的转型,对少数仍不具比较优势的国防安全产业则和发达国家一样由财政直接给予补贴。

参考文献

Acemoglu, D., S. Johnson, and J. A. Robinson. 2001. "The Colonial Origins of Comparative Development: An Empirical Investigation," *American Economic Review* 91:1369—1401.

Acemoglu, D., S. Johnson, and J. A. Robinson. 2002. "Reversal of Fortune: Geography and Institutions in the Making of the Modern World Income Distribution," *Quarterly Journal of Economics* 117:1231—1294.

Acemoglu, D., S. Johnson, and J. A. Robinson. 2005. "Institutions as the Fundamental Cause of Long-run Growth," in P. Aghion and S. N. Durlauf (eds.), *Handbook of Economic Growth*. vol 1, Part A. Amsterdam: Elsevier Science Publishers (North-Holland), 385—472.

Balcerowicz, L. 1994. "Common Fallacies in the Debate on the Transition to a Market Economy," *Economic Policy* 9:16—50.

Blanchard, O., R. Dornbusch, P. Krugman, R. Layard, and L. Summers. 1991. *Reform in Eastern Europe*. Cambridge, Mass.: MIT Press.

Boycko, M., A. Shleifer, and R. Vishny. 1995. *Privatizing Russia*. Cambridge, Mass.: MIT Press.

Barro, R. J. 1998. *Determinants of Economic Growth: A Cross Country Empirical Study*. Cambridge, Mass.: MIT Press.

Brada, J. C. 1996. "Privatization is Transition, or is It?" *Journal of Economic Perspectives* 10 (2):67—86.

Brada, J. C., and A. E. King. 1991. "Sequencing Measures for the Transformation of Socialist Economies to Capitalism: Is there a J-Curve for Economic Reform?"

Research Paper Series #13, Washington, D. C.: Socialist Economies Reform Unit, World Bank.

Campos, N. F., and F. Coricelli. 2002. "Growth in Transition: What We Know, What We Don't, and What We Should," *Journal of Economic Literature* 40 (3): 793—836.

Dabrowski, M. 2001. "Ten Years of Polish Economic Transition, 1989—1999," in M. I. Blejer and M. Skreb (eds.), *Transition: The First Decade*. Cambridge, Mass.: MIT Press, 121—152.

de Soto, H. 1987. *The Other Path*. New York: Harper & Row.

Dell'Anno, R., and S. Villa. 2013. "Growth in Transition Countries: Big Bang versus Gradualism," *Economics of Transition* 21 (3): 381—417.

Dewatripont, M., and E. Maskin. 1995. "Credit and Efficiency in Centralized and Decentralized Economies," *Review of Economic Studies*, 62(4):541—556.

Dewatripont, M., and G. Roland. 1992a. "The Virtues of Gradualism and Legitimacy in the Transition to Market Economy," *The Economic Journal* 102 (March): 291—300.

Dewatripont, M., and G. Roland. 1992b. "Economic Reform and Dynamic Political Constraints," *Review of Economic Studies* 59 (4):703—730.

Dewatripont, M., and G. Roland. 1995. "The Design of Reform Packages under Uncertainty," *American Economic Review* 85 (5):1207—1227.

Easterly, W. 2001. "The Lost Decades: Developing Countries' Stagnation in Spite of Policy Reform 1980—1998," *Journal of Economic Growth* 6: 135—157.

Engerman, S. L., and K. L. Sokoloff. 1997. "Factor Endowments, Institutions, and Differential Paths of Growth among New World Economies: A View from Economic Historians of the United States," in S. Haber (ed.), *How Latin America Fell Behind*. Stanford: Stanford University Press, 260—304.

European Bank for Reconstruction and Development (EBRD). 2007. *Life in Transition: A Survey of People's Attitude and Experiences*. London: European Bank for Reconstruction and Development.

European Bank for Reconstruction and Development (EBRD) 2013. *Transition Report 2013*, London: European Bank for Reconstruction and Development.

Frydman, R., C. W. Gary, and A. Rapaczynski. 1996. *Corporate Governance in Central Europe and Russia, Volume 2: Insiders and the State*. Budapest: Central European University Press.

Galbraith, J. K. 2002. "Shock Without Therapy," *The American Prospect* (online).

Grossman, G. M., and E. Helpman. 1996. "Electoral Competition and Special Interest Politics," *The Review of Economic Studies* 63(2): 265—286.

Grossman, G. M., and E. Helpman. 2001. *Special Interest Politics*. Cambridge and London: MIT Press.

Groves, T., Y. Hong, J. McMillan, and B. Naughton. 1994. "Autonomy and Incentives in Chinese State Enterprises," *Quarterly Journal of Economics* 109 (1):

183—209.

Harrold, P. 1992. "China's Reform Experience to Date," *World Bank Discussion Paper*, 180. Washington, D. C.: The World Bank.

Jefferson, G., and T. Rawski. 1995. "How Industrial Reform Worked in China: The Role of Innovation, Competition, and Property Rights," *Proceedings of the World Bank Annual Conference on Development Economics 1994*, Washington, D. C.: World Bank, 129—156.

Kolodko, G. W. 2000. *From Shock to Therapy: The Political Economy of Postsocialist Transformation*. Helsinki, Finland: UNU/WIDER Studies in Development Economics.

Kornai, J. 1986. "The Soft Budget Constraint," *Kyklos* 39: 3—30.

Kornai, J. 1990. *The Road to a Free Economy*. New York: Norton.

Kornai, J. 2006. "The Great Transformation of Central Eastern Europe: Success and Disappointment," *Economics of Transition* 14(2): 207—244.

Krueger, A. O. 1974. "The Political Economy of the Rent-seeking Society, *American Economic Review* 64: 291—303.

Krugman, P. 1981. "Trade, Accumulation and Uneven Development," *Journal of Development Economics* 8(2):149—161.

Krugman, P. 1987. "The Narrow Moving Band, the Dutch Disease, and the Competitive Consequences of Mrs. Thatcher," *Journal of Development Economics* 27(1/2):41—55.

Krugman, P. 1991. "History versus Expectations," *Quarterly Journal of Economics* 106(2):651—667.

Jefferson, G., and T. Rawski. 1995. "How Industrial Reform Worked in China: The Role of Innovation, Competition, and Property Rights," *Proceedings of the World Bank Annual Conference on Development Economics 1994*. Washington, D. C.: World Bank: 129—156.

Lal. D., and H. Myint. 1996. *The Political Economy of Poverty, Equity and Growth: A Comparative Study*. Oxford: Clarendon Press.

Lavigne, M. 1995. *The Economics of Transition: From Socialist Economy to Market Economy*. New York: St. Martin's Press.

Lau, L., Y. Qian, and G. Roland. 2000. "Reform without Losers: An Interpretation of China's Dual-track Approach to Transition," *Journal of Political Economy* 108 (1): 120—143.

Li, D. D. 1996. "A Theory of Ambiguous Property Rights in Transition Economies: The Case of the Chinese Non-state Sector," *Journal of Comparative Economics* 23(1):1—19.

Li, W. 1997. "The Impact of Economic Reform on the Performance of Chinese State Enterprises, 1980—1989," *Journal of Political Economy* 105(5):1080—1106.

Lin, J. Y. 1992. "Rural Reforms and Agricultural Growth in China," *American Economic Review* 82: 34—51.

Lin, J. Y. 2003. "Development Strategy, Viability and Economic Convergence," *Economic Development and Cultural Change* 53: 277—308.

Lin, J. Y. 2011. "New Structural Economics: A Framework for Rethinking Development," *The World Bank Economic Research Observer* 26(2): 193—221.

Lin, J. Y. 2012a. *New Structural Economics: A Framework for Rethinking Development and Policy*, Washington, D. C.: World Bank.

Lin, J. Y. 2012b. *Demystifying the Chinese Economy*. Cambridge: Cambridge University Press.

Lin, J. Y. 2009. *Economic Development and Transition*. Cambridge: Cambridge University Press.

Lin, J. Y., and B. K. Chen. 2007. "Development Strategy, Financial Repression and Inequality," China Center for Economic Research, Peking University (manuscript).

Lin, J. Y., and Z. Y. Li. 2008. "Policy Burden, Privatization and Soft Budget Constraint," *Journal of Comparative Economics* 36: 90—102.

Lin, J. Y. and P. L. Liu. 2008. "Promoting Harmonious Development by Achieving Equity and Efficiency Simultaneously in the Primary Distribution Stage in the People's Republic of China," *Asian Development Review* 25(1—2):34—574.

林毅夫、任若恩,"东亚经济增长模式相关争论的再探讨",《经济研究》,2007 年第 42 卷第 8 期,第 4—12 页。

Lin, J. Y., and G. Tan. 1999. "Policy Burdens, Accountability, and the Soft Budget Constraint," *American Economic Review : Papers and Proceedings* 89: 426—431.

林毅夫、蔡昉、李周,《中国的奇迹:发展战略与经济改革》,上海三联书店,上海人民出版社,1999 年版。

Lin, J. Y., C. Fang, and L. Zhou. 2003. *China's Miracle: Development Strategy and Economic Reform* (revised edition). Hong Kong: Chinese University Press, 2003; First English edition, Hong Kong: The Chinese University of Hong Kong Press, 1996; Japanese edition, Tokyo: Nihon Hyo Ron Sha, 1996; Korean edition, Seoul: Baeksan Press, 1996; Vietnamese edition, Ho Chi Minh City: Saigon Times, 1999; French edition, Paris: Economica, 2000; revised Chinese edition: Chinese version, Shanghai. Shanghai Sanlian Press, 1999; revised Korean edition, Seoul: Baeksan Press, 2000; Taiwanese edition in traditional Chinese, Taipei: Lian Jing Press, 2000 (with the title "China's Economic Reform and Development,"; Russian Version, Moscow: Far Eastern Institute Press, Russian Academy of Sciences, 2001.

Lin, J. Y., F. Cai, and Z. Li. 2001. *China's State-owned Firm Reform*. Hong Kong: Chinese University of Hong Kong Press.

Lin, J. Y., F. Cai, and Z. Li. 1998. "Competition, Policy Burdens, and the State-owned Enterprise Reform," *American Economic Review : Papers and Proceedings* 88: 422—427.

Lipton, D., and J. Sachs. 1990. "Privatization in Eastern Europe: The Case of Poland," *Brookings Papers on Economic Activities* 2:293—341.

Matsuyama, K. 1991. "Increasing Returns, Industrialization and Indeterminacy of Equilibrium," *Quarterly Journal of Economics* 106(2): 616—650.

McKinnon, R. I. 1993. *The Order of Economic Liberalization: Financial Control in the Transition to a Market Economy*. Baltimore: Johns Hopkins University Press.

McKinnon, R. I. 1973. *Money and Capital in Economic Development*. Washington, D. C.: Brookings Institution.

McKinnon, R. I. 1994. "Gradual versus Rapid Liberalization in Socialist Economies: Financial Policies and Macroeconomic Stability in China and Russia Compared," *Proceedings of the World Bank Annual Conference on Development Economics 1993*. Washington, D. C.: World Bank: 63—94.

McMillan, J., and B. Naughton. 1992. "How to Reform a Planned Economy: Lessons from China," *Oxford Review of Economic Policy* 8: 130—143.

Murphy, K. M., A. Shleifer, and R. W. Vishny. 1989. Industrialization and the Big Push, *Journal of Political Economy* 97: 1003—1026.

Murphy, K. M., A. Shleifer, and R. W. Vishny. 1992. "The Tradition to a Market Economy: Pitfall of Partial Reform," *Quarterly Journal of Economics* 107: 889—906.

Murrell, P. 1991. "Can Neoclassical Economics underpin the Reform of Centrally Planned Economies?" *Journal of Economic Perspectives* 5: 59—76.

Murrell, P. 1992. "Evolutionary and Radical Approaches to Economic Reform, *Economic Planning* 25: 79—95.

Naughton, B. 1995. *Growing out of the Plan: Chinese Economic Reform 1978—1993*. New York: Cambridge University Press.

Nolan, P. 1995. "Political Economy and the Reform of Stalinism: The Chinese Puzzle," in H. J. Chang and P. Nolan (eds.), *The Transformation of the Communist Economies*. London: Macmillan, 400—417.

国家统计局,《国家统计摘要2002》,中国统计出版社,2002年版。

国家统计局,《国家统计摘要2013》,中国统计出版社,2013年版。

Olson, M. 1982. *The Decline and Fall of Nations: Economic Growth, Stagflation and Social Rigidities*. New Haven: Yale University Press.

Perkins, D. H. 1988. "Reforming China's Economic System," *Journal of Economic Literature* 26: 601—645.

Pistor, K. 2013. "Towards a New Transition Economics: Comments on Konstantin Sonin's 'The End of Economic Transition'," *Economics of Transition* 21(1): 11—16.

Pleskovic, B. 1994. "Financial Policies in Socialist Countries in Transition," *Policy Research Working Paper*, (1242), Washington, D. C.: World Bank.

Porter, M. E. 1990, *The Competitive Advantage of Nations*. New York: Free Press.

Rodrik, D. 1999. "Where did All the Growth Go? External Shocks, Social Conflict and Growth Collapses," *Journal of Economic Growth* 4(4), 385—412.

Qian, Yingyi. 2003. "How Reform Worked in China," in D. Rodrik (ed.), *In Search of Prosperity: Analytic Narratives on Economic Growth*. Princeton and Oxford: Princeton University Press, 297—333.

Qian, Yingyi, and Chenggan Xu. 1993. "Why China's Economic Reforms Differ: The M—Form Hierarchy and Entry/Expansion of the Non-state Sector," *The Economics of Transition* 1: 135—170.

Sachs, J. D. 1992. "Privatization in Russia: Some Lessons from Eastern Europe," *American Economic Review* 82(2):43—48.

Sachs, J. D., and D. Lipton. 1990. "Poland's Economic Reform," *Foreign Affairs* 69: 47—66.

Sachs, J. D., and W. T. Woo. 1994. "Structural Factors in the Economic Reforms of China, Eastern Europe and the Former Soviet Union," *Economic Policy* 18: 101—145.

Sachs, J. D., and W. T. Woo. 2000. "Understanding China's Economic Performance," *Journal of Economic Policy Reform* 4(1):1—50.

Sachs, J. D., W. T. Woo, and Xiaokai Yang. 2000. "Economic Reforms and Constitutional Transition," *Annals of Economics and Finance* 1: 435—491.

Sah, R. K., and J. E. Stiglitz. 1984. "The Economics of Price Scissors," *American Economic Review* 74(1), March:25—38.

Sah, R. K., and J. E. Stiglitz. 1987. "Price Scissors and the Structure of the Economy," *Quarterly Journal of Economics* 102(1), February: 109—134.

Shaw, E. S. 1973. *Financial Deepening in Economic Development*. New York: Oxford University Press.

Singh, I. J. 1991. "China and Central and Eastern Europe: Is There a Professional Schizophrenia on Socialist Reform," *Research Paper Series*, 17. Washington, D. C. : Socialist Economies Reform Unit, World Bank.

Sonin, K. 2013. "The End of Economic Transition: Lessons for Future Reformers and Students of Reform," *Economics of Transition* 21(1): 1—10.

Stark, D. 1996. "Networks of Assets, Chains of Debt: Recombinant Property in Hungary," in R. Frydman, C. W. Gary and A. Rapaczynski (eds.), *Corporate Governance in Central Europe and Russia. Volume 2: Insiders and the State*. Budapest: Central European University Press.

Stiglitz, J. E. 1994. *Whither Socialism?* Cambridge, Mass. : MIT Press.

Stiglitz, J. E. 1998. *More Instruments and Broader Goals: Moving toward the Post—Washington Consensus*, WIDER Annual Lecture 2. Helsinki: United States University World Institute for Development Economic Research.

Subramanian, A., and D. Roy. 2003. "Who Can Explain the Mauritian Miracle? Meade, Romer, Sachs, or Rodrik?" in D. Rodrik (ed.), *In Search of Prosperity: Analytic Narratives on Economic Growth*. Princeton and Oxford: Princeton University Press, 205—243.

Summers, L. 1994 "Comment," in O. J. Blanchard, K. A. Froot and J. Sachs (eds.), *The Transition in Eastern Europe*, Vol. 1. Chicago: Chicago University Press,252—253.

Sun, L. X. 1997. "Emergence of Unorthodox Ownership and Governance Structure in East Asia: An Alternative Transition Path," *Research for Action*, No. 38, Helsinki: UNU/WIDER.

Weitzman, M. L., and Xu, C. G. 1994. "Chinese Township-village Enterprises as Vaguely Defined Cooperatives," *Journal of Comparative Economics* 18(2): 121—145.

Wiles, P. 1995. "Capitalist Triumphalism in the Eastern European Transition," in Ha-Joon Chang and P. Nolan (eds.), *The Transformation of the Communist Economies*. London: Macmillan Press, 46—77.

Williamson, J. 1989. "What Washington Means by Policy Reform," in J. Williamson (ed.), *Latin American Readjustment: How Much Has Happened*, Washington, D. C.: Institute for International Economics.

Williamson, J. 2005. "The Strange History of the Washington Consensus," *Journal of Post Keynesian Economics* 27(2): 195—206.

World Bank. 1996. *The World Development Report: From Plan to Market*, Washington, D. C.: World Bank.

World Bank. 2002. *Transition: The First Ten Years, Analysis and Lessons for Eastern Europe and the Former Soviet Union*. Washington, D. C.: World Bank.

Woo, W. T. 1993. "The Art of Reforming Centrally—Planned Economies: Comparing China, Poland and Russia," Paper presented at the Conference of the Tradition of Centrally—Planned Economies in Pacific Asia, San Francisco: Asia Foundation in San Francisco.

增长报告和新结构经济学*

引言

经济周期和长期增长对人类的福利都很重要,因此经济学家在其中选择自己的研究领域时往往很矛盾。世界经济刚刚经历了一次严重的金融和经济危机[1],这次危机证明了学术界将关注点聚集于稳定政策的正确性,特别是在目前的大背景下:协调一致且果断坚定的货币政策与财政政策成功地阻止了全球衰退演变为世界性萧条。然而,世界许多地区贫困的持续,和这次危机对全球减贫活动可能存在的长期影响,也突出了有助于推动经济可持续和包容性增长的那些政策的重要性。[2]经济增长实际上是导致世界各个国家和地区之间生活水平差异的主要原因。正如 Barro and Sala-i-Martin(1995)所说:"如果我们能够认识到政府的哪些政策选项能够对长期增长率产生影响,即使再小,我们对生活水平提高的贡献,也远大于对反周期政策和微调进行研究的整个宏观经济分析史所做出的贡献。"

事实上,经济增长也许是经济学家现在面临的最重要的问题。国家间国民收入和工人平均产出的差异依然是个谜。根据 Maddison(2001)的计算,在过去的千年当中,世界人口增长了 22 倍,人均收入增长了 13 倍,全世界 GDP 增长了接近 300 倍。这与再之前的千年形成鲜明的对照——在那个千年中,世界人口仅增长了六分之一,而人均收入没有增长。按照今天的生活水平衡量,在 18 世纪初叶,世界上所有的国家都是贫穷国家。人均收入的持续增长在 1820 年之后才开始,至今人均收入翻了不止八番。

---

* 本文与塞勒斯汀·孟加(Célestin Monga)合作,孟加是喀麦隆人,现任非洲开发银行副行长兼首席经济学家,曾任联合国工业发展组织副总干事,世界银行高级副行长和首席经济学家的高级顾问。他在世界银行的职业生涯中,在实际工作部门和研究部门都工作过。他也曾任麻省理工学院斯隆管理学院的理事会成员(斯隆理事),并曾在美国波士顿大学和法国波尔多大学任教。本文和"辩论"由苏剑翻译。

一个著名的事实通过最近这次危机被证实,那些保持高增长率的国家,在面对全球危机时也表现得更好。它们充满活力的表现使得它们的经济更有灵活性。在危机发生前,良好的对外收支和财政状况使得它们能够采取反周期的政策来对抗外部冲击。"一次危机是一次难得的机遇。"一位杰出的增长理论家保罗·罗默(Paul Romer)这样说道。尽管导致了沉重的人力、金融和经济成本,最近的这次危机为检验近几十年来的增长研究成果提供了独一无二的机会,我们可以从成功国家的经验中学习,并探索继续前进的新方法。

观察数据,人们可能会惊奇地发现,这次危机太突出了,它的存在模糊了我们对这个时代宏观经济大背景的理解,特别是过去十年中很多贫穷国家卓越的经济表现。除了世界人口第三大国美国,世界上其他四个人口最多的国家(巴西、中国、印度和印度尼西亚)都取得了跨越式的发展,年均增长率超过了6%。这意味着,40%的世界人口的生活水平得到了巨大提高。同样的趋势也发生在许多其他的南美国家(智利、哥伦比亚和秘鲁)和一些非洲国家(博茨瓦纳、毛里求斯、突尼斯和加纳)。

毫无疑问,减少贫困仍然是一项极具挑战性的发展问题。在日益全球化的世界里,对抗贫困不仅是一项道德义务,更是对抗那些跨越国界并导致全球不安的问题(疾病、营养不良、不安全和暴力)的策略。在这样的情况下,思考实现和维持经济增长的新方式就成为经济学家的重要任务。因而,就必须对财富创造机制继续进行新的思考。在过去的50年当中,我们在这一方面已经取得了很大的进步,最近的成果体现在经济增长委员会的报告(Growth Commission Report)中。[3]但除了对一些大原则的共识和对"放之四海而皆准"(one-size-fits-all)方法的反对,经济学家仍然面对重要的挑战,那就是针对特定的国家如何甄别那些可执行的政策杠杆。

本文第一部分重新检视了关于增长的知识的演进过程,并建议用新结构经济学的方法去分析这个问题。第二部分对从增长研究中得到的经验教训提供了一个简要的、批判性的回顾,并探讨了我们还需面对的挑战,特别是政策方面的挑战。第三部分总结了最近的经济增长委员会报告的重要贡献,以及那些与可持续和包容性增长有关的特征事实的甄别问题。第四部分从新结构经济学的视角,提供了理解其核心结论的内在一致的框架。第五部分提供了一些结论性的思考。

对增长的探索:一段未终结的旅程

回顾经济增长演进的历史,经济史学家倾向于将其分为三个截然不同的阶段:第一阶段,是覆盖了人类绝大部分历史的18世纪中叶之前,以不变的生活水平为标志,尽管存在人口增长——即所谓的"马尔萨斯条件"。第二阶段,从1750年左右持续至19世纪20年代,以生活水平的提高和人口趋势的变化(更高的出生率和更低的死亡率)为特征。第三阶段,初见于19世纪20年代中期的英格兰,也就是现代经济增长(Cameron, 1993)时期。解读现代经济增长的奥秘并解释其收敛和发散,已经成为学术研究的重要话题,特别是从20世纪50年代至今。尽管在理论和实证领域我们已经取得了不少成就,但在政策前沿方面,还有许多问题需要进一步的理解和探索。

从历史视角看增长分析

在18世纪早期,对于经济增长,以及维持增长的具体原因和与之相伴的结构变化的分析,成为思想家特别是经济学家感兴趣的一个重要话题。被罗斯托称为"第一位现代经济学家"(Rostow, 1990, p.18)的大卫·休谟(David Hume)把经济分析置于其人类状况分析的核心位置。他提出的一些经济学概念被认为"对增长的动态特征形成了合理且连贯一致的理论"。追随他的足迹的古典经济学家,例如亚当·斯密(Adam Smith)、阿尔弗雷德·马歇尔(Alfred Marshall)、大卫·李嘉图(David Ricardo)和阿林·杨格(Allyn Young),也着迷于对经济增长的研究。或许是因为被启蒙时期人类进步思想所吸引,这些古典经济学家探索了经济发展的决定因素和推动繁荣方面政策制定者能够起到的作用。他们开拓性的成就提出了现代增长理论的许多核心概念,例如要素积累、要素替代、技术变迁或专业化。

然而对增长的研究在大萧条之后开始减缓下来,研究重点从长期问题转向短期问题。事实上,除了罗伯托·索洛(Robert Solow)著名的开创性成果,20世纪的大多数时间,当然也包括60年代和70年代,宏观经济学家倾向于研究作为战后时期特征的经济周期问题。他们尝试理解稳定经济的政策(即货币和财政政策,当时用以避免具有破坏性且代价高昂的通货膨胀),很少有人分析长期增长的决定因素。

直到20世纪80年代,随着许多杰出的研究者开始关注不同国家之间经济表现的差异,这一切才发生改变。对经济增长的调查结果和世界各个地区迥异的经济表现表明,增长在不同国家和地区之间的确是不均匀的:从 1900 年至 2001 年,西欧人均 GDP 增长了 5.65 倍(西方附属国增长了 5.7 倍),与之相比,拉丁美洲这一数字为 4.2,东欧为 3.2,非洲仅为 1.5。[4]在过去的 30 年当中,生活在高经济增长国家或与 OECD(经济合作与发展组织)国家人均收入水平相当的国家的人口数,已经从 10 亿增加到 40 亿,增加了 3 倍(经济增长委员会,2008)。

在 Harrod 和 Domar 研究成果的基础上,索洛-斯旺模型激发了系统性增长分析的第一波浪潮。这一研究浪潮的目标是理解增长的机制,甄别其决定因素,开发经济增长核算技术,这些将有助于解释增长动力的改变和经济政策的作用。第一代增长研究者强调了资本的核心作用。他们的模型以新古典生产函数为特征,这些生产函数具有如下特征:规模报酬不变、边际报酬递减以及投入品之间存在一定的替代弹性。为了得到关于经济的一般均衡模型,这些研究者采取了储蓄率恒定的假设。尽管这是一个粗糙的假设,但却是模型构建的重要一步,它清晰地阐明了一般均衡理论能够令人信服地被应用于真实世界的问题。这些模型的一个重要预言是条件收敛:人均资本较少(相对于它们的长期或稳态人均资本存量)的穷国将增长得更快。[5]这个预言是从资本边际报酬递减的假设推导出来的。

这一增长研究流派的主要优点在于把技术(除了资本和劳动)明确地引入了理论分析和实证分析之中。但是当时研究工具的局限导致这一方法有一个主要的缺点:技术被看作外生给定的公共产品。模型的主要预言是,由于资本的边际报酬是递减的,因此,如果不存在持续的技术进步,那么人均产出的增长将会停滞。尽管这一假设能够使模型保持"条件收敛"这一关键预言,但也显得有点怪异:技术,作为长期增长的主要决定因素,却外生于整个增长模型。[6]

经济增长建模的新浪潮必须给出一个关于技术变迁的令人信服的理论,让技术这一长期增长的主要决定因素摆脱新古典模型的外生性假设。第一步,是设计一个经济持续增长的理论,这一理论把投资宽泛地划分为物质资本和人力资本投资,并假设对这些投资的回报是不递减的,以此作为经济增长的动力。如果随着经济增长投资回报并不递减,那么这一过程无疑能永久地持续下去(Romer,1986)。第二步,也是更有效的方法,是挣脱完全竞争假设的束缚,在经济增长模型中引入不完全竞争理论和研发理论。这样做的理论依据是,这些大胆的技术上的尝试有助于解释为什么经济中会有源源不断的新思想,以及为什么在长期中能够维持正的经济增长率(Romer,1987,1990;Aghion and Howitt,1992)。

这正是后来为人所知的内生增长理论,它假定技术是非竞争性的,因为技术的确是不同于资本和劳动的一种要素——它能在边际成本为零的情况下被其他人无限地使用。但重要的是下一个逻辑环节,以及对技术的公共物品特征的更深入的理解,把它看成部分可排他的非竞争性物品。因此,这一波经济增长理论不仅把技术看作一种公共物品,还认为技术是可以在某种程度上受到私人控制的物品。通过使技术成为部分可排他的非竞争性物品,从而使之具有一定程度的排他性或专属性,我们就有可能保证生产和使用技术的激励。因此,放弃完全竞争假设是有必要的。这种处理已经在研究方法上取得了回报。相比于新古典模型将技术和要素积累作为外生变量,内生增长模型解释了为什么技术会通过新思想的涌现而随时间进步,并为技术前沿模型提供了微观经济学基础。

另外一个重要的问题是理解技术扩散是如何在有些国家之间产生并引发或维持经济增长的——以及它为什么没有发生在其他国家之间。在尝试回答这样一个重要问题时,人们已经探讨了很多种有趣的可能性。一种可能性是,将技术转移的渠道作为内生增长模型的一个新的部分,也就是将不同国家获得使用各种中间资本品的能力的机制内生化(Jones,1998)。另外一种较为流行的途径是通过政治经济学模型甄别经济增长的基本决定因素。区别于之前增长建模的两次浪潮,这一研究流派不关注经济增长的直接决定因素,而是关注制度或者治理结构质量这类因素对增长的影响(Acemoglu and Robinson,2001;Glaeser and Shleifer,2002)。经济增长研究的一些其他方法,也为理解现代经济增长的奥秘提供了多种多样的视角(Barro and Sala-i-Martin,2003;Jones,1998)。

解释收敛—发散的挑战

近几十年来,无论是在理论还是实证前沿方面,我们在理解经济增长这一问题上都已经取得一定的进步。在理论前沿方面,对内生技术变革和规模报酬递增的分析为经济学家提供了把握经济增长全貌及其内在机制的框架。索洛的研究成果让我们理解了资本积累(包含物质资本和人力资本)和技术变迁在增长过程中的重要性。从 Becker、Heckman、Lucas[7]以及其他许多人的研究贡献中,我们同样明白了人力资本的重要性。人力资本作用的实现要依靠新知识的扩散或"干中学"(这些研究成果通常是通过贸易刺激产生的),以及所谓的高等教育工资溢价。通过 North(1981), Acemoglu and Robinson(2001), Greif(1993)和 Glaeser and Shleifer(2002)等人支持性理论和实证分析的例证,我们知道增长在很大程度上是由创新和各种制度驱动的,这些制度在那些创新活动受到促进、变革发生所需要的条件已经具备的国家不断演变。从罗默以及内生增长理论家那里,我们明白需要将增长理论的关注点从要素积累转向知识创造和创新。总而言之,我们对于经济增长的一些基本要素已经有了相当的认识。

在实证研究方面,标准化数据集的可获得性,特别是宾夕法尼亚大学世界经济表(the Penn World tables),已经激发了很多人对跨国比较研究的兴趣。这些研究着重考虑高增长国家和低增长国家的一些系统性差异,包括:(1) 初始条件,例如劳动生产率、人力资本、人口结构、基础设施、金融发展状况以及不平等状况;(2) 各种政策变量,例如贸易开放度、宏观经济稳定性、公共支出的水平和构成、税收以及管制情况;(3) 制度变量,例如总体治理结构、行政管理能力、法制情况、产权保护情况以及腐败行为。

然而,增长研究仍然面临方法论上的困难,也面临如下挑战:对于一些特定国家,甄别可执行的、有助于维持和加速增长的政策杠杆。[8]

Deaton(2009)表达了存在于经济学家之间的失望情绪。他说道:"在过去的四分之一个世纪中,实证研究和理论研究之间的距离比以往任何时期都大。然而重新整合几乎不是一个选项,因为没有距离就不可能有长期的科学进步。"尽管几十年的理论和研究方法的发展有助于发展中国家的政策制定者甄别增长面临的系统性约束,然而学术和政策议程的未来走向依然模糊不清。

与大多数新古典模型的预测相反的是,世界不同经济体之间的收敛是非常少见的现象(Pritchett, 1997)。2008 年,美国(世界上最富有的国家)的人均 GDP 是其邻国墨西哥的 3 倍,印度的 16 倍,刚果民主共和国的 145 倍,而且差距还在日益扩大。在过去一个世纪的大多数时间里,发展中国家的收入已经远远落后于发达国家,不管从相对比例还是绝对数值来看都是如此。[9]

然而,实证观察显示,工业化国家和发展中国家经济发散的趋势并不是不可逆转的:在过去的两个世纪当中,一些国家已经能够赶上最发达的经济体(最著名的例如德国、法国、19世纪末期的美国、北欧国家、日本,以及经济增长委员会报告分析过的20世纪的13个经济体)。自从18世纪中叶英国的工业革命之后,实验室进行的科学实验成为最主要的技术发明和创新的来源(Lin, 1995)。对于那些大的发明来说,这一点尤为正确。因为这些大的发明包含了根本性的新思想,并涉及大的、离散的、全新的变化,正如Mokyr(1990)所定义的那样。对于发达国家,这样的发明对技术进步是至关重要的。通过对研发的投资,创新转变为内生变量(Romer, 1986; Lucas, 1988)。产业结构持续升级,生产率提高,其结果是发达国家开始实现经济起飞,南北差异开始出现(Baumol, 1994)。

历史证据表明,诸如亚洲"四小龙"(韩国、新加坡、中国台湾和中国香港)这样在20世纪后半叶赶上先进西方经济体收入水平的发展中经济体,其增长过程是类似的。同样的发展过程随后使中国、越南、博茨瓦纳、毛里求斯等差别甚大的国家在20世纪八九十年代实现了快速而持续的增长(Lin, 2003, 2009; Rodrik, 2005)。除了上述国家(地区),大多数发展中国家(地区)在第二次世界大战之后并未能实现经济增长的宏伟目标。事实上,尽管发展中国家(地区)的政府付出了努力,国际发展机构提供了援助,很多国家(地区)仍然遇到了频繁的危机。但是,这些国家(地区)的经历突出了理解发展中国家(地区)如何能够创造条件以有利于技术进步和经济增长的必要性,即使是在次优的微观经济政策、较差的制度安排以及私有产权不完善的大环境下。

增长研究在预言收敛方面的失败,在很大程度上表明这些理论并未找到决定一个发展中国家是否会实现收敛的根本要素。一些研究者最近提出各个国家经济绩效的演进是由条件收敛决定的。条件收敛的意思是,在决定稳态特征的所有其他宏观经济变量保持不变的情况下,各国是收敛的;换句话说,世界收入的分布表明,在国家间存在收敛俱乐部(convergence club)。[10]但是,依据深入的国别研究和历史经验进行的比较分析,可以更容易地解释这一经济发散之谜:成功经济体实现收敛的关键要素可能在于它们同时改变禀赋结构、加速采纳新想法、加速产业升级、改善制度安排的能力。对于全球的经济学家和政策制定者而言,理解并复制使得后发者赶上发达国家的经济战略和政策仍是一个艰巨的挑战。

应用增长研究的新方向

增长研究的令人失望之处——尤其是从政策制定者寻找实现繁荣的具体行动方案角度来看,已经导致对现有知识的正确性和有效性的重新评估,以及全新的研究思路的出现和发展。世界银行(2005)的一份重要研究关注20世纪90年代的教训,该研究强调经济增长的复杂性,并认识到简单的公式解释不了经济增长。这份报告同时提到,90年代许多发展中国家出台的改革关注面太狭窄,仅关注资源的有效利用,却忽视了生产能力的扩张和经济增长。尽管它们实现了现有生产能力的更好利用,从而建立了长期持续增长的基础,却没有为生产能力的扩张提供充分的激励。[11]这份报告总结说,在指导政策制定者方面,不存在唯一的、普适的规则。它建议政策制定者不要过度依赖简单的公式和对"最佳实践"的令人难以捉摸的探索,而要更多地依赖对每个国家经济本身进行更深层次的分析,以找到一到两个经济增长的紧约束条件。

这一研究路线在增长诊断框架中得到例证。这一框架致力于甄别任一发展中国家一到两个经济增长的紧约束条件,然后集中考虑如何解除这些条件。其主要的原理是确保经济改革与经济环境是一致的。"在认识到需要进行众多改革时,政策制定者要么尝试一次性解决所有问题,要么从那些对该国增长潜力没有重大影响的改革入手。而经常出现的情况是,各项改革互相干扰,一个领域的改革在另一个领域产生预想不到的扭曲。通过关注对经济增长形成最大障碍的一个领域,这些国家更有可能取得改革的成功。"(Hausmann et al., 2008)该思路提供了一种决策树方法,来帮助每个国家甄别其紧约束。尽管这一方法并不能甄别不同改革策略的政治成本和收益,但它对备择假设的关注有助于政策制定者认清可供采纳的选项,以应对政治约束。"我们主要关注短期约束。在这个意义上,我们的关注点是如何引发增长,并甄别随经济扩张必然会出现的约束,而不是预言增长在未来将面临什么约束。"(Hausmann et al., 2008)。

这一思路的关键教训是:就促进增长而言,不同国家(甚至同一国家在不同时点上)需要不同的政策选择;经济增长需要的那些"大的原则"——稳健的货币、产权、开放、自由市场——的表现形式是多种多样的,而且它们的实现依赖于各国特定的环境和信息。特别是,这些原则不需要以某种特定的制度或政策形式呈现。每个国家都被认为存在一些对增长潜力构成束缚的约束,如果不能有效地辨别并解除这些约束,那么经济发展将会受阻,即使其他生产要素是令人满意的。增长诊断方法无疑是增长分析的一个重要进步。然而它的模型并不能充分地将"紧约束"的概念具体化。[12]对变量的定义是有意不准确的,这使得要操作这一方法变得非常具有挑战性。

另外一个有影响力的新思路是麻省理工学院贫困实验室的研究员所采用的,他们认为,对增长的探索应该重新以评估一个发展计划或者项目的影响(以明确的不同条件下可能发生的结果为参照)为中心。他们相信,为了确保最有效的项目能被提高至国家或国际水平,就需要对这些影响进行可靠的评估,于是他们设计了随机控制试验(RCT)或社会试验来获知哪些项目可行而哪些不可行(Dufflo,2004)。这一思路是基于如下观念:标准的总量增长研究范式,在很大程度上依赖于,而且是错误地依赖于理性代表个体的假设。这一新的研究思路强调国家环境和微观个体的异质性,试图在发展分析和发展政策中明确引入单个家庭和企业的异质性。[13]这一方法为理解一些特定微观项目的有效性提供了有用的工具。但即使假设他们能够将局部的发展经验推广至不同的地理或文化区域[14],随机控制试验还是不能为政策制定者在设计发展战略时提供有用的全局性指导。

尽管这些增长研究的新方法解释了一些重要问题,但是它们并没有为政策制定者如何启动产业升级和结构变迁过程提供充分的指导。因此,有必要用对经济增长决定要素的结构分析来对这些方法予以补充——特别是甄别那些能够使贫穷经济体从一个发展阶段跨越至另一发展阶段的因素。

增长报告的独特贡献

尽管我们已经取得了一些学术进展,但是我们现在在增长研究中遇到的一些关键问题和之前几代研究者遇到的一样:如果增长在很大程度上由创新驱动,那么为什么有的国家能够在创新和适应各种变迁方面取得成功,有的却不能?是什么力量推动收敛,而又是什么原因扼杀了实质性的进步?使低收入国家成为中等收入国家乃至高收入国家的结构变化所需要的条件是什么?经济增长最重要的决定因素又是什么(初始条件、制度、政策)?增长的动态过程中政府和市场应该起到什么样的作用?

明确回答这些迫切的问题是困难的,从增长分析中得出可执行的政策建议是不可能的,面对这一困境,一些增长研究者分析,一个有用的办法是避免寻找经济增长的稳健决定因素,而是寻找可以指导发展中国家经济政策的特征事实。这一方法可以追溯到几十年前,最著名的就是 Kaldor(1961)从美国和英国宏观经济数据中归纳出的 20 世纪经济增长的六个特征:(1)劳动生产率的持续提高;(2)人均资本的持续提高;(3)稳定的真实利率或资本回报率;(4)稳定的资本产出比;(5)稳定的资本所得和劳动所得占国民收入的比例;(6)快速增长的经济体增速差异较大,差距达 2%—5%。

最近,Jones and Romer(2009)归纳出了另外一组特征事实:(1)市场化程度的提高——通过全球化和城市化;(2)增长速度的加快,从接近于零增长到相对较快的增长率;(3)人均 GDP 增速随着与技术前沿的接近而降低;(4)收入和全要素生产率的差异较大;(5)工人平均人力资本的增加;(6)相对工资的长期稳定。

《增长报告:持续增长和包容性发展战略》(*The Growth Report: Strategies for Sustained Growth and Inclusive Development*)是增长与发展委员会于 2008 年发布的里程碑式的研究成果,它沿袭了相似的研究思路但将其发展到了新的水平上。这份报告基于世界银行在过去二十多年中发起的其他一些实证研究的发现,重新评估了过去的经济增长和减少贫困的理论,重新思考了其对发展中国家的政策建议。[15] 该项目于 2006 年 4 月启动,增长与发展委员会召集了 22 位来自政府、商界和政策制定领域的领导者,他们大多数来自发展中国家,由诺贝尔经济学奖获得者迈克尔·斯宾塞(Michael Spence)和世界银行副行长丹尼·莱普泽格(Danny Leipziger)担任主席。在两年多的时间里,该委员会试图"汇集支持经济持续快速增长和减少贫困的政策和战略的最佳理解"。

成立该委员会的目的,是对关于经济增长的现有理论和实证知识进行总结、评估和反思,希望得到一些政策建议,并避免陷入纯粹的理论探讨之中。该委员会认为具体原因如下:(1)他们感觉到减少贫困不能与经济增长相分离,而这一纽带在许多发展战略当中是缺失的;(2)越来越多的证据表明,人们对快速持续的经济增长背后的经济和社会力量的理解远不如人们一般认为的那么多——对于给予发展中国家的经济建议来说,现有的知识不足以支持人们对它们的信心;(3)他们认识到,过去二十年高度相关的增长经验(包括成功和不成功的)的积累为人们提供了独特的学习源泉;(4)越来越多的人意识到,除中国和印度,以及其他快速增长的东亚经济体之外,发展中国家需要显著地提高经济增长速度,以使其收入水平赶上工业化国家,并使得全世界财富和机会的分布更加平衡。

该委员会的独特性不仅体现于其构成的多样化,还在于它重新思考了增长分析的方式。它的思路是"尝试吸收并消化经济增长和发展方面所累积的经验,以及存在于各个领域的细致、审慎的政策分析;然后将这些理解与发展中国家的政治领导人和政策制定者(包括下一代的领导者)分享,与国际社会的顾问分享,与发达国家的投资者、政策制定者和领导者以及其他有相同目标的国际机构分享"[16](增长委员会,2008,p.x)。

报告的开头是如下观察结果的,"快速、持续的经济增长不是自发产生的,它需要一个国家政治领导人的长期承诺,这个承诺需要以耐心、坚持和现实主义来实现"(增长委员会,2008,p.2)。然后,报告归纳了第二次世界大战后能够以超过7%的增长率持续增长25年以上的13个高增长经济体[17]的特征。以这样的增长速度,一个经济的规模能够每十年翻一番。[18]报告接着提出了其他发展中国家(地区)如何效仿这些国家(地区)的问题。认识到每个国家(地区)都有特定的自身特征和历史经验,而这又将反映于其增长战略当中,因此报告并不试图为政策制定者提供通用的公式。但是,它为政策制定者提供了一个设计发展战略的框架。尽管它并没有给出一套完整的答案,但提出了应该解决的问题。

结论是令人感到乐观的:快速、持续的增长并不局限于世界部分地区的奇迹,所有的发展中国家(地区)都能实现。比"增长要素"(包括效果取决于特定环境和条件的各种政策处方)清单更重要的是,该报告列出了所有成功国家(地区)的"五个惊人的相似之处":

- **对世界经济开放** 在这些国家(地区)快速增长时期,它们充分利用了世界经济。它们至少在两个方面是这样做的:首先,它们从世界——自第二次世界大战结束以来,世界正变得越来越开放,并成为一个越来越紧密的整体——其他地方引进创意、技术和专业技能。其次,它们开拓了全球的需求,为其产品提供了几乎无穷大的市场。总之,所有成功的经济体"都进口世界其他地方之所知,出口世界其他地方之所需"。而不成功的经济体与之背道而驰。这点给我们的启发是清楚的:为了实现持续的动态高速增长,发展中国家(地区)必须:

(1) 依靠其比较优势(也就是说,出口世界其他地方之所需,并为保持经济竞争力,按照要素禀赋结构的改变一步步升级其产业结构);
(2) 利用后发优势的潜力(在产业升级过程中从世界其他地区引进创意、技术和专业技能)。

- **保持宏观经济稳定** 高增长国家(地区)的第二个特征事实是它们维持了稳定的宏观经济环境。在它们最成功的时期,所有13个国家(地区)都避免了可能损害私人部门投资的财政政策和货币政策的不可预知性。尽管经济增长在一些国家(地区)有时伴随着温和的通货膨胀(20世纪70年代的韩国,90年代中期的中国)、预算赤字或是较高的债务—GDP比例,但形势从未失去控制。

- **高储蓄和投资率** 高增长国家(地区)的另外一个特征事实是它们愿意放弃当期消费而追求未来更高水平的收入。高储蓄率和高投资率相匹配。一些国家,例如新加坡和马来西亚,采取了强制储蓄计划,使得一些研究者强调政府有意的储蓄政策是这些国家高储蓄和投资率的主要原因(Montiel and Serven, 2008)。事实上,主要的原因或许是这些国家(地区)能够生产大量的经济剩余,并产生足够高的投资回报率,从而为储蓄提供了强有力的激励。在20世纪70年代,东南亚和拉丁美洲的储蓄率很接近。20年之后,东南亚的储蓄率比拉丁美洲高20个百分点。

- **市场配置资源** 报告提到,20世纪曾经有很多企图替代市场体系的实验。这些实验都失败了,都未能帮助发展中国家(地区)实现持续增长。尽管成功的国家(地区)在产权体系的强度和保护力度方面可能存在差异,但它们无一例外地都采纳了运转良好的市场机制。市场机制提供了适当的价格信号、透明的决策制定过程和良好的激励。在资本和劳动在不同部门、不同产业之间重新配置的过程中,这些国家(地区)的政府也没有抵制市场机制的运转。

- **领导体制和治理结构** 有助于消除贫困的持续增长通常是跨越几十年的过程,它仅能发生于稳定和运转良好的投资环境当中。它需要适当的政治领导体制和有效的、奉行实用主义甚至有时奉行激进主义的政府。

增长与发展委员会的报告也同时列出了政策制定者在制定发展战略时应该避免的一系列"坏主意"。这些"坏主意"至少包括:对能源的补贴;依靠行政部门解决失业问题;通过减少基础设施投资支出降低财政赤字;对国内企业提供无限制保护;利用价格管制来治理通货膨胀;长期禁止出口;抵制城市化,通过基础设施的变化衡量教育的发展;忽视环境问题,将其视为"支付不起的奢侈品";对银行系统采取管制;允许本币过度升值。

总而言之,可以说增长与发展委员会的报告是一个重要的进展。它为政策制定者提供了切实可行的方法,帮助其理解经济赶超的动态过程;它也甄别了到底是哪些具体的机制(这些机制可能因国而异)创造了合适的基础设施、激励体系和制度,来促进和维持不断演进的增长过程。它同时也向增长研究者提出了新挑战:他们必须构建一个理论框架来理解这份报告的主要发现。

对增长报告的新结构分析

增长与发展委员会归纳的这些典型特征事实对经济增长过程而言,可以是内生变量,也可以是外生变量。为了理清其中的因果关系,并对公共政策进行优先排序,我们有必要超越这些典型特征事实指出的简单联系,仔细考虑可能的因果关系的动态过程。正如 Zellner(1979)所指出的,这需要有一种能够被普遍接受的经济理论。新结构经济学的方法就是这样一个理论框架。

新结构经济学的基本原理

新结构经济学框架(Lin, 2010)的基础是对各国经济增长过程的现代分析。它的出发点是如下观察结果:现代经济发展的主要特征是持续的技术革新和结构变化。一个经济体在任何时点上的最优产业结构,是能够让该经济在国内市场和国际市场实现最强竞争力的产业结构。而这一最优的产业结构是由该经济的比较优势决定的,而后者又由该时点上经济的要素禀赋结构决定。[19]如果仅仅依靠对现有产业投入更多的物质资本或者劳动来实现增长,那么经济将最终面临报酬递减的约束;偏离比较优势的经济往往表现很差。

因为任一时点上最优的产业结构是由其现有的要素禀赋结构决定的,一个国家若想在技术发展的阶梯上不断爬升,首先应当改变其要素禀赋结构。随着资本的积累,经济的要素禀赋结构不断演进,从而推动其产业结构偏离由此前的要素禀赋结构所决定的最优产业结构。为了保持市场竞争力,企业就需要升级其产业和技术。

在产业发展的过程中,如果经济服从比较优势,那么它的产业在国内和国际市场上都将实现最强的竞争能力。从而,这些产业将占有最大可能的市场份额,获取最多的潜在剩余,资本投资也将获得最大可能的回报。其结果,家庭将会有最高的储蓄倾向,进而导致该国的要素禀赋结构以更快的速度升级。

按照比较优势原则发展产业的发展中国家,也将从产业升级的后发优势中获益,比发达国家实现更快的增长。发展中国家的企业也将从它们与发达国家的产业和技术差距中获益,通过向发达国家学习和借鉴,它们将获得与自身新的比较优势相一致的产业和技术革新。

所以增长的关键问题就转变为如何确保经济能够按照与比较优势相一致的方式增长。大多数企业的目标是实现利润最大化,在其他条件不变的情况下,利润是投入要素相对价格的函数。企业选择产业和技术的标准一般是资本、劳动和自然资源的相对价格。因此,企业能够按照经济比较优势的原理选择技术和产业的前提是,存在一个能够反映要素禀赋结构中生产要素相对稀缺性的相对价格体系。这样的相对价格体系仅存在于竞争性市场体系中。在发展中国家,这样的条件往往不能满足,因此政府有必要采取措施完善市场制度,创造并维护产品市场和要素市场的有效竞争。

在产业升级过程中,企业需要获得有关生产技术和产品市场的信息。如果相关信息并不能自由获取,那么每个企业就需要投入资源寻找、搜集和分析这些信息。因此,对于发展中国家的私人企业来说,产业升级是高风险、高回报的过程。第一批进入新产业的先行者可能失败——因为他们找错了产业,也可能成功——因为他们进入了与国家新的比较优势相一致的产业。成功者的经验为潜在的后来者提供了免费且有价值的信息。然而由于有新的企业加入该行业与之竞争,先行企业并不能获得垄断租金。而且,这些先行者经常需要投入资源培训工人以掌握新的商业流程和技术,而他们之后可能被竞争者雇用。先行者引发了对原本不存在的新活动和人力资本的需求。即使先行者失败了,他们失败的经历也为其他企业提供了有用的知识。然而,他们却要自己承担失败的成本。也就是说,先行者投资的社会价值通常远远大于私人价值,他们投资成功的收益和失败的成本并不对称。一个经济体产业升级的成功还要求有新型的金融、法制以及其他"软件"(或无形的)和"硬件"(或有形的)基础设施来促进生产和市场交易,使得经济到达生产可能性边界。软件和硬件基础设施的改善需要协调,而这种协调是个体企业决策无法做到的。

所以，经济发展是一个动态过程，包含外部性，并需要协调。在发展的任一阶段，市场都是资源有效配置的必要基础机制，但在推动经济跨越不同阶段时，政府必须扮演积极主动的角色，对这种跨越提供便利。政府干预经济以使市场正常运转，可以通过以下措施来做到这一点：（1）提供与新产业相关的信息，让企业知道哪些产业是与由经济要素禀赋结构决定的新的比较优势相一致的；（2）协调相关产业的投资和必要的基础设施建设；（3）对工业化和结构转变过程中带有外部性的活动予以补贴；（4）通过孵化或者吸引外商直接投资催化新产业的发展，以克服社会资本的短缺和其他无形约束。

总之，新结构经济学的三大支柱是：它包含了对一国比较优势的理解，这种比较优势受制于要素禀赋结构的不断演化；在发展的任一阶段都把市场作为最优的资源配置机制；在产业升级过程中政府应该起到因势利导作用。新结构经济学有助于解释那些最成功的发展中国家的经济表现。

对增长与发展委员会的主要发现的新结构分析

增长与发展委员会的报告给出了如下五个特征事实：（1）通过对外开放利用世界经济；（2）维持宏观经济稳定；（3）保持高储蓄率和投资率；（4）运用市场机制配置资源；（5）拥有坚定的、可信赖的和有能力的政府。围绕这五个特征事实，出现了一些外生性和内生性问题。新结构经济学为理解这些问题提供了一个分析框架。前三个特征事实是一个国家在发展的每一个阶段按照由要素禀赋结构决定的比较优势发展经济时的合理结果。第四个特征事实，即市场机制，是一个国家按照比较优势发展经济的前提条件。最后一个特征事实，即一个坚定的、可信赖的和有能力的政府，是遵循比较优势发展经济的合理预测，同时也是必然结果。

首先，如果一个国家在发展战略[20]中遵循自身的比较优势，那么它的经济就会是对外开放的，生产那些与现有要素禀赋结构相一致的产品和服务并出口至国际市场[21]，进口那些不符合自身比较优势的产品和服务。这个经济体的贸易依存度内生于自身的比较优势，并将会大于其他任何情况下的贸易依存度。这个经济体将达到最有竞争力的状态，它的要素禀赋结构和产业结构将以可能的最快速度升级。在产业升级过程中，这个经济体能够通过向发达国家借鉴技术和产业，充分挖掘自身的后发优势，并实现比发达国家更快的经济增长率，因为它的创新成本将小于那些已经处于全球技术前沿的国家。因而,这个经济体将能实现与高收入国家的收敛。从这个角度而言,通过对外开放利用世界市场(特征事实1)是按照由一个国家的要素禀赋结构决定的比较优势来推动产业升级的增长战略的结果。

宏观经济稳定(特征事实2)也是一个国家在发展战略中遵循比较优势的结果。如果一个国家能够做到这一点,那么它的经济将会有竞争力,它的产业也能够在开放和竞争的市场中存活下来(Lin,2009)。它的产业升级将主要依赖于自身的资本积累过程。政府将会有健康的财政状况,原因如下:第一,它将从有力的经济增长中获益;第二,政府将没有必要补贴那些没有自生能力的企业;第三,经济将会创造更多的就业机会,失业较少。同时,这个国家将较少出现由于产业缺乏竞争力、货币错配或者财政危机而导致的内源性危机。由于该经济体的对外竞争力较强,经济增长对资本流入的依赖度不高,该国的对外收支状况也可能更好。因此,在全球性危机对该国经济产生外来冲击时,政府在采取反周期政策方面也将处于一个有利的地位。

发展与比较优势相一致的产业的另外一个逻辑结果是高储蓄率和高投资率(特征事实3)。这样的一种发展战略使得发展中经济体达到最强的竞争力并生产出可能的最大经济剩余(利润)。这为经济获得了最高的储蓄水平。有竞争力的产业同时也意味着高投资回报,这反过来又为储蓄和投资提供了额外的激励。此外,成功的公共投资能够提高一个经济的增长潜力,减少私人部门的交易成本,提高私人投资的回报率,并在未来产生足够的税收收入,以清偿初始的投资成本。

采取市场机制来配置资源(特征事实4)是经济发展过程中遵循比较优势的必要条件。大多数企业是为追求利润而生的。如果相对价格能够反映要素禀赋结构中各种要素的相对稀缺性,那么企业在技术和产业选择上就会遵循经济的比较优势。而这个条件仅能在竞争性市场经济中成立(Lin,2009;Lin and Chang,2009)。所以,在发展的每一个阶段,竞争性市场都是一个经济体资源配置的最优机制。

建立一个坚定、可信赖和有能力的政府(特征事实5),即创造一个具有因势利导作用的政府,也是经济发展过程中遵循比较优势的一个条件。一个发展中经济体的产业结构要想不断升级,政府就要发挥因势利导作用,改善软件和硬件基础设施建设,克服信息、协调和外部性等问题。因此,一个坚定、可信赖和有能力的政府是可持续增长的前提条件。然而,有能力的政府也可以看成这一发展战略的一个结果:如果政府的目标是促进与国家比较优势相一致的发展过程,那么,它对经济的干预将更容易实施且更加成功,而这将增强政府的公信力。因此,一个坚定、可信赖和有能力的政府也被看作一个国家遵循其比较优势发展经济的结果。

除了给出的这些特征事实,增长与发展委员会的报告同时也给出了发展中国家政策制定者应该避免的一些"坏主意"。虽然这份报告谨慎地警告说,部分被列出的政策在某些情况和条件下或许有一定的或暂时的理由,但它也指出"占压倒性多数的证据表明,这样的政策具有巨大的成本,它们所宣称的目标——往往非常令人向往——能够通过其他方式更好地实现"(第68页)。这些"坏主意"包括代价很高或不可持续的政策,例如补贴能源、依赖公共部门解决失业问题、对企业提供无限制的保护、通过减少基础设施建设投资支出来降低财政赤字,以及允许本币过度升值。

从新结构经济学推导出来的政策建议有助于发展中国家的政府避免这些"坏主意"。例如能源补贴,大多数国家采取这个政策的目的是支持没有自生能力的企业(基于政治经济学依据)或者帮助穷人(基于公平考虑)。发展中国家巨大、昂贵而且不可持续的政府补贴之所以存在,根源就是其发展战略严重偏离了最优产业结构。如果一个国家的发展战略遵循其比较优势,那么没有自生能力的国有企业和私人企业将很少,政府也就没有必要补贴这些企业。经济将会实现动态高速增长,这将导致贫困的快速减少。因此,政府也就没有必要通过扭曲价格来补贴穷人。通过快速增长,经济也将创造更多的就业机会。具有自生能力的私人企业就成为最好的失业保险,因此政府也没有必要把增加公共部门就业作为对抗失业的手段。而且,政府也将不必为了支持或补贴没有自生能力的企业而采取无限制的保护措施。

由于整个国家良好的经济表现,政府将会有健康的财政状况,也就没有理由采取错误的财政预算政策(削减支出、公共投资延迟、拖欠应付款、工资冻结等),而这些往往是巨额财政赤字引发的。同样,一个采取与比较优势相一致的发展战略的政府,将不必借助高估本币汇率的手段来补贴没有自生能力的企业,而这些企业往往是不符合比较优势政策和进口替代政策的产物。

结语

最晚从18世纪以来,对经济增长的探索已经吸引了众多经济学家和政策制定者的目光。在过去50年间,无论是在理论领域还是实证领域,我们已经取得了巨大的进步。在理论方面,对内生技术进步和规模报酬递增的研究为经济学家掌握经济增长全貌和理解其内在机制提供了内容丰富的大框架。在实证方面,诸如宾夕法尼亚大学世界表等标准化数据集的出现激发了人们对跨国研究的兴趣,这些跨国研究强调高增长国家和低增长国家在初始状态、政策和制度变量等方面的系统性差异。

然而,尽管我们已经取得了这些成就,全球的政策制定者,特别是发展中国家的政策制定者,依然难以找到可执行的具体政策工具,以激发和维持减少贫困所需要的动态经济增长率。近年来,增长研究者试图通过解决各种各样的新挑战来回应这些政策制定者的期望:各国经济收敛不足;甄别经济表现的稳健决定因素;有助于创新和技术进步的制度设计,这种制度被广泛认为是结构变迁和经济繁荣的基础;甄别经济发展的紧约束;通过随机控制试验评估成功的发展项目,以期在可能的时机到来时将其推广。

通过完全不同的增长分析方法,增长报告对人们知识的扩展做出了重要的贡献。它找出了能够指导发展中国家政策制定者的五个特征事实(对外开放,维持宏观经济稳定,高储蓄率和投资率,市场机制,坚定、可信赖和有能力的政府)。尽管做了这些事情,但增长报告并没有理清其中的因果关系。

Lin(2010)提出的新结构经济学有助于解决围绕这五个特征事实的内生性和外生性问题。贯穿这篇文章的一个核心命题是,那些实施违背自身比较优势政策的发展中国家往往经济表现不佳,并遭受着宏观经济的不稳定。它们并没有最大限度地利用全球化的好处。这种发展战略的典型特征包括:政府对没有自生能力的企业的支持所导致的巨额财政赤字,过度消费导致的通胀政策,金融抑制以及低生产率背景下的汇率高估。相比之下,那些采取遵循比较优势的发展战略的国家往往能够实现经济的有力增长。它们在发展的任一阶段都将市场作为资源配置的核心机制,它们还有可信赖的和有能力的政府。正是由于它们遵循了比较优势的原则,这些国家才拥有了一个对外开放的经济,实现了宏观经济的稳定,并获得了创纪录的高储蓄率和投资率。

注释

1. 金融危机造成的损失是巨大的。世界股市的市值2008年跌了一半——大约32万亿美元。2008年美国家庭损失的财富大约是11万亿美元(金融资产损失8.5万亿美元,住房资产损失2.5万亿美元),英国大约是1.5万亿美元(金融资产损失0.6万亿美元,住房资产损失0.9万亿美元)。这么大的损失对消费和储蓄具有很大的财富效应。许多发达国家和新兴国家工业生产急剧下滑,1929年以来世界贸易在2009年首次下降。资料来源:Global Stability Reports, *IMF Survey Magazine*, June 24, 2009。

2. 全球金融危机前,生活水平低于每天1.25美元这一国际贫困线的人口有14亿。把国别增长预测应用于调查数据并加总,世界银行的专家计算得出,由于金融危机的影响,2009年低于这一国际贫困线的人口将增加5 000万,生活水平低于每天2美元的人口将增加5 700万。按照目前对2010年的预测,金融危机将会有进一步的影响,到2010年,生活水平低于每天1.25美元的人口将累计增加6 400万,生活水平低于每天2美元的人口将累计增加7 600万。

3. 该报告于2008年发布,题目是《增长报告:持续增长和包容性发展战略》。该委员会由20位资深的政策制定者和两位诺贝尔经济学奖获得者(Michael Spence 和 Robert Solow)组成。这一研究工作得到了澳大利亚、瑞典、荷兰、英国四国政府,威廉和弗洛拉·休莱特基金会,以及世界银行集团的支持。

4. Maddison(2007),也可参见《世界经济千年统计》(http://www.ggdc.net/maddison/)。"西方附属国"(Western offshoots)是Maddison(2001)使用的一个术语,包括澳大利亚、加拿大、新西兰和美国。

5. 条件收敛是索洛-斯旺模型的一个主要特点。之所以是"有条件的",是因为在这一模型中,人均资本和人均产出的稳态水平决定于各国的以下特点:储蓄率、人口增长率和生产函数的位置。最近的许多实证研究表明,许多其他因国而异的变量也应被考虑进来,比如政府政策和初始人力资本存量。

6. Cass(1965)和Koopmans(1965)版本的新古典模型建立在Remsey对消费最优化分析的基础上,试图研究储蓄率的内生决定问题。尽管这些研究有助于得到条件收敛,但依然没有解决经济增长决定于外生技术进步的问题。

7. 参见Becker(1992), Heckman(2006)和Lucas(2004)。

8. 这种情况不仅存在于发展经济学,在宏观经济学的很多其他分支学科中也出现了。2008—2009年的全球危机之后,就现有的主流模型及其政策建议的适用性,在经济学家之间出现了热烈的讨论。例如,可以参见Blanchflower(2009), Krugman(2009)或Stiglitz(2009)。就发展经济学的方法论和政策问题的争论的评价,参见Deaton(2009)和Ravallion(2009)。

9. 从1970年到1990年,最富有国家和最贫穷国家之间人均收入的比例增加了大约5

倍。参见 Pritchett（1997）。

10. 这是 Barro and Sala-i-Martin（1992）以及 Baumol（1986）表达的观点。Prescott（1999）甚至更为乐观，他认为，持续发散是不可能的，世界收入的分配最终将收敛。

11. 正如 Zagha et al.（2006）所指出的："尽管改革有助于实现效率增进，但不能把经济置于持续增长的轨道，除非改革同时加强了生产激励、解决了市场失灵或政府失灵这些影响资本积累和生产力提高的因素。"Pritchett（2006）建议经济学家不要继续寻找单一的增长理论，而是针对各国的国情发展一系列增长和转型理论。

12. 用于甄别增长的紧约束的方法依赖于影子价格。即使在影子价格可以广泛得到的国家，也不清楚是否能够准确地甄别每个国家最需要的进展在哪个领域。例如，对于一个技术和人力资本存在互补关系的低收入国家，可以构造一个简单的增长模型；在这样一个国家，教育和技术的回报都会比较低，因为资本和人力资本水平都较低。仅考虑影子价格、忽视国别比较就会给出不需要提高教育水平、鼓励技术采用的建议。

13. 参见 Banerjee and Dufflo（2005）。Bourguignon（2006）就此提供了一个很有说服力的理论框架。

14. 随机控制试验的批评者指出如下事实：它们的出发点往往不是对一个特定的方法如何能够填补最需要填补的知识空白做出明确的战略评估。参见 Ravallion（2009）。

15. 这些以前的研究包括：East Asian Miracle（1993），Growth in the 1990's（2005），World Development Report on Agriculture for Development；等等。

16. 该委员会组织其研究工作的方式也很特别：首先，确定他们认为对增长和发展重要的主题和问题。然后，他们邀请世界知名的学者、实际工作者和专家撰写文章，探讨关于这些主题和问题的现有知识；这些文章在若干研讨会中进行评估和讨论。一个与学者和委员会成员之间相互交流的工作小组在这个过程中对这些文章进行审阅和评论。这个工作小组还通过审阅中期报告和提供评论来协助委员会主席起草最终报告的工作。

17. 这些国家和地区包括：博茨瓦纳、巴西、中国内地、中国香港特别行政区、印度尼西亚、日本、韩国、马来西亚、马耳他、阿曼、新加坡、中国台湾地区和泰国。

18. 由于持续如此长时期且这么高的增长率在 20 世纪后半期之前从未出现过，作者认为，他们的工作可以被称为是对"经济奇迹"的一份报告，只是他们认为这个术语在这里不完全恰当：与奇迹不一样的是，持续高速增长是可以被解释的，也可以被重复的。

19. 说一个国家具有"竞争优势"指的是本国产业满足如下 4 个条件的情形：(1) 它们密集地使用本国丰裕而且相对便宜的生产要素；(2) 它们的产品有很大的国内市场；(3) 每个产业构成一个集群；(4) 每个产业的国际市场是竞争性的（Porter，1990）。说一个国家具有"比较优势"指的是如下情形：它生产一种产品或服务的机会成本比竞争者低。这一条件的基础是该国在任一给定时刻在生产那种产品或服务方面拥有由其要素禀赋结构决定的比较优势(Lin, 2010)。

波特列出的竞争优势的第一个条件假定了这些产业应该符合该经济由要素禀赋结构决定的比较优势。第三个和第四个条件也仅在其产业符合比较优势的情况下才成立。因此,这四个条件可以被简化为两个互相独立的条件:比较优势和国内市场规模。在这两个条件之间,比较优势最重要,因为如果一个产业符合国家的比较优势,那么这个产业的产品就会拥有全球市场。这就是为什么很多世界上最富有的国家都很小的原因所在(Lin and Ren, 2007)。

20. 我们对发展战略的定义与 Rodrik (2005)一样,指的是一个发展中国家的政府采取的政策和制度安排,目的是实现向发达国家生活水平的趋近。
21. 可出口的制造业产品是尤其重要的,因为它们使得处于工业化过程中的后发者能够选择与发达国家相比它们具有低工资和其他竞争优势的产业。

参考文献

Acemoglu, D., and J. A. Robinson. 2001. "The Colonial Origins of Comparative Development: An Empirical Investigation," *American Economic Review*, September.

Aghion, P., and P. Howitt. 1992. "A Model of Growth through Creative Destruction," *Econometrica*, vol. 60, no. 2, March: 323—351.

Banerjee, A., and E. Duflo. 2005. "Growth Theory through the Lens of Development Economics," in P. Aghion and S. Durlauf (eds.), *Handbook of Economic Growth*, vol. 1, chapter 7.

Barro, R. J., and X. Sala-i-Martin. 1995. *Economic Growth*. Cambridge: MIT Press.

Baumol, W. 1994. "Multivariate Growth Patterns: Contagion and Common Forces as Possible Sources of Convergence," in W. Baumol, R. Nelson and E. Wolf (eds.), *Convergence of Productivity, Cross-National Studies and Historical Evidence*. New York: Oxford University Press.

Baumol, W. 1986. "Productivity Growth, Convergence, and Welfare: What the Long-run Data Show," *American Economic Review*, vol. 76, December: 1072—1085.

Becker, G. S. 1992. "Education, Labor Force Quality, and the Economy: The Adam Smith Address," *Business Economics*, vol. 27, no. 1, January: 7—12.

Blanchflower, D. 2009. "The Future of Monetary Policy," Speech at Cardiff University, March 24.

Bourguignon, F. 2006. "Economic Growth: Heterogeneity and Firm-level Disaggregation," PREM Lecture, Washington, D. C.: World Bank, April.

Cameron, R. 1993. *A Concise Economic History of the World*, 2d ed. Oxford: Oxford University Press.

Cass, D. 1965. "Optimum Growth in an Aggregative Model of Capital Accumulation," *Review of Economic Studies*, no. 32, July: 233—240.

Deaton, A. 2009. *Instruments of Development: Randomization in the Tropics, and the Search for the Elusive Keys to Economic Development*. Princeton, N. J.: Princeton University Center for Health and Wellbeing, January.

Gerschenkron, A. 1962. *Economic Backwardness in Historical Perspective, a Book of Essays. Cambridge, Mass.: Belknap Press of Harvard University Press.

Glaeser, E., and A. Shleifer. 2002. "Legal Origins," *Quarterly Journal of Economics*, vol. 117, November: 1193—1229.

Growth Commission. 2008. *The Growth Report: Strategies for Sustained Growth and Inclusive Development*. Washington, D. C.

Hausmann, R., D. Rodrik, and A. Velasco. 2008. "Growth Diagnostics," in N. Serra and J. E. Stiglitz (eds.), *The Washington Consensus Reconsidered: Towards a New Global Governance*. New York: Oxford University Press, 324—354.

Heckman, J. J. 2006. "Skill Formation and the Economics of Investing in Disadvantaged Children," *Science*, vol. 312 (5782), June: 1900—1902.

Jones, C. I., and P. M. Romer. 2009. *The New Kaldor Facts: Ideas, Institutions, Population, and Human Capital*, working paper no. 15094, NBER, June.

Jones, C. I. 1998. *Introduction to Economic Growth*. New York: W. W. Norton & Company.

Kaldor, N. 1961. "Capital Accumulation and Economic Growth," in F. A. Lutz and D. C. Hague (eds.), *The Theory of Capital*, New York: St. Martin Press 177—222.

Koopmans, T. C. 1965. "On the Concept of Optimal Economic Growth," In: *The Econometric Approach to Development Planning*. Amsterdam, North Holland.

Krugman, P. 2009. "How Did Economists Get it so Wrong?" *New York Times Magazine*, September 2.

Lin, J. Y. 2010. *New Structural Economics: A Framework for Rethinking Development*, Policy Research Working Papers, no. 5197, Washington D. C.: World Bank.

Lin, J. Y. 2009. *Economic Development and Transition: Thought, Strategy, and Viability*. Cambridge: Cambridge University Press.

Lin, J. Y. 2003. "Development Strategy, Viability and Economic Convergence," *Economic Development and Cultural Change*, vol. 53, no. 2: 277—308. (A version of this article appears in chapter VI of this volume.)

Lin, J. Y. 1995. "The Needham Puzzle: Why the Industrial Revolution Did Not Originate in China," *Economic Development and Cultural Change*, vol. 41, no. 2: 269—292.

Lin, J. Y., and H. Chang. 2009. "DPR Debate: Should Industrial Policy in Developing Countries Conform to Comparative Advantage or Defy It?" *Development Policy Review*, vol. 27, no. 5: 483—502. (Reprinted in chapter II of this volume.)

林毅夫、任若恩,"东亚经济增长模式相关争论的再探讨",《经济研究》,2007年第8期,第4—12页。

Lucas, R. E. 2004. *Lectures on Economic Growth*. Cambridge, MA.: Harvard University Press.

Lucas, R. E., Jr. 1988. "On the Mechanics of Economic Development," *Journal of Monetary Economics*, vol. 22: 3—42.

Maddison, A. 2001. *The World Economy: A Millennial Perspective*. Paris, OECD.

Maddison, A. 1991. *Dynamic Forces in Capitalist Development: A Long-run Comparative View*. Oxford: Oxford University Press.

Mokyr, J. 1990. *The Lever of Riches: Technological Creativity and Economic Progress*. New York and Oxford: Oxford University Press.

Montiel, P., and L. Serven. 2008. "Real Exchange Rates, Saving, and Growth: Is There a Link?" Background Paper, Commission on Growth and Development, Washington D. C.

Porter, M. E. 1990. *The Competitive Advantage of Nations*. New York: Free Press.

Prescott, E. 1999. "Interview with Edward Prescott," in B. Snowdown and H. Vane (eds.), *Conversations with Economists: Interpreting Macroeconomics*, Edward Elgar.

Pritchett, L. 2006. "The Quest Continues," *Finance and Development*, vol. 43, no. 1.

Pritchett, L. 1997. "Divergence, Big Time," *Journal of Economic Perspectives*, vol. 11. No. 3, summer: 3—17.

Ravallion, M. 2009. "Evaluation in the Practice of Development," *The World Bank Research Observer*, vol. 24, no. 1, February: 29—53.

Rodrik, D. 2005. "Growth Strategies," in P. Aghion and S. Durlauf (eds.), *Handbook of Economic Growth*, vol. 1, chapter 14: 967—1014, Elsevier.

Romer, P. M. 1986. "Increasing Returns and Long-run Growth," *Journal of Political Economy*, vol. 95, no. 5, October: 1002—1037.

Romer, P. M. 1987. "Growth Based on Increasing Returns Due to Specialization," *American Economic Review*, vol. 77, no. 2, May: 56—62.

Romer, P. M. 1990. "Endogenous Technological Change," *Journal of Political Economy*, vol. 98, no. 5, October, part II: S71-S102.

Rostow, W. W. 1990. *Theorists of Economic Growth from David Hume to the Present—With a Perspective on the Next Century*. New York: Oxford University Press.

Stiglitz, J. 2009. *Freefall: America, Free Markets, and the Sinking of the World Economy*. New York: W. W. Norton & Co.

World Bank. 2005. *Economic Growth in the 1990s: Learning from a Decade of Reform*, Washington D. C.

Zagha, R., I. Gill, and G. Nankani. 2006. "Rethinking Growth," *Finance and Development*, vol. 43, no. 1.

Zellner, A. 1979. "Causality and Econometrics, Policy and Policymaking," *Carnegie-Rochester Conference Series on Public Policy*, vol. 10: 9—54.

辩 论

发展中国家的产业政策应该遵循还是违背比较优势[*],[**]

林毅夫

引言：增长和产业升级

目前，当周期性动荡使人们的注意力偏离促进持续增长和发展的长期目标时，我很高兴有机会能够与我的朋友夏准就此重要话题进行一次讨论。诺贝尔经济学奖获得者 Lucas(1988)曾说过："一旦一个人开始思考这些问题(经济增长问题)，他就不会再考虑其他任何问题。"他所思考的，正是一些国家尤其是东亚国家最近几十年来生产力和生活水平的显著持续增长，以及与之形成对照的其他发展中国家经济的停滞(至少在那个时代如此)。

对于 Lucas 教授的评论，我想补充一点：一旦你开始思考经济增长，很难不把重点放在作为持续经济增长特点的产业和技术的连续升级上。从理论上讲，人们早已认识到，贫穷国家应能通过引进其他国家的现代技术和制度，来发挥自己的后发优势。但是，尽管一些国家已很好地做到了这一点，但仍有许多其他国家在产业升级上远没有那么成功，因此在减贫方面也就不成功。那么，是什么因素使得一个国家在一

---

[*] 这是《发展政策评论》杂志一个系列讨论会的第一场讨论稿。该系列讨论会的目的是探讨国际发展政策的一些具体问题。每场辩论的参与者是两位著名的研究人员或从业者，给他们机会在三轮的讨论中检验和挑战对方的观点。按照该讨论会的设想，发言应当是稳健有力的，且易于理解，还应该植根于严谨的研究，同时也能对《发展政策评论》的广大读者有所帮助。

张夏准是剑桥大学经济学院发展政治经济学专业的高级讲师。他的著作有：*Kicking Away the Ladder*：*Development Strategy in Historical Perspective* (Anthem Press, 2002); *Bad Samaritans*：*Rich Nations*, *Poor Policies*, *and the Threat to the Developing World* (Random House, 2007); 等等。

[**] 改编自"Should Industrial Policy in Developing Countries Conform to Comparative Advantage or Defy It? A Debate Between Justin Lin and Ha-Joon Chang," *Development Policy Review*, 27 (5), August 2009 (DOI：10.111/J.1467-7679.2009.00456.X). © 2009 Justin Lin, Ha-Joon Chang.

© 2009 Overseas Development Institute. 经 John Wiley and Sons / Blackwell Publishing 许可重印。

两代人的时间里,从出口假发和胶合板发展到能够在技术最先进的领域参与竞争呢?

答案不是"一个有活力的私人部门"这么简单,虽然这是最终的驱动因素。历史上的例子清楚地表明,答案必须包括有效的政府政策,以促进私人部门的增长。各国政府采取了各种措施,以促进工业化和技术升级,却得到了截然不同的结果。用得好的话,政府拥有的独一无二的权力能够启动并支持生产要素和生产力长期持续的改善。作为发展经济学家,我们的核心任务是从这些历史上的例子,以及经济理论和实证研究中学习,使我们可以帮助现今的较贫穷国家找到并走出一条持续增长的道路。在这篇文章中,我指出,产业升级和技术进步的最好推动者是一种我称之为"因势利导型政府"(facilitating state)的政府,这种政府为私人部门利用该国比较优势提供了种种便利条件。正如我将说明的,关键是要利用该国当前的比较优势——不是利用将来有一天可能会拥有的生产要素,而是现在已经拥有的生产要素。

政府干预的理由:阻碍创新的市场失灵

然而,因为因势利导型政府的思想要求政府做的事情远远多于自由放任的政府,所以首先要解释的是,为什么需要政府主导发展过程?发展中经济体受市场失灵困扰,这一点不能仅仅因为我们害怕政府失灵就予以忽视。有一种这样的市场失灵是由重要的"信息外部性"造成的。经济创新无论成功或失败,都能提供有利可图和无利可图的市场机会的相关信息。但由于大部分信息不仅能被创新者本人获得,同时也会落到竞争对手和潜在模仿者手中,这些人无须承担任何创新的成本,因此往往使得市场供应不足。政府补贴则是一个可能的鼓励创新和抵消先发劣势的机制。

另一种市场失灵是由"协调问题"造成的。发展中国家落后于较发达国家,不仅体现在技术和产业结构方面,还体现在人力资本、基础设施和制度方面。一个国家要想攀登产业和技术的阶梯,还需要许多其他变化:技术更加复杂,资金要求增加,生产规模扩大,市场规模扩大,以及远距离市场交换越来越频繁。因此,一个灵活、流畅的产业和技术升级过程需要同时改进教育、金融和法律制度以及基础设施。单个企业内部显然无法以有效成本内部化所有这些变化,而为了实现这些变化,众多企业之间的相互协调又往往是不可能的。出于这个原因,就需要政府的介入,政府要么自己直接实现这些变化,要么协调企业行为。[1]

在这种情况下,企业进入和实验所产生的正外部性,以及对各个企业活动进行协调的需要,就为政府干预提供了正当理由,并且其干预方式与新古典主义经济理论完美相容。确实,这种观点的说服力会因政府失灵的高风险性而遭到削弱,但对政府治理不善的担忧,并不能免除我们尝试设计有效的战略以促进经济发展的责任。另一位诺贝尔经济学奖获得者 Lewis(1955)正确地指出,"离开高明政府的正面激励,没有一个国家能获得经济进步",即使他也警告过"政府对经济生活的干预可能出现失误"。半个世纪后,以下观点依然正确:政府采取自由放任政策而不去解决市场失灵的国家,即使成功的,数量也很少;而政府有效主导的国家取得快速增长的例子却很多。因此,政策制定者和研究人员就有着义不容辞的责任,去找出经济发展所需要的促进生产力增长和产业结构变化的最有效途径。

因势利导型政府:帮助私人部门利用比较优势

总而言之,是这些严重的市场失灵问题为政府干预经济、启动增长提供了理由。但是,应进行什么样的干预呢?回答这个问题的关键是认识到,最优产业结构是内生于一国的要素禀赋结构的,要素禀赋结构表现为该国的劳动力和劳动技能、资本以及自然资源的相对丰裕度。产业结构的升级,首先需要要素禀赋结构的升级,否则所得到的产业结构就会成为发展的拖累。因此,政府的任务便是确保经济建立在这种内生的升级过程上。

让我解释一下这个观点。因势利导型政府的任务,是鼓励一些一经建立便能有效利用该国当前比较优势的企业、产业和部门的出现。在许多贫穷国家,这将意味着把重点放在劳动力和/或资源密集型的生产活动和服务上。虽然近几十年来,国际资本流动增加了,但低成本资本仍然相对稀缺,而劳动力和自然资源则相对丰裕,成本更低。以劳动和资源密集型的生产活动为重点,可让贫穷国家的企业在国内和国际市场上具有竞争力。因势利导型政府会提供必要的协调,以消除这些企业和相关产业出现的障碍,帮助它们克服外部性,然后让这些企业根据自身的比较优势有机增长。

随着这些有竞争力的产业和企业的发展,它们将获得更大的市场份额,以利润和工资的形式创造尽可能大的经济剩余。剩余被再投资时,也会获得最高的回报率,因为其产业结构在那个要素禀赋结构下是最优的。随着时间的推移,这一战略使该经济体不断积累物质和人力资本,要素禀赋结构以及产业结构得到升级,使得国内企业在资本和技术更为密集型的产品上有越来越强的竞争力。

虽然这一遵循比较优势的思路听起来是渐进的,因此当我们考虑到贫困的巨大挑战时并不令人满意,但是,由于可以利用发达国家已经开发出来并已存在的技术和产业,实际上进步是加速的。发展中国家的企业可以在其发展的每个阶段取得这些技术,并进入适合它们自己的要素禀赋结构的产业,而不必自己做前沿创新。正是这种使用现成技术和进入现有产业的能力,使一些东亚新兴工业化经济体以8%甚至10%的GDP年增长率持续增长成为可能。

政府应作为"助产士"而不是永久性"保姆"

太多的时候,发展中国家的政策制定者试图在产业和技术升级的内生过程中走捷径。他们把目光和政策固定在了被他们与现代化联系在一起的一个理想产业结构上,但这种结构当然通常是资本和技术密集型的,与他们自己国家相比,是一个相对较高收入国家的特点。正如我在我的马歇尔讲座中主张的(Lin, 2009),新独立的发展中国家在20世纪五六十年代的产业战略被误导了,误导它们的就是对发展紧约束的错误认识。这些国家采纳的发展战略优先发展资本密集的重工业,即集中利用这些国家大量缺乏的要素,而忽视了对它们富有的要素的使用,如非熟练劳动力和自然资源。实际上,这些政策制定者把最优产业结构当作了他们可以外生强加的,而不是决定于经济的特点以及这些特点随时间的变化。

这种思路是背离比较优势的,在金融和政府治理质量方面都有较高的成本。为了实施这一战略,政府必须为那些离开政府补贴和保护就无法生存且无法迅速获得国际竞争力的企业提供大量的保护和补贴。这样的企业不能为社会产生任何真正的剩余。没有连续的剩余流,对生产要素——尤其是资本和熟练劳动力——的改善提供资金支持将更加困难,而要使一个更高级的产业结构在中期内具有自生能力,这种改善是必不可少的。通过扭曲市场信号,把资源从有竞争力的部门转移到没有竞争力的部门,这种高水平的政府保护和补贴会减缓该国的物质和人力资本的积累,同时还会鼓励企业把精力从生产性创业转移到寻租上,从而腐化制度,并进一步减缓资本积累。

假设政府试图保护和补贴资本密集型产业,或者其他该国没有比较优势的产业的增长,在此情况下,资本积累和要素禀赋结构的升级受阻,减缓了最优技术/产业结构的升级。政府可能会发现,自己越来越像一个长期在职"保姆",照顾永远不会成熟的、体弱多病的幼稚产业,而不是充当健康的新兴产业的"助产士"。可能出现的寻租文化,将进一步固化保护网,使以后的改革更加困难。

比较优势与竞争优势

让国内企业定位于开发一国的比较优势,可能听起来合理,但却略显过时。与Porter(1990)在过去20年里推广的"竞争优势"战略相比,比较优势战略有什么不同呢?在"竞争优势"战略的文献中,竞争优势的四个主要来源是:

- 能很好地利用国内丰裕要素的部门/产业;
- 庞大的国内市场,使企业能够实现规模化;
- 产业集群;
- 充满活力的国内竞争,以促进效率和生产率增长。

但在我看来,这些要求是可以简化的。首先,考虑国内竞争:如果一个国家的战略违背了比较优势,那么它通常会无法参与竞争,因为没有自生能力的企业将需要保护。产业集群也将难以建立和维持,因为除非政府给予补贴和保护,否则企业不会进入这个行业。然而,政府没有能力同时为一个行业的众多企业提供补贴和保护,以形成一个产业集群。而如果一国遵循自身的比较优势,那么就不需要巨大的国内市场,因为产业和企业有能力在全球市场上参与竞争。因此,这四个方面的要求主要可以归结为一个处方:利用你的比较优势。

结语

我很高兴能与我的朋友兼同事夏准展开此次交流。我们都深切关注人们对经济快速增长的根源和如何减少贫困的理解,而且我们都审慎考虑过过去两代人的时间里东亚经济增长的成功。毫无疑问,我们在贸易和产业政策方面得出的结论是有差异的,但明确的是,我们都没有质疑国家在促进经济发展中的重大作用。也许这是因为,在我们最深入了解的国家——中国和韩国,经济增长的关键因素是一个有能力的、大体上以发展为导向的政府。问题是要确定在这些国家和其他快速发展的国家中,政府所扮演的关键角色。我对这些案例的理解是,虽然它们采取了积极措施,加快产业升级,但使得这些经济取得成功的主要要素,是一个可以让比较优势在每一个发展阶段都获得有效利用的政府。

注释

1. 请注意,这是一个与过去经常提到的发展中国家政府的协调作用所不同的说法。"大推进"(big push)理论强调,如果每一个潜在企业的生存能力都取决于来自另一家尚不存在的企业的投入,那么这样的潜在企业就不会出现。在这种情况下,政府在理论上可以利用能导致上游和下游企业同时出现的"大推进",来推动经济达到一个福利水平更高的均衡(Rosenstein-Rodan, 1961; Murphy et al., 1989)。但是不断变化的全球条件使得传统的大推进理论退出了人们的关注范围。近几十年来,运输成本和信息成本的下降,导致了全球生产网络的形成,包括发达国家和发展中国家在内的许多国家,都根据各自的比较优势仅生产最终产品的某些部分。

参考文献

Lewis, W. Arthur. 1955. *Theory of Economic Growth*. London: Allen & Unwin.

Lin, Justin Yifu. 2009. *Economic Development and Transition: Thought, Strategy, and Viability*. Marshall Lectures, 2007/8. Cambridge: Cambridge University Press.

Lucas, R. E., Jr. 1988. "On the Mechanics of Economic Development," *Journal of Monetary Economics* 22(1): 3—42.

Murphy, K. M., A. Shleifer, and R. W. Vishny 1989. "Industrialization and the Big Push," *Journal of Political Economy* 97(5): 1003—1226.

Porter, M. E. 1990. *The Competitive Advantage of Nations*. London: Free Press.

Rosenstein-Rodan, P. 1961. "Notes on the Theory of the 'Big Push'," in H. S. Ellis and H. C. Wallich (eds.), *Economic Development for Latin America*. New York: St Martin's Press.

张夏准

很高兴能与毅夫辩论这个问题,他学术兴趣极其广泛,其理论立场坚定地建立在新古典经济学的基础上,却从来不是教条式的。

在他的开篇论文中,毅夫阐述了产业升级对经济增长和发展的重要性。这在现今强调静态分配效率的主流发展经济学中往往被忽视;因此毅夫对产业升级的重视确实很受欢迎。

最重要的是,毅夫还阐述了国家干预在推动产业升级过程中可以发挥的积极作用,因为在新的科技知识的供给中存在重要的市场失灵,比如创新者尝试新事物而产生的外部性,以及不同投入要素市场间的协调失灵(例如,教育、金融、法律制度和基础设施)。毅夫还正确地警告了政府失灵的可能性,他指出:"政府采取自由放任政策而不去解决市场失灵的国家,即使有成功的,数量也很少;而政府有效主导的国家取得快速增长的例子却很多。"

到此,我们的观点还是一致的。但是,我们的观点也有一些重要的差异。我们的主要区别是,毅夫相信国家干预虽然重要,但应该主要是促进一个国家比较优势的利用;而我则认为,比较优势虽然重要,却不过是一个基线,一个国家要想升级产业,就需要违背其比较优势。

比较优势的概念最早由大卫·李嘉图提出,在经济学中是少数几个高于普通常识的概念之一(其他概念包括凯恩斯的有效需求和熊彼特的创新)。这一概念的妙处在于,它显示了一个即使在任何产业都没有绝对国际成本优势的国家,如何能够通过专门从事其最不差的行业,而在国际贸易中获益。事实上,正是李嘉图的出色概念,吸引我进入了经济学领域。而且,在其现有的禀赋下,作为寻找最大化一国当前消费机会的最好方式的指南,我们无法比这做得更好。

众所周知,这个理论,尤其是毅夫所使用的赫克歇尔-俄林-萨缪尔森(Heckscher-Ohlin-Samuelson, HOS)版本,是基于一些严格假设的。当然,所有理论都有假设,因此理论本身有一些严格的假设这一事实并不能成为批评点。但是,我们仍然需要问,模型设定的特定假设对我们要回答的问题来说是否适当。我的观点是,虽然当我们关注短期配置效率时(即当我们要研究一个国家是否能最大效率地利用其给定资源时),HOS理论所做出的假设可能是可以接受的,但若我们关注于中期调整和长期发展,则这些假设就是不能接受的。

首先,让我们来看看中期调整的问题。HOS理论的主要假设之一,是(在每个国家内的)生产要素的完全流动性。在此假设下,没有人会因为由外部冲击引起的贸易格局的变化而遭受损失。因此,如果一家钢铁厂倒闭,假设是因为政府减少了对钢铁产品征收的关税,那么该行业原先使用的资源(工人、建筑、高炉)会被另一个已经变得相对更有利可图的行业(比如计算机行业)所吸收(以相同或更高水平的生产率,因而有更高的回报)。在此过程中大家都没有损失。

然而,在现实中,生产要素的物理性能往往是固定的。一个倒闭的钢铁厂的高炉不能被重新改造成计算机行业需要的机器。钢铁工人也没有适合计算机行业的技能;除非他们接受再培训,否则他们将继续失业;充其量,他们最终能够找到低技能工作,而他们现有的技能则会被完全浪费。换句话说,即使整个国家能够从贸易自由化中获益(即使在短期内这也并不是总能发生),流动性较低甚至没有流动性的生产要素的所有者也将因此而遭受损失,除非有专门的补偿。这就是为什么贸易自由化产生了这么多的"输家",尽管 HOS 理论的预言与此并不一致。

这个问题在发展中国家更为严重,因其补偿机制即使有也很弱。在发达国家,福利国家作为一种机制,通过失业救济金、医疗和教育保障甚至最低收入保障等方式,来部分补偿贸易调整过程中的受损者。在一些国家,如瑞典和其他北欧国家,还有为失业工人制订的高效再培训计划。然而,在大多数发展中国家,这种机制非常薄弱,往往几乎不存在。因此,在这些国家,贸易调整的受害者甚至连部分补偿都得不到,虽然他们对社会的其他群体已经做出了牺牲。

如果生产要素具有完全流动性的假设使 HOS 理论不足以分析中期调整,那么其有关技术的假设则使其尤其不适合分析长期发展。

HOS 理论的假设是,对生产某种特定的产品来说,只有一种最好的技术,更重要的是,所有国家都有相同的能力来使用该技术。因此,在 HOS 理论中,如果厄瓜多尔不应该生产宝马车,不是因为它不能生产,而是因为这样做有太高的机会成本,因为生产宝马将使用太多其稀缺的生产要素——资本。

然而,这恰好把决定一个国家是否为发达国家的最关键的因素给假设没了,这就是各国开发和利用技术的不同能力,或所谓的"技术能力"(technological capabilities)。最终的结果是,富国富有,穷国贫穷,是因为前者可以使用并开发技术,而后者不会使用技术,更不用说开发了。

此外,获得更高技术能力的过程的本质,是一个试图赶上技术更先进国家的国家,需要建立和保护它不具有比较优势的产业。为什么要这样呢?这个国家不能等到它积累了足够的物质和人力资本时,再进入更先进的、更密集使用物质和人力资本的行业吗?

不幸的是,该国不能完全这样做。要素积累的发生不是一个抽象的过程。不存在具有普适性的"资本"或"劳动"这样的东西,能让一国积累并配置在任何需要的地方。资本积累是以一定的具体形式进行的,如汽车零部件行业的机床、高炉、纺织机器。这意味着,即使一个国家已经拥有了汽车行业所需要的资本—劳动比,如果它的资本是以纺织机器等形式积累的,那么它也不能进入汽车行业。同样,即使一个国家积累的人力资本多于进入汽车行业的需要,如果所有的工程师和工人接受的都是纺织行业的培训,那么它也不能开始汽车生产。

大多数(即使不是全部)技术能力是通过具体的生产经验积累的,并且其形式体现在组织惯例和制度记忆中的"集体知识"(collective knowledge)。即使一个国家拥有所有恰当的机器、工程师和工人(正如我之前解释过的,这是无论如何也不可能的),他们仍然不能在一夜之间组合成一个具有国际竞争力的企业,因为他们实际上需要经过一个(可能非常冗长的)学习过程,才能获取所有必要的技术能力。

这就是为什么日本不得不用近四十年之久的高关税保护其汽车产业,提供大量的直接和间接补贴,并几乎禁止该行业的外商直接投资,直到该产业在世界市场上变得有竞争力。出于同样的原因,诺基亚集团的电子类子企业,在能赚取任何利润之前,不得不由它的姊妹企业交叉补贴了17年。从18世纪的英国到20世纪的韩国,历史上有诸多这样的例子。

当然,毅夫说要避免过多地偏离比较优势,这是绝对正确的。比较优势的确提供了一个有用的指南,告诉我们国家为保护其幼稚产业做出了多大的牺牲。越偏离比较优势,在新产业获取技术能力所要付出的就越多。

然而,这并不意味着,如毅夫所说的那样,一个国家应遵循其比较优势。我说过,考虑到要素积累过程的性质和技术能力的建设,一个落后经济根本不可能在新产业中积累起技术能力,除非其违背比较优势,并在其拥有"正确的"要素禀赋结构之前就真正进入该产业。

鉴于此,一个好的新古典主义经济学家可能倾向于认为,一个国家在决定进入一个新的产业之前,应该做一次成本—收益分析,权衡技术升级的成本和未来的预期回报,把比较优势作为一个测量基准。然而,这虽然符合逻辑,但最终却是错误的。问题在于,很难预测需要多长时间才能获得必要的技术能力,以及最终能带来多少"回报"。所以,不是说诺基亚在1960年进入电子行业是因为它能够清楚地计算出它将需要花17年时间投资多少来发展电子产业(通过交叉补贴),随后将获得多大金额的巨大未来回报。诺基亚很有可能并不认为它需要17年的时间才能在电子产业获得利润,也不知道最终回报会有多大。在一个充满有限理性和根本不确定性的世界中,这就是创业决策的本质。换句话说,除非你真正进入并发展一个行业,否则是不可能知道国家需要多长时间才能掌握必要的技术能力,以变得具有国际竞争力的。

在最一般的层面,毅夫和我有着相同的政策结论。我们同意,产业升级是经济发展所必需的。我们同意,这不会纯粹地通过市场力量发生,将需要政府干预。我们还一致同意,政府不应该推动经济偏离其目前的结构太远、太快。

不过,我们两个人之间也有一些重要的差异。在毅夫所使用的新古典主义比较优势理论中,生产要素流动性有限的问题被忽视了,导致贸易自由化的成本被系统性低估,因此需要良好的再分配机制。更重要的是,技术能力被该理论所忽略,而这正是将发达国家与发展中国家区分开来的东西。一旦我们认识到,很多技术能力是以产业专用的方式、通过实际生产经验而获得的,我们就开始领会到,如果一个国家想要进入新的行业、升级产业结构,那么违背比较优势就是不可避免的。而且这种保护的时长和强度可能非常大,正如丰田、诺基亚和其他无数成功幼稚产业的例子所表明的那样,也内在地很难预测。

林毅夫

夏准很好地总结了我们意见一致的关键领域:政府在促进技术和产业升级中具有一定的作用,但偏离一国的比较优势太远也有风险。我们的分歧在于如何界定"太远"——如何解释贸易模型和历史证据,以及如何低成本地促进技术学习。

调整成本和技术差别真的动摇了比较优势理论吗

夏准认为,由于要素的不完全流动性(实际上,即调整成本)和关于技术的简化假设,基于标准贸易模型的、反对保护幼稚产业的论点(如 Baldwin,1969)并没有为政策提供良好的指导。显然,劳动力市场应对产业竞争力的变化而进行的调整是存在摩擦的,而有形资本往往也是产业专用的。工人从一个产业转移到另一个产业,或从一个地区转移到另一个地区,都不是没有成本的,而许多发展中国家的政府很少补偿输家。但在不动摇基本的比较优势理论的情况下把调整成本引入标准的贸易模型,并不是一件难事(Mussa,1978)。此外,如果一个国家在现有产业中失去了比较优势,那么它的产业专用资本可以以外商直接投资的形式重置到其他国家,这就是在东亚和世界其他许多地方出现过的经济发展的雁阵模式(flying-geese pattern)(Akamatsu,1962)。

夏准的第二个论点是,HOS 模型错误地假设,同样的技术能被所有国家的生产者所利用。然而,比较优势理论并不要求各国拥有相同的技术。例如,李嘉图的原始比较优势模型就认识到,英格兰和葡萄牙用不同的技术生产葡萄酒和布。此外,理论模型本身就是一种简化;在实证贸易模型中,富国和穷国经常被认为使用了不同的技术。由于信息和运输成本的大幅降低,处于不同发展阶段的国家,甚至可以根据自身的比较优势,将精力集中在同行业的不同环节,分别使用不同的技术,生产不同的产品。以信息产业为例:高收入国家,如美国,专业进行产品/技术的开发;中等收入国家,如马来西亚,专业进行芯片的制造;而低中等收入国家,如中国,则专注于零部件的生产和最终产品的组装。

夏准正确地指出,在现实中,贸易自由化在过去20年中制造了很多输家。但这是因为这些国家开始于许多不符合其比较优势的产业,这是它们的政府过去曾采用过的比较优势违背型(comparative advantage-defying,CAD)战略的结果。以休克疗法的方式取消保护,导致无自生能力的企业崩溃。但是,在自由化进程中,如果一个国家的政府开放该国具有比较优势的部门,并逐步废止对 CAD 产业的保护,正如我在马歇尔讲座(Lin, 2009)中所主张的,该国就可以在此过程中同时实现稳定和动态高速增长,从而取得帕累托改进。事实上,这正是中国从计划经济向市场经济过渡的方式。

从成功案例中,我们对技术升级可以学到什么

夏准论点的基础,是他和其他人对一些最迅速实现工业化的经济的研究。在这里,我将就韩国的案例做出评论,并对他所举的诺基亚的例子做一个简要说明。

一方面,很难争辩说,主动的产业和贸易政策大大阻碍了韩国的经济增长。该国确实以高贸易壁垒的方式保护了某些产业,并在某些情况下采取积极的态度,以向资本密集型产业升级。在过去的 40 年

里,韩国取得了引人注目的 GDP 增长率,而且,在向汽车和半导体等行业的产业升级中,韩国政府的表现也给人留下了深刻的印象。

然而,我们不应夸大韩国领先其自身比较优势的程度。例如在汽车产业,在其增长早期,韩国厂商主要集中于进口零部件组装——这在当时是劳动密集型的,而且符合自己的比较优势。同样,在电子工业中,重心最初是家用电器,如电视机、洗衣机、冰箱等,之后转移到存储芯片这一在信息产业中技术复杂性最低的区段上。韩国的技术升级一直很迅速,物质资本和人力资本的积累也是如此,这要归功于韩国主要的产业部门遵循了当时的比较优势,并因此改变了其比较优势。

同样重要的是,韩国政府在管理被保护部门时,一直使这些部门服从市场约束,这使得韩国经济不可能大幅偏离其比较优势。从保护和补贴中受益的行业需要证明,在出口市场中它们的竞争力是随着时间的推移而增长的。此外,政府努力确保韩国厂商能够以世界市场价格获得中间投入,例如,通过退税和免税计划,以及出口加工区。所以,韩国政府清楚地认识到,比较优势是重要的,成功的技术升级依赖于受到投入品和产出品的世界价格影响的企业。有证据表明,韩国政府担当了一个因势利导型政府的角色,正如我在开场论述中所说的。

让我对诺基亚的例子做一点补充说明,我对诺基亚的例子的解释与夏准有所不同。诺基亚的技术升级——从木材企业到鞋类企业,到为飞利浦生产,然后成为自主品牌家用电子产品的制造商,并最终到手机生产——过程与芬兰物质和人力资本存量的增长过程大致一致。芬兰政府的帮助是有远见的,但是,我对此的解释是,芬兰政府是在遵循比较优势的战略下起到了因势利导作用。它推动了 20 世纪 70 年代在手机行业的研发和竞争,创建了一个泛北欧移动网络(Ali-Yrkkö and Hermans,2004)。诺基亚从"干中学"中获得的经验非常宝贵,但这一战略的核心要素不是对国内市场的高度保护。诺基亚显然是利用在其他领域的利润交叉补贴其手机部门的发展。然而,以 20 世纪 90 年代的购买力平价计算,芬兰 1970 年的人均收入已经达到 9 600 国际元,接近于同年德国 10 800 国际元的水平(Maddison,2006)。诺基亚的决定与一个开放、竞争的高收入国家追求利润最大化的私人企业的技术/产业升级模型完全一致。

动态比较优势和幼稚产业保护是产业政策的合理依据吗

最后,我们应谈谈夏准把贸易政策用于促进产业升级工具的理论基础问题。其观点的基础是动态比较优势和幼稚产业保护的思想。然而,如果产业升级随着比较优势的变化而一步步推进,那么学习成本就会低于国家试图一次性大飞跃的情况。拿数学学习打一个比方。通常情况下,学生最开始学代数,然后学微积分,再学实分析。相反,如果他一开始就学实分析,尽管他最终可能掌握它,但学习成本很可能比其他情况下高得多。同样,如果一家企业从学习制造自行车开始,然后学习制造摩托车,并最终转向制造汽车,那么总的学习成本可能会大大低于它直接从高效汽车生产开始的情形。

如果政府试图为在20多年后才有自生能力的部门提供保护或激励措施,这将不可避免地要从当前具有比较优势的部门抽取资源。这将减少它们所赚取的剩余,并因此将减缓资本积累以及该国要素禀赋结构和比较优势的升级,使得幼稚产业处于幼稚状态的时间更长(Baldwin,1969;Saure,2007)。

此外,过度保护有制度化寻租文化的风险。鉴于制度和治理的质量对发展十分重要,在治理不善的情况下,保护的间接影响甚至可能比其直接影响更有破坏性。

参考文献

Ali-Yrkkö, J., and R. Hermans. 2004. "Nokia: A Giant in the Finnish Innovation System," in Gerd Schienstock (ed.), *Embracing the Knowledge Economy: The Dynamic Transformation of the Finnish Innovation System*. Cheltenham: Edward Elgar Publishing.

Akamatsu, K. 1962. "A Historical Pattern of Economic Growth in Developing Countries," *The Developing Economies*, Preliminary Issue No.1: 3—25.

Baldwin, R. E. 1969. "The Case Against Infant-industry Tariff Protection," *Journal of Political Economy* 77 (3): 295—305.

Lin, Justin Yifu. 2009. *Economic Development and Transition: Thought, Strategy and Viability*. Cambridge: Cambridge University Press.

Maddison, A. 2006. *The World Economy*. Paris: OECD.

Mussa, M. 1978. "Dynamic Adjustment in the Heckscher-Ohlin-Samuelson Model," *Journal of Political Economy* 86 (5): 775—791.

Saure, P. 2007. "Revisiting the Infant Industry Argument," *Journal of Development Economics* 84 (1): 104—117.

张夏准

尽管我们来自不同的理论传统,毅夫和我在产业升级分析的一般框架上意见却是一致的。但我们之间也有分歧。虽然我们可能都认为比较优势是一个重要的原则,我仅仅把它看作一条"基线",而毅夫认为,如果不能完全遵循,也应该非常严格地坚持该原则。我们都认同调整成本和技术学习的重要性,但我们在它们的重要性上有不同的观点,并且我们的分析方法也不一样。

然而,这些差异的澄清有助于我们想通一些细节并增进我们的知识,而不是导致那些毫无意义的争吵。

首先,关于调整成本。毅夫说,这些成本是可以(且在一些情况下已经被)纳入主流贸易模型中的,这点是正确的。但我的问题是:如果调整成本是重要的,那为什么在实践中它们被主流经济学家如此忽视?他们一直在推荐贸易自由化,即使关注调整成本,也只是持敷衍的态度。说调整成本可以被纳入主流模型中是不够的。主流阵营中的学术领袖,像毅夫,应该鼓励人们先做这些事情,再将分析结果充分运用到贸易政策设计中去。这同样适用于相同技术的假设。如果不假设相同技术更好(正如毅夫隐含认为的那样),为什么主流经济学家一直使用比较优势的 HOS 版本,而不是技术差异决定不同国家比较优势的李嘉图版本?

至于毅夫的观点——在调整过程中产业专用性资产不会完全失去其价值,因为它们可以被转移到另一个国家,我感谢他提醒我这一要点。然而,这主要适用于物质资产,而且只在有限的范围内。并非所有的物质资产都可以运往国外,其中许多都需要互补性资产和技能,才能充分发挥其生产潜力。此外,有特定技能的工人(或人力资本,如果你倾向于这样说)不能转移到"雁阵上的下一个国家",除了数量有限的技术人员可能会被邀请到新东道国的工厂提供建议。对于工人来说,知道他们过去工作时使用过的物质资产会在被转移到另一个国家时保留它们的部分价值,并不能起到安慰作用。更糟的是,与物质资产的所有者相比,工人的资产通常更少,且资产的多样性更差(即使包括他们自己的人力资本),所以相比之下,他们在应对调整所带来的后果方面能力更弱,即使他们与资本所有者受到的冲击(按比例计算)是大小相同的。

由此可以看出,毅夫的"雁阵"观点并没有降低将调整成本纳入贸易政策设计的必要性。如果有什么不同的话,它实际上强调了,需要为拥有特定技能的工人提供更好的补偿方案(例如,对再培训计划提供资助)。

毅夫认为,过去20年的贸易自由化产生了许多输家,"因为这些国家开始于许多不符合其比较优势的行业",这正是源于过去错误的政策。事实可能经常(但并不总)是这样,但这并不能证实在过去20年中进行贸易自由化的方式的正确性。如果我们知道一个国家已经偏离了其比较优势"太远",审慎的行动方针将是不要试图使贸易自由化过多、过快,否则调整成本将会非常高。

用错误改正不了错误。

这自然使我想到了毅夫的第二个论点——如何确定一个国家应偏离比较优势多少? 这是一个具有挑战性的话题。用韩国和芬兰的例子,他认为,这些国家的成功是因为它们并没有过多地偏离自己的比较优势。他认为,韩国沿着国际劳动分工的"阶梯"上移时,步伐较小(如果也较快的话),这是正确的。虽然我不完全同意对产业升级特征的这一描述(例如,转移到如钢铁、造船等行业就是大跨越,几乎没有"中间"的步骤),我也同意,过大的跨越可能会导致过多的学习成本。

由此可以看出,我们可以假设,一个经济偏离其比较优势的程度与该经济的增长率之间存在某种倒U形关系。如果偏离太小,可能在短期内有效,但其长期增长会由于没有升级而放缓。因此,截止到一个点之前,对比较优势的偏离越大,增长率也将越高。过了这一点后,保护的负面影响(例如,过多的学习成本、寻租)可能会超过幼稚产业带来的生产率增长的加速,导致整体上的负增长。

我认为毅夫可能会同意上述看待问题的方式。然而,在实施这一想法上,我们两个人之间存在较大的分歧。这就是以下问题:"(偏离比较优势)多少才算太多?"(或者,倒U形曲线的顶点在哪里?)

以芬兰为例,毅夫说,诺基亚进军电子行业被证明是正确的,当时芬兰已经是一个相当富有的国家,人均收入(以国际元计)在1970年只比德国低13%(9 577元对10 839元)。然而,相关年度不是1970年,而是1960年。这一年,诺基亚的电子子企业成立,而在这一年,芬兰与德国的收入差距要大得多,为23%(7 705元对6 230元)。[1]不管怎样,这些数据是以购买力平价(PPP)计算的,往往会夸大一个较贫穷国家的收入。购买力平价数据在我们对衡量相对生活水平感兴趣时是可取的,但如果我们对国际贸易中的比较优势感兴趣,那么当前的美元数据,而不是购买力平价数据,将是更适合使用的数据。

如果我们使用当期的美元,图景将变得相当不同。[2] 1960 年,芬兰的人均收入只有美国的 41%(1 172 美元对 2 881 美元),而美国当时在电子产业和整体上都处于世界前沿。这看起来并不像一个严格坚持比较优势的例子。如果芬兰关于诺基亚的决定看起来并没有那么"错误",那么日本呢? 1961 年,日本的人均收入只有美国的 19%(563 美元对 2 934 美元),但日本那时正保护和推动着各种"错误"的产业——汽车、钢铁、造船等。

韩国的例子更为明显。韩国(当时)的国有钢铁厂,成立于 1968 年的浦项钢铁,于 1972 年开始生产,当时其人均收入只有美国的 5.5%(322 美元对 5 838 美元)。[3] 更糟的是,在同一年,韩国决定进一步偏离其比较优势,推行其雄心勃勃的重工业化和化学工业化计划,推动造船、(国内设计的)汽车、机械和许多其他"错误"的产业发展。即使在 1983 年年底,当三星决定设计自己的半导体产品时,韩国的收入也只有美国的 14%(2 118 美元对 15 008 美元)。这听起来像毅夫所说的"比较优势遵循型"战略吗?

毅夫的论证中更深一层的困境是,在所有这些违背比较优势的例子中,市场给了芬兰、日本和韩国不应该推进这些产业的明确信号;这些产业中的所有企业都遭受了亏损或仅仅赚取了账面上的利润,这还是只因为它们受到了同一企业集团中的盈利企业和/或政府(通过直接补贴和间接的保护、进入限制)的补贴。但是,如果毅夫认为,诺基亚的经历"与处于开放的、竞争的高收入国家的追求利润最大化的私人企业的技术/产业升级模型一致",那他是不是在说,市场信号不应被认真对待? 在新古典主义的框架内,除考察相关企业的利润和亏损之外,我们还有什么其他办法来判断一个国家是否遵循了自身的比较优势呢?

我认为,归根到底,毅夫和我的意见实际上是一致的。我们同意,各国应偏离比较优势来提升自己的经济,虽然毅夫认为,这种偏离应该是相当小的,而我认为它可以较大。然而,因为毅夫太忠实于新古典经济学,他不得不说,一个收入水平只有前沿国家 5% 的国家进入资本最密集的产业之一(韩国和钢铁产业)与比较优势理论是一致的。一旦毅夫将自己从新古典经济学的桎梏中解放出来,我们的辩论将会更像是两个木匠,在应该用什么样的铰链和门把手来组装一个新橱柜上,产生了友好的分歧,而在基本设计上达成了一致意见。

注释

1. 所有的购买力平价收入数据都来自 Maddison(2006:Tables 1-c,欧洲,2-c,美国,5-c,韩国)。
2. 所有的当期美元收入数据都来自 http://www.nationmaster.com/red/graph/eco_gdp_percapeconomy-gdp-per-capita,其中使用了世界银行和美国中央情报局的数据。
3. 即使按购买力平价计算,其收入也只有美国的16%(2 561美元对15 944美元)。

林毅夫

我很享受这个广泛而深入的交流过程,它凸显了我们之间的分歧,也找到了我们之间的一致点。为了回复夏准的最新意见,集中在以下两点上是很有用的:产业升级的动态特征和政府在其中的推动作用。

作为一个动态过程的产业升级

首先,让我重申,创新是产业升级和发展所必需的,并且政府应该支持这种创新,因为这种创新会产生正的外部性,从而促进经济发展。用夏准和其他人的比喻来说,攀登科技的阶梯是艰难的工作。在技术前沿的发达国家认识到了这一点。它们对前沿产业的企业提供了大量的公共支持——直接的支持包括授予新发明的专利,有时也通过给予国防合同的方式;间接的支持包括支持大学的基础研究,这些研究成果最终会溢出到产品开发,惠及处于技术前沿的企业和产业。发展中国家的创新有许多是处于技术前沿内部的创新,这种创新会涉及类似的风险和外部性,因此公共支持在这种情况下也是可取的和合理的。审慎的补贴不仅与因势利导型政府的角色是一致的,甚至就是这种观点的应有之意。但是,正如我在第一篇文章中所指出的,用于弥补创新型企业外部性的补贴,将小于对违背比较优势而需要保护才能存活的企业的补贴。

其次,经济中的产业升级是一个持续的过程。虽然政府需要帮助先驱企业解决外部性问题和协调问题,但它们的升级是基于以下事实:该经济已经成功地利用了其现有的比较优势和要素禀赋结构,以及比较优势的转移。当韩国政府在1968年创办其世界级的国有浦项钢铁公司(用夏准的例子)时,这项投资是建立在成功地发展了服装、胶合板、假发、鞋类和其他劳动密集型产业这一基础之上的。有了这些劳动密集型产业的成功,韩国积累了资本,其要素禀赋的资本密集度增加,从比较优势遵循型战略的角度来看,让几家企业升级进入更加资本密集的产业就有了必要性。

"雁阵"的比喻在国内背景以及国际背景中都是有用的:当一个经济体在经济发展中遵循其比较优势时,其要素禀赋结构和比较优势会动态地变化。有些企业需要扮演"领头雁"的角色,率先升级进入新产业。这似乎是夏准和我之间有分歧的一个领域:我把领头雁看作动态过程中一个小而重要的楔子,而他则认为它是在一个经济中数量较大的部分,进行着大的离散性技术跨越。数量上的差异可能会导致本质的差异。当领头雁是动态过程中的一个小楔子时,经济的性质与自身的比较优势相一致。与我在第一篇文章中讨论过的比较优势违背型战略中的升级不同,给领头雁的补贴大多源于企业内部的利润,这些利润来自竞争市场上的其他产品业务,如三星和诺基亚的例子。

最后,全球技术前沿不断地向外推进。诸如钢铁生产和造船行业,在19世纪是全球最先进的工业,但到了20世纪中叶,它们不再位于这一领先地位。与航空、信息和重化工业品等新行业相比,它们的技术已趋于成熟。这些成熟产业的投资与传统的劳动密集型产业相比,需要大量资金,但其资本密集度仍比新兴产业低得多。因此,并不奇怪,对于一个拥有不发达金融部门的经济体,如果在政府的支持下克服了动员大量资金的困难,那么这些行业在已实现或接近低中等收入的国家中是有自生能力的。正如夏准所指出的,当韩国成立浦项钢铁的时候,其以美元计算的人均收入仅为美国的5.5%。我还想指出的是,中国在2000年已成为世界上最大的钢铁生产者,当时其以美元计算的人均收入只有美国的大约2.5%。[1]韩国和中国能够在一个相对较低的收入水平上获得钢铁行业的成功,是因为钢铁生产已成为全球产业谱中一个成熟的和资本密集度相对较低的产业。

相关的一点是,在一些行业内部,某些环节可能比其他环节更适于发展中国家。制造业包括各种不同阶段——产品研发、设计、复杂部件的生产、简单部件的生产,以及组装,不同环节具有不同的要素要求,并符合不同的比较优势。国家也因此以雁阵模式,动态地衡量着行业内各个环节的技术水平和资本密集度。三星1983年进入64千比特动态随机存储器（DRAM）芯片的开发，当时在微芯片技术谱中它的技术含量相对较低，并且利用来自美国镁光和日本夏普的专利技术进行生产，此时消费类电子产品已经成功运行了15年。值得注意的是，尽管在1983年成功进入了微芯片领域，三星到现在还没有进入更复杂、更先进的CPU芯片领域，却一直保持着消费类电子产品的成功运作。

促进比较优势的发挥，兼顾两端：理想与现实

总结我在这次交流中的论点，我要重申的是，比较优势遵循型战略在本质上是动态的，而政府在这一进程中应发挥促进作用。这意味着一个国家的经济发展应该务实地利用现有的、嵌入在一国的比较优势领域中的机会，当那些领域的比较优势被充分利用后，同时也要认识到产业升级的潜力。产业升级是一项涉及风险和外部性的创新，无论是在发达国家还是发展中国家都是如此，从而需要政府发挥促进作用。发展中国家的政府可以通过提供信息、协调和对外部性的赔偿等渠道，来发挥这些作用，正如我在第一篇文章中所讨论的。

尽管受到了夏准修辞上的嘲弄，但新古典经济学对这一切来说是一个有用的工具，而不是一个制约因素。它很灵活，足以用模型分析外部性、动态性和协调失灵这些让政府扮演着重要角色的要素；同时还提供了一个标准，来判断政府是否支持了过于偏离比较优势的产业。没有前者，发展中国家可能会缺乏应有的智慧去抓住发展优势产业的机遇，并为可持续的产业升级和发展奠定基础。但是，如果没有后者，如历史记录所强调的，政府可能会犯下许多代价高昂的错误，最著名的就是为大规模、不切实际、不可持续的比较优势违背型项目和产业提供资金。为促进国内企业能够在其中生存和发展的产业升级，政府可以采取可得到最大社会回报的干预方式。

注释

1. 在这里，我使用了夏准基于市场汇率的比较方法，但是在我看来，购买力平价数据是更为合适的比较基础。尽管市场汇率支配着国际贸易，但购买力平价数据是经济发展和产能水平的更好指标，因此对产业升级的讨论更合适。

张夏准

正如此次交流所显示的，毅夫和我在很多事情上有同样的观点。我们都认识到，"攀登阶梯"是一个艰难的跋涉，涉及比"矫正价格"更多的东西。它需要英明的产业政策、组织建设，以及通过研发、培训和生产经验积累技术能力等一系列努力。我们同意，在攀登阶梯的过程中，一个国家可以在产业政策的帮助下跳过一些梯级，但如果它试图跳过太多的梯级，那么它可能会滑落、倒下，甚至死亡。毅夫所说，我也同意的比较优势原理，可以告诉我们一个国家"固有的"登梯能力，从而帮助我们看到试图跳过一定数量的梯级有多大的风险。

但是，我们有一些重要的分歧。

毅夫强调，新古典经济学有足够的灵活性，以使我们能够处理在发展过程中所产生的所有复杂问题。我认为这还不够。

我同意，新古典经济学比许多批评者通常所认为的要灵活得多，它可以证明大多数类型的国家干预的合理性，甚至包括相当"非正统"的国家干预。毕竟，在20世纪30年代，著名的马克思主义者奥斯卡·兰格（Oskar Lange）曾试图用新古典经济学的一般均衡模型来证明社会主义计划经济的合理性。

然而，新古典经济学的理性选择和个人主义基础，限制了它分析技术学习过程中的不确定性和集体性的能力，而这种不确定性和集体性在经济发展中处于核心地位。我强调有限理性、根本上的不确定性（而不只是可计算的风险）和集体知识在发展过程中的重要性。这意味着，产业升级的进程将是混乱的。要想一国紧密遵循市场信号，并在其具有合适的要素禀赋时进入一个产业，就像毅夫所主张的那种平稳的比较优势遵循型战略中会发生的那样，是不可能的。在现实世界中，如果要实现产业升级，可能需要创建、保护、补贴和培植前景不明朗的企业，这可能需要几十年的时间。

实际上，我与毅夫的分歧主要在于，对比较优势何种程度的偏离在我们看来才是明智的。毅夫认为，攀登阶梯时对梯级的跳跃应非常小（以他的话来说，是"比较优势遵循型"的），但我相信跳跃可以而且有时不得不大一些（以他的话来说，是"比较优势违背型"的）。当然，这种尝试也有可能不会成功，但这是探索任何新活动时的自然现象，无论是纯粹的私人活动还是有国家的帮助。

毅夫正确地指出,韩国对如钢铁、造船和微芯片等行业的进入并没有它们第一眼看起来的那么突然。韩国进入这些行业的时候,钢铁、造船等技术已经成熟,虽然我不确定那是否必然意味着资本密集度较低,如毅夫假设的;技术成熟会增加资本密集度,原因是资本品的技术含量更大,它也可能会降低资本密集度,原因是相关资本品的相对价格会降低。即使是在芯片生产这一韩国进入的区段,即DRAM芯片,在技术上也是(现在仍然是)最简单的。

然而,所有这些仍然不意味着韩国进入这些产业是遵循比较优势的。首先,不管技术成熟与否,事实依然是,像钢铁这样的产业对当时的韩国(或者,就这个问题来说,今天的中国)来说仍过于资本密集了。更有趣的是,韩国在钢铁上的成功要特别归功于如下事实:它专门追求最先进和资本最密集型的技术(从新日铁购买),从而获得了最大的规模经济。

最重要的是,市场提供了明确信号,表明这些是不该进入的"错误"产业,如使生产者出现亏损,或迫使政府或相关企业集团通过保护和补贴来为它们制造"人造"利润。我不认为任何版本的新古典经济理论会认为保护一个产业长达40年(如日本和韩国的汽车)或交叉补贴一个亏损的子企业17年(诺基亚)是合理的。

我从这次与毅夫的交流中学到了很多。我们来自不同的学术传统,但我们进行了一次诚恳且非常有成果的辩论,讨论中没有任何不愉快或狭隘的感觉。我希望在《发展研究评论》和其他地方能有更多这样的交流。

增长甄别与因势利导

——政府在结构变迁动态机制中的作用*

引言

近来发生的全球危机是自大萧条之后最严重的一次经济危机。这迫使经济学家和决策者反思他们之前所采取的宏观经济管理手段。对于发展中国家来说,在一个不是由它们自己造成的金融和经济动荡的环境下,前方的道路看起来困难重重。由于高收入国家的经济复苏非常缓慢,加上此次危机使各国付出了沉重的代价,发展中国家将被迫面对一个对其出口和融资条件更加不利的全球环境。然而,为继续应对贫困问题的巨大挑战并实现经济收敛,发展中国家必须回到危机前富有活力的经济增长路径。

自亚当·斯密的《国富论》于 1776 年出版以来,如何促进经济增长已成为经济学著述的一大主题。市场机制在为基本生产要素估值、提供正确的价格信号和适当的激励机制以使资源达到有效配置这些方面被证明是不可或缺的。然而,现代经济增长——一个相当新的现象(Maddison, 2001)——是一个持续性技术创新、产业升级和多样化的过程,也是一个各类基础设施和制度安排(这些基础设施和制度安排提供了企业发展和财富创造的环境)不断改善的过程(Kuznets, 1966)。

无论是像西欧和北美这样的老牌工业强国,还是像东亚这样的新

---

* 本文与塞勒斯汀·孟加合作,改编自"DPR Debate: Growth Identification and Facilitation: The Role of the State in the Dynamics of Structural Change," Development Policy Review, 29(3), May 2011 (DOI: 10.1111/ j.1467—7679.2011.00534.x)。© 2011 Lin, J., Monga, C., te Velde, D. W., Tendulkar, S. D., Amsden, A., Amoako, K. Y., Pack, H., and Lim, W. © 2011 Overseas Development Institute. 经 John Wiley and Sons/Blackwell Publishing 许可重印。本文和"评论与回应"由苏剑翻译。

兴工业化经济体,它们发展的历史经验表明,在国家实现从农业经济向现代经济转型的过程中,在帮助单个企业克服不可避免的协调和外部性问题时,政府都发挥了积极主动的作用。事实上,现今的许多高收入国家的政府仍扮演着这个角色。各发展中国家的政府虽然都曾经做过这样的尝试,但不幸的是大多数都失败了。在本文中,我们认为,发展中国家政府的此种带有普遍性的失败,主要是由于它们没有一个好的行业选取标准,以找到适合本国要素禀赋结构和发展水平的行业。事实上,政府倾向于选择那些过于先进但却与本国比较优势不相匹配的行业,这大体上解释了为什么政府从"选优"的目标出发却以"选劣"的结果告终。[1]相比之下,成功的发展中国家的政府有意无意地选取了一些特定国家的成熟行业,这些特定国家的要素禀赋结构与本国相似,发展水平也未超越本国太多。上述国家的经验教训是一目了然的:为了促进本国产业的升级和多样化,政府必须制定符合本国潜在比较优势的产业政策,从而新的产业一旦建立起来,便可迅速地在国内和国际市场上具有竞争力。

  本文介绍了两种类型的政府干预之间的重要区别,从而拓宽了产业政策分析的范围。第一类政府干预的目的是为结构变化提供便利条件,方法是提供信息、补偿外部性以及协调"硬件"和"软件"基础设施[2]的改善——私人部门要想以符合比较优势的动态变化的方式增长,"硬件"和"软件"基础设施的改善就是必需的。第二类政府干预的目的是保护本国选定的、违背本国比较优势(由本国的要素禀赋结构决定)的一些企业及产业,这些产业或者过于先进,或者过于衰落从而已经失去了比较优势。

  本文其余部分的结构如下:第二部分介绍了运转良好的市场的重要性,以及动态经济增长过程中政府的因势利导作用的理论依据。第三部分简要地回顾了世界范围内早期工业发展战略的重要经验教训,并分析了在当今发达经济体的结构变迁中政府所起的作用。这一部分还考察了各发展中国家政府采取的为产业升级和经济多样化提供便利的各种政策干预措施,并分析了它们成败的原因。在新结构经济学(Lin, 2010)的基础上,第四部分基于被称为"增长甄别与因势利导"的新方法,为制定产业政策提供了一个框架。第五部分给出了一些结论性的思考。

结构变迁,有效市场及因势利导型政府

长期以来,经济学家被现代经济增长之谜所吸引,这个谜题是通过观察国家间人均国内生产总值的发散过程而发现的。世界经济大约于1820年左右开始起飞(Maddison,2001)。自此之后,世界经济增长率基本维持在一个稳定的水平,其高峰出现在所谓的"黄金时代"(即1950—1973年),增长率高达近3%。但是,这样的增长在不同地区、不同国家和不同时间是不均衡的。持续增长带来了生活水平的提高,这种现象首先发生在西欧、北美和日本,最近是新兴工业化经济体(NIE)和其他新兴的市场经济。不同国家间最初不断扩大的收入分配差异(从1870年到1990年,最富和最穷的国家之间的收入差距同比增长了5倍多)(Pritchett,1977)在最近几十年以来在一些国家集团之间有所减缓。随着收入分配两端差距的缩小,国家之间似乎出现了"收敛俱乐部"现象(Evans,1996)。然而,许多最贫穷的国家仍然被排除在收敛过程之外,尤其是一些非洲国家。

现代增长理论尝试对世界各国经济增长的发散路径做出解释。尽管研究的思路和方法各异,但理论界存在这样的共识:不同国家和不同时间生活水平的变化主要反映了资本积累率和生产率增长率的差异。从增长核算角度进行的实证研究表明,在这两大因素之间,"国家间生产率的差异是造成各国收入差异的主要原因。相似地,生产率增长率差异是各国收入增长率差异最重要的解释"(Howitt and Weill, 2010, pp.43—44)。在长期,生产率增长是与技术[3]和结构变迁联系在一起的,也就是说,在同样的产出水平下利用更好的知识降低生产成本,并将资源从低附加值的产业重新配置到高附加值的产业中去。[4]

于是,我们可以得出如下结论:持续性的技术创新、产业升级、经济多样化和收入增长加速是现代经济增长的主要特征(Kuznets,1966; Maddison,2006)。[5]每个国家在任一给定的时间点上拥有给定的要素禀赋。这些要素禀赋由土地(自然资源)、劳动力和资本(包括物质资本和人力资本)构成,是国家用以分配于第一、第二和第三产业中生产商品和提供服务的总预算约束。这些禀赋是可以随时间改变的。从理论上来说,在原有禀赋里加入"硬件"和"软件"基础设施是有益的(Lin,2010)。[6]这些基础设施对国内企业的竞争力至关重要,因为它们影响着交易成本以及投资的边际回报率。

在任意给定的时间,在其他条件不变的情况下,一国的要素禀赋结构(也就是该国拥有生产要素的相对丰裕程度)决定了要素之间的相对价格,进而决定了最优产业结构(Ju et al., 2009)。拥有丰裕劳动力或自然资源要素但资本稀缺的低收入国家在劳动或资源密集型产业具有比较优势和竞争力。类似地,拥有丰裕资本要素但劳动力稀缺的高收入国家将在资本密集型产业具有竞争力和比较优势。因此,使得一国最具有竞争力的最优产业结构是由该国的要素禀赋结构内生决定的。为了能达到发达国家的收入水平,发展中国家需要依据资本密集度来升级自身的产业结构。然而,要实现这一目标,发展中国家必须缩小与发达国家的要素禀赋差距,而实现缩小这一差距的战略是在其发展的每个阶段都遵循自身的比较优势。当企业选择进入与该国比较优势相一致的产业、采用与该国比较优势相一致的技术时,经济是最具有竞争力的。这些企业将占有最大可能的市场份额,并以利润和工资的形式创造最大可能的经济剩余。因为它们具有竞争力,这些剩余的再投资可获得最高的回报。久而久之,经济体就可以积累起更多的物质和人力资本。这个动态过程将形成良性循环:它使该国的要素禀赋结构和产业结构随着时间的推移不断升级,还将使该国在生产资本和技术密集度更高的产品方面更有竞争力。

企业的目标是利润最大化,而不是发挥本国经济的比较优势。在发展过程中,只有在要素相对价格反映了要素相对丰裕程度的情况下,企业才会依据本国的比较优势选择合适的产业和技术(Lin, 2009; Lin and Chang, 2009)。而这样的要素相对价格只有在竞争性市场体系中才会存在。因此,在动态发展的过程中,有效的市场机制是经济按其比较优势发展的必要制度保障。

然而,尽管市场机制如此重要,由于以下所说的信息、协调和外部性方面的原因,在发展过程中,政府仍应积极主动发挥作用,为产业升级和多样化提供便利。

首先,做出升级和多样化的决定从来不是一个显而易见的选择。一个先驱企业可能因为新产业缺乏互补的生产要素或足够的基础设施而失败,又或者仅仅是因为目标产业与本国经济的比较优势不一致而不能成功。因此,产业升级和经济多样化可能更像是一个高代价的"试错"(trial and error)练习,即使这个试错练习具有后发优势(Hausmann and Rodrik, 2003)。为了在竞争性市场上取得成功,发展中国家的企业需要如下信息:处于全球产业前沿内的哪些产业与本国的潜在比较优势相一致。

信息具有与公共品一样的性质。信息的收集和处理成本是巨大的。然而,信息一旦形成,允许一个企业分享既得信息的边际成本为零。因此,政府可通过投资于信息的收集和处理,将有关新产业的信息免费提供给企业等方式来给企业提供便利。另外,新产业的选择还可能以路径依赖的方式,通过特定的人力资本和社会资本的积累,来塑造未来的经济增长潜力。当然在分析这些信息并将信息告知公众方面,政府肯定比各个私营企业做得更好。

其次,技术创新、产业升级和多样化通常伴随着对企业资本和技能的要求的变化,也伴随着市场范围和它们对基础设施需求的变化,而后者是由在此过程中生产活动所体现的演进性质所决定的。换句话说,产业升级和多样化通常伴随着对软硬基础设施的要求的变化。例如,在经济发展过程中,随着从农业到制造业、从简单制造业到高级制造业的变迁,一国的生产规模和市场范围越来越大,对运输和电力的需求也越来越大。单个企业无力内部化这些设施的提供,也难以统筹不同部门间企业的协作来满足这些持续增长的需求。[7]即使一些大企业愿意为该国的公路或电网建设提供资金,但为确保一致性、效率,并防止随着经济增长可能出现的自然垄断,政府协调也是必要的。在低收入国家的小规模、劳动密集型的农业和制造业中,除了硬件基础设施,企业不需要劳动力有多么熟练、融资和市场体系有多么成熟。但是,当经济发展到现代制造业的阶段时,就需要高技能的劳动力、一次性设备投资所需的巨额资金、流动资本和出口融资,以及新的市场规划。然而,很多单个企业通常无力内部化所需的软件基础设施的变化。这就又需要政府来提供或者协调这些经济部门的变化,从而为单个企业的升级和多样化提供便利。[8]

最后,创新是产业升级和多样化进程的基础,但它本质上是一个非常冒险的行为。即便政府愿意并能够提供必要的信息和协调来帮助企业,仍不能够保证企业一定成功。企业可能因为目标产业太过先进,或市场太小,又或是协调不足而失败。但即使这些失败的案例也给其他企业提供了有用的信息,表明了该目标产业是不合适的,应重新审视。因此,先驱企业付出了失败的代价,为其他企业提供了有价值的信息。而如果它们成功了,那么它们的经历更是向其他企业提供了信息外部性,证明新产业与经济新的比较优势相一致,进而激励更多的新企业进入该产业。[9]

　　随着大量新企业的进入，先驱企业可能享有的租金就会被消除。从单个企业的角度来看，成为先驱企业的动力是被抑制的，因为失败的成本太高，而成功的优势有限，二者是不对称的。除非能对先驱企业所创造的信息外部性进行补偿，否则鲜有企业有动力去成为先驱企业。最终，产业的升级和多样化以及经济增长的步伐就会受到阻碍（Aghion，2009；Romer，1990）。在处于全球产业前沿的发达国家中，成功的先行者通常被授予专利，使之在一段时间内享有创新带来的垄断租金。对于发展中国家来说，新产业很有可能是处于全球产业前沿内的一个成熟产业。从而先驱企业难以因为先进入新产业而获得专利。因此，政府对甘愿冒险进入新产业的先驱企业做出一些直接资助就是正当合理的。[10]

　　发达国家的产业处于全球前沿上，其产业升级和多样化依赖于自身通过试错过程所创造的新知识。相比之下，处于赶超过程的发展中国家则处于全球产业前沿内部，具有后发优势。换句话说，发展中国家可以借鉴发达国家的现有技术和产业理念来进行产业的升级和多样化。这种获得创新的方法比发达国家企业所用方法成本更低，风险更小（Krugman，1979）。[11]因此，在一个致力于建设市场体制的发展中国家中，如果企业知道如何利用后发优势的潜力，而且政府积极主动地在产业升级和多样化过程中提供信息、协调和外部性补偿，那么该国的增长速度就可以比发达国家快得多，达到与高收入国家趋近的目标（Lin，2009）。实际上，18世纪前的英国，19世纪的德国、法国和美国，20世纪的北欧国家、日本、韩国、中国台湾、新加坡、马来西亚和其他东亚经济体都是这样发展起来的（Amsden，1989；Chang，2003；Gerschenkron，1962；Wade，1990）。

选优还是选劣：历史教训

　　在经济史学家中有这样一个广泛的共识：政府在促进结构变迁并维持该变迁在发达国家的持续性方面可以发挥重要作用。然而，除了第二次世界大战后一些成功的案例，大多数发展中国家的政府都未能满足人们的期望。因此，我们有必要简要回顾历史上的和当代的关于政府干预的经历，并从多数失败和少数成功的案例中吸取经验教训。

发达经济体中政府在结构变迁中的作用

有充分的历史证据表明,当今最发达的经济体都曾经严重依赖于政府干预来启动和推进其经济起飞和赶超的过程。政府干预使得它们得以建立强大的工业基础,并在长期内维持增长的势头。这就导致西方世界早期经济转型的贸易和产业政策,List(1841)做过一个著名的调查。在这一调查报告中,他列举了政府用于保护国内产业或支持特定产业发展的各种政策工具,其中许多产业取得了成功,并为民族产业的发展打下了基石。[12]

类似地,张夏准(2003)回顾了当今大多数发达经济体在自身的产业革命时期(从1815年拿破仑战争结束开始,到1914年第一次世界大战爆发结束)经济发展的状况。他记载了使得这些国家完成其追赶战略的各种政府干预模式。传统观点常常强调将西方工业的成功归功于自由放任和自由市场政策,但历史证据表明,产业政策、贸易政策和技术政策的运用是这些国家成功完成结构转型的主要因素。这些政策包括频繁使用进口关税乃至进口禁令来保护幼稚产业,以及通过垄断授权、政府工厂的廉价原料供应、各项补助、公私合营、直接政府投资等促进产业发展,这些情况在英国和美国更甚(Trebilcok, 1981)。所有试图赶上英国的欧洲国家都曾采取了技术政策。直到第一次工业革命的中期,具备新知识的熟练工人的流动成为技术转移的主要渠道。工业化进程的后来者,例如法国,试图从英国大规模地获得熟练工人,但是从1719年开始,英国政府在长达一个世纪的时间内禁止熟练工人移民。[13]当新技术开始体现在机器本身之上时,机器也处于政府的控制之下:从18世纪到19世纪,英国政府通过各种法律,禁止"工具和器具"的出口。

所有发达经济体的政府都支持对外国技术的获取,"有时候通过资助考察团和学徒实习等合法手段,有时候通过非法措施,包括支持工业间谍活动、走私违禁机械,以及拒绝承认外国专利"(Chang, 2003, p.18)。例如,在德国(普鲁士),腓特烈大帝吞并了西里西亚的工业强省,推动了钢铁和亚麻工业的发展。随后,诸如炼铁、焦炭炉和蒸汽机等先进技术便从更成功的国家进口进来(Kindleberger, 1978)。

在早期工业化进程中,政府采取了多种干预方式。在日本,政府在造船业、采矿业、纺织业等部门开办了许多工厂("试验工厂"),大多数工厂随后被以非常低的价格卖给了私人部门,政府还提供了进一步的补贴。这项措施有助于启动日本工业化和多样化的进程。虽然官办企业表现不佳[14],但是其中的许多失败案例却催生了民办企业。在日本明治维新期间[15],充满活力的纺织业从国有企业惨淡经营的失败中兴起,这曾经是一个最为著名的案例。私人企业的成功,是因为它们学习了国有企业的技术和管理经验,并引进了各种工艺创新,用廉价的劳动力取代了昂贵的设备,这是符合当时日本的比较优势的(Otsuka et al.,1988)。[16]

发达国家政府继续采取各种措施来支持产业的升级和多样化,虽然这些政策可能不会被贴上正式的"产业政策"的标签。除了产业中性的专利制度,其他此类措施通常包括支持基础研究、授权、国防合同和大型公共采购。地方政府同样向私人企业提供各式各样的激励政策,吸引它们到特定的地理区域去,并产生新的投资。所有这些措施的采用,需要确定具体的产业、产品和金额,以达到"选优"的目的。

美国是最好的例子。美国政府持续地向私人企业和学术机构提供强有力的激励,使之为持续的经济增长探寻宝贵的新思路,并将这些思路去竞争化——除此之外,美国政府还进行了主要经济部门如交通业的基础设施建设,以及为教育和培训提供资金支持,为各产业建立起技能基础。这些政策一般通过提供研发补贴来完成,也通过授予专利权和版权来完成。例如,先进技术计划(The Advanced Technology Program)于1990年开始实施,这对于有前景的高风险技术领域的研发来说十分重要。政府补贴还被应用在诸如国防、能源、运输和房屋建设等领域。

最近几十年,关于美国产业政策[17]是否必要的辩论持续进行着,但是,它并未改变联邦政府和各州政府在产业发展中具有重要作用这铁一般的事实。政府干预包括分配大量公共资金于国防采购,以及对整个经济体有巨大溢出效用的研发活动(Shapiro and Taylor,1990)。实际上,在1930年,联邦政府的研发支出在美国全部研发费用中所占的份额只有16%,而在第二次世界大战后的年份里,这一份额保持在50%到66%之间(Owen,1966; Mowery and Rosenberg,1993)。据张夏准观察,"虽然在诸如计算机、航天和互联网等产业,美国的总体技术领导地位有所下降,但是它在这些产业仍处在国际前沿地位。如果联邦政府没有为这些产业提供与国防相关的研究经费,这些产业将不会存在"。在其他重要的经济部门如卫生部门,政府的支持也是十分重要的:美国政府为国家卫生研究院(the National Institutes of Health)提供资金支持,而后者又为生物技术企业提供了大量的研发资助,这对于美国保持它在该产业的领先地位是至关重要的。

相同的情况也发生在欧洲。自第二次世界大战结束后,关于积极产业政策的讨论一直在进行。[18]实际上,欧洲许多卓著的产业成就(阿丽亚娜空间计划、飞机制造商空中客车公司等)应归功于政府间的合作,以及欧盟具有决定性作用的政治支持。20世纪90年代初以来,欧盟委员会已发布关于这个问题的若干政策文件,包括1994年的欧盟产业竞争力报告,这一报告为更为坚定的政府干预开辟了道路。其他官方战略文件集中在去工业化的风险、监管负担、欧盟扩大对欧洲企业竞争力及其地位的影响等方面。2005年3月,在对里斯本战略审核的背景下,欧盟成员国设立了"创造坚实产业基础"的目标,重申了各类研发和创新以及信息和通信技术日益增长的重要性。[19]

法国一贯赞成由政府资助的经济方案,这些方案使公共部门和私人部门得以协作开发新技术和新产业。法国政府通常使用直接补贴、税收优惠和政府运营的开发银行来为私人部门提供融资和资本金。[20]在英国,政府将自己定义为"市场塑造者"(market shaper),它最近发布了新的产业政策,目的是:支持企业活动和创业活动,包括为处于起步和成长阶段的企业提供所需的融资渠道;促进知识的创造和应用;帮助人们提高工作技能,以便其未来找工作和创业;投资于现代低碳经济所需的基础设施建设;确保市场的开放性和竞争性,以推动创新和提高生产力;在英国具有特别专长或者可以获得比较优势,且政府行动可以影响的行业构建产业优势(英国政府,2009)。

另一个有趣的例子是芬兰。在芬兰,工业化发生得较晚,但是取得了成功,而且是由政府主导的。实现这一目标的经济政策乃是强力政府干预和私人激励的组合;政府干预旨在快速建立产业资本,以确保有一个稳固的制造基地(Jäntti and Vartiainen,2009)。该国增长制度的主要特征是:(1)高资本积累率,这往往需要信贷的行政配给,做法是利率控制以及对"资本品投资"的选择性贷款审批;(2)特定制造业领域的高投资率,尤其是在造纸、纸浆和金属加工等领域。国有企业在基础金属、化肥行业以及能源部门建立起来。到20世纪80年代,国有企业增加值占全国工业增加值的18%(Kosonen,1992)。

几乎所有的发展中国家都曾试图复制政府主导型结构变迁的早期模式,这种现象在第二次世界大战后尤其普遍。从东欧和亚洲的计划经济,到拉丁美洲、亚洲、非洲乃至整个阿拉伯世界的左倾甚至是自由政权,许多政府都采取了各种政策措施来促进产业发展和产业升级(Chenery,1961)。尽管东亚一些国家取得了成功,但大多数此类尝试都未能实现预期的结果(Krueger and Tuncer,1982;Lal,1994;Pack and Saggi,2006)。然而,发展中国家的政府将会继续进行尝试。因此,更深入地了解为什么一些国家成功而其他大多数国家失败就显得非常重要;如果能做到这一点,我们就有可能为政府提供更好的建议,让它们做正确的事情,避免犯错误(Rodrik,2009)。

成功的秘诀

对于发展中国家的产业政策,存在争议和混淆的主要原因有两个。首先,经济学家往往把注意力放在已实施的失败政策上,而不是放在成功案例的目标及其所做的更为广阔的战略选择上。其次,不同类型的政府干预往往在回归分析中被堆积在一起,人们极少具体考虑是哪一类政府干预促进了具有潜在比较优势的产业的兴起。

就如何通过结构变迁、思想传播和知识积累来取得持续增长,Romer(1990,p.66)总结了已有的研究成果。他指出,"挑战在于找到更好的政府干预形式,这些干预形式有更好的经济效果、更少的政治风险和制度风险"。他还指出,"尽管如此,对经济学家来讲,最大的诱惑经常会是回避这种分析所带来的复杂的政治问题和制度问题,于是,他们反向思维,先确定自己想要的政策,然后建立一个支持这一政策的简单经济模型"。实际上,在任何国家,经济学家和决策者面临的真正挑战,可能是甄别与本国比较优势(该比较优势本身是随着要素禀赋结构的变化而变化的)相一致的新产业。

那些在产业升级和多样化战略上取得成功的经济体包括发达经济体和第二次世界大战后的东亚新兴工业化经济体(NIE),它们的一个共同特征是,都有针对性地选择了领先其人均收入不多的先进经济体的成熟产业。这可能是它们成功的最重要的原因。纵观人类历史,先驱经济体一直为后来者扮演着"经济指南针"(economic compass)的角色,虽然它们往往并不情愿这样做。回溯至16世纪,荷兰为英国扮演该角色;在19世纪末20世纪初,英国又反过来为美国、德国和法国扮演该角色,并在20世纪中期为日本扮演这一角色。类似地,20世纪六七十年代,日本又被韩国、中国台湾、中国香港和新加坡模仿。20世纪70年代,毛里求斯将中国香港作为它实施追赶战略的"指南针"。20世纪80年代,中国内地选择了韩国、中国台湾和中国香港作为其"指南针"。

从这些由公权力部门主导的结构变迁战略的成功案例中,我们可以得到两大经验:首先,公权力部门实施的促进新产业发展的政策,是与该国(地区)要素禀赋结构所决定的潜在比较优势相一致的。因此,在公权力部门提供的信息、协调,有时是有限的补贴等帮助下,企业一旦建立起来,它一般是有竞争力的。[21]其次,且更为重要的是,为了保证能够很好地利用其潜在的、不断变化的比较优势,公权力部门有针对性地选择一些国家(地区)的成熟产业作为发展目标,这些国家(地区)的人均收入(用购买力平价衡量)大体上高于本国(地区)人均收入一倍。[22]在16世纪和17世纪,当英国在采用产业政策来追赶荷兰的时候,它的人均收入大约占荷兰人均收入的70%。在19世纪,当德国、法国和美国采用产业政策追赶英国的时候,它们的人均收入约占英国人均收入的60%—75%。类似地,在20世纪60年代,当日本针对美国的汽车工业制定产业政策的时候,它的人均收入约占美国人均收入的40%。在20世纪60年代和70年代,当韩国和中国台湾制定促进其产业升级的政策时,它们有针对性地选取日本而非美国的产业。对此,它们有很好的理由:在当时,它们的人均收入约占日本人均收入的35%,而只占美国人均收入的约10%。[23]

回顾成功的赶超战略的各个要素,看起来,公权力部门干预的具体细节取决于新产业的特定紧约束以及国情。但是,尽管干预措施常常不同,国家间产业发展的模式却是相似的。它们在发展的早期都是从劳动密集型产业开始,如服装、纺织、玩具、电子产品等,并逐步攀登产业阶梯,向资本密集度更高的产业发展。[24]例如,东亚新兴工业化经济体发现自身的要素禀赋结构与日本相似,于是以雁阵模式(flying-geese pattern)追随日本的发展(Akamatsu,1962;Kim,1988)。这一战略是可行的,因为这些国家和地区的人均收入与日本的差距不大(Ito,1980)。[25]

韩国的故事是这一战略的极好例证。韩国政府采取积极主动的态度来进行产业升级,并调整战略使韩国进入与本国潜在(并处于演变中)比较优势相一致的产业。例如,在汽车领域,在韩国发展早期,国内的制造商大多数集中于进口零部件的组装,这一产业是劳动密集型的,也与韩国当时的比较优势相一致。相似地,在电子产品领域,初期的重点是家用电器,例如电视机、洗衣机和电冰箱等,随后转移到存储芯片这一信息领域技术最不复杂的部门。与韩国的物质和人力资本积累一样,韩国的技术进步是迅速的,这是因为韩国的主要产业部门与现有的比较优势相一致,并因此与潜在比较优势的变化相一致。[26]于是,在过去40年的时间里,韩国的国内生产总值实现了高速增长,并在向汽车和半导体等行业的产业升级中表现出色。

世界其他地区的一些发展中国家采取了相同的路径,并取得了很好的结果。智利作为环太平洋国家之一,成功地选择了与自身比较优势相一致且在更为发达的国家已经成熟的产业。它的比较优势是由其自然禀赋决定的。尽管在20世纪70年代早期引入的自由市场改革为这个国家带来了诸多好处,但后来也慢慢地出现了市场失灵的现象(Diaz-Alejandro,1985)。认识到这些问题之后,智利政府采取了一系列政策工具以支持私人部门的发展,包括由政府机构提供农业公共品(Servicio Agricola Granadero);对小企业贷款进行担保;由一个半公共的创业机构(智利基金会)负责大马哈鱼产业的发展;为新出口品提供补助的"减少不利条件"(simplify drawback)机制;国家发展机构(Corporacion de Fomento de la Produccion, CORFO)所提供的多种计划;以及国家以创新促竞争理事会(the National Council on Innovation for Competitiveness)。

近年来,智利经历了"通过出口发现大量新的比较优势"(Agosin et al., 2008),也经历了动态高速增长。智利传统的资源主导型产业如采矿业、林业、渔业和农业的多样化,以及智利强烈的出口增长愿望,是该国取得成功的关键。智利对铜的依赖已逐渐减少,而铝的冶炼增加了。林业产品扩展至鲑鱼水产养殖,农业扩展至葡萄酒酿造、果蔬冷冻和装罐。虽然该国的制造业一直不太成功,但是很多外企都选址于智利,因为它提供了一个可以供应整个南美市场的安全平台。

毛里求斯作为非洲最成功的经济体之一,通过发展劳动密集型产业(如纺织业和服装业),于20世纪70年代实现经济起飞。这些产业在中国香港——其"经济指南针"——已经成熟。两个经济体拥有着相同的要素禀赋结构,20世纪70年代,毛里求斯的人均收入大约是中国香港的一半。[27]政府创建了毛里求斯工业发展局(MIDA)和出口加工区发展局,旨在吸引中国香港在其出口加工区的投资。其愿景是将毛里求斯定位为遵循中国香港模式的世界一流出口枢纽。这些条件共同促进了该国作为经济强国的兴起。

与之相反,许多国家为建立"制高点"(commanding heights),设计并执行了相对于其发展水平来说过于激进的赶超策略。历史上有几个国家就犯过这类错误,比如匈牙利和俄罗斯。它们试图复制19世纪后期英国当时的产业(Gerschenkron, 1962)。一些国家国内生产总值的统计数字比较欠缺，但 Maddison(2006)估计的购买力平价显示，在 1990 年，它们的人均 GDP 分别为英国的 25% 和 30%。如此大的差距使得它们发展英国产业的任何努力都是不切实际的。[28]

第二次世界大战后，大多数发展中国家落入同样的陷阱。在人均收入只占高收入国家很小比例的时候，它们通常有针对性地选择发达经济体的发达产业。许多殖民国家独立后，将先进的重工业的发展看作它们自由的关键象征和实力的标志，以及在国际舞台上政治声誉的体现。在拉丁美洲、非洲和南亚，一部分新独立国家由具有左翼倾向的政治领导人领导。无论其政治派别如何，这些领导人都选择了国家主导工业化的斯大林模式，优先发展先进的重工业。国家资源被用于推动工业化，被直接分配在各种投资上，在几乎每个经济部门都设立了大型的公营企业——所有这些都被认为对国家的生存和现代化具有战略意义。在"关于民族主义的宏观经济学"(Monga, 2006)中，设计产业政策、选定政府干预的部门的标准几乎都是政治性的。

在发展重工业的政治愿望存在的同时，学术圈内还存在对"市场失灵"的着迷——尤其是在拉丁美洲，许多有影响的经济学家及决策者(Albert Hirschman, Raul Prebisch, Roberto Campos 和 Celso Furtado 等)都认为，由于结构刚性和协调问题的存在，工业化和经济增长不能在发展中国家自发地产生。[29]他们建议，为了赶上发达国家，政府应该为制造业提供支持，而不论它们与发达国家之间有多大的收入差距。

很多时候，这样的产业政策是违背许多贫穷国家的比较优势的，它们的要素禀赋结构特征是劳动力丰裕。通过执行资本密集型的重工业导向的发展战略，它们没有能力建立足以在开放的竞争性市场环境下生存的企业。由于较高的资本需求和结构性的高生产成本，这些公营企业是没有自生能力的。即使管理良好，它们赚取的利润水平在未扭曲的竞争性市场里也是无法被社会接受的。埃及在 20 世纪 50 年代的工业化计划是一个很好的例子，这一工业化以铁、钢和化学品等重工业为特征。该国的人均收入大约是当时最重要的钢铁生产国美国的 5%。如果政府不持续提供高代价的补贴和/或保护，那么埃及的企业就无法吸引到私人投资。国家的财政资源能力有限，无法长期承担这一大规模的保护和资助。在这样的情况下，政府只能采取行政措施——在所谓的优先领域允许企业垄断市场、压低利率、高估本国货币、控制原材料价格——来降低投资成本，并让没有自生能力的公营企业继续运营下去。

这些不同的试验为经济政策提供了宝贵的经验教训。它们凸显了决定产业政策成败的不同条件。当国家选择过于先进的、远超出其潜在比较优势的产业政策时,失败就会发生。在这种情况下,政府支持的企业无法在开放的竞争性市场里具有自生能力。它们的生存取决于以高关税、配额限制和信贷补贴等方式实施的高度保护和巨额补助。包含在这些措施中的巨额租金很容易成为政治捕获的目标,并引发治理难的问题(Lin, 2010)。[30]

增长甄别与因势利导框架

在所有成功的国家中,政府在扶持产业升级和多样化方面都扮演着重要的角色。关于这一论点的证据,无论是历史上的还是当代的,可能仍不足以证明一个争论已久的观点。许多同意"政府干预是结构转型的必要因素"这一观点的经济学家仍反对产业政策,因为我们缺少一个总体框架用于指导政策的制定。美国总统卡特的经济顾问委员会主席查尔斯·舒尔茨(Charles Schultze)曾经说过:

> 政府制定产业政策的第一个问题是,在事前我们不知道如何判定一个产业结构是"优胜"(winning)的产业结构。我们没有一套经济标准来确定一个国家应该发展哪些产业,也没有标准来确定哪些老产业需要保护或重组。(Schultze, 1983)

于是,就有必要根据比较优势理论和后发优势理论,以及在前文中讨论过的产业政策实践所得出的成败两方面的经验,整理出一套可用于指导产业政策设计的基本原则。第一步是确定一国可能具有潜在比较优势的新产业,第二步是消除那些可能阻止这些产业兴起的约束,并创造条件使这些产业成为该国的实际比较优势。这里,我们提出了一个六步骤过程:

- 第一,发展中国家的政府[31]可以确定一份贸易商品[32]和服务的清单。这些商品和服务应满足如下条件:在具有与本国相似的要素禀赋结构,且人均收入高于本国约100%—200%的高速增长国家中,这些商品和服务的生产已超过20年。[33]
- 第二,在该清单的产业中,政府可以优先考虑那些国内私人企业已自发地进入的产业[34],并设法确定:(1)这些企业提升其产品质量的障碍;或者(2) 阻止其他私人企业进入该产业的障碍。[35]这些可以通过各种方法的组合来做到,例如价值链分析,或是 Hausmann *et al.* (2008)提出的增长诊断框架。然后,政府采取措施来消除这些紧约束,并运用随机对照实验来测试这一过程的影响,以确保把这些政策推广到国家层面后的有效性(Duflo, 2004)。

- 第三,对国内企业来说,清单上的某些产业可能是全新的产业或是很少从事出口的企业。在这种情况下,政府可以采取特定措施,鼓励在第一步中确定的高收入国家的企业来本国投资于这些产业,以利用本国劳动力成本低的优势。政府还可以设立孵化计划,扶持国内私人企业进入这些行业。[36]

- 第四,除了在第一步中的贸易商品和服务清单上确定的产业,发展中国家的政府还应密切关注本国成功实现自我发现的其他私人企业,并为这些企业扩大规模提供帮助。[37]

- 第五,在基础设施落后、商业环境欠佳的发展中国家中,政府可投资于工业园区和出口加工区,并做出必要的改进,以吸引可能愿意投资于目标产业的国内私人企业或者外国企业。对基础设施和商业环境的改善可以降低交易成本,促进产业发展。然而,由于预算约束和能力的限制,大多数政府无法在合理的时间内为整个经济做出理想的改进。因此,集中于改善工业园区或出口加工区的基础设施和商业环境,就成为一个更易于实现的选择。[38]工业园区和出口加工区还有鼓励产业的聚集优越性。

- 第六,政府也可以为在第一步确定的产业清单中的国内先驱企业或国外投资者提供激励,以补偿它们的投资所创造的非竞争性公共知识。这类措施应有时间限制和财务成本限制。激励可以是一段时间内的企业所得税减免[39],或是对合作投资的直接优惠,或是获取外汇(以进口关键设备)的优先权。[40]激励不应该也不需要以垄断租金、高关税或者其他扭曲的形式出现。寻租和政治捕获的风险可因此避免。[41]对于在第四步中通过自身努力成功发现新产业的企业,政府可以采取措施,以认可它们对国家经济发展的贡献。[42]

通过上述过程确定的产业应符合本国的潜在比较优势。先驱企业一旦成功,许多其他企业也将进入该产业。政府的因势利导作用主要限于提供信息、协调改善软硬件基础设施以及补偿外部性。通过以上方法进行的政府扶持,有可能帮助发展中国家挖掘后发优势的潜力,实现有活力的可持续增长。

上述框架可以让收入水平较低的发展中国家在有效市场的基础上,政府发挥积极有为的作用,帮助在第二到第四步中有企业家精神的企业利用后发优势来加速经济发展。对于中等收入国家,多数产业和发达国家仍有差距,少数产业则可能接近或已经达到国际先进水平。对前类产业的升级,上述六步法依然适用;对后类产业的升级,若要有新技术或新产品,企业需要自己开发,发展中国家的政府则需要和技术产业都已经处于国际前沿的发达国家的政府一样,对开发新技术、新产品所需的基础科研给予支持。需要指出的是,发达国家的政府由于预算有限,对基础科研的支持是需要有所选择的。同时,发达国家还用税收和政府采购等来支持新技术、新产品的创新,并用政府资金支持创新企业。以大家津津乐道的乔布斯为例,1976年推出的苹果 I 型计算机是建立在20世纪六七十年代以美国政府的公共资金支持的计算技术的研发成果上的,2001年推出的 iPod 和其后的 iPhone 也是建立在政府资金支持而研发出来的卫星定位、声控和大规模储存等新技术上的,乔布斯的天才在于把这些新技术组合开发成消费者喜爱的新产品。值得一提的是苹果公司在上市之前,除得到了风险投资的资金之外,也得到了美国小企业局50万美元的风险股本投资。同样,Google 核心的计算技术也是来自政府资助的研究项目。在美国现在居全球领先地位的航天、信息、生化、纳米、医药等各种新技术、新产品的开发中,政府支持的基础科研都发挥了重要作用。[43] 对于已经失掉比较优势的可贸易制造业,政府则可以帮助这类产业中有条件的企业转型到从事附加价值比较高的研发、品牌、营销的微笑曲线两端,或将附加价值比较低的加工生产环节转产到工资水平比较低的地区或国家,使企业继续依靠其技术、管理、资金、市场渠道的优势在海外创造第二春。

甄别约束的方法

一直以来,如何促进产业增长成为许多研究的主题。对此,近来一些学者提出了几种思路。[44] 尽管这些建议均有可能产生有用的结果,但没有一个特别关注如何在发展中国家内甄别出可能具有潜在比较优势的产业。建立在不符合本国比较优势基础之上的发展战略会导致失败,这一失败作为一种知识遗产,无疑会导致许多经济学家得出这样的结论:对任何政府来说,成功地"选优"也许是不可能的。

在缺乏产业甄别框架的背景下,现有的研究都局限于寻找改善商业环境和基础设施的方法——此二者的确影响着企业的运营成本和交易成本。关于企业绩效,我们有定量数据;关于发展中国家的企业面临的许多潜在约束的严重程度,我们有基于认知的数据;这两类数据构成了强有力的实证资料。例如,这些数据表明,在大多数撒哈拉沙漠以南的非洲国家,企业倾向于将不友好的投资环境视为业务发展和复杂技术采用的主要障碍。小企业似乎特别关注融资和土地获得等问题;较大的企业则倾向于将劳动法规和熟练劳动力的不易获得视为其活动的主要障碍;所有企业都关心腐败和基础设施问题——特别是电力、电信、交通和水等网络性公用事业的问题(Gelb et al., 2007)。

关于投资环境的调查试图刻画企业运行于其中的政策和制度环境,这些调查是有用的,但也会被误用或曲解。个人对福利的看法是主观的,未必与收入或消费等客观指标相关;同个人一样,企业对其发展紧约束的看法也往往与实际的决定因素不相符。这一局限是由投资环境数据的性质及其被运用的方式所导致的。在典型的调查里,样本企业的经理被要求给影响投资环境的每一个方面(例如"基础设施""融资渠道""腐败程度"等)从 1 到 4 打分,用以反映它们对企业运营的阻碍程度。[45]如果某一方面的评分均值较高,就被理解为这一方面对增长的阻碍较严重。

然而,事实可能并非如此。尽管企业对其业务流程和经营环境很熟悉,但它们可能不能充分意识到主要问题的真正根源,反而把另一个较不明显的问题的症状错误地当作它们面临的约束。由于有这些缺陷存在,越来越多的人用世界银行的营商环境(Doing Business)指标作为补充。这一指标是基于专家调查得出的(不仅仅是企业层面的认知数据),在一定范围内,它们提供了一个更具可比性的跨国视角。

问题仍然存在,因为调查结果通常会不一样,这取决于受访者是被要求列出他们认为的最重要的约束,还是被要求对各种约束进行排序。考察过许多方法的研究人员更加青睐排序的方法,因为这一方法强迫受访者做出更强的表达、给出更强的关系(Alvin and Krosnick, 1985),但这种方法可能不是完全可靠的:被要求对约束进行排序的企业或者专家可能没有一个好的基础来决定他们列为第一的约束是否严重。如果当地的企业在对一个特定的约束进行排序时,没有一个稳固且有意义的参照系,那么这种排序就可能无法提供有用的信息。此外,在有些情况下,选择任何单一的数量标准可能会引起误导,因为企业通常同时面临几种约束。将所有因素认为同等重要也许并不能为政策制定提供帮助。要考虑企业异质性在增长分析中的主要作用,我们必须超越均值法——即对企业层面的调查数据提取投资环境变量均值的方法。因此,就需要对企业绩效进行仔细的经济计量建模,来甄别哪一个变量对增长有最大的影响。换句话说,最具经济影响的政策变量可能不是认知值最高的变量。[46]

投资环境调查还有两个局限性。首先,对尚不存在的产业,它们无法提供任何信息,但这些产业可能是这个国家具有潜在比较优势的产业。并且,被调查的现有产业可能并不与国家比较优势相一致,要么由于它们过于先进(作为一个违背比较优势的发展战略的遗产),要么由于它们在根本上已不具备竞争力(作为发展过程中工资普遍上涨的结果)。这两个局限性使得投资环境调查非常有必要只覆盖一部分满足自生能力标准的企业,并能够反映经济的真正潜力。

在甄别增长障碍方面,另一个重要的问题是,商业发展的许多约束可能内生于发展中国家的目标产业。好的例子包括特定类型的人力资本、融资工具,或者企业向一些特定产业转移时所需要的基础设施。甄别和消除这些障碍可能需要使用几个互补的分析工具。一个有用的工具是 Hausmann *et al.* (2008) 提出的增长诊断框架。它是基于这样的观察:当亟待改革的一长串清单被列出来后,决策者要么努力尝试一次性解决所有问题,要么先进行对该国增长潜力没有重要影响的改革。因为一个领域的改革可能导致另一领域产生难以预料的扭曲,所以集中精力解决影响增长的最大障碍将是取得成功最有效的方式。因此,政府应当找出一到两个经济发展的最大障碍,并着力将它们消除。

为帮助给定国家甄别相关紧约束,增长诊断框架提供了决策树方法。这一方法首先就发展中国家低增长的可能原因进行分类,这些发展中国家的低增长要么是由于融资成本高(源于经济和社会回报较低,或者社会收益和私人收益间差距大),要么是由于私人投资回报低。诊断分析的主要步骤是,弄清楚这些条件中哪一个能更准确地解释该经济的特征。使用这一框架突出了这样一个事实:在一些国家,增长战略应确定造成低投资回报率的原因,同时也必须解释,为什么国内储蓄不上升以获取在其他国家投资的高收益。尽管增长诊断框架试图将经济增长政策的讨论向前推进一步,但其模型的关注点和设定仍属于宏观经济范畴。这是可以理解的,毕竟增长是一个宏观经济概念,将分析降到部门层面,会引出部门间相互作用和相互权衡的问题。

此外,在经济中存在一些促进增长过程的制度,增长诊断框架与这些制度的联系是不精确的。为甄别增长的紧约束所提出的方法也不总是直截了当的。即使影子价格(shadow prices)的数据是可以普遍得到的,也不清楚它能否精确地甄别出每个国家最需要的进步应该发生在哪些领域。例如,可以设想这样一个低收入国家的简单增长模型,在这个国家中,技术和人力资本是互补的。由于人力资本水平和技术水平都比较低,该国的教育和技术的回报也就都不高。如果只关注影子价格,并忽视人力资本水平和技术水平的跨国比较,那么就会得出这样的结论:我们无须提高教育水平,也无须鼓励采用新技术。

事实上,即使在有些情况下增长诊断方法相对精确地甄别出了某一给定国家增长的紧约束,但政府所面临的政策选项还是很多。因此,对于政策制定者来说,就有必要不仅仅依赖于某一种方法,而应采用几种不同的宏微观工具来甄别增长的紧约束。对增长的微观分析表明,差异化的企业发展动态过程是总生产率增长和资本积累的良好驱动因素。针对总体水平的诊断需要对微观层面所发生的事情有良好的了解。具体而言,对于面临很强的结构变迁的经济而言,要理解这一经济的总体生产率的增进,监控企业在行业内的进出情况以及影响进出的政策变量就十分重要(Bourguignon, 2006)。我们必须考虑国情和微观个体的异质性。这可以更有效地通过国别分析来完成。

最后,即使我们可以在具有比较优势的产业内找出产业发展的相关紧约束,并且改善国家的商业环境,但先驱企业遇到的外部性及协调等关键问题仍未解决。即使消除了这些紧约束,一国的产业升级和多样化问题可能还是未能得到解决。因此,就有必要把增长诊断框架、旨在消除产业升级障碍的其他方法,以及增长甄别与因势利导框架结合起来使用。

结语

当前的危机使世界各国经济都付出了沉重的代价。许多国家的失业率达到新高,许多国家的财政也因危机而变得脆弱,工业的产能利用率仍大大低于危机前的水平。许多发展中国家有潜力比发达国家增长更快,在当前的多极增长世界中,它们需要找到经济增长的新源泉(Zoellick, 2010)。在这方面,发展中国家的政府通过引导和促进结构变迁(产业升级和经济多样化)以扶持增长、增加就业和减少贫困的作用应重新回到中心地位。事实上,历史经验和经济理论都表明,尽管市场机制在把资源配置到生产率最高的部门和产业方面是不可或缺的,政府干预——通过提供信息、协调软硬件基础设施的改善,以及补偿外部性——对于帮助经济体从一个发展阶段过渡到另一个发展阶段同样是不可或缺的(Lin, 2010)。

因为第二次世界大战后产业政策在全世界遭遇了很多次失败,许多经济学家和政策制定者对产业政策都提出了严重的质疑。考虑到O'Brien and Keyder(1978, p.15)的建议,"(如果可能的话)应研究各国在不同历史阶段的独特发展能力",本文研究了当今发达经济体结构变化的机制以及东亚和其他地区的一些发展中国家成功的原因,并提出了一个政府干预经济的理论框架。

本文认为,产业政策的失败更有可能源于增长甄别过程中决策者的失误。发达国家和发展中国家政府实施的产业政策通常可分为以下两大类:(1) 它们试图扶持一些新产业的发展,但它们选定的这些新产业要么过于先进而离本国潜在的比较优势太远,要么过于陈旧而失去了比较优势;(2) 它们试图扶持一些新产业的发展,而且它们选定的这些新产业与本国的潜在比较优势是相一致的。只有后一类政策才是有可能成功的。表现良好的发达国家和发展中国家政府在产业升级和多样化过程中积极主动地帮助企业利用市场机遇。这些政府通常的做法是,解决信息、协调和外部性等问题,向私人部门提供充足的软硬件基础设施。我们希望,在发展中国家的政府扶持其结构转型的过程中,本文所提出的增长甄别与因势利导方法可以帮助它们找出适合本国发展的产业。

注释

1. 为了保障就业机会,无论是发展中国家还是发达国家的政府都有可能支持本国已失去比较优势的夕阳产业,这样的政策同样会面临失败的厄运。
2. 硬件基础设施的例子有高速公路、港口设施、机场、电信系统、电网和其他公用事业。软件基础设施包括制度、法规、社会资本、价值体系和其他社会经济安排。关于二者对经济发展影响的进一步讨论,见 Lin(2010)。
3. 技术在这里被定义为如何将基本投入要素转换为最终效用的知识(无形的人力资本)。它的非竞争性使得它不同于人力资本或者物质资本。效率是技术被运用的方式,它的目的是最优化,尤其是资源配置的最优化。

4. 在经济增长的文献中,结构变迁并未得到像技术变化那样多的关注。这是因为在标准的增长核算和回归分析中应用了单部门模型,而后者是无法处理与结构变迁有关的问题的。

5. Maddison(2006)估计,在西欧,人均年收入的增长率在18世纪前约为0.05%,该比率于18世纪和19世纪增至约1%,于20世纪增至2%。于是,人均年收入翻一番的必要时间从18世纪前的1400年降至18世纪和19世纪的70年,并更进一步在20世纪降至35年。

6. 生产要素和基础设施的差别为:前者的供需是由家庭和企业个别地决定的,而后者的供需在大多数情况下是由政府或公众的集体行动所决定的。

7. 例如,小麦和水稻种植中使用的化肥,需要现代的半矮秆品种来克服倒伏问题。现代种子的使用通常要求及时灌溉。个体农场主无法自行完成这些。所需要的信贷规模也超过了个体农场主的能力。相似地,从农场到非农场产业,或从小规模传统产业到现代产业的多样化也要求许多新投入要素的提供,以及软硬基础设施的改善,这些都不能在任意一个单个企业的决策中内部化。

8. 厄瓜多尔的鲜切花出口在20世纪80年代的成功是一个很好的例子。20世纪70年代,厄瓜多尔生产和出口鲜切花到美国市场的产业具有潜在比较优势。但是直到20世纪80年代,厄瓜多尔政府开始帮助安排定期航班并投资于机场附近的降温设施,该产业才得以拓展,出口才得以起飞(Harrison and Rodríguez-Clare,2010)。类似的故事适用于埃塞俄比亚对欧洲市场的鲜切花出口。在熟练劳动力的供给问题上,德国的两元制职业教育和培训是该国经济在过去60年取得成功的一个主要因素。

9. 我们最近在赞比亚的实地考察中发现,当地一个企业家成功地开始了波纹屋顶板的生产。一年内,已有超过20家企业加入进来。

10. 正是由于这种正的信息外部性,发达国家的政府也对从事创新的企业提供各种形式的有针对性的支持,例如基础研究的经费支持、税收优惠、授权、国防合同以及采购政策。

11. 可以借用现成的技术,但这并不意味着发展中国家不需要搞自主创新。要取得成功,它们需要进行创新,使借鉴来的技术符合当地条件,还需要在处于或接近世界前沿的部门开展产品创新,或者不至于落后世界领先水平太多。进一步的讨论详见 Lin and Ren(2007)。

12. List 的著作介绍了各种情况下经济强国崛起的历程,从以威尼斯为代表的意大利城市,到汉堡或吕贝克等汉萨同盟城市,以及荷兰、英格兰、西班牙、葡萄牙、法国、德国和美国等国家。

13. 禁令一直持续到 1825 年。见 Landers(1969)。

14. 理论解释见 Jones et al. (1990)和世界银行(1995)。

15. 明治时期(1868—1912)标志着重大政治、经济和社会变革时代的开端。根据传统观点,这些变化引发了日本的现代化和西化。见 Beasley(1972)。

16. 国有企业失败的一个常见原因是:政府试图将国有企业作为一种手段,来发展与本国比较优势并不符合的产业和技术(Lin and Tan, 1999)。这样的尝试给国有企业造成了政策性负担。因此政府就被迫为国有企业提供补贴和保护。信息不对称使得政府不能准确地知道适当的补贴和保护水平,国有企业以政策性负担为借口,寻求更多的补贴和保护,由此引发了软预算约束问题(Kornai, 1986)。

17. 在 1984 年总统竞选期间,民主党候选人沃尔特·蒙代尔认为,该国的经济政策正在"摧毁产业而不是建设产业",联邦政府的援助应该导向"那些受经济变革影响最严重的地区"(Mc-Kenzie, 2007)。经济学家 Bluestone and Harrison(1982)认为,正在进行的去工业化进程导致了"在国家生产能力方面广泛且系统的负投资"。谈到日本战后经济的成功,Thurow(1980)将其归功于日本国际贸易和工业部(Ministry of International Trade and Industry, MITI)所做的产业政策安排。他担忧地说,如果政府不管,"我们的经济和制度将不能为每一个想工作的人提供职位",他还指出,"我们在保证充分就业上具有道义上的责任"。他还讲道,"重大投资决策太重要了,不能将决定权完全留给私人市场……日本企业需要向美国企业靠拢"。有人建议采取多种措施,例如,创建国家和地区经济开发银行,这一想法与赫伯特·胡佛总统提出的复兴金融公司(Reconstruction Finance Corporation)相类似,这些银行运用补贴和联邦贷款担保,减缓衰退产业的收缩,加快新兴产业的发展;启动国家、区域和企业层面的"三方理事会"(Tripartite councils),管理层、员工和政府代表共同担任理事会成员,以达成资本投资配置的共识。尽管政策常常让步于保护主义者的提议,但仍有一些经济学家和政治家强烈反对任何系统连贯的产业政策方案。

18. 欧洲煤钢共同体(ECSC)于 1951 年成立,欧洲原子能共同体(EURATOM)于 1957 年成立。

19. 2005 年 10 月,欧盟委员会宣布了七个新举措,旨在:"(1)巩固欧盟在知识产权领域的法律框架,(2)考虑竞争力和环保问题间的联系,(3)调整贸易政策,发展欧洲工业的竞争力,(4)简化特定产业部门(例如,建筑业和食品工业)的法律,(5)解决特定部门(例如,新技术和纺织业)熟练劳动力短缺的问题,(6)预测并支持产业结构的变化,在欧盟其他政策(尤其是结构基金)中考虑这一目标,(7)就产业研究和创新采取欧洲一体化的方法。"

20. 目前,法国政府正在考虑几个旨在刺激创新和增长的提议。最近,法国两任前总理(他们一位来自社会党,一位来自保守党)发布的朱佩罗卡尔报告建议,法国应通过公开借款筹集 350 亿欧元(合 520 亿美元),并将这笔经费花在高校及科研(向其提供资源和激励,使之合并或成为独立的私营单位)、绿色经济和高新技术产业上,以刺激经济增长。在这些项目之中有一些计划,包括扩展高速互联网,发展绿色城市,支持创新型小企业,以及支持法国尖端的航空航天和核工业。在所筹集的 350 亿欧元中,130 亿欧元将来自法国各银行偿还的纾困资金,剩余的 200 亿欧元将从金融市场融资。

21. 动态比较优势的主张常被用来为产业政策及政府对企业的支持提供理论依据(Redding, 1999)。然而,在我们的分析中,只有当政府的帮助仅限于克服信息成本、协调成本以及与先驱企业有关的外部性问题时,这一观点才是成立的。目标产业应当与经济的比较优势相一致,在新产业中的企业应当具有自生能力,否则,一旦政府取消支持,企业就会失败。如果目标产业不符合本国的比较优势,那么对这些企业无止境的资助就会挤占与比较优势相一致的一些产业里其他企业的资源。显然,这将减缓经济增长和资本积累的速度;与遵循比较优势的战略相比,这也将需要更长的时间使经济达到动态比较优势政策所期望的阶段(Lin and Zhang,2007)。

22. 根据此文的目的,使用购买力平价衡量的人均收入比市场汇率衡量的人均收入更好,这是因为,在国与国之间的比较中,前者更好地反映了发展水平和生产成本。

23. 有关这些国家产业政策的讨论,见 Chang(2003);有关上述国家人均收入的估计,见 Maddison(2006)。

24. 相似发展阶段的国家有可能在不同产业进行分工。然而,这些国家的资本密集度水平是相近的。例如,在近几年间,中国通过在电子产品、玩具和纺织业等劳动密集型制造业进行专业分工,取得了动态经济增长。而印度的增长则依赖于在呼叫中心、编程及业务流程服务中的专业分工,这些领域是信息产业内的劳动力密集型活动。

25. 本着同样的精神,Hausmann and Klinger(2006)调查了一国出口产品复杂程度的演变,他们发现,当出口产品是转移到产品空间中的"临近"产品时,这个过程更为简单。这是因为每个产业要求一些高度专用的投入,例如知识、有形资产、中间投入、劳动技能、基础设施、产权、监管要求或其他公共产品。在保证这些投入品的供应方面,现有的行业已经或多或少地排除了许多潜在的问题。这些阻止新产业兴起的障碍对于临近产业来说约束力更小,因为这些产业只要求现有投入的微小调整。

26. 关于韩国产业升级与其演变中的比较优势相一致的辩论,见林毅夫与张夏准之间的交流(Lin and Chang,2009)。

27. 根据 Maddison(2006),以 1990 年国际元衡量,1970 年中国香港的人均收入是 5 695 元,而毛里求斯的人均收入是 2 945 元。

28. 如同之前所讨论的那样,在当时,相似的赶超政策在德国、法国以及美国都成功了。它们的人均收入占英国人均收入的比例介于 60% 到 75% 之间。

29. 发展经济学的新领域被认为包含欠发达国家,因为"传统经济学"不适用于此领域(Hirschman,1982)。早期的贸易和发展理论以及政策处方的基础,是关于发展中国家的、被普遍接受的一些特征事实和前提假设(Krueger,1997),包括:(1)发展中经济体的生产结构严重地倾向于初级产品的生产;(2)如果发展中国家采取自由贸易政策,它们的比较优势将会永远地处于初级产品生产上;(3)全球对初级产品的需求收入弹性和需求价格弹性都较低;(4)资本积累是经济发展的关键,而且在发展的早期,资本积累只能通过资本品的进口来实现。基于这些特征事实和前提假设,我们就会很自然地相信,经济发展过程就是工业化的过程,主要包括国内生产的制成品对进口品的替代(Chenery,1958)。

30. 发展中国家产业政策失败的另一个原因是:受政策保护的产业是早已失去比较优势的产业,但是政府出于社会政治原因需要保护它们(例如提供就业,尤其是城市的就业)。
31. 这里所说的政府包括中央和地方政府。这里的讨论也适用于多边发展机构以及非政府组织,如果它们想促进发展中国家的产业升级和多样化的话。
32. 贸易商品指的是制成品、农产品和渔业产品,以及其他自然资源产品。由于国际生产网络在制造业中的出现并占据支配地位,这里的制成品不仅指最终产品,也包括制造业最终产品的中间投入。
33. 如同在前文中所讨论的那样,对于发展中国家实现产业升级和多样化并利用后发优势来说,这是最重要的原则。这是因为,在动态增长的经济中,工资率增长迅速,这就有可能导致该经济生产多年的产业开始失去比较优势。因此,该产业就会在具有类似要素禀赋结构且工资率较低的国家具有潜在比较优势。对于目前人均收入大约为1 000美元(以购买力平价衡量)的低收入国家来说,除找到目前人均收入约2 000美元的国家的成熟贸易商品之外,还可以设法找到大约20年前具有相似人均收入且自此之后蓬勃增长的国家的成熟贸易商品。具体而言,30年前的中国、越南和印度,有着与当今贫穷的撒哈拉以南国家相似甚至更低的人均收入水平。因此,对于当今的贫穷国家来说,它们可以选择中国、越南和印度20年前生产的商品和服务清单作为参照。它们也可以审查自己的进口品,找出其中具备以下特点的比较简单的制成品,作为产业升级和多样化的目标产业:这些制成品都是劳动密集型的,规模经济的程度不大,资金需求也不大,而且是产自和自己的发展程度相当,人均国内生产总值的水平在100%—200%的其他发展中国家。这里提出的想法类似于Hausmann and Klinger(2006)提出的"猴子跳到相近的树上",但是,相对于他们提出的产品空间分析法来说,这里提出的方法所需的步骤更容易执行。
34. 这是因为每个产业都需要一些专用投入,例如知识、有形资产、中间投入、劳动技能等。产业中一些私人企业的存在表明,该国经济至少部分地拥有这些关键性的投入。
35. 智利已经生产葡萄酒很长一段时间了。它最近在葡萄酒产业的成功是一个很好的例子。20世纪70年代,它从一个微不足道的葡萄酒出口国转变为世界第五大出口国,这在很大程度上得益于政府的规划。政府通过技术转移组(Grupos de Transferencia Tecnológica)向当地农民和葡萄园传播外国技术,并通过出口促进办公室(Export Promotion Office, ProChile)向国外推广智利葡萄酒(Benavente, 2006)。
36. 在这里,亚洲国家(地区)的成功经验可能有一定借鉴意义。当亚洲本土企业在一个特定领域内没有历史知识时,为解决这一问题,国家(地区)通常吸引外商直接投资或促办合资企业。例如,当中国内地在20世纪80年代向市场经济转轨时,中国政府积极邀请来自中国香港、中国台湾、韩国和日本的直接投资——这一政策对本土经济在各行业的起步提供了帮助。20世纪70年代,孟加拉国充满活力的服装产业同样开始于韩国制造商大宇的直接投资。几年后,当知识转移已经完成,直接投资也完成了其"孵化"的使命,当地的服装厂如雨后春笋般发展起来,大部分工厂的发展可以追溯到第一家韩国企业(Mottaleb and Sonobe, 2009; Rhee, 1990; Rhee and Belot, 1990)。厄瓜多尔20世纪80年代鲜切花出口蓬勃发展,这一产业也是从哥伦比亚花农建立的三家企业发展而来的(Sawers, 2005)。政府还可以通过设立工业园区来培育新产业。为电子和信息产业的发展而设立的中国台湾新竹科学工业园区(Mathews, 2006),以及为智利商业鲑鱼养殖示范而建立的基金会(Katz, 2006)是两个政府培育新产业的成功例子。

37. 印度的信息产业是一个很好的例子。20世纪80年代,在硅谷的印度专业人士帮助印度企业抓住了美国外包信息产业的扩展机会。软件出口潜力一出现,印度政府就帮助建立了高速数据传输的基础设施,使得海外的印度人可以回国并为美国客户建立离岸中心。印度的软件产业年增长率持续20年超过30%,其2008年的出口额接近600亿美元(Bhatnagar, 2006)。埃塞俄比亚在鲜切花出口上的成功是另一个例子。在政府于20世纪90年代选择鲜切花出口并提供产业政策帮助之前,当地的一个海盗企业已向欧洲市场出口了超过10年的鲜切花。秘鲁的芦笋也是一个很好的例子。芦笋作为一种外国作物,一个秘鲁农民在20世纪50年代发现它可以种植。然而,芦笋产业和芦笋出口并没有因此起飞,直到1985年,美国国际开发署(USAID)为一个农民协会提供拨款,使之获得了加州大学戴维斯分校一位专家的建议。这一位专家最近发明了适合美国市场的UC-157品种。这笔拨款还使得该协会获得了另一位专家的建议,这位专家向该协会的试验站成员展示了如何建立大规模生产所需的苗床以及准备出口所需的产品包装。政府还支持诸如秘鲁芦笋研究所和冷冻协会等合作机构参与研究、技术转让、市场调查、出口驱动和质量提升,并投资于处理80%新鲜芦笋出口的冷冻厂和包装厂。在这些干预下,秘鲁已经超过中国,成为世界最大的芦笋出口国(O'Brien and Rodriguez, 2004)。

38. 例如,除基础设施之外,许多非洲国家还面临僵化的劳动法规的约束。为了克服这个问题,毛里求斯允许在出口加工区采取灵活的就业形式,同时在国内经济的其他地区维持原有法规(Mistry and Treebhohun, 2009)。

39. 在中国,吸引外商直接投资的常用方法是前两年免征企业所得税,后三年该项税收减半。

40. 对于存在金融抑制和外汇管制的国家来说,直接贷款和获取外汇的优先权是很受欢迎的措施。

41. 政治捕获的可能性与保护和补贴程度成正比。如果目标产业与该国内在的比较优势相一致,那么用于补偿先驱企业所提供的信息正外部性的保护和补贴就应该很少,精英们也不会有激励运用其政治资本来捕获这么少的租金。此外,一旦先驱企业成功,许多新企业会进入新产业,那么市场会具有竞争性,这将进一步降低精英捕获的风险。相反,如果政府的目标是支持违背本国比较优势的产业的发展,那么目标产业的企业在竞争性市场上将不具有自生能力,所需的补贴和保护将非常大,这一部分补贴和保护也很有可能成为寻租和政治捕获的目标(Lin, 2009)。

42. 我们将此"给予事后奖励"的想法归功于魏尚进教授。
43. 感兴趣的读者可参考 Mazzucato, M. 2014. *The Entrepreneurial State*:*Debunking Public vs. Private Sector Myths*. London:Anthem Press。
44. 例如,参见 Di Maio(2008)和 Agosin et al. (2009)。
45. 根据对 80 个国家的超过 6 000 家企业样本的调查,Ayyagari et al. (2008)提供了一些投资环境变量的均值。在总样本中,税收和法规、政治动荡、通货膨胀以及融资被认为是企业成长的最大障碍。
46. Bourguignon(2006)观察到:"我想用'提取均值'来描述世界银行正在进行的投资环境评估工作的特征。如同营商环境一样,这些方法无疑是有用的。然而,它们给予我们的是全新的、更好的右侧变量指标数据,可用于跨国回归,但未必是进行国别分析的更好数据。我们的目标应是测量不同类型的企业对投资环境变量的敏感程度,来作为决定哪一个变量是增长的主要障碍的另一个方法。"

参考文献

Aghion, P. 2009. Some Thoughts on Industrial Policy and Growth. Working Paper No. 2009-09. Paris:OFCE-Sciences Po.

Agosin, M., C. Larraín, and N. Grau. 2009. "Industrial Policy in Chile," Working Papers wp294, University of Chile, Department of Economics.

Akamatsu, K. 1962. "A Historical Pattern of Economic Growth in Developing Countries," *The Development Economies*, Preliminary Issue No.1:3—25.

Alvin, D. F., and J. A. Krosnick. 1985. "The Measurement of Values in Surveys:A Comparison of Ratings and Rankings," *Public Opinion Quarterly* 49(4):535—552.

Amsden, A. H. 1989. *Asia's Next Giant*. New York and Oxford:Oxford University Press.

Ayyagari, M., A. Demirgüç-Kunt, and V. Maksimovic. 2008. "How Well Do Institutional Theories Explain Firms' Perceptions of Property Rights?" *Review of Financial Studies* 21(4):1833—1871.

Bhatnagar, S. 2006. "India's Software Industry," in Vandana Chandra (ed.), *Technology, Adaptation, and Exports:How Some Developing Countries Got It Right*. Washington, DC:World Bank.

Beasley, W. G. 1972. The Meiji Restoration. Stanford, CA:Stanford University Press.

Benavente, J. M. 2006. "Wine Production in Chile," in Vandana Chandra (ed.), *Technology, Adaptation, and Exports:How Some Developing Countries Got It Right*. Washington, DC:World Bank.

Bluestone, B., and B. Harrison. 1982. *The Deindustrialization of America:Plant Closings, Community Abandonment, and the Dismantling of Basic Industry*. New York:Basic Books.

Bourguignon, F. 2006. Economic Growth:Heterogeneity and Firm-level Disaggregation. PREM Lecture. Washington, DC:World Bank.

British Government. 2009. "Going for Growth:Our Future Prosperity," London (www. bis. gov. uk/wp-content/uploads/2010/01/GoingForGrowth. pdf).

Chang, H. -J. 2003. *Kicking Away the Ladder: Development Strategy in Historical Perspective*. London, Anthem Press.

Chenery, H. B. 1961. "Comparative Advantage and Development Policy," *American Economic Review* 51(1): 18—51.

Chenery, H. B. 1958. "The Role of Industrialization in Development Programmes," in A. N. Agarwala and S. P. Singh (eds.), *The Economics of Underdevelopment*. Bombay: Oxford University Press.

Diaz-Alejandro, C. 1985. "Good-bye Financial Repression, Hello Financial Crash," *Journal of Development Economics* 19: 1—24.

Di Maio, M. 2008. Industrial Policies in Developing Countries: History and Perspectives. Working Paper No. 48-2008. Italy: Macerata University, Department of Finance and Economic Sciences.

Duflo, E. 2004. "Scaling Up and Evaluation," in F. Bourguignon and B. Pleskovic (eds.), *Annual World Bank Conference on Development Economics 2004*. Washington, DC: World Bank.

Evans, P. 1996. "Using Cross-country Income Differences," in P. Aghion and S. N. Durlauf (eds.), *Handbook of Economic Growth*, vol. 1. Amsterdam: North-Holland.

Gelb, A. et al. 2007. What Matters to African Firms? The Relevance of Perception Data. Policy Research Working Paper No. 4446. Washington, DC: World Bank.

Gerschenkron, A. 1962. *Economic Backwardness in Historical Perspective: A Book of Essays*. Cambridge, MA: Belknap Press of Harvard University Press.

Harrison, A., and A. Rodríguez-Clare. 2010. "Trade, Foreign Investment, and Industrial Policy for Developing Countries," *Handbook of Development Economics 5*: 4039—4213.

Hausmann, R., and B. Klinger. 2006. Structural Transformation and Patterns of Comparative Advantage in the Product Space. Working Paper No. 128. Cambridge, MA: Harvard University Center for International Development.

Hausmann, R., and D. Rodrik. 2003. "Economic Development as Self-discovery," *Journal of Development Economics* 72 (December).

Hausmann, R., D. Rodrik, and A. Velasco. 2008. "Growth Diagnostics," in N. Serra and J. E. Stiglitz (eds.), *The Washington Consensus Reconsidered: Towards a New Global Governance*. New York: Oxford University Press.

Hirschman, A. O. 1982. "The Rise and Decline of Development Economics," in M. Gersovitz and W. A. Lewis (eds.), *The Theory and Experience of Economic Development*. London: Allen and Unwin.

Howitt, P., and D. Weil. 2010. "Economic Growth," in S. N. Durlauf and L. E. Blume (eds.), *Economic Growth*. New York: Macmillan Palgrave.

Ito, T. 1980. "Disequilibrium Growth Theory," *Journal of Economic Theory* 23: 380—409.

Jäntti, M., and J. Vartiainen. 2009. The Finnish Developmental State and its Growth Regime. Research Paper No. 2009/35. Helsinki: United Nations University.

Jones, L. et al. 1990. *Selling Public Enterprises: A Cost-Benefit Methodology*. Cambridge, MA: MIT Press.

Ju, J., J. Y. Lin, and Y. Wang. 2009. Endowment Structures, Industrial Dynamics and Economic Growth. Policy Research Working Paper No. 5055. Washington, DC: World Bank.

Katz, J. 2006. "Salmon Farming in Chile," in Vandana Chandra (ed.), *Technology, *Adaptation, and Exports: How Some Developing Countries Got It Right*. Washington, DC: World Bank.

Kim, Y. H. 1988. *Higashi Ajia Kogyoka to Sekai Shihonshugi (Industrialisation of East Asia and World Capitalism)*. Tokyo: Toyo Keizai Shimpo-sha.

Kindleberger, C. 1978. "Germany's Overtaking of England, 1806—1914," in *Economic Response: Comparative Studies in Trade, Finance, and Growth*. Cambridge. MA: Harvard University Press.

Kornai, J. 1986. "The Soft Budget Constraint," *Kyklos* 39(1): 3—30.

Kosonen, K. 1992. "Economic Growth," in J. Pekkarinen *et al.* (eds.), *Social Corporatism*. Oxford: Clarendon Press.

Krueger, A. O. 1997. "Trade Policy and Economic Development: How We Learn," *American Economic Review* 87(1): 1—22.

Krueger, A. O., and B. Tuncer. 1982. "An Empirical Test of the Infant Industry Argument," *American Economic Review* 72: 1142—152.

Krugman, P. 1979. "A Model of Innovation, Technology Transfer, and the World Distribution of Income," *Journal of Political Economy* 87(2): 253—266.

Kuznets, S. 1966. *Modern Economic Growth: Rate, Structure and Spread*. New Haven, CT and London: Yale University Press.

Lal, D. 1994. *Against Dirigisme: The Case for Unshackling Economic Markets*. San Francisco: International Center for Economic Growth, ICS Press.

Landes, D. 1969. *The Unbound Prometheus: Technological Change and Industrial Development in Western Europe from 1750 to the Present*. Cambridge: Cambridge University Press.

Lin, J. Y. 2010. New Structural Economics: A Framework for Rethinking Development. Policy Research Working Paper No. 5197. Washington, DC: World Bank.

Lin, J. Y. 2009. *Economic Development and Transition: Thought, Strategy, and Viability*. Cambridge: Cambridge University Press.

Lin, J. Y., and H.-J. Chang. 2009. "DPR Debate: Should Industrial Policy in Developing Countries Conform to Comparative Advantage or Defy It?" *Development Policy Review* 27(5): 483—502.

林毅夫、任若恩,"东亚经济增长模式相关争论的再探讨",《经济研究》,2007年第8期,第4—12页。

Lin, J. Y., and G. Tan. 1999. "Policy Burdens, Accountability, and the Soft Budget Constraint," *American Economic Review: Papers and Proceedings* 89(2): 426—431.

Lin, J. Y., and Pengfei Zhang. 2007. *Development Strategy, Optimal Industrial Structure and Economic Growth in Less Developed Countries*. CID Working Paper No. 19. Cambridge, MA: Harvard University Center for International Development.

List, F. (1841 [1930]) *Das Nationale System der Politischen Ökonomie (The National System of Political Economy)*. Vol. 6. Schriften, Reden, Briefe. A. Sommer (ed.). Berlin: Reinmar Hobbing.

Maddison, A. 2006. *The World Economy*. Paris: Organisation for Economic Cooperation and Development.

Maddison, A. 2001. *The World Economy: A Millennial Perspective*. Paris: OECD.

Mathews, J. A. 2006. "Electronics in Taiwan: A Case of Technological Learning," in V. Chandra (ed.), *Technology, Adaptation, and Exports: How Some Developing Countries Got It Right*. Washington, DC: World Bank.

McKenzie, R. B. 2007. "Industrial Policy," in D. R. Henderson (ed.), *The Concise Encyclopedia of Economics*. Liberty Fund (www.econlib.org/library/Enc1/IndustrialPolicy.html).

Mistry, P. S., and N. Treebhoohun. 2009. *The Export of Tradeable Services in Mauritius: A Commonwealth Case Study in Economic Transformation*. London: Commonwealth Secretariat.

Monga, C. 2006. "Commodities, Mercedes-Benz, and Adjustment: An Episode in West African History," in E. K. Akyeampong (ed.), *Themes in West Africa's History*. Oxford: James Currey.

Mottaleb, K. A., and T. Sonobe. 2009. "Inquiry into the Rapid Growth of the Garment Industry in Bangladesh," Tokyo: Foundation for Advanced Studies on International Development (mimeo).

Mowery, D., and N. Rosenberg. 1993. "The US National Innovation System," in R. Nelson (ed.), *National Innovation Systems: A Comparative Analysis*. Oxford: Oxford University Press.

O'Brien, T. M., and A. D. Rodriguez. 2004. "Improving Competitiveness and Market Access for Agricultural Exports through the Development and Application of Food Safety and Quality Standards: the Example of Peruvian Asparagus," San Jose: Agricultural Health and Food Safety Program, Inter-American Institute for Cooperation on Agriculture.

O'Brien, P., and C. Keyder. 1978. *Economic Growth in Britain and France 1789—1914: Two Paths to the Twentieth Century*. London: George Allen and Unwin.

Otsuka, K., G. Ranis, and G. Saxonhouse. 1988. *Comparative Technology Choice in Development: The Indian and Japanese Cotton Textile Industries*. London: Macmillan Press.

Owen, G. 1966. *Industry in the USA*. London: Penguin Books.

Pack, H., and K. Saggi. 2006. "Is There a Case for Industrial Policy? A Critical Survey," *World Bank Research Observer* 21(2): 267—297.

Pritchett, L. 1997. "Divergence, Big Time," *Journal of Economic Perspectives* 11(3): 3—17.

Redding, S. 1999. "Dynamic Comparative Advantage and the Welfare Effects of Trade," *Oxford Economic Papers* 51(1): 15—39.

Rhee, Y. W. 1990. "The Catalyst Model of Development: Lessons from Bangladesh's Success with Garment Exports," *World Development* 18(2): 333—346.

Rhee, Y. W., and T. Belot. 1990. Export Catalysts in Low-income Countries. World Bank Discussion Papers No. 72. Washington, DC: World Bank.

Rodrik, D. 2009. "Industrial Policy: Don't Ask Why, Ask How," *Middle East Development Journal* 1(1): 1—29.

Romer, P. M. 1990. "Endogenous Technological Change," *Journal of Political Economy* 98(5): part II, S71—S102.

Sawers, L. 2005. "Nontraditional or New Traditional Exports: Ecuador's Flower Boom," *Latin American Research Review* 40(3): 40—66.

Schultze, C. 1983. "Industrial Policy: A Dissent," *Brookings Review*, October: 3—12.

Shapiro, H., and L. Taylor. 1990. "The State and Industrial Change," *World Development* 18(6).

Thurow, L. 1980. *The Zero-Sum Society: Distribution and the Possibilities for Change*. New York: Basic Books.

Trebilcok, C. 1981. *The Industrialization of Continental Powers, 1780—1914*. London: Longman.

Wade, R. 1990. *Governing the Market*.

Princeton, NJ: Princeton University Press.

World Bank. 1995. *Bureaucrats in Business: The Economics and Politics of Government Ownership*. New York: Oxford University Press.

Zoellick, R. B. 2010. *The End of the Third World? Modernizing Multilateralism for a Multipolar Growth*. Washington, DC: World Bank.

评论与回应*

引言,德克·威廉·特威尔德**

评估政府在结构变迁过程中的作用,就像林毅夫和孟加所做的那样,并不是一件新鲜事。然而,他们的文章最有价值的贡献就在于提供了一个实用的程序,即通过六个步骤来甄别和促进增长。这种方法与现有的增长诊断法(Hausmann et al., 2005)、竞争力法(Porter and Schwab, 2008)、投资环境调查法(世界银行, 2005)、生产能力法(Cantore et al., 2011)等是互补的:

- 第一步,各国政府应选择这样一些国家:这些国家高速增长,与本国具有相似的要素禀赋结构,人均收入高于本国差不多一倍。然后,再找出过去20年间这些国家的哪些贸易品产业得到了很好的发展。
- 第二步,如果这些行业中已经有一些国内私人企业进入了,就应该弄清楚该行业技术升级或更多企业进入的约束,并设法消除这些约束。
- 第三步,对于国内企业尚未涉足的行业,政策制定者可尝试从第一步中列出的国家吸引外商直接投资(FDI),或实施新的企业培育计划。
- 第四步,除在第一步中确定的行业之外,政府还应关注私人企业自主的自我发现,并对它们发现的新行业中成功的私人企业的发展提供支持。
- 第五步,在基础设施落后和商业运营环境较差的国家,可利用经济特区或工业园区来克服进入障碍和外商直接投资的阻碍、鼓励产

---

* 本文改编自"DPR Debate: Growth Identification and Facilitation: The Role of the State in the Dynamics of Structural Change," *Development Policy Review*, 29 (3), May 2011 (DOI: 10.1111/j. 1467—7679.2011.00534.x). © Lin, J., Monga, C., te Velde, D. W., Tendulkar, S. D., Amsden, A., Amoako, K. Y., Pack, H., and Lim, W. © 2011 Overseas Development Institute. 经 John Wiley and Sons / Blackwell Publishing 许可重印。

** 德克·威廉·特威尔德(Dirk Wilem te Velde)是伦敦海外发展研究院投资、增长与贸易计划的主任。

业集群的形成。

- 第六步,对于上述行业的先驱者,政府应该给予一定时期的税收优惠、合作投融资或外汇获取权。

如果没有仔细阅读这篇文章,读者可能会对这一框架提出一些显而易见的问题。例如,新框架的第一步要求发展中国家根据类似国家20年前生产的商品和服务来甄别本国拥有比较优势的行业。但如果现今的条件已根本改变,与过去比较已经得不到什么有意义的信息(例如,新兴力量的崛起、光缆等新的通信技术的出现,新的生产工艺、新的全球规则和制度,以及气候变化),情况会怎样呢？如果需求模式从根本上发生改变(例如,中国和印度中产阶级的崛起,全球金融危机),与过去的产品相比,另外一些产品更成功,情况会怎样呢？如果有测算问题,例如信息通信技术(ICT)服务的出口可能相当难以测量,但有可能这一行业恰恰就是可使用优质光缆的小内陆国家的比较优势所在,情况会怎样呢？如果参照国在地理上或制度上与本国有很大差异,情况又会怎样呢？因此,人们可能会怀疑第一步是否能在所有情况下都得到足够充分的信息。

对于第二步来说,这一步是关于政府支持(消除增长的紧约束)的,但目前尚不清楚一个国家如何知道在何种情况下哪种政策或工具最为有效(这个问题也适用于增长诊断理论)。因此,即使甄别出了合适的行业和约束条件,错误的政策工具仍可能导致意外的结果。这就引出了一个本文强调不足但却很重要的观点,即作为遵循一国比较优势政策的需要(这隐含在第一步至第六步中),落实政策所依赖的条件(政府能力、政治激励机制、政企关系的性质)也是产业政策成功至关重要的因素。

然而,除这些问题之外,增长甄别与因势利导框架还被阐述为现有分析框架的替代物。我们邀请了五位杰出专家来进行评论。

专家评论

德里大学经济学院退休经济学教授苏雷什·坦杜尔卡(Suresh Tendulkar),评论了政府在促进经济增长和甄别增长源泉两个方面所扮演的角色的区别。坦杜尔卡承认政府在促进经济增长中的重要作用,但对政府在增长甄别方面的作用则不太确定。他问道,怎样才能约束一个过度热情的政府,使之不要超出自己的能力行事？他以南亚为例问了这一问题。他还警告说,有时限的激励起不到直接作用。

麻省理工学院的爱丽丝·安士敦(Alice Amsden)提出了三点。首先,她认为,从中东的能源国家到亚洲制造业走廊和"金砖四国"(巴西、俄罗斯、印度和中国),产业政策实际上比林毅夫和孟加设想的更为成功。其次,她认为,作者的两轨法(甄别和因势利导)比 Porter 的价值链分析和 Hausmann 的"跳跃的猴子"模型更好,因为它涉及建立商业知识,这比其他概念所蕴含的方法更完整。最后,她认为,如果把产业政策应用于海外投资和劳动技能的引进,林毅夫和孟加的模型可以得到加强。

K. Y. 阿莫亚科(K. Y. Amoako)是位于加纳阿克拉的非洲经济转型研究中心(ACET)的创始人兼总裁,他认为林毅夫和孟加的方法是一个切合实际的有用指南,这样一个务实的做法是值得欢迎的,特别是它出自历来不相信积极工业政策的世界银行。然而,阿莫亚科也认为,文章过于强调要支持遵循比较优势的产品,而对获取新技术和学习的关注太少。成功的工业化并不总是基于竞争性市场的,非洲国家也不总是成功的,尽管它们遵循了自己的比较优势。

宾夕法尼亚大学沃顿商学院商业与公共政策系霍华德·帕克(Howard Pack)认为,选择富裕的参照国,再据此选择行业,然后遵循该国的比较优势,这种做法是有问题的。部分原因是较富裕国家的经济结构可能是扭曲性政策的结果,另一部分原因是,成功的政策往往是一个庞大的政策集,而不仅仅是甄别出潜在产品。政府应该解决一系列的问题,这很有可能超越任何政府的能力。

韩国发展研究院国际发展中心政策研究主任林佑赫(Wonhyuk Lim),对如下观点表示赞同:在发展的初级阶段,基于比较优势、自我发现和因势利导型政府三个因素来提供政策建议将有助于决策者;但他认为,还需要做许多事情才能使一个国家越过中等收入陷阱。韩国摒弃了本国的比较优势,依靠培养专业技能、填补价值链中的一些特定空白、依靠精心选择的一系列企业集团和战略选择,而进入了重工业和化学工业。

回应

辩论的最后,林毅夫和孟加做出了一个回应。他们直接回应了许多质疑,例如他们指出,增长甄别与因势利导是隐性地相辅相成、齐头并进的。他们也对一些建设性的意见表示赞同,例如安士敦教授指出的获取企业组织管理经验的重要性,以及将产业政策应用于海外投资使得这一模型得到改进的方式。

但也有一些观点将留给读者做判断。例如,林毅夫和孟加重复强调,他们的模型关注"发展与潜在的比较优势相一致的产业"。他们的意图也许并不会招致反对,但大多数人可能会怀疑它是否可以在实践中实现。或者说,当林毅夫和孟加表明"这只是简单指出了制定清晰、透明、严格的标准的必要性,这样的标准可以减轻……对没有竞争力的行业的支持",很少有人会怀疑它的重要性,但许多人将会质疑政府是否有能力成功地实施这些标准,就像坦杜尔卡所强调的那样。

一个进一步且尚未完全结束的讨论是,在多大程度上政府应遵循静态比较优势,或者如阿莫亚科暗示的一样,它们是否应该建立起动态比较优势。

另一个悬而未决的讨论与知识有关(就像帕克提出的那样)。政府官员不可能拥有足够的知识,来按其意愿支持各个产业,也没有足够的知识来选定符合其潜在比较优势的产业。什么时候政府的知识才够用呢?

结论

林毅夫和孟加的文章为各国政府促进增长提供了有用且切合实际的六步计划,这个计划似乎是对现有框架(增长诊断框架、竞争力分析、生产能力分析、投资环境分析)的一个可靠的替代物。它再次掀起了关于增长政策在发展中作用的讨论,也使这一话题再度成为发展经济学领域受人关注的问题。

在评论林毅夫和孟加对文献的贡献时,大多数意见认可他们的观点:政府在促进增长方面可以发挥重要作用。许多人也高度评价了这一思路所蕴含的切实可行的政策建议。然而,关于政府是否有能力对增长进行甄别仍然存有分歧。

此外,林毅夫和孟加提出的两轨六步法依赖一个前提,即国家要遵循自身的比较优势。而一些意见建议则认为,国家实际上需要违背比较优势,这将涉及比这个框架建议的政策更为复杂的一套政策。

总之,大多数人认为,该方法有助于为成功的产业发展提供原料,并且接近于一个关于增长的"菜谱"。但也有人怀疑"厨师"应用这个菜谱并把原料变为美味佳肴的能力。不管怎样,人们希望六步法的应用将会产生相关信息,帮助各个国家增长更快。事实上,除了搞清楚制约一国发展的紧约束是什么,发展中国家的政策制定者常常会问:在过去,其他国家是如何实现我们现在要实现的目标的?

参考文献

Cantore, N., K. Ellis, I. Massa, and D. W. te Velde. 2011. "Managing Change and Cultivating Opportunity: The Case for a Capability Index Measuring Countries' Ability to Manage Change Effectively," KPMG-ODI report. London: KPMG and Overseas Development Institute.

Hausmann, R., D. Rodrik, and A. Velasco. 2005. *Growth Diagnostics*. Cambridge, MA: Harvard University Center for International Development (www.hks.harvard.edu/fs/rhausma/new/growthdiag.pdf).

Porter, M., and K. Schwab. 2008. *The Global Competitiveness Report 2008—2009*. Geneva: World Economic Forum.

World Bank. 2005. *World Development Report on the Investment Climate*. New York: Oxford University Press for the World Bank.

苏雷什·坦杜尔卡[*]

林毅夫和孟加认为,经济学家着迷于经济增长之谜,这是正确的。20世纪50年代,罗斯托为每一个欠发达国家(地区)提供了可预测的、明确的增长路线图。让罗斯托这样自信的好日子已经一去不复返了。此后不久,大量经济理论分析模型如雨后春笋般发展起来。虽然罗斯托在自己的时代中不是绝对无可争议的(立即就能想到 Kuznetz 和 Gerschenkron),经济学家们却从那时起变得更为慎重,尽管(或者可能因为)大量数据已经存在。这样做是正确的。18世纪的荷兰和英国,人均收入开始以每年1.5%—2%的速度增长,美国、德国和法国也于19世纪跻身其中,随后,这个团体的规模迅速膨胀:20世纪50年代的日本,60年代的中国香港、新加坡、韩国和中国台湾,70年代的中国内地、泰国、马来西亚和印度尼西亚,80年代的印度和其他新兴经济都加入增长的行列中。随着两个人口最多的国家——中国和印度——的加入,采用人口加权法计算的国家(地区)间人均国内生产总值的不平等表现出可喜的下降。然而,增长队伍中的国家(地区)仍然不多。虽然我们事后对快速增长的共同特征相当确定,但很少有国家(地区)能

---

[*] 苏雷什·坦杜尔卡(Suresh Tendulkar)是印度德里大学经济学院的退休教授。

保持20年以上的持续快速增长(比方说,年人均GDP增速达到3%或更高)。我们不知道也无法肯定预测,究竟是什么触发因素会促进任一给定国家(地区)的持续增长。

林毅夫和孟加没有被这些问题吓倒,他们开始了一项雄心勃勃和令人钦佩的事业,为发展中国家的政府干预制定了两方面的议程,一是增长扶持(提供软硬件基础设施),二是增长甄别(通过有预见性的产业政策实现持续不断的技术升级和多样化),使发展中国家可以利用经济快速增长减少贫困。毫无疑问,这个目标确实令人称道。他们对第二次世界大战前后国家干预成败的经验教训的详细事后分析得出的结论也支持他们的观点。虽然我内心希望他们成功,但理智上还是不满意。因此,请允许我阐释一下我不满意的理由。我将做出一些内省式评论,当然是戴着我的南亚(特别是印度)有色眼镜,同时我也认识到,作者也有一个东亚和东南亚(包括中国)的视角。

争议较少且易于为人接受的观点,是政府在经济增长方面的因势利导作用,也就是提供硬件(公路、铁路、空中运输和通信,电力以及其他公共事业网络)和软件(基本治理结构,包括竞争性市场制度、金融体系及监管、基本医疗,以及中小学教育服务,包括职业培训)基础设施。由于这些基础设施的外部性和公益性质,上述任务确实是政府的核心法定任务。充足的实物设施、有效的运营成本,以及相应的公共服务的提供,可以降低私人部门的交易成本,同时为经济结构提供竞争优势。

更困难、更不确定且因此更有争议的是增长甄别的作用。林毅夫和孟加在其出色的历史分析中,列举了大量失败的案例和少数成功的案例,并列举了种种政府行为的弊端,比如善意但过于积极的政策、出手过重的非侵犯性政策组合、不加区别地把以往成功的政策延期、随意扩展公共部门(使其远远超出了最低限度和自由裁量权)。这些因素往往会扼杀市场运作的活力,导致猖獗的寻租活动。对符合要素禀赋结构和比较优势的产业的事先选择可能会出现错误,让人们承认这个错误不难,但要想在政策(包括补贴和关税保护)明显无效或不成功的情况下及时取消相关政策却很难。问题就很有讽刺意味地变为:如何控制一个过于热心的政府,使之不要采取自己远远无法有效把握的政策?按我的估计,基于南亚的经验,先进行增长甄别,然后事前培育被挑选出来的赢家,把它们置于一个严格的、有时间限制的约束下,是一个困难和高风险的事业。这并不排除偶然的、幸运的成功,但这个成功究竟是不是真的,还需要根据实际经验和对学科的信心来判断。

爱丽丝·安士敦[*]

在林毅夫和孟加关于政府作用的关键文章里,他们关注比较优势的概念,把它作为消除不发达的线索。他们是前进了一步还是在原地踏步呢?

作为一个抽象的概念,或是就像从地底冒出来的一样,比较优势可以用演绎法来解释,也可用归纳法来解释。经济学家通常用演绎法来理解它。林毅夫和孟加指出,大多数发展中国家之所以失败,主要是因为政府没有能力设计出一套好的标准,去找到符合其要素禀赋结构和发展水平(也就是潜在的比较优势)的行业。然而,两个广阔的去殖民化区域——远东和中东,拥有成功的产业政策、快速的 GDP 增长、急速减少的贫困,却是通过探查它们邻国的情况去遵循自己的比较优势;如果一个产业在邻国兴起,这事实上是对邻国比较优势的强有力证明,试想,还能找到比这更具体的证据吗?如果一个出口加工区成功了,如果某国的石油企业相较国际性石油企业增加了国内的供给和税收,其他国家就会效仿,并遵循这个发展的蓝图(模仿主要发生在南—南国家之间)以便自己更容易获得成功。

随着参与方的变化,以及外生冲击的影响,两大区域角色模范已经有所演变,它们关于"产业政策"的含义也在发生变化。(我要指出的是,世界贸易组织对补贴的限制已经驱使"新兴"国家和"已崛起"国家的产业政策转入地下,创造了一种"平整比赛场地"的托词。)OPEC(石油输出国组织)发展角色模范(与 OPEC 价格卡特尔不同)始于伊朗和沙特阿拉伯,这两个国家把 1938 年墨西哥石油行业的国有化作为其模范,雇用了数以百万计的最远来自孟加拉国的工人,接近于拉·明特(Hla Myint)在 20 世纪 50 年代描述的"劳动力稀缺、资源丰富的经济"。远东模式依照阿瑟·刘易斯(Arthur Lewis)分析过的劳动力丰裕经济的路线运行,它形成于第二次世界大战后的日本,而日本那时既非发达国家也非欠发达国家,它选择目标产业的标准比林毅夫和孟

---

[*] 爱丽丝·安士敦(Alice Amsden)是麻省理工学院的 Barton L. Weller 政治经济学教授。

加的标准简单:政府支持具有更大关联度且在国际上生产率增长较快的产业,首先是丝棉纺织业(Amsden and Suzumura, 2001)。像金砖国家这样的大国的产业政策跨越亚洲的制造业走廊和中东的能源带,因此,实际上其产业政策很可能比林毅夫和孟加所说的更为成功,而不是"大部分都失败了"。

在刘易斯、明特和其他古典经济学家的第三个原始模式——农业出口经济中,产业政策失败了,但是,由于其超速的人口增长,这个模式本身是不是可行的,就值得怀疑了(2002—2010年人口增长率最高的30个国家中,有24个小农经济,23个在非洲)。缺地、高失业,但是劳动力成本又不够低,制造业经验又不够丰富,使其无法与印度这样的劳动力丰裕的经济竞争。除人口计划之外,帮助农业经济(其中许多国家最近发现了能源和矿产资源,比如苏丹、安哥拉、喀麦隆和加纳)的最好的产业政策还有什么,是OPEC发展角色模范(由临近的尼日利亚教给它们别做什么),还是林毅夫和孟加所说的两种政府干预措施的"重要区别"?后者区分了两类政策:一是通过解决信息、协调和外部性来促进结构变迁的政策,二是旨在对所选定的、违背由现有的要素禀赋结构(曾被称为动态比较优势)所决定的比较优势的特定产业和企业进行保护的政策。他们的区分看起来有意义,但实际上很模糊,至少对于巨大的能源和采矿部门(这两个部门是无法运转的农业经济机制的巨大希望)来说是如此。

有无限的劳动力供给、丰富的自然资源或临近可信角色模范的发展中国家,如哥伦比亚、摩洛哥、尼加拉瓜、尼泊尔,需要有关于如何"选优"的建议。林毅夫和孟加的标准,面对着Porter(价值链)和Hausmann(跳跃的猴子)标准的挑战。我认为林毅夫和孟加的两轨六步法比他们的好,因为,如果我理解了其广泛含义的话,比较优势可以归结为拥有"商业知识",后者是以行业发展走向路线图、生产工程技术和项目执行能力为基础的一种经验知识,这种知识使投资项目可以被实施和运行。(随着政府研发避开了限制性专利,而日本被认为将逐渐开始生产DVD光盘,于是中国台湾的电子企业投资生产CD-ROM,尽管世界价格在下降。)相反,猴子将跳到哪里,或者说一个国家将如何定位自身在价值链上的位置,主要决定于狭义的要素比例标准。

林毅夫和孟加面临的挑战是,如何加快专业化管理的商业组织及其特有技能的增长。商业知识取决于经验,而这在我看来,对于缺乏东亚地区的战前制造业文化(这个文化被日本的局部战争准备所加强)

的经济来说,是被严重忽视的要素。可以用学习曲线来理解经验,但这种学习不是重复性的。经验依赖于对关于多项活动(这些活动可能同时变化)的不可言传、没有记录的知识的获取,这是一个比获取信息更为艰难的任务(这是事实)。那么,产业政策如何能够加快经验的获取呢?

我认为,以下两种可能性可以向前推进林毅夫和孟加的观点:追随东亚模式和中东模式的做法,利用产业政策来:(1) 投资海外(外向的外商直接投资);(2) 扭转人才外流的局面(并为本地人才创造一个公平的竞争环境),这可能会在一夜之间改变一个小国的比较优势。当马来西亚政府的产业政策转向关注马来人口,而不是补贴马来人在马来西亚拥有的企业的时候,他们就开始收购外国企业,并得到了这些企业的股权;这提升了他们选择特定海外资产予以购买的技能,这是在国内进行成功投资所同样需要的"商业知识"。沙特阿拉伯国有石化企业 SABIC 也一样,这家企业收购了通用电气在中国的化学品业务,而对石化和化学品原料成本的估计均需利用关于石油供求的信息。因此,对外直接投资就会对国内的以下方面具有正的溢出效应:收入、就业、收入分配(与马来西亚的情形一样)和挑选优胜者。

扭转人才外流的局面并在本国创造更多的经济机会,是一项成本巨大的挑战,但潜在回报也非常高,因为海归人才的经验能够告诉政府应该支持哪些具体的行业。此外,全球主义的不完善,已经使一些专业人士有了回国发展的愿望。张忠谋,得克萨斯州仪器公司的高层管理人员,回到中国台湾运营其新的国有半导体企业,因为他声称在得州仪器公司碰到了"黄种人玻璃天花板"。联合利华的西非高管也谈到过"黑种人玻璃天花板"。产业政策内在地具有民族主义倾向,政府的作用则是培养一个生产型的民族主义。

参考文献

Amsden, A. H., and K. Suzumura. 2001. "An Interview with Miyohei Shinohara: Nonconformism in Japanese Economic Thought," *Journal of the Japanese and International Economies* 15: 341—360.

K. Y. 阿莫亚科*

　　林毅夫和孟加的文章强调技术创新、产业升级和多样化,以及基础设施和制度的改善对持续增长的重要性。他们指出,虽然市场机制对资源的有效配置至关重要,但仍可能不足以使企业克服信息、协调和外部性问题,而这些问题往往妨碍了发展中国家的技术创新、产业升级和多样化,以及基础设施和制度的改善,从而妨碍这些国家经济的持续增长。作者指出,历史证据表明,在几乎所有成功国家(即工业化国家和最近东亚的成功案例),政府都发挥了并在继续发挥积极主动的作用,帮助它们的企业克服这些难题。他们进一步指出,出于同样的原因,几乎所有发展中国家的政府也试图干预过它们的经济,但大部分都失败了。文章的中心论点是想说明,这些国家的失败是因为其政府干预经济的措施违背了该经济现有的比较优势,这意味着,它们试图发展一些不符合其相对要素禀赋结构(尤其是资本和劳动力)的产品。为了解决这个问题,他们提出了一个方案,以使发展中国家的政策制定者可以按照这一方案去挑选产业或产品,然后采取措施促进并扶持这些产品或产业的发展。

　　作者认为,一个发展中国家要想使出口多样化,其政府应"确定一份贸易商品和服务的清单。这些商品和服务应满足如下条件:在具有与本国相似的要素禀赋结构,且人均收入高于本国约100%—200%的高速增长国家中,这些商品和服务的生产已超过20年",然后消除这些紧约束,或采取必要的措施促进出口的发展,包括吸引外商直接投资。同时,政府应积极寻找国内企业成功发现的行业或产品并提供适当的支持。该文给出了政府可以提供的各类支持或便利条件的例子。

　　总的来说,我觉得这个建议对热衷于出口多样化和出口升级的政府来说,是非常实用和有用的指导。这篇文章以务实的态度,关注工业化过程中政府的作用,这是值得欢迎的;尤其是这篇文章出自世界银行,该行在20世纪八九十年代的很大一部分时间里否认政府在工业化过程中有任何正面或积极的作用,并实行了自由化和私有化计划,以支持这一观点。最近,在看到东亚经济体(例如韩国、中国台湾、新加

---

* K. Y. 阿莫亚科(K. Y. Amoako)是位于加纳阿克拉的非洲经济转型研究中心(ACET)的创始人兼总裁。

坡和中国香港)的卓越经济表现(其中韩国、中国台湾和新加坡有关部门奉行积极的产业政策)之后,世界银行不得不修改其立场,开始研究东亚奇迹(世界银行,1993)。我们希望林毅夫和孟加的这篇文章有助于世界银行进一步沿着实用主义道路前行。正如他们引述的 Rodrik(2009)的观点:"……与其建议发展中国家(地区)的政府放弃因势利导角色,还不如'更深入地了解为什么一些国家(地区)成功而其他大多数国家(地区)失败就显得非常重要;如果能做到这一点,我们就有可能为政府提供更好的建议,让它们做正确的事情,避免犯错误'。"

虽然我完全同意作者的观点,认为政府在扶持工业化方面有着积极的作用,并赞许他们的建议,但仍希望看到他们在使用比较优势(即要素的相对构成)评价产业升级和多样化的成败案例时,能多一点灵活性。在我看来,使用赫克歇尔-俄林-萨缪尔森(HOS)的框架来解释产业政策太局限于理论,也似乎没有充分解释这些经济体的经历。

从理论上讲,一个国家集中生产的产品所需要的要素应该是本国相对丰裕的要素,这一观点非常有道理。然而,这种观点有一个前提假设,就是在国际和国内均存在竞争性市场,可现实可能并非如此。此外,这一观点也是静态的,没有考虑需求、价格、技术变革前景,以及在世界市场上对产品的学习前景。相对于产品 B,一个国家在今天利用其要素禀赋生产 A 更为便宜,并不必然意味着在中期至长期,它依然是最好生产 A 而不是 B,事实上,B 可能拥有更多的需求以及更好的技术变革和学习前景。诚然,今天生产 A 可以提高国民收入,从而增加储蓄并增大该国资本量。但是,如果该国的目标是在工业化方面"赶超"别的国家,那么在某个时点上它将不得不违背现有的比较优势,偏离目前的生产结构,采取非边际步骤偏离现有的生产结构(即尝试生产 B)。当然,这将是一个更危险的举动,但高风险意味着高回报。因此,对于我来说,政策问题是双重的:(1) 在任何特定时间,产业政策中产品 A 与 B 应进行什么样的组合,它们应如何随时间而改变?(2) 选定了一个特定产品组合,尤其是包括产品 B 的时候,什么样的补充政策能最大限度地减少风险,提高成功的机会?后一问题将技术和技术能力的获取问题提上台面。HOS 理论用"所有生产者都能得到和有效使用同样的技术"的假设回避了这一问题;林毅夫和孟加似乎继承了这一做法。这一假设显然很成问题。实际上,在我看来,产业政策应该解决的核心发展问题恰恰就是技术的可获得性、有效利用、吸收和改造(Lall,2003,2004)。为了应对这一挑战,不应仅仅关注由相对资本劳动比率决定的现有比较优势。

事实上，如果一个国家实现产业升级和多样化的方法仅仅是试图打入那些在"产业阶梯"上领先自己，且由于劳动力成本上升而竞争力下降的国家的市场，那就意味着各国的产业排名随时间基本不变。这样就几乎没有任何"赶超"的案例，美国和德国在工业化方面不会超越英国，日本不会成为汽车出口方面占主导地位的国家，韩国也不会成为最高效的钢生产国。我研究日本和东亚国家的经验是，政府同时在促进 A 和 B 两种不同行业，只不过二者的搭配随着时间的推移而不断变化，支持政策包括大量财政、汇率、贸易和信用工具。它们还建立了强有力的制度，奉行积极的技术政策和外商直接投资政策，积极开发劳动技能，并积极参与产业重组。在这么多的政府干预手段作用下，促使企业依靠比较优势发展的竞争性市场是否还依然有效（Johnson, 1982；Amsden, 1989；Wade, 1990；Evans, 1995；世界银行, 1993；Chang, 2006），谁也不能确定。还应当指出，非洲在进口替代时期建立的许多产业都失败了，尽管其中许多产业生产的是纺织品和其他简单的消费品，这些产业是符合基于相对要素禀赋结构的比较优势的。

可以吸取的经验教训是，遵循比较优势非常重要。但这仅仅是一整套政策、制度、能力和安排中的一种，这一整个系统需要统一部署以提高产业政策成功的机会。而对于一个国家，要加快产业赶超的速度，就有必要在一定程度上违背当前的比较优势，促进精心挑选的一个小的"高科技"产品子集的发展（根据该国目前的生产结构来看）。这就需要一个有能力、有组织、有纪律、准备与私人部门密切合作，并服从严格的绩效标准的政府。

以上只是对个别细微的问题进行了讨论。正如已经指出的那样，我的确觉得本文做出了宝贵的贡献，为国家制定产业政策提供了一个切合实际且合情合理的方式。在非洲经济转型中心（ACET），我们所研究的正是如何利用合理的产业政策（以及其他政策）实现非洲国家的经济转型。因此，我们欢迎林毅夫和孟加的贡献。

参考文献

Amsden, A. H. 1989. *Asia's Next Giant*. New York and Oxford: Oxford University Press.

Chang, H. -J. 2006. *The East Asian Development Experience: The Miracle, the Crisis and the Future*. London: Zed Books,

and Penang, Malaysia: Third World Network.
Evans, P. 1995. *Embedded Autonomy: States and Industrial Transformation*. Princeton, NJ: Princeton University Press.
Johnson, C. 1982. *MITI and the Japanese Miracle: The Growth of Industrial Policy, 1925—1975*. Stanford, CA: Stanford University Press.
Lall, S. 2004. "Selective Industrial and Trade Policies in Developing Countries: Theoretical and Empirical Issues," in C. Soludo, O. Ogbu and Ha-Joon Chang (eds.), *The Politics of Trade and Industrial Policy in Africa—Forced Consensus?* Trenton, NJ and Asmara, Eritrea: Africa World Press, Inc.
Lall, S. 2003. "Reinventing Industrial Strategy: The Role of Government Policy in Building Industrial Competitiveness," Paper prepared for the Intergovernmental Group on Monetary Affairs and Development (G-24).
Rodrik, D. 2009. "Industrial Policy: Don't Ask Why, Ask How," *Middle East Development Journal* 1 (1): 1—29.
Wade, R. 1990. *Governing the Market*. Princeton, NJ: Princeton University Press.
World Bank. 1993. *The East Asian Miracle: Economic Growth and Public Policy*. New York: Oxford University Press.

霍华德·帕克[*]

林毅夫和孟加在这样一篇有趣的文章中讨论了大量的问题。他们正确地指出,应重新考虑有无必要用积极的政策刺激工业化程度最低的经济体的制造业的发展,尤其是在撒哈拉沙漠以南的非洲地区,那里制造业占 GDP 的比重相对较低,却几乎没有小规模的制造业。值得注意的是,对于阿拉伯国家的经济来说也一样(Noland and Pack, 2007)。人口和劳动力在增长,就需要找到新的就业岗位来源,在此情况下,这个问题就显得十分重要。这篇文章的主要贡献是重申了如下观点:一个国家(地区)若想使得经济向更高级的活动转型,在其发展中就必须遵循比较优势。这个观点林毅夫在其马歇尔讲座上曾中肯地提出。本文的新意在于,它给出了一套甄别成功产业的办法,这个办法似乎深深受到了东亚经验的影响。其表述也许过于大胆,它建议发展中国家(地区)考察比本国(地区)先进但又没有先进太多的国家(地区)的一些产业——比如韩国和中国台湾盯住日本的产业结构,因为日本"只"比它们富裕 3 倍。

---

[*] 霍华德·帕克(Howard Pack)是宾夕法尼亚大学沃顿商学院的商业与公共政策教授。

这个办法是有问题的。首先,这个富国(地区)的经济结构对本国(地区)来说可能都不是最优的,也许本身就是扭曲性政策的结果。1868—1941年间,日本的某些工业发展反映了其发展强大的军事潜力的急迫心情,这的确使日本在1905年的日俄战争中装备了战舰。日本的冶金能力(部分反映于1950年后日本的工业发展)建立在20世纪30年代开发的技能基础上,这一能力为第二次世界大战初期日本的胜利做出了贡献。同样,在20世纪二三十年代,苏联强调重工业,企图建立强大的军事能力;但这也被看作工业成功的一条路径。在20世纪50年代初,印度仿效苏联道路;苏联道路深深地影响了一些印度人,如那时的计划委员会主席马哈拉诺比斯。印度没有遵循林毅夫和孟加的观点去发展劳动密集型产业,但印度的经验(这个经验在许多企图用进口替代实现工业化的国家被复制过)确实表明了模仿"先进"国家的危险;国民可能被诱导抛开严格的经济理性,去追求技术上先进的资本密集型行业,如20世纪五六十年代的钢铁和今天的高科技行业。一旦走上模仿的道路,技术官员们可能就无法停止他们领导人的脚步。韩国经济学家已向我们展示了20世纪七八十年代韩国发展重工业和化学工业项目所付出的巨大代价,也告诉了我们,过渡期成本非常高昂以至于保护措施未能满足Mill-Bastable检验(Yoo,1990)。

此外,这些国家的产业政策是在一个有利于经济增长的宏观经济框架中运行的,包括(世界银行,1993):

- 持续40年的高储蓄率和投资率,导致了资本劳动比率的高速增长;
- 教育快速增长(以年衡量),科学和数学教育取得了较大的成就(以国际考试成绩衡量),理工和工程类高等教育的入学人数不断增长;
- 基础设施大幅扩展,包括运输、港口和公路这些并不针对和偏向某一或某些行业的基础设施;
- 对来自世界各地的技术转移的重视:可采取技术许可的形式,或外商直接投资、外国顾问,以及在某些情况下的逆向工程;
- 把出口增长作为向企业提供持续援助的必要条件,以出口状况确定哪些企业可以受益于政府计划。这迫使企业提高其生产率以及进口更先进的技术。但出口增长还受以下宏观政策的影响:限制国内对引进技术的吸收,相对恒定的真实汇率(这使潜在的出口商在计算潜在收益时无须担心汇率波动)。这些宏观要素对各部门的影响是一致的,不会在各部门间有所差异。负责实施出口促进计划的政府部门不会受到来自企业的政治压力,而企业则面临严密的监督,并就其问题提供了大量信息。

对于大多数需要扩大自己的工业基础的国家来说,这样的政策是难以效仿的。

其他问题也出现了。例如,Yamamura(1986)(在20世纪50年代初期关于日本产业政策的一个详尽研究中)找到了通产省用于确定美国的潜在竞争对手的标准。受到鼓励的产品要具有高收入弹性(这样,日本额外增加的供应量就不会压低最初的国际价格),而且市场要大,以实现规模经济。为了落实这项政策,日本政府:(1) 提供利率补贴;(2) 通过关税保护国内市场;(3) 限制或排除本地新竞争对手的进入,使得受惠企业不会丧失自己实现规模经济的能力;(4) 在被促进的部门禁止外商直接投资;(5) 阻止当地的潜在竞争对手从当地金融机构借款,以避免企业的规模经济受到损失。韩国和中国台湾,另外两个可能被认为采取了成功的产业政策的典范国家和地区,都只实施了其中部分措施,而非所有。显然,这是一个极其难以实施的政策,且完整的政策规划远比简单地向富裕国家看齐要复杂。这项计划在任何国家都难以实施,尤其是那些工业化程度最低的国家,它们往往教育基础不佳、政府合法性有限并且腐败普遍。

当日本开始实施其政策的时候,它针对的是稳定的产品,这些产品的特点是变化缓慢,现在很少有这样的行业。要知道,甚至廉价的衣服和鞋子都在进行着风格的快速转换,这要求成功的企业加入可以让供应商赶上最新时尚和质量标准的国际供应链。此外,目前尚不清楚的是,如何培育一个部门的官员选择一项产品。在国际贸易统计数据中,找不到"鞋子"这一项,能找到的是50多类商品,它们采用了不同的技术、需要不同的生产和营销技能。一个工业部门的政府雇员中,有几个人能做出这样的选择,并进行社会成本—收益分析呢?此外,选择产品需要非常了解其他行业的价格和成本结构,以及本行业的价格和成本结构的国际前景。林毅夫和孟加正确地指出了希望促进结构转型的政府应该解决的问题,即"信息、协调和外部性问题,这是产业升级和多样化的内在要求"。Saggi and Pack(2006)根据我们关于产业政策文献的综述,列出了处理这些问题所需的部分知识,包括:

- 哪些企业和行业产生知识外溢;
- 哪些企业和行业得益于动态规模经济——精确的具体路径是

什么,以及每个学习阶段的成本劣势有多大;
- 哪些部门有长期的比较优势;
- 各个企业和部门规模经济的大小,这些知识有利于协调投资;
- 比各个企业自己更有能力了解它们的潜在竞争力;
- 资本市场失灵的性质及程度;
- 行业间溢出效应的大小和方向;
- 从其他企业或自身经验中得到的学习的相对量;
- 先进入者对潜在进入者带来的好处的大小;
- 企业学习能力的异质性程度;
- 试图降低生产成本的企业,是否同时开始努力提高其产品的质量,以取得较好的声誉;
- 外商直接投资或国际贸易对解决协调问题的潜在影响,包括关于如下问题的详细知识:数以万计的中间产品中哪些是贸易商品;
- 预测哪些企业可以创造新的知识和发现更好的生产方法;
- 外商直接投资的溢出效应,以及它们购买国内中间产品的可能强度。

这显然是一项艰巨的任务,其实现的可能性不大,即使政府聘请了几个大的国际咨询公司,它们依然无法实施该规划,尽管它们的工作人员中有许多博士和工商管理硕士。而那些官员教育程度和工资水平没有这么高,掌握的资源也没有这么多的政府,就更做不到了。如果这是正确的,政府就必须寻求一个替代办法。这并不意味着林毅夫和孟加的如下看法不正确:他们认为政府在建设硬件基础设施(如道路)、软件基础设施(如法律系统),以及有利于商业的环境中有着积极作用。但是,对于几乎所有工业化程度最低的国家来说,这些重要的要求很有可能耗尽它们政府的能力(和财力)。

参考文献

Noland, M., and H. Pack. 2007. *The Arab Economies in a Changing World*. Washington, DC: The Peterson Institute for International Economics.

Pack, H., and K. Saggi. 2006. "Is There a Case for Industrial Policy? A Critical Survey," *World Bank Research Observer*, Fall.

World Bank. 1993. *The East Asian Miracle: Economic Growth and Public Policy*. New York: Oxford University Press.

Yamamura, K. 1986. "Caveat Emptor: The Industrial Policy of Japan," in Paul R. Krugman (ed.), *Strategic Trade Pol-*

icy and the New International Economics. Cambridge, MA: MIT Press.

Yoo, J. -H. 1990. "The Industrial Policy of the 1970s and the Evolution of the Manufacturing Sector," Working Paper No. 9017. Seoul: Korea Development Institute.

林佑赫[*]

发展可以被理解为增进的人力资本和新知识之间协同作用的结果,涉及物质资本和社会资本的互补性投资。政府面临的根本性政策挑战是与非政府个体以及市场合作,以解决创新和协调的外部性问题,同时将政府的负外部性降到最低。自从工业革命以来,有效地应对了创新与协调挑战的国家都取得了成功。关键在于,国家要保留对自身发展过程的控制力,并积极发展自己提升自身价值、应对外来冲击的能力,即使在它积极向外部世界学习、主动与外部世界交流合作时也该如此。经验与绩效之间存在一个反馈机制,成功的经验在这一机制的强化作用下,可以随着时间的推移带来巨大的改变(Lim, 2011)。

发展中国家通常出口初级商品,或是在开始工业化进程时,处于服装等劳动密集型产业价值链的组装和生产环节。绝大多数国家之所以未能沿着价值链上移至增加值更高的环节(比如产品设计)或部门(比如机械和设备),原因有二。它们要么忽视了解决技术教育、研发和基础设施发展的外部性问题,要么在缺乏人力技能积累和规模经济的情况下匆忙提升到复杂的产业。当国家打算提升它们的比较优势时,基于要素禀赋结构与政府和私人部门间密切协商的国际基准是解决信息和激励问题的关键。

借鉴发展史和经济学理论,林毅夫和孟加为发展中国家提供了切合实际的建议。发展中国家一般会面对甄别有前景的部门与促进结构转型的挑战。他们指出,成功的发展中国家一般都选择与它们有相似禀赋结构、但发展水平又不领先本国太多的国家的成熟产业作为目标。具体而言,他们提议,发展中国家的政府应着重关注"与本国有相似禀赋结构,且人均收入高于本国约100%—200%(以购买力平价衡量)的高速增长国家,20年来生产的贸易商品和服务,同时也密切地注

---

[*] 林佑赫(Wonhyuk Lim)是韩国发展研究院国际发展研究中心政策研究主任。

意其他部门的成功经验"。他们还建议政府通过消除约束、支持试验、给先驱企业提供直接激励等方式,来鼓励私人企业的实验、自我发现与发展。

这一套政策建议基于比较优势、自我发现和因势利导型政府的思想,它将帮助发展中国家的政策制定者在发展的前期利用"后发优势"。然而,为越过中等收入陷阱,赶超型经济可能不得不冒着巨大的战略性风险,挤进不成熟的行业与发达经济竞争;与此同时,这些比较优势遵循型国家也需要做出更多的努力。这不是一个简单的任务。事实上,在产品空间中移动时,各国都倾向于研发那些与它们正在生产的产品比较接近的产品,但要达到产品空间的核心,"必须穿越经验上相当少见的距离",这也许可以解释为什么贫国的收入水平未向富国收敛(Hidalgo *et al*., 2007, p.482)。

韩国的案例在这一方面可以作为例证。韩国利用它潜在的比较优势在20世纪60年代去发展成熟的、劳动密集型的下游产业,很符合林毅夫和孟加提出的建议。然而,它没有仅仅等着收入水平和人力技能水平的提升把经济带入高增加值行业。相反,它系统地研究了应该做些什么去填补国内价值链缺失的环节,以及应该做些什么来提高质量等级,从一开始就以国际竞争力为目标,有意识地做了协调一致的努力。它通过获取技术、发展人力资源和建立针对全球市场的最优规模工厂等方式,寻求将从外国上游产业进口的中间产品国产化。例如,在化工纺织价值链中,它系统地向后扩展产业链,从纺织品的出口到合成纤维的生产,再到基本的石油化工产品的开发。

当韩国在1973年决定促进重工业和化工产业的发展时,它在轻工业领域已经有了强大且正在逐渐显现的比较优势。它把自己与自然禀赋同自己类似的先进工业化国家,例如日本,做了比较,认识到自己在机械和设备行业有着潜在的比较优势,便开始为达到这一目标而扫除障碍。比如缺少复杂行业需要的技师和工程师,政府起草了一个计划,将技师从1969年的24万人增加到了1981年的170万人,并建立了为穷困却很有天赋的年轻学生提供全额奖学金的机械技工学校。国立大学也被号召关注与附近的工业中心相关的一个专门工程领域。

在20世纪70年代提升上游产业时,韩国必须做出一个战略性选择。它既可以安稳地为国内的小市场发展重化工产业,承担次优规模和根深蒂固的保护主义所导致的低效率风险。它也可以面向全球市场发展这些产业,承担产能利用不足与财务困窘的风险。它选择了后者,因为,尽管有相当大的风险,但只要能在规模经济和互补性投资带来的财务负担变得不可承受之前,开发出所需要的各种劳动技能,韩国就能走上一条高速有效的增长路径。为了在建立资本密集型产业时尽量缩短时间并利用规模经济,政府决定挑选出一组拥有成功记录的国有企业和家族企业(chaebol),依靠它们来发展资本密集型产业。它认为,规模经济要求这些行业的市场类型是受管制的垄断或寡头垄断,直到需求大到足以支持有效竞争(Lim,2011)。

尽管韩国的案例只是一个例子,但是它表明,产业升级所需要的条件远远多于以比较优势、自我发现和规模发展为基础的国际基准。在结构变迁中的创新和协调外部性问题需要公共部门与私人部门战略性的冒险。

参考文献

Hidalgo, C., A. B. Klinger, A.-L. Barabasi, and R. Hausmann. 2007. "The Product Space Conditions the Development of Nations," *Science* 317: 482—487.

Lim, W. 2011. "Joint Discovery and Upgrading of Comparative Advantage: Lessons from Korea's Development Experience," in Shahrokh Fardoust, Yongbeom Kim and Claudia Sepulveda (eds.), *Postcrisis Growth and Development: A Development Agenda for the G-20*. Washington, DC: World Bank.

林毅夫和孟加的回应

安士敦、坦杜尔卡和帕克三位教授以及阿莫亚科博士和林佑赫博士对我们的文章做出了很有见地的评论,我们对此非常感谢。我们将首先讨论他们的分析中带有普遍意义的问题,接着回应他们每一个人的具体评论。

一般性评论

• **关于范围和正当性** 首先需要强调一下,无论有意与否,世界上每个国家都实施着产业政策。人们通常认为中国、新加坡、法国和巴西等国家实施产业政策,实际上英国、德国、智利和美国等国家也一样。这一点也不奇怪,只要你同意产业政策的如下定义:产业政策泛指那些旨在鼓励特定产业正在进行的活动或投资的政府政策和法律法规。毕竟,经济发展和持续增长是持续性产业升级和技术升级的结果,而产业升级和技术升级过程需要公私部门的合作。产业政策的理论依据是相当强的,而且至少从亚当·斯密起文献中对此就有阐述。亚当·斯密的《国富论》中较少为人注意的第五篇就讨论了这一问题(其中他讨论了要素禀赋和基础设施禀赋);阿尔弗雷德·马歇尔给出了一个理解外部性和协调问题的分析框架。

如今,新一轮的质疑依赖于这样的想法,即产业(部门)政策和竞争政策是矛盾的,或者至少互为替代品。这些说法隐含在坦杜尔卡、帕克教授和阿莫亚科博士的一些评论里。我们认为,基于增长甄别与因势利导框架(GIFF)的产业政策实际上促进了竞争。通过对协调提供便利并解决外部性问题,产业政策帮助许多国内外企业进入了与该国潜在比较优势相一致的部门,并将其转化为了实际的比较优势,进而加强了产业内竞争,提高了该国经济在国际上的竞争力(Lin and Chang, 2009)。此外,如同 Aghion et al. (2010) 所示,竞争清除了不良项目,从而降低了"选劣"的风险。同时,企业可能自然地试图进行横向差异化,以增强其市场竞争力。在这样的情况下,行业内产品市场竞争越激烈,该行业的创新性就越强,对竞争力的促进作用也就越大。

● **关于纪律和实施**　执行任何类型的公共政策都将面临政治经济学困难,这是众所周知的。我们所收到的意见里突出了其中的部分困难:在赶超发达国家的热情的吸引下,国家可能忽视经济理性而追求更加先进的部门;延长成功的政策直至超过了其有效时限,这就为寻租活动创造了机会。这些一般意义上的治理问题被经济和政治学文献研究得越来越透彻(Tollison and Congleton, 1995; Robinson and Torvik, 2005)。

这些顾虑是合理的,但只限于传统的产业政策,因其鼓励企业进入违背比较优势的产业。这些产业中的企业在开放的竞争性市场里是不具有自生能力的。它们的进入和持续经营通常依赖于大规模的补贴和保护,这为寻租和腐败创造了机会,也使得政府难以放弃干预、停止扭曲(Lin and Tan, 1999)。GIFF 促进了截然不同的方面:符合经济潜在比较优势的产业的发展。一旦企业的进入障碍和经营障碍被消除,企业就是具有自生能力的。政府对先行企业提供的激励是暂时性且小规模的,只为补偿其信息外部性。在这种情况下,普遍寻租和政府干预超出最初时间表的问题将得到缓解。

具体意见

坦杜尔卡教授评论了政府在促进增长和为增长甄别新产业两个角色间的区别。他接受政府在增长扶持方面具有重要作用,但是他对政府在增长甄别方面的作用没有把握。具体谈到南亚的情形,他还问道:如何控制一个过于热心的政府,使之不要采取自己远远无法有效把握的政策?

我们相信,如果不进行甄别,政府将难以确定合适的因势利导措施。促进产业升级所需的合适的软硬件基础设施通常是针对特定产业的。如果政府要发挥作用,决定并提供必要的基础设施(因势利导),那么政府官员则必须判断并且决定,哪一个特定的产业需要这些基础设施(甄别)。因此,这两个作用是互补的,有时甚至难以区分。此外,因为资源和能力是有限的,政府必须对它们的干预进行优先排序——这就或明或暗地从事了某种形式的增长甄别。

政府过度热情的问题并不仅限于南亚,在拉丁美洲、非洲和亚洲(甚至是1979年之前的中国),许多国家都有热心国家综合征(zealous state syndrome),这些国家的政府在促进增长方面做得有些过头。这种风险是真实存在的,但它并未抹杀处理外部性和协调问题的必要性。它仅指出了,我们有必要设定清晰、透明和严格的标准,来减少政府过度干预或支持不具竞争力的产业的倾向。我们提供 GIFF 框架,正是为了向决策者和公众建议实施产业政策的正确方法,并辨别错误的方法,使政府过分热心的可能性降低。

安士敦教授认为,从中东能源带到亚洲的制造业走廊再到所谓的金砖国家(巴西、俄罗斯、印度和中国),这些国家的产业政策实际上比本文所描述的更为成功。诚然,许多 OPEC 国家避过了能源诅咒,并达到了令人称道的人均收入水平。然而,与其他资源丰富的国家相比,例如北欧国家、美国、加拿大或澳大利亚,它们中间的大多数国家未能使用资源租金来促进其自身的结构转型。

我们提出,如果资源密集型国家使用 GIFF 框架来支持结构转型,那么它们的表现可以进一步加强。这将要求它们把获自自然资源的收入的适当比例投资于人力资本、基础设施和社会资本,并在促进非资源部门的产业升级和发展方面为国内外企业提供激励。它们的策略不应像通常所做的那样,仅仅局限在维持良好的治理、把自然资源收入存入主权基金,以及投资于外国股票市场以抵消商品价格的波动。

安士敦教授同样也质疑 GIFF 框架对一个人口增长速度很快、无土地、失业和就业不足现象严重，但是劳动力成本和生产经验却无法与劳动力过剩的经济体（如印度）相竞争的国家的适用性。关于人口增长，在 20 世纪 60 年代经济起飞之前的亚洲经济也面临同样的状况。对于贫穷国家的许多家庭来说，孩子数量反映了养老保险状况，人均收入的增长普遍地降低了生育率，这是因为，保险的需求减少了，而随着工资的增长养育孩子的机会成本则提高了。东亚经济体没有计划生育（与中国不一样），但是它们经历了类似的人口增长率的下降。非洲政府应该像用各种干预措施去减少儿童死亡率一样，全心关注如何促进经济增长。至于劳动力成本，正如安士敦所观察到的，正规部门的成本可能不低，尤其是在一些非洲国家。但在非正规部门，劳动力成本不可能很高。此外，那些国家走出这一困境的一种方式是，遵循毛里求斯在 20 世纪 70 年代的实践（Subramanian and Roy，2003），即在经济特区内允许灵活性的工资存在，以促进有竞争力的劳动密集型新产业的发展。

安士敦教授强调经验在管理商业组织中的重要性，这的确十分重要。通过促进有潜在比较优势的产业的发展，GIFF 框架将允许更多的企业家进入竞争性的制造业部门，获得经验并使他们的企业升级到更高级的产业。日本（丰田、索尼、本田）、韩国（三星、LG、大宇）、中国台湾（台塑）和中国香港（首富李嘉诚）的很多成功的商业巨头都是由只有几个雇员、几千美元投资的小企业起步的。它们克服了这种困难，是因为它们的发起者都是很有天赋的领导者；但它们也在商业管理中获得了经验，这是因为它们是在一个有利于持续增长的环境中运营的。

她同时也提出，可以用海外投资和吸引劳动技能的产业政策来加强我们的模型。我们同意这一看法。在一个蓬勃增长的国家，政府可以用对外投资为以下事务提供便利：(1) 将在夕阳产业运营的企业搬迁至其他有相似禀赋结构的低收入国家，将其作为出口基地，从它们廉价的劳动力中获利，或获得进入它们国内市场的渠道；(2) 国内企业收购其他高收入国家中相关部门的企业，以获取它们的技术、管理经验和市场渠道；(3)（资源稀缺的国家）国内企业从资源丰富的国家处获得资源。

阿莫亚科博士指出，成功的工业化并不总是基于竞争性市场，非洲国家尽管遵循了它们的比较优势，也没有都取得成功。GIFF 框架为政府干预提供了一个两轨战略。比较优势只是 GIFF 框架的第一个轨道；遵循比较优势是产业政策成功的一个必要条件。然而，它不是充分条件。要想让产业政策对一国的增长和结构转型做出贡献,政府还需要通过对先行者提供激励、帮助它们消除增长的紧约束、协调所需要的软硬件基础设施投资这些办法来起到因势利导作用。尽管非洲国家遵循了它们的比较优势,却仍旧没有取得成功,原因很可能是它们的政府没有起到因势利导作用。

阿莫亚科博士指出,我们的这篇文章过分关注对拥有比较优势的产业的支持,过少关注如何获得技术能力和学习。他似乎认为,GIFF框架促进了静态比较优势。事实恰恰相反。我们的框架促进了向新产业的升级和多样化,所以在本质上是动态的。在 GIFF 框架和阿莫亚科博士心中的动态比较优势理论之间有一个主要的区别。后者一般试图帮助企业进入一个国家未来有比较优势的行业。因为有要素禀赋的约束,这些行业的企业在竞争性市场中尚无自生能力,即使政府帮助它们进行协调并对外部性做出补偿。与之相反,GIFF 框架的目的是帮助企业进入有潜在比较优势的产业。在这种情形下,一旦政府提供了协调服务并对外部性进行了补偿,企业就有了自生能力,不再需要补贴或保护。应该指出的是,如果非洲国家在有潜在比较优势的产业中无法获得成功,那么它们在没有比较优势的产业中获得成功的概率也将非常小。

按照 GIFF 框架的做法,发展中国家可以利用潜在的后发优势,与高收入国家相比,它们的增长率可以更高,提升产业结构、收入水平和要素禀赋结构的速度也可以更快。一旦它们的收入水平与要素禀赋结构和那些高收入国家相接近,它们将在先进的产业中获得比较优势,这将使它们有能力直接与那些高收入国家竞争甚至超越它们。因此,和阿莫亚科博士预言的"如果一个国家实现产业升级和多样化的方法仅仅是试图打入那些'产业阶梯'上领先自己,且由于劳动力成本上升而竞争力下降的国家的市场,那就意味着各国的产业排名随时间基本不变"相反,对于后发者来说,这实际上是一条赶超先进国家最为快捷的道路。

帕克教授认为,以富裕参照国的产业为目标,随后相应遵循本国比较优势的这个办法是有问题的。他的理由有两个:第一,富国的经济结构可能是扭曲性政策的结果;第二,要想让政策取得成功,需要一个强大的政策集,仅仅甄别潜在产品是不够的。为了支持这个观点,他提供了日本和苏联的例子(印度模仿苏联但没有成功)。这是一个有根据的警告。即使在成功的案例中,产业政策也永远不是一个平顺的过程。

它总是包含政府的试错举措,政府应设立良好的机制和渠道,以从错误中学习,调整经济策略,以及最小化错误决策所带来的潜在成本。

然而,在 GIFF 框架的建议中,目标国家除了应更富有,还应有长期的高增长,而且它们成功产业中的高收入和生产率增进最终会提高工资,降低产业竞争力。如果它们成功地获得了数十年的高增长,那么它们就不大可能采取了违反比较优势的战略。

在明治维新之后,日本一直以普鲁士的日耳曼王国为榜样。根据 Maddison (2010) 的估计,在 1890 年德国的人均收入是 2 428 美元,日本是 1 012 美元。[1] 日本的人均收入仅是德国的 42%。因此日本的战略和 GIFF 框架建议的做法一致。尽管帕克教授对 20 世纪五六十年代通产省的政策总结听起来相当有道理,但是一系列统计数字背后的故事也同样和 GIFF 框架的分析完全一致:日本在 1950 年、1960 年和 1965 年的人均收入分别是 1 921 美元、3 986 美元和 5 934 美元,而同期美国的这一数字为 9 561 美元、10 961 美元和 13 419 美元,比率分别是 20%、36% 和 44%。1960 年和 1965 年的数字与 GIFF 框架相一致,1950 年的数据比 GIFF 框架所提出的正常标准要低。这或许是因为当时日本仍处于从战争复苏的过程中,而且它的人力资本,软硬件基础设施比人均收入所表明的要大;一个强有力的证据就是在 20 世纪 30 年代日本的人均收入已经达到了美国的约 40%(例如,1935 年分别是 2 120 美元与 5 467 美元)。

与日本不同,印度以 50 年代的苏联为榜样是错误的。这有两个原因。第一,这两个国家没有相似的要素禀赋结构:苏联资源丰富而印度则是资源贫瘠。第二,苏联比印度要先进得多。根据 Maddison 的统计,苏联在 1955 年的人均收入是 3 313 美元,而印度为 676 美元(仅仅是苏联的 20%)。因此,GIFF 框架建议在选择参照国和目标产业时,后发国家应该务实些(甚至谦虚些)。

帕克教授观察到,世界贸易的形式也经历了相当急速的变化。和数十年前相比,现在很少有产品和产业可被当作稳定的目标。然而,我们认为,尽管世界贸易的形式已经有所不同,而且存在产品的个性化问题,但处于不同发展阶段的国家之间劳动分工还是一样的。例如,电视机从黑白演变到彩色再到如今的平板,主要生产国也从 20 世纪 50 年代的美国变成 20 世纪 60 至 80 年代的日本、80 年代至 21 世纪的韩国,再到今日的中国。一个想进入现在的电视机市场的后来者,可以先从劳动密集型的平板电视组装生产开始,就如同数十年前,先行者决定在黑白和彩色电视机市场中开始竞争,并逐渐取得成功的做法一样。

全球化为一国通过专业化实现工业化提供了巨大的潜力。几十年前,许多低收入国家都面临市场规模有限、运输成本高和贸易壁垒的制约,不能利用大规模生产所带来的机遇。而现在,在全球化的形势下,几乎任何一个国家都可以找到它具有明显或潜在比较优势的生产活动并发展它,从而在世界市场上创造自己的生存空间。正因为全球化,每一个国家的经济发展战略都应紧紧遵循其比较优势。与此同时,在确定它们的生产地点和采购地点方面,跨国企业更可能利用生产成本上任何小的差异。全球化也使政府的因势利导作用更加重要,因为只有提供良好的软硬件基础设施,降低交易成本,才能实现以要素禀赋结构和专业化为基础的成本优势。

对于目标产业,帕克教授提供了一套令人印象深刻的知识要求。他认为,为了制定成功的产业政策,政府官员需要掌握这些知识。他质疑在发展中国家,政府的能力是否足以满足这些要求。首先,按照定义,所有低收入国家的能力都不高。Chang(2008)曾提醒我们,不久前,还经常有"懒日本贼德国"的说法。任何一个社会在经济发展过程中,能力都将得到加强。更重要的是,他提出的一些要求很可能只与高收入国家的先进产业有关。对于技术含量低的产业,应大幅削减这些要求。此外,私人企业和政府官员还可以依赖后发优势,观察具有相似禀赋结构的高增长国家是如何做的,而不是仅仅分析各行业的技术性质以便找出支撑它们的相关知识。因为,这些国家必定已经通过试错或分析等办法成功克服了这些挑战。

林佑赫博士认为,在发展的初级阶段,以比较优势、自我发现和因势利导型政府的思想为基础提出的政策建议将有助于决策者,但还需要做更多的工作以跳出中等收入陷阱。他写到,韩国通过培养专业技能、填补价值链中的特定空白、依靠精心选择的一系列企业群和战略,违背了本国的比较优势,挤进了重工业和化学工业。我们同意他的如下看法:高速增长的中等收入国家中,有一些行业已走到了全球技术前沿,并将最终面对承担技术创新和产品创新风险的挑战。对于这些产业,政府应继续发挥其因势利导作用,使用与高收入国家相似的政策工具,例如通过资助大学或公共研究所的基础研究来补贴企业的研发费用、给新发明授予专利权、提供税收优惠、增加国防采购和政府采购等。但是对于这些国家即使在那个发展水平上依然处于全球技术前沿内部的其他行业,GIFF框架可被用来解决外部性和协调问题。

20世纪70年代,韩国政府鼓励资本/技术密集度更高的产业的发展,正如Lim所讨论的那样,实际上这些举措是与比较优势的变化所引起的产业升级的需要相一致的。60年代,韩国在纺织、服装、胶合板、假发等劳动密集型产业上拥有比较优势,在国际上非常具有竞争力。这些劳动密集型产业的成功使该国的人力资本和金融资本得到积累。因此,韩国的要素禀赋结构也得到升级。这个过程导致原有产业的比较优势逐渐丧失,并使经济移入资本和技术更为密集的新产业。70年代,韩国的产业升级目标针对的是日本的成熟产业,而不是美国最先进的工业,Lim对于该现象的阐述其实是一个很好的例证,说明了如何利用GIFF框架去解释该国经济的成功。

注释

1. 所有这些人均收入估计值是以1990国际元计算的,数据来自Maddison(2010)。

参考文献

Aghion, P., M. Dewatripont, L. Du, A. Harrison, and P. Legros. 2010. "Industrial Policy and Competition: Disproving a Fallacy?" Unpublished presentation. Washington, DC: World Bank.

Chang, H.-J. 2008. *Bad Samaritans: The Myth of Free Trade and the Secret History of Capitalism*. New York: Bloomsbury Press.

Hausmann, R., and D. Rodrik. 2005. "Self-discovery in a Development Strategy for El Salvador," *Economía* 6 (1): 43—101.

Lin, J. Y., and H.-J. Chang. 2009. "DPR Debate: Should Industrial Policy in Developing Countries Conform to Comparative Advantage or Defy It?" *Development Policy Review* 27 (5): 483—502.

Lin, J. Y., and G. Tan. 1999. "Policy Burdens, Accountability, and the Soft Budget Constraint," *American Economic Review: Papers and Proceedings* 89 (2): 426—431.

Maddison, A. 2010. "Historical Statistics of the World Economy: 1—2008 AD" (www.ggdc.net/maddison/).

Robinson, J. A., and R. Torvik. 2005. "White Elephants," *Journal of Public Economics* 89: 197—210.

Rodrik, D., and R. Hausmann. 2003. "Economic Development as Self-discovery," *Journal of Development Economics* 72 (2): 603—633.

Subramanian, A., and D. Roy. 2003. "Who Can Explain the Mauritian Miracle? Mede, Romer, Sachs, or Rodrik?" in D. Rodrik (ed.), *In Search of Prosperity: Analytic Narratives on Economic Growth*. Princeton, NJ: Princeton University Press.

Tollison, R. D., and R. D. Congleton. 1995. *The Economic Analysis of Rent-Seeking*. Cheltenham: Edward Elgar Publishing.

增长甄别与因势利导框架的应用

——尼日利亚的案例*

引言

尼日利亚正面临愈演愈烈的就业危机。尽管非石油产业经历了持续、高速且广泛的增长,但失业率自 1999 年以来就未曾显著下降过。更为严重的是,青年劳动力的失业率在同一时期上升得非常显著。虽然工作岗位与劳动力数量似乎在同步增长,但大多数新增岗位都是在非正规的家庭农业部门中,而付薪就业实际上减少了。尼日利亚需要设计一个战略以提高其就业强度和经济增长的可持续性。

如何促进经济增长是经济学研究中的一个经久不衰的话题。现代经济增长是一个持续的技术创新、产业升级和多样化的过程,也是促进商业发展和财富创造的各种基础设施和制度安排不断完善的过程。过去的理论常常强调市场机制在矫正相对价格从而促进要素的有效分配方面的关键作用,但许多国家的增长经验表明政府常常在推动产业转型方面有着重要作用。

新结构经济学通过整合旧结构经济学的一些思想,将增长的以下方面理论化,包括:一方面,在分析经济发展过程时应考虑发展中经济体的结构特征;另一方面,发展中经济体的政府有促进结构变迁的作用。新结构经济学的重大创新在于认为发达国家和发展中国家的结构差异是内生于其要素禀赋结构差异的。给定不同发展阶段经济体

---

* 本文与沃尔克·特雷切尔(Volker Treichel)合作。作者感谢 Doerte Doemeland、Hinh Dinh、John Litwack、Ngozi Okonjo-Iweala、Brian Pinto、David Rosenblatt 和 Sunil Sinha 的意见和建议。Frances Cossar 和 Dimitris Mavridis 提供了优秀的研究助理工作。本文由苏剑翻译。

沃尔克·特雷切尔自 2010 年 12 月起成为世界银行首席经济学家兼高级副行长办公室的主任经济学家。在此之前,他担任尼日利亚的首席经济学家。2007 年前,他在国际货币基金组织工作,担任过多戈的代表团团长和驻阿尔巴尼亚代表。

不同的要素禀赋结构(定义为自然资源、劳动力、人力资本和物质资本的相对结构),每个发展阶段的最优产业结构也相应有所不同。为从一个阶段发展到下一阶段,市场要求产业升级以及相应的硬件和软件基础设施两方面的完善。

增长甄别与因势利导框架(GIFF)提出了一种方法,使新结构经济学的主要思想变得可以实际操作,这一方法可以甄别经济体中有潜在比较优势的产业,并排除经济发展的紧约束,从而促使私人企业进入这些产业。本文要将 GIFF 应用于分析尼日利亚。之所以选择尼日利亚作为分析的对象,除了该国正面临日益严重的就业危机,还因为该国是非洲的人口大国和一个地区经济增长极。[1]

本文第一部分概述了尼日利亚近期的经济发展情况及其对就业的影响。第二部分阐述了 GIFF 及其方法论的基本原理。第三部分根据一系列 GIFF 标准讨论了哪些行业和产品与尼日利亚潜在的比较优势相匹配,因此需要通过产业政策加以扶持。第四部分分析了这些行业的增长面临的紧约束,并讨论了可以消除这些约束的政府干预措施(可以与私人部门合作)。鉴于尼日利亚的治理缺陷往往会削弱政策干预的效果,本部分还探讨了如何确保干预的责任机制和透明度。

尼日利亚近期的经济发展近况

自 2001 年起,尼日利亚经历了自独立以来时间最长的持续性非石油部门扩张,经济各部门都加速增长。1995—2000 年非石油部门的年均增长率约为 3%—4%;近年来,增长率更是翻番至 7% 以上甚至 8%—9%。即使在当前全球金融危机的背景下,非石油部门增长率在 2009 年和 2010 年仍保持在 8% 以上的水平。尽管石油经济因为近年来尼日尔三角洲的动乱而有所收缩,但是自 2009 年以来,来自尼日尔三角洲的贡献由于大赦对石油生产的正效应而有所增加(见表1)。

表1 宏观经济总量,2003—2009 年　　　　(百分比)

总量	2003 年	2004 年	2005 年	2006 年	2007 年	2008 年	2009 年
真实 GDP	10.2	10.5	6.5	6.0	6.4	6.00	7.0
石油 GDP	23.8	3.3	0.5	-4.4	-4.5	-6.2	0.5
非石油 GDP	5.8	13.2	8.6	9.4	9.5	9.0	8.3
通货膨胀率(CPI 的年均增长率)	14.0	15.0	17.9	8.0	5.4	11.6	12.5

资料来源:世界发展指标和各种 IMF 报告。

除此之外,在过去的5年中,尼日利亚非石油部门的增长也超过了撒哈拉沙漠以南非洲的大多数石油出口国和非石油出口国(见表2)。

表2 真实非石油GDP增长,2003—2009年 (年百分比)

国家	2003年	2004年	2005年	2006年	2007年	2008年	2009年
尼日利亚	5.8	13.2	8.6	9.4	9.5	9.0	8.3
石油生产国							
安哥拉	10.3	9.0	14.1	27.5	20.1	14.7	8.1
喀麦隆	4.9	4.9	3.2	2.9	4.1	3.2	3.0
加蓬	0.8	2.3	4.3	4.9	6.2	3.0	2.3
乍得	6.0	-0.5	11.0	4.7	3.1	3.2	-0.5
刚果(共)	5.4	5.0	5.4	5.9	6.6	5.4	3.9
赤道几内亚	3.7	15.4	25.8	29.8	47.2	18.1	27.6
非石油生产国							
加纳	5.2	5.6	5.9	6.4	6.3	7.3	3.5
肯尼亚	2.9	5.1	5.7	6.1	6.9	2.1	3.8
坦桑尼亚	5.7	6.7	7.4	6.7	7.1	7.4	6.0
南非	3.1	4.8	5.1	5.0	4.8	3.7	-1.8

资料来源:世界发展指标和各种IMF报告。

一项对增长源泉的分析表明,尽管尼日利亚的全要素生产率(TFP)自2000年以来有显著的增长,但相比于美国却有所下降,直至最近才有所改善(见图1和图2)。

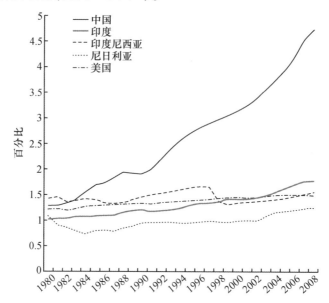

图1 全要素生产率的变化,基期1960=1

资料来源:Bosworth and Collins(2003)。

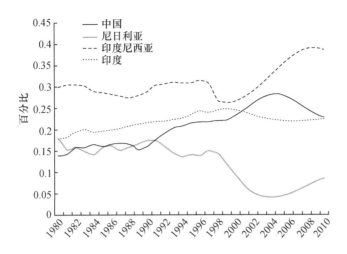

图 2 相对于美国的全要素生产率

资料来源:UNIDO, World Productivity Database。

非石油部门的增长在很大程度上受到了农业部门的驱动,后者的贡献率超过 50%(见表3)。仅次于农业部门的是批发及零售贸易业(约 20%),然后是制造业和金融业(4%—5%),以及通信业(约 3%—4%)。

表 3 对非石油 GDP 的贡献 (百分比)

行业	2004 年	2005 年	2006 年	2007 年	2008 年	2009 年
农业	55.3	54.5	53.5	52.3	51.1	49.9
固体矿业	0.4	0.4	0.4	0.4	0.4	0.4
制造业	5.0	5.0	5.0	5.0	5.0	5.0
通信业	1.6	1.9	2.4	2.9	3.5	4.4
金融和保险业	5.5	5.2	5.0	4.8	4.6	4.4
批发及零售贸易业	17.4	18.2	19.2	20.2	21.1	21.7
建筑业	2.0	2.0	2.1	2.1	2.2	2.3
其他	13.1	13.0	12.7	12.5	12.2	12.1

资料来源:WDI/IMF。

自 2001 年以来,服务业的转变引领了尼日利亚经济的转变,表现为通信业、交通运输业、酒店餐饮业、建筑及不动产业,以及金融业的大幅增长。

增长最快的是通信业(年均增长率超过30%),其次是批发及零售贸易业(约15%)和建筑业(约13%)。固体矿业平均增速超过10%,

而制造业年均增速约为8%—9%。农业年均增长率为6%—7%,是十多年来最强劲持续的增长。

尽管尼日利亚近十年经济快速增长,其出口和生产结构仍缺乏多样性。尼日利亚的出口集中于石油和天然气(98%),而非石油方面主要是以服务国内需求为主的农业和批发零售业。

就业及收入对强劲经济增长的反应

表4显示了自1999年以来的劳动力状况变化。

表4 劳动力状况   (加权百分比)

劳动力状况	1999年	2004年	2006年
不属于劳动力	25.3	23.0	25.2
属于劳动力	74.7	77.0	74.8
失业状况			
就业	97.8	97.0	97.4
失业	2.2	3.0	2.6

资料来源:Francis Teal / Luke Haywood NLSS 2003—2004 and General Household Survey (GHS) 1999—2006。样本包含了年龄在15—65岁的非在校人口。

尼日利亚劳动力状况的一个显著特征是其中有很高比例(约四分之一)的人口不属于劳动力。同其他非洲国家一样,正式的失业率(以找不到工作的求职者人数衡量)很低。劳动力之外的大部分人口或是气馁的(discouraged)求职者,或是由于对前景失去信心而根本就没有找工作的人。劳动力之外的人口比例是一个比官方失业率更好的衡量失业的指标,后者只包含了那些试图找工作而没有找到工作的人。如果认为那些在劳动力市场之外的人确实是对工作不感兴趣的话,那么失业率将会下降到25%以下。然而鉴于尼日利亚的普遍贫穷,这种情况不会很多。

表4说明,尽管经济快速增长,劳动力之外的人口比例基本没变。这意味着工作岗位的数量基本与劳动力同步增长,所以失业率保持基本未变。

表5显示了家庭农业就业、非农业自我雇佣(大部分为城市人口)和付薪就业的转变。

表5　样本人口中不同类型就业的比例　　（加权百分比）

就业类型	1999年	2004年	2006年
家庭农业就业	30.8	36.6	37.8
非农业自我雇佣	24.1	25.8	22.9
非农业不付薪家庭就业	0.0	0.1	0.1
付薪就业	15.0	10.4	10.0
学徒	2.1	1.1	1.9
失业	1.7	2.4	1.9
不属于劳动力	26.4	23.7	25.5

资料来源：Francis Teal / Luke Haywood NLSS 2003—2004 and GHS 1999—2006。

1999—2006年，尼日利亚劳动力最重要的结构型变化是由付薪就业转为农业就业：15—65岁样本人口中（除全日制学生）付薪就业的比例有所下降（由1999年的15%下降至2006年的10%）。非农业自我雇佣也是如此（其比例由24.1%下降至22.9%）。而家庭农业就业的比例由30.8%大幅上升至37.8%。[2]

表6更进一步体现了自1999年以来付薪就业的变化：半国有企业和政府部门、公共企业中的付薪就业减少了，而私人企业和其他部门（包括非政府组织、国际组织和协会）中的付薪就业增加了。

表6　付薪就业类型　　（加权百分比）

就业类型	1999年	2004年	2006年
其他	22.8	25.2	29.6
半国企和政府部门	48.6	42.2	45.6
私营企业	17.0	20.5	18.0
公共企业	11.6	12.0	6.9

资料来源：Francis Teal / Luke Haywood NLSS 2003—2004 and GHS 1999—2006。

付薪就业的减少反映了三个发展趋势：（1）公务员的缩减和许多半国有企业的私有化急剧减少了公共服务部门的就业，而公共服务部门的就业在正规部门就业中长期占有主导地位，并将继续占据付薪就业的最大比例；（2）许多付薪就业量较大的私人部门，尤其是纺织业，多年以来的持续衰退使其减少了相当多的雇佣数量；（3）快速增长的部门，如批发/零售、建筑和农业在很大程度上是非正式就业，而那些正式部门，如金融业、酒店服务业，要么是非劳动力密集型，要么就是从一个非常小的基数起增加用工数量，因而未能显著增加付薪就业。

两个显著特征：
- 年轻人口中家庭农业就业自1999年至2006年近乎翻番。
- 到2006年，城市年轻人口中不属于劳动力的比例显著增加。关于这一问题的一项详细研究表明，这些人中大部分是从事家务劳动的女性和从来没有任何工作经历的男性。

这基本上支持了自1999年以来青年失业率上升的结论，在近年来经济强劲增长的背景下这个问题值得警惕。

尼日利亚的增长模式以及与其劳动力市场变化的关系可描述如下：
- 在尼日利亚近年的强劲增长中，农业部门占主导地位。在劳动力市场上，反映为就业向家庭农业的转移。农业就业的大幅增加也与农业生产率未有显著提高相一致。
- 快速增长部门创造的合同制付薪岗位未能补偿公共部门、半国有企业和政府部门付薪就业的减少，从而导致付薪就业整体上的下降。

鉴于人口中不属于劳动力的比例整体上保持不变，而且在年轻人口中的比例还有所上升，尼日利亚的经济增长很明显未能满足其人口的就业期待。

尼日利亚的快速增长主要反映了两个因素：(1) 稳定的宏观经济政策为私人投资创造了一个良好的环境；(2) 部门结构政策，如银行合并，直接地促进了一些部门的增长。宏观经济政策和部门结构政策一同把人们对尼日利亚经济的信心大幅提高，并促进了投资，主要资金来源是外商直接投资和汇款。

然而，投资更多地集中在资本密集型而非劳动密集型产业，主要是回报率非常高的石油天然气和通信产业。因此，就业密集型且具有比较优势的产业的生产率几乎没有提高，比如劳动密集型的制造业。因此，基础设施成为这些产业发展的主要约束，限制了生产率和竞争力的提高，进而限制了创造就业的能力。具有前瞻性的发展战略需要关注就业密集型产业生产率的提高。

下一节根据GIFF指出了尼日利亚应该发展的目标产业。

增长甄别与因势利导框架

新结构经济学指出，现代经济增长是一个持续的技术创新、产业升级和多样化的过程，也是促进商业发展和财富创造的基础设施和体制安排不断完善的过程。在任意给定时点,一国的要素禀赋结构(即一国所拥有的要素的相对丰裕程度)决定了要素的相对价格和最优的产业结构。劳动力或自然资源丰裕的低收入国家在劳动密集型或资源密集型产业中具有比较优势和竞争力。因此,使一国最具竞争力的最优产业结构是内生于其要素禀赋结构的。发展中国家想达到与发达国家一样的收入水平,就必须进行产业结构升级,使得资本的密集程度也达到发达国家的水平。

一国的要素禀赋结构并非一成不变的,而是取决于资本的积累和技术的进步。这些变化引起的相对价格的变化会影响该国具有潜在比较优势的产业的类型,并进一步影响最优产业结构。一个产业想要具有竞争力,就必须与该国的潜在比较优势相适应。对潜在比较优势尤其重要的是工资水平。通过模仿或授权取得技术通常比自己研发更便宜,因此低收入国家可以在条件具备的情况下以比发达国家低得多的成本制造出相同的产品。这样,一国可以通过发展在与其要素禀赋结构相近且高速发展的较发达国家中的成熟产业来充分利用其后发优势。通过追随经仔细挑选的先行国家,后发国家可以效仿领导—追随型的雁阵模式,这一模式自18世纪以来让所有遵循它的经济取得了成功。

与要素禀赋结构相一致的产业升级不能仅仅依赖于市场机制。例如,新产业在开始阶段由于缺少互补性投入品和必要的基础设施而步履艰难,即使该目标行业正是该经济体比较优势之所在。私人企业在进行升级或多样化决策时没有能力把这些投资内部化。因此,政府在提供或协调基础设施投资和互补性投入品生产方面就有了重要的作用。

除此之外,推动产业升级和多样化的创新过程是有风险的,因为存在先行者问题。不论成功还是失败,先行者总会造成外部性。例如,如果先行者为失败付出代价,便为其他企业提供了有价值的信息。同样,如果先行者成功,那么其经验也会为该国的其他市场参与者提供关于该产业盈利能力的极具价值的信息。然而,一旦新企业大规模地涌入,先行者所能获得的租金将会消失。在发达国家,先行者通常可以被授予专利,从而获得从成熟产业得来的租金。然而,在发展中国家,由于该产业并非处于全球的前沿水平,新专利可能无法获得。鉴于进入一个新产业的企业得不到专利,因此,政府提供某种直接支持就有了合理性。

GIFF 提出了一个新的方法,来甄别经济体中拥有潜在比较优势的产业,并消除紧约束,从而促使私人企业进入这些产业,或者推动已经存在于该国的这些产业更快地增长。在这种情况下,GIFF 认为,挑选优胜者是不可避免的,因为紧约束可能是产业专有的,而且私人企业自身可能无法消除它。因此,主要的问题在于减小挑选到错误产业的可能性。关键的风险因素在于,一国挑选出来的目标产业由于太过发达而远离了该国潜在的比较优势,或是一国在该产业中已经失去了比较优势。

GIFF 提出了增长甄别与因势利导的六步法。其中三步旨在挑选行业,之后的价值链分析可用于确定私人企业进入这些产业并实现增长时面临的紧约束(专栏 1)。

专栏 1　GIFF 的应用:比较价值链分析

世界银行出版的一份关于非洲轻工业的报告(2011),介绍了如何进行创造性的价值链分析,来判断一个行业的竞争力,并协助政府和私人部门辨别最为严重地削弱本国产品在国际市场上竞争力的约束条件。

在普通的价值链分析中,优势、瓶颈和政策问题应在一国范围内进行分析,并在该国范围内与其他行业进行比较。在新方法中,中国和越南被选做衡量非洲出产的特定产品的成本有效性的基准,以求尽量近似。

应用 GIFF 分析得出,撒哈拉沙漠以南非洲(SSA,以埃塞俄比亚、坦桑尼亚和赞比亚为样本国家)可能在获得了成功的子部门之后,又对每个子部门中特定的产品进行了深入的价值链分析,以有代表性地了解该子部门的竞争力和约束限制所在。该分析将各投入品的比例和成本、有效投入品使用、物流成本、劳动生产率、生产损耗和效率进行量化分解。数据来源于五个国家五个子部门中生产类似产品的合理数量的样本企业。影响成本和竞争力的每个部分又在中国、越南和 SSA 之间加以比较,从而非常明确地找到了东亚和 SSA 之间变化很大的成本要素,因此也就找到了政府干预的方向。此外,该方法还通过计算国内资源成本而排除了那些本国不具有比较优势的产业。

> 近年来,对尼日利亚的几个关键产业已经进行了价值链分析,找到了这些产业中的机会和约束。但是,本文提出的新方法旨在使用 GIFF 甄别尼日利亚可能拥有比较优势的产业,无论是潜在比较优势还是显性比较优势。接下来,可以对这些产业进行比较价值链分析,这将提供严谨的证据来支持政府和私人部门为克服这些部门存在的关键约束而实行的优先计划。例如,比较价值链分析为特定产业中的工资和劳动生产率差异提供了确凿的证据,这样,我们可以就如下问题得出结论:该产业的扩张对有助于减少贫困的就业的影响,以及劳动力成本优势(或劣势),后者在决定一个行业是否具有竞争力方面非常重要。

- 第一步:甄别满足以下条件的贸易商品和服务:找到一个国家,这个国家的人均 GDP 超过尼日利亚 100%—300%,与尼日利亚拥有类似的要素禀赋结构,而且快速增长;再找到这样一个国家中有活力地增长了 20 年左右的贸易商品和服务产业。许多情况下,由于工资水平随经济发展而增长,一个快速增长国家在经过 20 年的发展之后在该产业可能已不再具有比较优势。[3] 除此之外,尼日利亚可以自产一些简单的、劳动密集型、规模经济有限、只需要很少投资且还在进口的制造品。本步骤亦可甄别对尼日利亚来说属于新兴产业但具有良好商业前景的产业。
- 第二步:从上一步得出的清单中,政府可以优先发展那些国内私人企业已经自发进入的产业,并试图甄别:(1) 原有企业提高产品质量的主要障碍;(2) 其他企业进入该产业的主要障碍。对于这些产业,政府也可以采取措施鼓励来自较高收入国家的外商直接投资进入。
- 第三步:除了第一步甄别的贸易商品和服务产业,发展中国家政府应该密切关注私人企业自己成功发现的产业并支持这些产业发展壮大。

该方法在尼日利亚的应用见下文。

选取部门

选择人均 GDP 超过尼日利亚 100%—300% 的国家

表 7 中是人均 GDP 为尼日利亚 100%—300% 的国家名单。排除

掉增长缓慢的国家(即年均增长率低于6%的国家)之后,剩下的是印度尼西亚、中国、越南和印度。

表7 2009年的购买力平价人均GDP

国家	人均GDP (2005年不变价国际元)	占尼日利亚的百分比 (%)
尼日利亚	2 001	100
越南	2 682	134
印度	2 970	148
菲律宾	3 216	161
印度尼西亚	3 813	191
摩洛哥	4 081	204
巴拉圭	4 107	205
埃及	5 151	257
中国	6 200	310
突尼斯	7 512	375

资料来源:世界发展指标。

根据要素禀赋标准,在这些国家中印度尼西亚与尼日利亚最接近——二者都有丰富的自然资源而且都是前OPEC(石油输出国组织)国家,但又从事着劳动密集型生产(Lin,2011)。印度尼西亚成功地同时使用其自然资源和丰裕的劳动力来发展与其潜在比较优势相一致的产业。作者在一篇博客文章中认为(Lin,2011),对于资源和劳动力都丰富的国家,资源丰富型国家和劳动力丰富型国家两者都可用作比较对象。[4]

尽管不属于资源丰富型国家,越南的高增长率也使它成为一个合适的比较对象,尤其是从其劳动密集型经济的角度。其强劲的经济增长和随之而来的劳动力成本增加使越南某些劳动密集型产业的比较优势迅速消失。

另一个参照国是中国。中国的人均GDP约为尼日利亚的三倍且不是一个自然资源丰富的国家。但是鉴于中国快速的经济增长、庞大的人口和国内市场,以及中国在技术增加值链上的迅速上升,以前驱动中国经济增长的一些产业可能正在失去其成本优势,所以中国的生产结构可能是一个合适的模仿对象。尤其是当尼日利亚可以用其自然资源带来的租金改善其基础设施和教育时。

最后一个参照国是印度。尽管印度并未完全利用其比较优势——丰富的非熟练劳动力,但其熟练劳动力却在一些全新的领域被成功应用,如呼叫中心。因此在某些方面,印度的产业结构也是与其潜在比较优势相一致的。

这些国家出口什么商品

表8给出了上述参照国的劳动密集型或资源密集型产业,并简要评价了尼日利亚在这些产业上的潜力。

表8 甄别增长部门:中国、越南、印度和印度尼西亚的主要出口品

中国	越南	印度	印度尼西亚	尼日利亚(潜在)
			棕榈油	大规模国内生产。详细价值链分析说明具有较高潜力。但2009年出口值低,仅为30万美元。
橡胶制品	原橡胶			轮胎业数年前由于无法与进口品竞争而消失。天然橡胶是尼日利亚第十大出口品。十字河的卡拉巴尔有大规模橡胶种植园。
服装及配饰;纺织纱线,织物等;印染及制革	服装及配饰;纺织纱线,织物等	服装及配饰;纺织纱线,织物等	服装及配饰;纺织纱线,织物等	尼日利亚纺织业的衰落是由于昂贵的电力使纺织业相对进口品缺乏竞争力,而且相比于大规模生产的参照国,工资差距并不大。
鞋类;旅行用品,手袋;皮革加工	鞋类			皮革——已经出现私人部门;山羊/小山羊皮皮革已经是第四大出口品;该产业已经在卡诺地区出现并需要更好的条件。
电信及录音设备;摄影设备		电信及录音设备	电信及录音设备	自2010年12月起,两家工厂已在拉各斯地区开展全散件电视组装。只要土地供应充足,扩张潜力就很大。

(续表)

中国	越南	印度	印度尼西亚	尼日利亚(潜在)
办公设备和自动数据投影机	电子集成电路,电信		印刷电路板,电子集成电路,绝缘导线和光纤	IT业——电脑的散件组装已经成功出现。
化肥制造				本地肥料生产商已经存在并发展迅速;尼日利亚拥有炼油厂和化肥厂,但需要一些有利条件,诸如取消石油补贴。此外,石化产品的生产需与特定的精炼产能相匹配。
鱼、甲壳类动物的处理	鱼、甲壳类动物的处理		鱼、甲壳类动物的处理	食品和饮料:以国内市场为目标,发展迅速;可可豆是第三大出口品,冷冻甲壳类动物是第五大出口品。
蔬菜和水果	谷物及谷物处理;咖啡、茶、可可、香料的生产	谷物及谷物处理;蔬菜和水果	固定性植物脂肪;咖啡、茶、可可、香料的生产	二者在尼日利亚均已活跃;要想扩大规模,需要一些必要条件,如电力和冷库。
道路车辆		道路车辆;其他运输设备		阿南布拉州的奥尼查集群集中生产汽车零部件;已经有了摩托车和拖拉机的散件组装。
家具及零部件;软木和木制品	家具及零部件			家具业在尼日利亚已经比较活跃并在快速增长。
纸,纸板等			纸,纸板等	已经比较活跃,并在增长中。物流支持可能有助于加快增长。
医药产品		医药产品		产业已经建立,但比较分散。合并有可能降低成本。
机器制造——电器,金属加工或发电	机器制造——电器,工业机器	机器制造——电器一般工业或发电	电器	已有金属工业;但是太小、太分散,因而成本较高。创建产业集群有助于其增长。
有机化学制品;化学材料和产品;人工树脂,塑料;无机化学制品		有机化学制品		有机化学工业可能得益于丰富的原材料供应;但是,石油补贴可能是阻碍更多外商直接投资进入的主要扭曲性因素。

资料来源:作者根据 COMTRADE 数据应用递减出口份额法计算。

对规模报酬有限,且只要求很少投资的劳动密集型制造品的进口

表9给出了对规模报酬有限的劳动密集型制造品(4位数SITC层次上)的进口。

表9　2010年尼日利亚的前15位进口品

产品(4位数)	1 000美元	百分比
谷物及谷物处理	863 917	10.7
电信及录音	330 136	4.1
鱼类、甲壳类、软体动物及处理	276 152	3.4
其他运输设备*	255 846	3.2
医药制品	241 312	3.0
金属制造业	214 157	2.7
人造合成树脂,塑料材料,纤维素	151 868	1.9
精油及香水材料	104 932	1.3
专业设备、科学仪器及控制设备	101 065	1.3
乳制品及禽蛋	99 125	1.2
其他制成品	98 169	1.2
橡胶制品及其供应	96 489	1.2
纸、纸板及纸制品	91 269	1.1
纺织纱线、织物及制成品	82 120	1.0
饮料	58 480	0.7

资料来源:COMTRADE数据库,4位数SITC第2版修订。

* 由于运输设备可能有专利保护,尼日利亚开始时可以生产通用产品。

私人部门活跃且已经成功实现自我发现的产业

第三个标准是选出尼日利亚私人部门已经较为活跃而且已经成功实现自我发现的产业,如信息及通信技术(ICT)、轻工业、食品加工业、批发及零售业、建筑及汽车配件业、肉类及家禽、棕榈油,以及可可生产。上述产业现在都没有出口。但是,所有这些产品的生产都有充足的就业和增长潜力并可以升级为出口品。

图3标明了区域和地理因素是怎样导致一个产业增长和就业潜力的不同的。例如,卡诺地区大米生产的就业和增长潜力就低于卡杜纳地区。又如,拥有广大市场的拉各斯地区的批发及零售业的增长潜力远大于市场较小的卡诺地区。由于尼日利亚各地区的情况各不相同,

这种详细的区域分析显得十分重要。

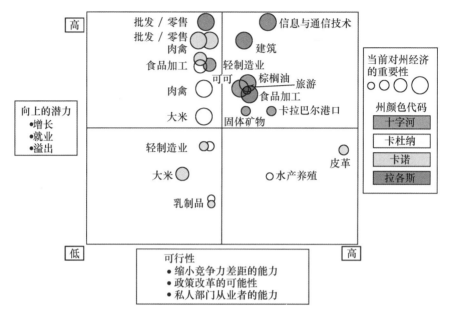

图3　进一步探讨所用的价值链排序
资料来源：Treichel(2010)。

除了这些产业,还有一些部门有成功的自我发现。例如,旅行箱生产最近成功出现并迅速扩张。现阶段,60%的部分是由国内制造的,这使得单个箱子的平均成本显著下降;国内需求的约50%也是由国内生产满足的。另一个成功自我发现的产业是2010年12月才开始的电视机组装业。这两个产业在未来都有可能快速扩张,如果政府通过诸如金融促进等手段促进其规模扩大的话,那么还有可能成为出口品。

根据这一分析,尼日利亚哪些产业具有潜在的比较优势

上文使用了三个标准来甄别可以作为干预目标的、具有高增长和就业潜力的产业。首先,确定在快速增长、具有与尼日利亚类似的要素禀赋结构且人均GDP高于尼日利亚100%—300%的参照国中蓬勃发展的贸易品产业。其次,分析尼日利亚的进口并确定那些只需要少量投资、规模经济有限,因而可以在国内生产的产品。最后,在国内寻找已经成功实现自我发现或者增长迅速,但具有较大的就业影响力并可以更快增长的产业。

根据第一个标准,我们认为要素禀赋结构类似的参照国中有七个产业需要进一步分析:鞋类,包括运动鞋;纺织品;电视录像机;水产品;汽车零部件;植物油;化肥。除此之外,还有摩托车;肉类及肉制品,油籽;化肥,石油制品;皮革;旅行用品;办公设备;医药制品;有机化学制品。

根据第二个标准,如下四个产业应被重点关注:汽车零部件;彩色电视机;轮胎;金属制造业。

第三个标准着重考虑已经在快速增长的产业,得到的目标产业与前两个标准筛选得到的有轻微不同,它们是:轻制造业,食品加工业,肉禽,棕榈油和大米,电信,皮革,批发零售业和建筑业。

尼日利亚是一个自然资源丰富的国家,尤其是石油、天然气,固体矿物也很丰富。与此相关的产业,尤其是精炼石油制品、石化制品、化妆品和塑料,目前在尼日利亚并不活跃。但是,鉴于这些产品目前被大量进口且国内原材料供应充足,应使用深度价值链分析法来评估它们在尼日利亚是否具有比较优势。

怎样从上述名单中得到目标产业?关键标准是行业的增长和就业创造潜力,私人部门能力增长的可行性,以及公共部门的监管框架。这些问题可最终由详细的价值链分析来解决,方法如专栏1所示。但是首先,作为一个初步近似,使用前文提到的关于非洲轻制造业的报告中开发的一系列预选方法筛选目标行业,可以缩小选择范围。

第一,需要排除需要大规模资本投入而国内市场狭小的产业,因为尼日利亚并非资本丰富型国家,而且最初有可能取得成功的产业应是满足国内市场需求的产业。第二,目标产业应在参照国中主要由中小型企业组成,因为大型企业在尼日利亚并不普遍。但是,鉴于尼日利亚的商业环境可能得到改善以有利于外商大规模直接投资,我们也可以考虑参照国中大型企业生产的产品。第三,对每一种产品,国内市场中均应存在供应链。第四,国内市场可以提供原材料或者原材料很容易进口。第五,劳动技能应易于转化。

表10比较了预选得出的产业是否符合上述标准:批发零售业和建筑业并未包含在内,因为这两个产业不可能靠模仿他国起家,但是这两个产业可能受益于政府有目标的干预,使其对更高的需求反应更敏感,就业强度更高。

大多数产业都符合预选标准,既有增长潜力也符合可行性标准。值得注意的例外是运动鞋:不能从国内市场获得原材料PVC,造成了比较劣势,并已经导致了国内生产的停止。该产业竞争力的提高,可能取决于国内化工产业的建立。同样,参照国中的化肥、化工产品和电视机不是在中小型企业中生产的,但是如果创造有利条件,外商直接投资可能在尼日利亚成立大型企业(包括合资企业)。

表 10　筛选高增长潜能子部门的标准

产品群	标准1:产品所需资本投入较少,且国内市场较大	标准2:产品在参照国由中小型企业生产	标准3:尼日利亚具有部分要素禀赋——国内市场存在供应链(原材料可来自国内或是进口);劳动力技能易于转化
鞋类,包括运动鞋、旅行包	是	是	拥有皮革供应链,但缺乏运动鞋生产需要的PVC。皮鞋和旅行包已经实现生产,并增长强劲。
电视电子	是	部分地区是	原材料进口便利、非高技能生产。
轮胎和汽车零部件	是	是	拥有橡胶及相关供应链。跨国公司在尼日利亚十分活跃。
植物油,水产养殖,棕榈油和大米;食品加工,肉类和家禽	是	是	是。
摩托车和拖拉机	是	是	是。
化肥、石油化工和有机化工品	是	否	尼日利亚有丰富的石油和天然气。劳动力技能可转化。
轻制造业	是	是	是。国内生产活跃,已有相关技术工人。
皮革	是	是	是。
药品	是	是	是。
纸板	是	是	是。

资料来源:世界银行(2011)。

第二步,需要考察尼日利亚在这些产业基本工资的竞争力,以判断尼日利亚是否具有后发优势。

表11总结了中国、越南和尼日利亚按行业分类的工资数据。

这些数据证实了,在上述产业中,尼日利亚具有廉价劳动力带来的相对成本优势。

表 11 各行业平均工资(包括福利)

(美元)

部门	熟练工人					非熟练工人		
	尼日利亚	埃塞俄比亚(独立成分分析)	埃塞俄比亚	越南	中国	埃塞俄比亚(独立成分分析)	埃塞俄比亚	越南	中国
食品	135	82	89—141	181—363	398—442	45	26—52	78—207	192—236
服装	85	82	37—185	119—181	331—370	48	26—48	78—130	237—296
纺织	120	71				20			
机械及设备	163								
化工	212								
电子工业	119								
非金属矿工业	106								
木材、木制品及皮毛	102	151	81—119	181—259	393—442	35	37—52	85—135	206—251
金属及金属产品	107			168—233	265—369		89	117—142	192—265
其他制造业	130	154				67			

资料来源:Nigeria—Productivity and Investment Climate Survey, 2009; Ethiopia Investment Climate Survey, Manufacturing 2006(报告值采用样本平均值); Others—Light Manufacturing in Africa (2001), vol II (报告值采用样本企业报告的数据范围)。

注:埃塞俄比亚作为另一个非洲国家纳入图表作为尼日利亚的参照。

如何促进目标价值链的增长

除了提出上述确定目标产业的方法,GIFF 还确定了一系列可促进目标产业增长的步骤。如上所述,通过价值链分析或 Hausmann et al. (2005)提出的增长诊断研究法,政府可以尝试甄别出这些企业提升产品质量的障碍因素或行业准入的障碍因素。此外,政府可以采取一些具体措施,鼓励在第一步中甄别出的较高收入国家的企业在这些产业进行投资。此外,在公共设施落后且商业环境较差的发展中国家,政府可以创办工业园区或出口加工区。这些工业园区或出口加工区通常专门为某些部门或行业提供便利条件,例如 IT 或轻工业,且往往围绕现有产业集群而建。最后,政府可以为在第一步中找出的相关产业的国内先驱企业或国外投资者提供一定的激励机制,以补偿它们的投资所创造的非竞争性的公共知识。具体方法可以包括企业所得税优惠期、直接的税收优惠或优先获得外汇储备以进口关键设备的权利。在文献中,前者的干预类型被称为软产业政策,后者被称为硬产业政策。

接下来将探讨制约目标价值链增长的关键因素以及针对尼日利亚的具体情况可采用哪些具体措施。现有的价值链研究分析了许多这类价值链增长的紧约束。[5] 这些紧约束大致分为五类:(1) 实物基础设施,尤其是电力和道路的缺乏;(2) 商业环境(烦琐的程序);(3) 缺乏融资渠道;(4) 缺乏适应市场需求的技术和职业教育体系;(5) 限制性贸易政策。附表总结了各种紧约束,以及可采取的措施。

每类紧约束的具体应对措施如下:

- 实物基础设施:建设带有专用电力和运输线路的工业园区。在已有高度集中的有前景的价值链,并具有很高的增长潜力的地区建设独立发电厂(IPP),政府可以通过与其有密切合作的工业银行来进行。
- 商业环境:有选择性地给一些政府关键部门赋予一定权力,如尼日利亚标准组织(Standards Organization of Nigeria,SON),其职能为实施质量标准、改革商业执照发放和土地交易。
- 融资渠道:通过土地分配制度改革,提高抵押贷款的可获得性,促进抵押贷款融资。引入优惠利率直接信贷计划。

- 技术和职业教育及培训:通过尼日利亚的技术教育委员会发起建立的创新企业机构(Innovation Enterprise Institutions,IEI)把增长部门与技能发展联系起来。建立国家职业资格(National Vocational Qualification)认证框架,协调国家青年服务计划(National Youth Service),使青年团体的参与者可以找到与其资质相匹配的工作。通过行业协会,鼓励传统的学徒制培训标准的发展与采用。

- 贸易政策改革:进口禁令和高关税对许多价值链的竞争力有不良影响。用关税代替对最有增长潜力的某些部门有负面影响的进口禁令,将对若干产业的发展非常有利。对于有些尚待发展且具有高增长潜力的部门,采取适当保护可能还是必要的。

每个部门的主要约束

对于政府和私人部门最重要的挑战之一,就是找到那些一旦缓解将极大促进产业发展的最重要的约束。附表中列出了每个价值链的制约因素以及这些制约因素应该怎样消除。下面将讨论从与拉各斯的企业家们的会谈中得到的一些发现。缺少电力几乎是每个行业都存在的约束,因此未被特别提及。尼日利亚政府的当务之急是解决工业园区独立发电厂的问题,以作为解决高电力成本的主要方法。

一般而言,企业家希望得到更大的进口关税保护。过去,尼日利亚持续通过高关税和进口禁令对国内产业进行保护。然而,国内生产改善并未实现,因为提高生产率的关键制约因素依然没有得到解决,尤其是电力缺乏的问题。在此背景下,在延续保护的同时,政府应做出承诺,逐步取消贸易保护,并以一揽子措施解除一些关键的紧约束,即建设独立发电厂,为进口制造商设立快捷窗口,为便利关键价值链的融资渠道而采取一些具体的金融干预措施。应该用关税替代进口禁令,事实证明进口禁令大多无法实施,只能助长走私。

食品加工(包括果汁,肉禽,挂面、意大利面和番茄酱)近年取得了极大的增长,生产者对进一步增长的前景充满信心。番茄酱生产商表示,如果国内西红柿产量取得较大增长,那么将极大提高该行业的增长潜力。此外,政府的具体鼓励政策,如研发激励、全面推行出口津贴(EEG)、协助分发种子等将使生产进一步扩大。

建筑业在创造就业机会方面具有巨大潜力。该产业快速增长最主要的约束之一是难以获得抵押贷款融资。改革土地交易过程和发展与抵押贷款相关的金融工具这些具体干预措施可以改善这类融资的可得性,并极大地促进该产业的发展。此外,该产业还遭遇了熟练工人短缺问题。针对此问题的干预措施是大幅提升职业培训的质量,这将有助于减少青年失业并降低建筑企业的成本。

摩托车、拖拉机和电视机组装业即将快速扩张。关键约束是缺乏贸易协调(导致了进口过程延误),以及无法获得足够的土地以扩大生产,使厂家不能从规模效应中获利。

计算机组装业也在快速发展。政府和私人部门在解决工人技能不足问题上的合作是降低成本的关键。此外,政府可以推动大学和其他学校采用宽带接入。

由于相比进口产品缺乏竞争力,**轮胎产业**遭遇了连年衰退并于2008年停产。提高生产率的关键约束包括:(1) 需要天然气来保证独立发电厂的运行;(2) 需要改造瓦里的精炼厂以便于获得炭黑(轮胎生产的关键投入品);(3) 需要纾困资金解决大笔债务问题。由于尼日尔三角洲的骚动,天然气供应中断。同时,精炼厂改造未能及时完成。政府注资是救援该行业的关键,特别是配合其他措施,包括重建瓦里的精炼厂和优惠贷款(基于与私人承包商的绩效协议)。

金属业遭遇了电力短缺问题和来自国外的价格竞争。尽管如此,生产的某些环节,如铸铁、锰钢已经蓬勃发展;而其他部门,如铝等在不断衰退。主要障碍除电力供应外,在于海关总署拖延进口原材料的报关过程。然而,该产业增长最重要的约束依然是电力的缺乏。

在实施这些措施时如何解决治理问题

对产业政策最重要的批评之一是精英们以损害干预政策效果的方式控制干预权的潜在可能性。尼日利亚在治理问题上表现很差,长期以来在全球贪腐指数排名中接近垫底。在这种情况下,重要的是确立一些原则,使得政府在实施这些政策措施时适当处理与治理有关的问题。根据其他国家的经验,如下措施或许可以提高政府在这一方面的表现:

- 通过公开的过程达成共识,并在实施这些已达成共识的措施时让公众不断跟进,可以最好地保证透明度和责任机制。例如,首先,可以举行一个工作高层会议,让关键产业的私人部门代表和政府代表就促进特定部门发展的重要干预措施进行讨论并取得一致意见,包括筛选标准和相应的实施机制。然后把这些谅解备忘录公开发表,并在公共论坛上定期讨论审查其执行情况。

- 协议应详细说明预期的结果。此外还应规定,如果预期结果没有实现,干预措施应被撤销。
- 控制干预政策的规模可以进一步增加透明度和责任机制。较小规模的干预比大规模干预更有可能具有高透明度。这是由于精英控制干预的潜在可能性与政府补贴和其他保护政策的寻租空间成正比。
- 行业的选择可以委托给咨询公司,而非交由政府进行(如智利的例子)。

结语

本文的目的是甄别具有高增长和就业潜力的行业,并确定一些干预措施以去除这些行业的增长所面临的紧约束。本文的结论是,许多产业——有的已经在尼日利亚相当活跃,有的是新产业——在增长和就业创造方面可能具有很大的潜力,应该对其进行详细的价值链分析,以确定哪些干预措施可以使尼日利亚与竞争对手展开有效竞争。所选定的促进增长的经济措施应该主要集中于:(1) 提供实物基础设施,尤其是电力、供水和污水处理;(2) 改善商业环境;(3) 发展有针对性的职业教育和培训;(4) 改善对经济的监管;(5) 改革贸易政策;(6) 为所选定的部门提供税收激励、融资渠道和外汇获取渠道。

在实施这些干预措施的同时,十分重要的是,采取上文所述的支持良好治理的一系列措施。这样多管齐下,尼日利亚在保持其强劲的增长及提高增长对就业的拉动作用方面就会处于有利地位。

附表

表 A1 各领域增长约束、干预措施和预期结果

具有潜力的部门	增长约束	干预措施	低质量、低生产率的劳动力投入	融资	扭曲性贸易政策	产品标准执法效果不佳	环保措施和执法不佳	不可靠且高成本的基础设施	低效的物流及相关操作	频频的行政程序	技术和信息不对称性
房地产和建筑业：需求不断增长，以及新兴的中产阶级带来该行业显著的上升空间	不可靠和高成本的基础设施和服务（包括电力、供水和运输）；相关操作不良；物流不畅；欠发达的货运服务体系	政府部门和私人部门密切合作，进行电力部门和其他关键基础设施领域的改革（关税和监管改革）						X	X		
		在已经有了高度集中的价值链的具有高增长潜力的地区建立独立发电厂									
	扭曲的贸易政策加上糟糕的边境管制，要素投入的禁令；保护国内产品的关税和其他税收	用关税替代关键投入品（如钢筋）的进口禁令（15%的关税将最大化正式贸易的激励）			X						
		改革海关程序，包括基于风险的报关服务									
	频频的行政程序、规划审批和建筑许可；繁重的商业监管条例，包括出口津贴	启动行政改革方案，简化有关机构的办事程序，以加快审批过程									
		在法律基础上，通过精心设计的流程图和流线图分析，重新设计或改革办事程序									
		在准备/设计阶段，提供强有力的技术援助，随后与相关各方密切合作实施									
	低质量、低生产率的劳动力投入；缺乏职业培训人；非熟练工人生产率低	尝试利用"创新企业机构"进行培训	X								

（续表）

具有潜力的部门	增长约束	干预措施	低质量，低生产率的劳动力投入	融资	扭曲性贸易政策	产品标准执法效果不佳	环保措施执行法不佳	不可靠且高成本的基础设施	低效的物流及相关操作	频繁的行政程序	技术和信息不对称性
		开办新的并加强现有的高职院校，从而增加培训渠道，非正规劳动力的培训，包括实习项目（如拉各斯亚的"优秀员工职业培训中心"）	X								
	产品标准执法效果欠佳，尼日利亚标准组织（SON），本地城镇规划局	实施能力建设方案，加强有关局对建筑行业质量和安全标准的检查					X				
	抵押贷款市场的发展不充分	通过改革土地交易制度和金融业，促进与抵押贷款相关的金融服务的发展		X							
	较差的环保实践和执法；建筑材料处理程序不恰当	为环保部门提供技术援助，提升其资源水平和专业技能；使有关各方负起其环境监管的法定责任						X			
食品加工：收入不断增加促使酒精和非酒精饮料、加工食品的需求增加	进口禁令导致本地原材料成本较高，使得产品价格高且无竞争力	用关税替代本地原材料的出口禁令，改革海关办事程序，包括基于风险的报关相关服务		X							
	协调失败，加工者和生产者之间联系很弱	建立行业协会，解决信息和知识向中小企业传递的问题									X

（续表）

具有潜力的部门	增长约束	干预措施	低质量、低生产率的劳动力投入	融资	扭曲性贸易政策	产品标准执法效果不佳	环保措施和执法不佳	不可靠且高成本的基础设施	低效的物流及相关操作	烦琐的行政程序	技术和信息不对称性
	繁琐的行政程序：土地登记	启动行政改革方案，简化有关机构的办事程序，加快审批过程									
		在法律基础上，通过精心的流程图和流线图分析，重新设计或改革办事程序								X	
		在准备/设计阶段，提供强有力的技术援助，随后与相关各方密切合作实施									
	物流不畅，相关操作不佳；通向散布各处的小农场的农村道路状况不佳；操作过程控制不当（无温度控制）、装袋不当，储存不佳；欠发达的货运服务系统；商业环境不佳（电力、供水和道路）；在具备有大容量食品加工能力的工厂和其他区域没有独立发电厂等相关基础设施	在食品部门推行综合物流方案：从农场大门开始到加工阶段（包括农场储存，运输，批发市场，农村公路，到加工者的运输），提供完善的温度控制设备						X	X		
	熟练工人缺乏；支持加强该行业职业技术培训；低质量，低生产率的劳动力投入，缺乏职业技术工人，非熟练工人培训，非熟练工人生产率低	尝试利用"创新企业机构"进行培训	X								
		开办新的并加强现有的高职院校，从而增加非熟练、非正规劳动力的培训渠道，包括实习项目（如拉各斯针对建筑业的"优									

270 新结构经济学

(续表)

具有潜力的部门	增长约束	干预措施	低质量、低生产率的劳动力投入	融资	扭曲性贸易政策	产品标准执法效果不佳	环保措施和执法不佳	不可靠且高成本的基础设施	低效的物流及相关操作	烦琐的行政程序	技术和信息不对称性
		吸引员工职业培训中心("利用尼日利亚制造业协会(MAN)和中小企业协会(NASSI)为干预私人部门提供扩展服务	X								
		对兼有宗教和传统实践的国内目标群体所在地(例如迪拜、马来西亚、南非由穆斯林经营的屠宰场)派出技术顾问团									
	产品标准执法不佳:SON,国家农业部、兽医服务、畜禽服务、农耕服务、病虫害防治、农产品检测、渔业服务、食品与药品管理局(NAFDAC)	实施能力建设方案，加强农业、畜禽和食品工业的质量和安全标准的检查;特别是协调农业部、卫生部和 NAFDAC 等食品行业检查部门的无缝合作									
	较差的环保实践和执法:公共屠宰场动物排泄物控制不当	为环保部门提供技术援助，提升其资源水平和专业技能;使有关各方负起环境监管的法定责任					X	X			
肉类和家禽:城市化、新兴中产阶级和高收入人群弹性的需求,对肉类的需求和快餐行业是重要方面的需求方	屠宰场功能发挥不佳	私有化屠宰场					X				
	进口禁令损害国内产品竞争力	取消肉类的进口禁令			X						
	公共部门能力弱,特别是兽医服务及其他支持性服务部门	在主要政府部门推行有针对性的能力提升方案					X				

(续表)

具有潜力的部门	增长约束	干预措施	低质量、低生产率的劳动力投入	融资	扭曲性贸易政策	产品标准执法效果不佳	环保措施和执法不佳	不可靠且高成本的基础设施	低效的物流及相关操作	频频的行政程序	技术和信息不对称性
水产养殖：从一个稳步增长的基数反映了需较低的增长	技术选择和价格的信息	对技术培训和机构设计提供支持			X						
	融资渠道	拓展小微企业短期贷款渠道		X							
	投入品供应和商业发展服务	通过改善基础设施，技术和信息相关系统，提升商业领域利益相关者的能力			X						X
	不可靠和高成本的基础设施服务（包括电力、供水和运输）；物流不畅、相关操作不佳；通向散布于各处的小农场的农村道路状况不佳	在已经有了高度集中的价值链且具有前景的地区建立独立发电厂						X	X		
皮革：高品质，具有国际市场潜力的产品，需要升级	扭曲的贸易政策加上糟糕的边境管制；要素投入品的关税和其他国内产品的关税和税收；漏洞者贸易政策带来的效果	用关税替代入品的进口禁令（15%的关税将最大化正式贸易政策）改革海关办事程序，包括基于风险的报关服务			X						
	频频的行政程序，繁琐的商业监管，包括出口补贴	启动行政改革方案，简化有关机构的办事程序，以加快审批过程								X	
		在法律基础上，通过精心的流程图和流线图分析，重新设计或改革办事程序									
		在准备设计阶段，提供强有力的技术援助，随后与相关各方密切合作实施									

(续表)

具有潜力的部门	增长约束	干预措施	低质量、低生产率的劳动力投入	融资	扭曲性的贸易政策	产品标准执法效果不佳	环保措施执法不佳	不可靠且高成本的基础设施	低效的物流及相关操作	烦琐的行政程序	技术和信息不对称性
	低质量、低生产率的劳动力投入：低生产率的熟练工人，缺乏职业培训，非熟练工人生产率低	尝试利用"创新企业机构"进行培训	X								
		开办新的并加强现有的高职院校，从而增加非熟练劳动力的培训渠道，包括实习项目（如拉各斯针对建筑业的"优秀员工培训中心"）									
		对兼有宗教和传统实践所在地目标群体所在的国内目标国（例如由穆斯林经营的屠宰场）派出技术顾问团 马来西亚、南非									
	较差的环保实践和执法：皮革厂对化学废料处理不当（6家中的3家没有化学品处理设施）；产品标准执行不佳；兽医服务；畜禽服务	为环保部门其资源水平和专业技能，提升有关各方负起环境监管的法定责任					X				
		实施能力建设方案，加强农牧产品的质量和安全标准部门的检查活动				X					
信息和通信技术：可以降低其他部门的通信成本和交易成本，是提升其他关键生产力的关键；与金融部门联系紧密，市场广阔，对外国投资者有吸引力；最近	政策和监管改革：尼日利亚版权协会（NCC）颁发的新许可证引人的运营商超过了市场容量；需要颁布评估合理的服务收费水平的能力；电信机构角色定位不清晰	在通信部门实施能力建设方案；实施新的流线型监管条例				X					

增长甄别与因势利导框架的应用　273

(续表)

具有潜力的部门	增长约束	干预措施	低质量,低生产率的劳动力投入	融资	扭曲性贸易政策	产品标准执法效果不佳	环保措施和执法不佳	不可靠且高成本的基础设施	低效的物流及相关操作	频频的行政程序	技术和信息不对称性
竞争力的提高导致了生产率提高和产品创新;是区域投资的机会;语言技能使呼叫中心开办成为可能	存在市场失灵,导致债务融资和股权融资渠道不畅	开通电信部门特殊的融资窗口		X							
	技术工人的短缺	推行有针对性的培训	X								
	原材料成本高(不具备竞争力的钢产品)	关税取代进口禁令			X						
	技术工人短缺	推行有针对性的职业培训,尤其是通过"创新企业机构"	X								
轻制造业(金属、木材加工和家具制造):建筑行业不断增加的需求导致对结构性木材和钢产品需求的不断增加	当地政府部门的政策失误导致低公共投资	工业集群地的能源通过独立发电厂提供,提供专门供水和专用道路						X			
	信息渠道不均匀,尤其是小微企业信息渠道不佳	行业协会应该增加行业的信息流动,通过分享成功创新的信息改善技术传递机构									X
	缺乏融资渠道	增加获得短期贷款的途径		X							
	融资渠道	考虑建立纤困基金,以优惠利率提供一定额度的信贷									
轮胎	电力和供水基础设施	建立独立发电厂									
	由于缺乏炭黑,瓦里精炼厂无法运转	恢复瓦里精炼厂的运行									

（续表）

具有潜力的部门	增长约束	干预措施	低质量、低生产率的劳动力投入	融资	扭曲性贸易政策	产品标准执法效果不佳	环保措施和执法不佳	不可靠且高成本的基础设施	低效的物流及相关操作	频项的行政程序	技术和信息不对称性
汽车零部件生产、摩托车组装	提升工人技术水平	降低培训成本									
	能源和供水的基础设施	在工业园区建立独立发电厂									
	报关程序	改革制造业快速通道									
药品	厂商太小太分散，从而缺乏竞争力	鼓励并购和重组									
彩色电视接收机	报关程序	建立针对制造商的快速通道									
	土地的获得	为获取土地提供便利									

资料来源：世界银行/DFID（2008）。

注释

1. 也可参见 Global Development Horizons (2011)。
2. 请注意这一发现并不一定意味着人们从付薪就业转移到家庭农业生产。这也可能意味着,那些之前在报告中反映为没有就业也没有失业(即在劳动力市场外)但偶尔参与农业生产的人,开始在一定程度上参与农业生产活动,从而作为家庭农业生产就业人口被报告。这意味着他们从就业不足转为就业。Rodrik (2010)找到证据证明劳动力从批发零售部门(该部门有合理的高生产率)转移到农业。
3. 具有相似要素禀赋结构的国家具有相似的比较优势。因此,工资水平较低的国家相比竞争对手能以更低的成本生产产品。在同一行业内,相关技术的复杂性可能截然不同,因此一国可能在某些产品上具有比较优势而在其他产品上没有。例如,当韩国于20世纪80年代进入存储芯片市场时,日本的存储芯片行业依然在扩张。韩国能成功进入该行业的原因是它生产的是简单的、技术成熟的芯片,这种芯片是日本10年前生产的。同时,根据不同的资本密集度,一个行业可被分成不同的区段。例如,IT行业根据资本密集度可以分为研发、芯片、零部件和装配。低收入国家可以从劳动密集型的装配环节开始进入该行业。
4. 尼日利亚和印度尼西亚的相似之处在世界银行此前的一个出版物中被认识到,该出版物考察了两国1960—1980年的经济表现(见 Bevan et al., 1999)。
5. 2010年8月在阿布贾召开的工作峰会确定了每个价值链增长的关键紧约束。政府部门和私人部门就如何缓解这些紧约束达成了一个谅解备忘录。这些措施随后被政府批准,目前正在实施。

参考文献

Bevan, D., P. Collier, and J. W. Gunning. 1999. *The Political Economy of Poverty, Equity, and Growth: Nigeria and Indonesia*. New York: Oxford University Press.

Bosworth, B. and S. Collins. 2008. "Accounting for Growth, Comparing China and India," *Journal of Economic Perspectives* 22, no.1 (Winter):45—66.

Hausmann, R., D. Rodrik, and A. Velasco. 2008. "Growth Diagnostic," in N. Serra and J. E. Stiglitz (eds.), *The Washington Consensus Reconsidered: Towards a New Global Governance*. Cambridge, Massachusetts.

Lin, Justin Yifu. 2011. "Economic Development in Natural Resource-Rich, Labor-Abundant Countries," Let's Talk Development Blog, February 28 (http://blogs.worldbank.org/developmenttalk/economic-development-inresource-rich-labor-abundant-economies).

Rodrik, D. 2010. "Globalization, Structural Change and Productivity Growth," Working Paper 17143. National Bureau of Economic Research, Cambridge, MA.

Treichel, V. 2010. *Putting Nigeria to Work: A Strategy for Employment and Growth*. Washington, DC: World Bank.

World Bank. 2011. *Global Development Horizons: Multipolarity: The New Global Economy*. Washington, DC: World Bank.

World Bank. Forthcoming. "Light Manufacturing-Focused Policies to Enhance Private Investment and Create Productive Jobs," Washington, DC: World Bank.

World Bank/DFID. 2008. "Nigeria Value Chain Analysis: Sector Choice and Market Analysis Report," EME consultants, London.

产业政策与中等收入国家的经济发展*

许多国家的产业政策失败了,但是尚未见不用产业政策而成功追赶发达国家的发展中国家(Chang,2002)和保持继续领先的发达国家(Mazzucato,2011)。对发达国家和发展中国家的经济发展,产业政策之所以需要是因为推动经济发展的技术创新和产业升级既需要有企业家的个人努力,也需要有政府帮助企业家解决其自身难以克服的外部性和相应软硬基础设施完善的协调问题。由于不论是发达国家还是发展中国家的政府所能使用的资源都是有限的,不能什么可能的技术创新和产业升级都提供帮助,因此只能策略性地使用其有限资源,优先帮助能对经济持续发展做出最大贡献的产业。这种有选择性地使用资源帮助某些产业的企业家克服外部性和协调问题的措施就是产业政策。

一个国家经济发展的本质是人均收入的不断增加(Kuznets,1966;Maddison,2006),其前提则是越来越高的劳动生产率水平。劳动生产率水平的提高有两个途径:一是通过技术创新,提高现有产业中产品的质量和生产效率;二是通过产业升级,将现有劳动力、土地、资本等生产要素配置到附加价值更高的产业。根据新结构经济学的分析,这两者的实现需要有"有效的市场"和"有为的政府"的共同作用。

"有效的市场"的重要性在于,引导企业家按照要素禀赋的比较优势来选择技术和产业,生产出来的产品在国内国际市场的同类产品中,成本才会最低,才会最有竞争力,企业才能获得最大的利润,整个经济才可以创造最大的剩余和资本积累,使得比较优势从劳动或自然资源密集逐渐向资本密集提升,为现有产业、技术升级到资本更为密集、附加价值更高的新产业、新技术提供物质基础。企业家会按照比较优势发展经济的前提,则是必须有一个能够很好地反映各种要素相对稀

---

* 原文以"产业政策与我国经济发展:新结构经济学的视角"为题发表于《复旦学报(社会科学版)》,2017年第2期,第148—153页。

缺性的价格体系(Lin, 2009; Lin and Chang, 2009),如果有这样的价格体系,那么企业为了自己的利润和竞争力,就会按照要素禀赋所决定的比较优势来选择合适的技术和产业,这种价格体系只有在充分竞争的市场中才会存在。所以,按比较优势发展产业、选择技术的前提是有一个"有效的市场"。

在经济发展过程中,"有为的政府"也必不可缺。首先,这是因为经济发展是一个资源必须随着要素积累、比较优势变化,不断从现有技术和产业配置到新的效率更高的技术和附加价值更高的产业的结构变迁过程。在技术创新和产业升级过程中,必须要有"第一个吃螃蟹的企业家",如果没有其他必要的安排,第一个吃螃蟹的企业家倘若失败了,将承担所有成本,并让后来者知道螃蟹不可吃,不去犯同样的错误;倘若成功了,后来者将会随之涌进,第一个吃螃蟹的企业家不会有垄断利润。也就是如果没有其他必要的安排,那么对于第一个吃螃蟹的企业家而言,失败的成本和成功的收益是不对称的;而从社会的角度看,不管该企业家失败或成功都给后来者提供了有用的信息。因此,政府需要给第一个吃螃蟹的企业家以一定的激励,这样企业家才会有积极性去冒这个风险(Aghion, 2009; Romer, 1990)。发达国家的专利制度发挥的就是这种功能。发展中国家的技术创新和产业升级一般是在国际的技术和产业链内部来进行的,多数情况下不能给予专利,但是,仍然需要给第一个吃螃蟹的企业家以必要的激励。当然,这种激励需要找到其他合适的替代方式。

其次,第一个吃螃蟹的企业家成功与否,并不完全决定于企业家个人的勇气、智慧和企业家才能。例如,要进入一个新的产业,所要求的从业人员的技能和以往的产业不尽相同,第一个吃螃蟹的企业家如果完全依靠自己培训员工,那么后来的企业可以以稍高的工资聘走拥有新技术的员工,而使第一个吃螃蟹的企业家蒙受损失。新产业所需的资本规模和风险也通常会比原有的产业大,需要有新的能够动员更多资本、有效分散风险的金融制度安排和其匹配,这也不是第一个吃螃蟹的企业家自己可以解决的问题。随着技术创新、产业升级,资本密集度和规模经济的提高,市场的范围和交易的价值会不断扩大,交通、电力、港口等硬件基础设施和法律、法规等软件制度环境,也必须随之不断完善,这些完善显然超出了第一个吃螃蟹的企业家的能力之所及。随着一个国家的发展,技术和产业会越来越接近国际前沿,新的技术创新和产业升级需要与这些新技术和新产业相关的基础科学的突破,基础科学的研发属于公共产品范畴,若其发现不能申请专利,企业家不会有积极性持续地从事这方面研究。凡此种种困难,均需要一个"有为的政府"来协调不同的企业加以克服,或是由政府自己直接提供相应的服务。只有这样,技术创新和产业升级才能顺利进行。

在经济发展过程中,发展中国家的政府可动员和配置的资源有限,不可能满足各种可能的技术创新和产业升级所需的外部性补偿和完善所有相应条件的要求。因此,和企业一样,发展中国家的政府也必须对可能的技术创新和产业升级的经济和社会回报做出甄别,按"集中优势兵力打歼灭战"的精神,以产业政策集中有限资源,协助企业家从事那些回报最高的技术创新和产业升级,只有这样才能促进经济最好最快地发展,避免陷入低收入陷阱或中等收入陷阱。同样,发达国家的政府也必须对其企业家所要从事的新一轮的技术创新和新产业发展所需要的基础科研给予支持。由于发达国家可以用来支持基础科研的经费并非无限,因此,也和发展中国家一样,必须根据可能的回报来配置有限的科研资源,这种配置也就是一种产业政策。也正因如此,Mazzucato把发达国家的政府称为企业家型政府。

许多发展中国家的政府采用产业政策时经常失败(Krueger and Tuncer, 1982; Lal, 1994; Pack and Saggi, 2006),究其原因,是发展中国家的政府容易出于赶超的目的,而去支持违反比较优势的产业,结果这些产业中的企业在开放竞争的市场中缺乏自生能力,只能靠政府永无止境的保护补贴来生存(Lin and Tan, 1999)。发达国家的产业政策也经常失败,它们则是为了就业的需要而去保护失掉比较优势的产业。成功的产业政策必须是针对具有潜在比较优势的产业,所谓具有潜在比较优势的产业指的是该产业的要素生产成本在开放竞争的市场中有优势,但是由于软硬基础设施不完善,交易费用太高,使得总成本在开放竞争的市场中没有竞争力。政府若能针对这些产业中的先行企业给予外部性补偿,并帮助进行软硬基础设施的完善,则这样的产业政策能够使具有潜在比较优势的产业迅速变成具有竞争优势的产业,但关键是如何甄别出具有潜在比较优势的产业,以及限制其发展的软硬基础设施的瓶颈。

低收入国家的政府可以根据新结构经济学的增长甄别与因势利导框架来选择具有潜在比较优势的产业以制定产业政策,像中国这样处于中等收入阶段的国家,从新结构经济学的视角(Lin, 2010),可以根据一个产业与国际前沿的差距,将现有产业分成五种不同类型,政府因势利导的作用各有差异。

第一种是追赶型产业。2016年中国的人均GDP是8 123美元,同年美国的人均GDP是57 638美元,德国42 161美元、日本38 972美元、韩国27 539美元。这种人均GDP的差距反映的是劳动生产率水平的差距,代表中国现有产业的技术和附加值水平比发达国家同类产业的水平低,处于追赶阶段。中国的汽车、高端装备业、高端材料即属于这种类型。

对于追赶型产业,中国各地政府和金融机构可以在资金融通和外汇获取上支持所在地的合适企业,像吉利汽车、三一重工那样,到海外并购同类产业中拥有先进技术的企业,作为技术创新、产业升级的来源。发达国家自2008年国际金融危机以来,经济增长乏力,很多拥有先进技术的企业经营不好,低价求售,出现了许多好的并购机会。

在没有合适的并购机会时,各地政府也可以提供方便,支持所在地的企业,像华为、中兴那样,到海外设立研发中心,直接利用国外的高端人才来推动技术创新。

另外,各地政府也可以筛选出中国每年从发达国家大量进口的高端制造业产品,根据其地区比较优势,创造这些产业所需的基础设施,改善营商环境,到海外招商引资,把那些高端制造业产品的生产企业吸引到国内来设厂生产。中国现在的GDP规模约占世界的14%,在新常态下,每年6.5%以上的增长意味着中国每年对世界贡献将近1个百分点的增长,现在世界每年的经济增长在3个百分点左右,也就是说,中国每年对世界市场容量扩张的贡献达到30%。如果地方政府能够根据这些高端制造业的需要提供合适的基础设施、人才培训、营商和法制环境,那么国外许多高端生产企业会有很高的积极性到国内设厂生产,以满足中国不断扩大的需求,并以中国为基地生产供应世界各地的市场。江苏省太仓市的中德企业合作园区2012年被工信部授予"中德中小企业合作示范区",到2014年年底吸引了220家德国企业入园,投资总额达20亿美元,就是一个很好的案例。在中高端产业的招商引资上中国仍处于大有作为的机遇期。

第二种是领先型产业。中国作为中等偏上收入国家,有些产业,像白色家电、高铁、造船等,其产品和技术已经处于国际领先或已接近国际最高水平。领先型产业必须自主研发新产品、新技术,才能继续保持国际领先地位。

自主研发包括两种不同性质的活动:新产品、新技术的"开发"和新产品、新技术开发所需"基础科研的突破"。企业开发的新产品、新技术可以申请专利,这类活动理当由企业自己来进行。但是,基础科研不仅投入大、风险高,其产品是论文,属于社会公共知识,企业没有从事基础科研的积极性。

美国这样的发达国家的产业,绝大多数属于领先型产业,技术创新和产业升级所需的基础研究,绝大多数是由美国国家科学基金会资助高校,或是由美国国家健康研究院等政府支持的科研机构来进行,欧洲、日本等发达国家也以政府的资金支持类似的机构来进行这方面的基础研究。中国自然也必须采取同样的方式来支持领先型产业的新产品和新技术开发所需的基础科研。

中国的中央和地方政府可以用财政拨款设立科研基金,支持所在地领先型产业的企业与科研院校协作进行基础科研,支持企业开发新产品、新技术。中央和地方政府也可以以资金支持相关行业的企业组成共用技术研发平台,攻关突破共用技术瓶颈,在此突破的基础上再各自开发新产品、新技术。在企业新产品和新技术开发取得突破后,中央和地方政府也可以通过采购,帮助企业较快地形成规模化生产,以降低单位生产成本,提高产品的国际竞争力。

领先型产业需要到世界各地建立销售、加工生产、售后服务等网络,以开发市场,中央和地方政府也需要在人才培训、资金、法律、领事保护、投资保护上给予相关企业的海外拓展以必要的支持。

第三种是转进型产业。这类产业有两种类型,一类是丧失比较优势的产业,另一类是在中国还有比较优势,但是产能有富余的产业。

劳动密集型的出口加工业是最典型的第一类产业。这类产业最主要的成本是工资成本。目前,中国一线工人的月工资是 3 000—4 000 元人民币,相当于 500—600 美元。到 2020 年"十三五"结束,实现十八大提出的两个"翻一番"目标,加上人民币升值,普通工人的月工资至少会上升到 1 000 美元。这类产业在中国失掉比较优势是不可逆转的趋势。

面对这种挑战,中国劳动密集型出口加工业中的一部分企业可以升级到品牌、研发、品管、市场渠道管理等高附加值的微笑曲线两端。从事生产加工的多数企业则只能像 20 世纪 60 年代以后日本和 80 年代以后亚洲"四小龙"的同类产业中的企业那样,利用其技术、管理、市场渠道的优势,转移到海外工资水平较低的地方去创造第二春,把中国的 GDP 变为 GNP,否则必然会因竞争力丧失、海外订单流失而被淘汰。这些加工企业在海外的成功也将给中国相关产业中附加价值比较高的中间部件和机器设备的生产企业提供海外市场,成为中国产业转型升级的拉动力。

中国各种劳动密集型出口加工业绝大多数在一些市县形成了产业集群,这些产业集群所在地的地方政府可以采取以下两种因势利导的政策:一是提供设计、营销方面的人才培训、展销平台等,鼓励一部分有能力的企业转向微笑曲线的两端,对于经营品牌的企业则可以对其新产品开发的费用给予和高新产业研发费用一样的在税前扣除的待遇;二是协助所在地加工企业抱团出海,提供信息、海外经营人才培训、资金支持,以及和承接地政府合作设立加工出口园区等,帮助企业利用当地廉价劳动力资源优势来提高竞争力,创造企业的第二春。

根据这一思路,中国劳动密集型出口加工业应向何处转移?由于中国是一个13亿人口的大国,第三次工业普查显示,整个制造业的从业人员数高达1.25亿。对人口规模相对较小的越南、柬埔寨、老挝、孟加拉国等国而言,中国的劳动密集型出口加工业稍微往那些国家转移,马上就会带动其工资和中国一样迅速上涨,实际上这正是近些年来在那些国家出现的情形。

对人口和劳动力供给而言,非洲现在有11亿人口,大量是富余的农村年轻劳动力,和中国80年代初的状况一样,目前的工资水平仅为中国的四分之一到十分之一,是承接中国劳动密集型出口加工业最合适的地方。但一个地方要成为现代制造业加工出口基地,除工资水平低以外,当地的生产企业还必须具备比较现代化的管理和技术能力,以及国际买家对当地企业的产品质量和按时交货能力的信心。非洲国家现在遇到的发展瓶颈是,基础设施薄弱,国际买家对非洲企业的管理、技术、产品质量和按时交货的能力缺乏信心。如果中国中央政府和劳动密集型出口加工业所在地的地方政府在"一带一路"和"中非命运共同体"的合作框架下,能够帮助非洲国家学习和吸取中国在招商引资方面的经验,设立工业园区改善基础设施,提供"一站式"服务,以发展产业集群的方式将中国的劳动密集型加工企业吸引过去,非洲也能快速发展起来。

2012年东莞的华坚鞋业在埃塞俄比亚投资设厂迅速获得成功就是一个很好的实例。华坚在国内的工资占总成本的22%,埃塞俄比亚工人的工资水平只有国内的10%,工人的生产效率则是国内的70%,工资总额实际上只有国内总成本的3%,下降了19个百分点。华坚所有的原材料来自国内,产品全部出口,物流成本从在国内占总成本的2%增加到8%,扣除物流成本高出的6个百分点,华坚在埃塞俄比亚的工厂和国内相比还节省13个百分点。埃塞俄比亚和许多非洲国家目前处于工业化的早期,大量剩余年轻劳动力滞留在劳动生产率水平极低的农业和服务业,劳动密集型加工制造业在未来十年或更长的时间里工资水平基本能够维持不变,去的企业多了,生产规模将扩大,物流成本将下降,所以,中国企业到那里投资的利润水平还会随着生产规模的扩大而上升。

随着中国国内工资水平的上涨,许多20世纪八九十年代转移到中国内地的台资、港资、韩资劳动密集型出口加工企业已经转移出去,中国内地自己的劳动密集型出口加工企业则因为不熟悉国外投资环境,缺乏海外经营管理人才而仍滞留国内。劳动密集型出口加工业集群所在地的政府可以给企业提供适合发展出口加工业的国家信息,和承接地政府做好对接,帮助他们学习中国的招商引资经验,设立工业园区,营造良好的投资和经营环境,会同行业协会因势利导,协助中国的企业抱团到那里投资。中国的商务、外交等中央部门和进出口行、开发行、中非基金等金融机构也要在投资保护、签证便利和金融上给予走出去的企业以必要的支持。

转进型的第二类产业则包含钢筋、水泥、平板玻璃、电解铝等建材行业。这些产业近些年在中国发展很快,机器设备很新,技术相当先进,生产能力是按满足过去高速增长所需的投资需要而形成的。中国经济进入新常态以后,增长速度从过去36年年均9.7%的高速回落到现在7.0%左右的中高速,这些产业在国内也就出现了不少过剩产能。但是,这些产业的产品在非洲、南亚、中亚、拉丁美洲等发展中国家还严重短缺,中国政府可以像支持劳动密集型出口加工业向非洲转移那样,以同样的方式支持这些富余产能产业中的企业以直接投资的方式将产能转移到"一带一路"沿线、和我友好、基建投资需求大的发展中国家,这样的投资既能使这些企业摆脱困境,也能帮助那些发展中国家发展,是一个双赢的选择。

第四种是"弯道超车型"产业。此类产业的特征是人力资本需求大、研发周期短的新兴产业。相对于一种新药的研发周期可能历时十年以上,成本投入高达10亿美元,信息、通信产业的软件、手机等,研发周期仅为几个月到一年,则属于人力资本需求大、研发周期短的弯道超车型新兴产业。在这类产业的发展上,中国拥有巨大的国内市场、众多的科技人才,以及完备的生产加工能力,能够把概念迅速变成产品等优势,并已经出现了华为、中兴、阿里巴巴、腾讯等成功的企业。各地政府可以针对这种类型企业发展的需要,提供孵化基地,加强知识产权保护,鼓励风险投资,制定优惠的人才和税收政策,支持国内和国外的创新性人才创业,利用中国的优势,推动弯道超车型产业在当地的发展。

第五种是战略型产业。这类产业包含两类:战略型新兴产业和国防安全产业。这两类产业通常资本非常密集,研发周期长,投入巨大,中国尚不具有比较优势。战略型新兴产业的发展方向已经清晰,对未来的经济发展至关重要,像新能源、新材料、人工智能、生物制药等,如果中国现在不研发,其专利为发达国家所垄断,那么将来中国要进入这类产业可能会被发达国家所阻碍或是要付出极高的代价才能取得所需的技术,现在自己就从事研发,虽然要付出极高的成本、承担巨大的风险,但是,从长期动态发展的角度来看,总成本可能反而较低。国防安全产业的发展则关系到中国的国防安全,例如大飞机、航天、超级计算机产业即属于这种类型。战略型产业有一个特性,即它不能完全依靠市场,需要有政府的保护补贴才能发展起来。过去,政府的保护补贴主要是通过对各种要素价格的扭曲和直接配置来实现。十八届三中全会提出全面深化改革,让市场在资源配置中发挥决定性作用,要素价格的人为扭曲将会被消除,今后应由财政直接拨款来补贴这类企业。在美欧等发达国家,国防安全型战略产业不论是民营还是国有,都由政府财政直接拨款来支持其新产品和新技术的开发,并以政府采购和推广到其他国家来支持其产品的生产。

对战略型产业的扶持是国家行为,应该由中央而不是地方财政来承担。但是,这种类型的产业落户在哪个地方,会间接地促进那个地方军民融合的配套产业的技术进步和产业升级,所以,各地政府可以支持鼓励配套产业的发展,并改善基础设施、子女教育、生活环境等软硬条件,来争取战略型产业落户当地,以实现战略型产业和当地产业转型升级的双赢。

在经济新常态下,中国仍然处于大有作为的战略机遇期,根据各种产业的特征,发挥好"有效的市场"和"有为的政府"两只手的作用,推动产业转型升级,即使在相对不利的国际外部环境下,中国的经济在"十三五"期间也仍然能够保持6.5%以上的中高速增长,到2020年前后跨过人均GDP 12 615美元的门槛,进入高收入国家的行列,为实现中华民族伟大复兴的中国梦立下一个重要的里程碑。

参考文献

Aghion, P. 2009. Some Thoughts on Industrial Policy and Growth. Working Paper No. 2009-09. Paris: OFCE-Sciences Po.

Chang, H. J. 2002. *Kicking Away the Ladder: Development Strategy in Historical Perspective.* London: Anthem.

Krueger, A. O., and B. Tuncer. 1982. "An Empirical Test of the Infant Industry Argument," *American Economic Review* 72: 1142—1152.

Kuznets, S. 1966. *Modern Economic Growth: Rate, Structure and Spread.* New Haven, CT and London: Yale University Press.

Lal, D. 1994. *Against Dirigisme: The Case for Unshackling Economic Markets.* San Francisco: International Center for Economic Growth, ICS Press.

Lin, J. Y., and G. Tan. 1999. "Policy Burdens, Accountability, and the Soft Budget Constraint", American Economic Review: Papers and Proceedings 89 (2): 426—431.

Lin, J. Y., and H.-J. Chang. 2009. "DPR Debate: Should Industrial Policy in Developing Countries Conform to Comparative Advantage or Defy It?" *Development Policy Review* 27 (5): 483—502.

Lin, J. Y. 2009. *Economic Development and Transition: Thought, Strategy, and Viability.* Cambridge: Cambridge University Press.

Lin, J. Y. 2010. New Structural Economics: A Framework for Rethinking Development. Policy Research Working Paper No. 5197. Washington, DC: World Bank.

Maddison, A. 2006. *The World Economy.* Paris: Organisation for Economic Co-operation and Development.

Mazzucato, M. 2011. *The Entrepreneurial State: Debunking Public vs. Private Sector Myths.* London: Demos.

Pack, H., and K. Saggi. 2006. "Is There a Case for Industrial Policy? A Critical Survey", *World Bank Research Observer* 21 (2): 267—297.

Romer, P. M. 1990. "Endogenous Technological Change," *Journal of Political Economy* 98 (5): part II, S71—S102.

一个制度变迁的经济学理论

——诱致性和强制性变迁*

引言

本文借鉴了经济学的新近进展——尤其是信息经济学、产权、交易成本、诱致性创新、家庭生产、公共选择等领域以及关于国家理论的研究所取得的进展——来分析社会制度的功能及对它所做出的选择,并进一步思考了制度变迁的机制问题。这样做的用意在于说明制度能够给我们提供有用的服务,并且我们可以在"需求—供给"框架中分析制度选择及制度变迁问题。本文特别强调国家在制度变迁中的重要作用。

对制度及其演化的研究是马克思主义经济学的重点之一。与此相反,传统的新古典经济学却对现代西方经济制度等闲视之(Sweezy,1970)。在构建经济模型时,清晰界定的产权、完美信息和无摩擦交易往往都被当作暗含的假设。再加上对生产函数和效用函数特性(即所谓的"古典环境"[1])的假设,我们就可以证明福利经济学里两个鼎鼎有名的最优性定理能够在市场经济中实现。首先,如果存在完全竞争,市场本身就能实现帕累托最优的资源配置;其次,任何我们所期望得到的,并且在技术上可行的帕累托最优配置都可以通过建立自由市场并辅以恰当的(要素)所有制形式来实现。在这种情况下,企业只不过是生产函数的同义词(Williamson,1980)。而且,由于市场被认为是最有效的资源配置机制,其他可供替代的制度安排也就无关紧要了。只有当"古典环境"假设不成立,从而导致市场失灵时,政府才有理由进行

---

* 作者感谢洛克菲勒基金(GA PS 8618)所提供的资助。本文英文稿发表于 *Cato Journal*,1989 年第 9 卷第 1 期,第 1—33 页。中文稿收于 R. 科斯、A. 阿尔钦、D. 诺斯等著:《财产权利与制度变迁——产权学派与新制度学派译文集》,刘守英等译,上海三联书店、上海人民出版社 1994 年版,第 371—440 页。本文原文由胡庄君翻译,收入文集时由张鹏飞、路乾进行了校译。

干预。

然而,现实中不同的制度与市场同时并存。例如,大型现代科层制企业作为一种可供选择的制度,在协调生产和配置资源上与市场制度相互竞争。事实上,作为一种制度创新,现代科层制企业是美国经济增长的主要源泉之一[2],并且,我们不能将这一制度创新简单地归因于企业家扩大垄断势力的欲望(Williamson,1975)。政府的功能也大大超过了那些仅限于提供法律与秩序,并保护产权的"最小国家"所要求的范围。不同的制度在制度市场中相互竞争。正如 Schultz(1968,p.1114)所指出的:"很显然,特定的制度确实起着至关重要的作用,并且它们有可能会发生变化;事实上,它们也正发生着变化。人们在关于可供替代的制度变迁上试图进一步明确社会选择目标以进一步提高经济效率和社会福利。"[3]只要传统经济学仍然在一个制度缺失的前提下进行分析,并将市场制度当作既定不变的假设,那么,它就无力处理一系列重大的经济学问题。

在研究欠发达地区(那里的要素和产品市场不完全)的众多经济问题以及理解历史的演进过程时,无摩擦交易、完美信息和清晰界定的产权等假设条件就显得格外不合适了。在过去几年里,一些经济学家试图扩展新古典框架来分析制度的内生性问题。信息和交易成本在决定市场经济(Arrow,1974;Williamson,1975,1985)、原始社会(Posner,1980)以及农村经济(Binswanger and Rosenzweig,1980)中的有效制度中所扮演的作用,已得到越来越多的重视。同样的分析框架也被扩展以用来解释制度随时间推移而发生的变化(Schultz,1968;Davis and North,1970;North and Thomas,1970;North,1981;Hayami and Ruttan,1971;Binswanger and Ruttan,1978;Hayami and Kikuchi,1981)。本文试图在不断涌现出的文献中做出自己的贡献。

本文的基本论点如下:在任何一个社会——原始社会与资本主义社会也同样如此——个人都面临着不确定性和发生灾难的可能;同时,个人的工作能力都具有生命周期性。然而,任何个人都希望自己能够存活下去,并获得高层次的满足。制度可以定义为社会成员所遵守的行为准则。制度是人类旨在处理未来不确定性并增进个人效用的一种手段。从这个意义上讲,制度——无论是市场制度还是非市场制度,都可以提供有用的服务。与任何其他服务一样,我们需要支付一定的成本才能获得制度性服务。在给定的技术下,交易成本就成为一个社会选择竞争性的制度安排中的头等大事。用最小的成本来提供给定数量服务的制度安排是我们所期望的结果。

从某种现行的制度安排转变到另一种制度安排是一个代价高昂的过程;除非人们在新的制度安排下所得到的净收益超过制度变迁所带来的成本,否则,就不可能出现自发的制度变迁。制度变迁通常需要集体行动。因此"搭便车"是制度变迁所固有的问题。而且,一旦引进了一种新的制度安排,它就变成了公共物品。因此,自发的制度变迁所提供的新制度安排的数量会少于社会所需要的最优制度供给量。一个社会中各种制度安排是彼此关联的。不涉及社会中的其他相关制度安排,我们就无法评价某个特定制度安排的效率。将一个社会中有效的制度安排直接移植到另一个社会中也就未必有效。

政府是一个社会里所有制度安排中最重要的一个。政府可以采取行动来弥补制度供给的不足。然而,我们需要一个关于国家的理论来理解政府是否有动机采取这样的行动。只有当新制度安排所带来的收益大于它所带来的成本时,政府才会在这样的范围内建立新的制度安排。受意识形态、集团利益冲突,以及社会科学知识限制等的影响,政府有可能无法建立最有效的制度安排。由于经济增长可能会导致制度性服务的供求发生变化,因而会造成某种现存的制度安排过时。为了捕捉经济增长所带来的获利机会,人们就会引进新的制度安排。因此,制度变迁是发展过程中不可避免的现象。

本文的内容安排如下:下一部分将说明为什么鲁宾逊经济只能是一个虚幻世界。在这一部分,我还对个人的行为假设以及个人所面临的环境做出了明确的假设;同时还对一个社会中制度安排的决定因素做出了详细的说明。接着,我用供给—需求框架分析诱致性制度变迁,识别导致制度非均衡的根源,并进一步讨论诱致性制度变迁的动力机制。其后,我提出了一个关于国家的理论,着重解释为什么政府常常不能成功地建立起有效的制度安排。本文对诱致性制度变迁和强制性制度变迁进行了区分。诱致性制度变迁指的是一群个人在对由制度非均衡所导致的获利机会做出反应时所产生的自发性变迁;而强制性变迁指的是由政府授意所引起的变迁。虽然自发性制度变迁通常也需要政府行动来加以促进,为了便于分析,本文将这两种类型的制度变迁做了区分。

制度所起的作用

从最一般的意义上来理解,制度可以被看作社会中个人所遵守的一整套行为规则。[4]遗憾的是,经济学教科书中讲得最多的是关于鲁宾逊的故事。尽管这个故事说明了每个决策者所面对的选择和约束,但用它作为探究经济行为的起点却会把人引入歧途。在鲁宾逊的世界里根本就不需要制度,然而,从人类历史起源开始,任何个人始终生活在社会之中,并且不得不和其他个人发生联系。传统观点将人类看作"社会动物",或者认为人们具有加入团体的"本能"。[5]这些说法并不能增进我们对制度的认识。并不是因为人类必须生活在团体之中才需要制度,而是由于"人类具有物物交换、用一种商品交换另一种商品的倾向"(Smith, 1937, p.13)才使得制度不可或缺。如果"两个或两个以上的人与其他人交换商品,一般来说,每个人所得到的结果就不仅仅取决于他自己的行动,同时还取决于其他人的行动"(von Neumann and Morgenstern, 1953, p.11)。因此,要使交换得以进行,就需要有相应的约束个人开展合作和竞争的行为规则。在研究制度所起的作用以及探讨制度的决定因素之前,我们有必要对导致制度存在的个人的行为特征及环境特征给予详细的说明。

对制度的需要

要解释为什么制度对人类是不可或缺的,就必须从人类能力的局限性以及个人的生活环境中寻找理由。

经济学最有生命力的一个假设是:"人是理性的。"所谓理性,经济学家指的是当个人在交换中面对现实的选择时,会选择"更多"而不是"更少"。[6]按 Becker(1976,第一章)的说法,用这种方法来分析人类的行为使得经济学能够与其他社会科学相区分。事实上,近几十年来,绝大部分经济学中所取得的进展都可以归结为对人类理性的重新解释,以及把那些过去被认为是"非理性"的且超出经济学研究范畴的行为重新纳入理性分析的框架。经济学家对理性的重新解释是通过引入交易成本,特别是信息和执行成本而实现的。

遵循 Becker 的做法,本文假设个人具有稳定的偏好;而偏好被解释成"如健康、声望、肉体上的快乐、仁慈或忌妒等人类生活的基本方面",并把这些基本方面称作商品(Becker,1976,p.5)。[7]个人利用购买来的物品和自己的时间来生产这些商品以最大化自己的效用。因此,个人并不仅仅关心物质收益或货币收入。对健康、声望、快乐以及其他非物质商品的追求,很可能会导致个人牺牲自己所能得到的最大物质利益。[8]尽管个人并不一定是利己的;然而,只有在利他主义所带来的报酬超过选择利他行为所支付的成本时,这个人才会选择利他行为。[9]一个理性的人并不是永远都不犯错误的,然而,当理性人觉察到错误,并且发现改正错误所带来的收益大于它的成本时,理性人将不会重复同样的错误(Downs,1957,p.9)。

尽管个人是理性的,然而,理性受到个人接收、储存、检索以及处理信息的神经物质能力的限制;同样也受到这个人向他人表达自己的知识或情感的语言能力的限制(Williamson,1975,第5章)。有限理性无力保证个人在复杂的环境下总能在全局内最大化自己的效用。另一个造成个人未能在全局内最大化自己效用的原因是获取信息需要一定的成本。只有花费时间、精力,有时甚至还要花费金钱,个人才能获得数据并理解这些数据的含义。因此,当搜寻额外信息所带来的预期收益低于其成本时,选择不拥有完美信息也是理性的。

有限理性本身还不是造成制度不可或缺的充分条件。鲁宾逊在进行他的生产和消费决策时也是理性的。一方面,个人生命的周期性、个人健康和生产过程中的不确定性,以及自然灾害发生的不确定性,另一方面,技术上的规模经济和外部性所带来的收益,这些都是制度存在的必要条件。由于个人生命的周期性以及所面对的不确定性,也由于人类受"知识、远见、技能和时间的限制"(Simon,1957,p.199),人类需要制度来促成自己与他人之间的合作,来为人类在年幼和年老时的生活提供保证,来平滑随时间的推移而发生变化的收入和消费水平,来为风险和灾害所造成的后果进行保险。本文将制度所起的这些作用称为"安全作用"。制度存在的另一个理由来自规模经济和外部性所带来的收益。个人作为生产单位是非常渺小的,因此,绝大部分的规模经济和外部性都不能被个人所内部化。为了获取规模经济和外部性所带来的收益,集体行动就变得非常必要了。本文将制度所起的这些作用称为"经济作用"。正是由于安全和经济两方面的原因,人类才需要彼此之间进行货物和服务的交换,从而使得人类的行为准则变得不可或缺。

制度的经济学研究

在进行进一步研究之前,我们有必要区分制度安排(institutional arrangement)和制度结构(institutional structure)。制度安排被定义成约束人们特定行为模式和特定关系的一套行为准则。制度安排既可以是正式的,也可以是非正式的。正式的制度安排有家庭、企业、工会、医院、大学、政府、货币、期货市场等。与此相对,价值、意识形态和习俗则是非正式制度安排的例子。[10]经济学家使用"制度"这一术语时,一般情况下指的就是制度安排。制度结构被定义为一个社会中正式的和非正式的制度安排的总和。[11]本文中的制度变迁绝大多数指的只是特定制度安排的变化,而不是整个制度结构中的全部制度安排的变化。由于在制度安排和制度变迁之间没有进行区分,文献中在讨论是否能够内生化制度变迁上曾引发过争论(Field, 1981)。

安全和经济是存在制度安排的两个根本原因,也是存在制度结构的两个根本原因。出于安全目的而建立的制度安排有家庭、合作社、保险以及其他社会安全项目。扮演经济功能的制度安排有公司、灌溉系统、高速公路、学校和农业试验站等。有必要指出的是,像家庭和合作社这样的制度安排可以同时实现多种功能。

制度安排是获取集体行动所带来的收益的手段。由于个人理性并不必然意味着集体理性,个人出于自己的私人利益会寻找对自己最有利的结果,从而使得集体内部的利益冲突不可避免。个人常常需要对其他人的工作或贡献的质量做出评价。大多数情况下,获取关于质量的信息需要支付成本,并且是不确定的,甚至是不可能获得的,从而使得集体行动会出现一些问题,这些问题在个人单独工作时是不存在的。这些问题包括欺骗、偷懒、搭便车[12]以及道德风险[13]等。产权经济学派、交易成本经济学派以及公共选择经济学派都强调了这些问题的重要性(Olson, 1965; Demsetz, 1967; Alchian and Demsetz, 1972; Furuboton and Pejovich, 1972; Williamson, 1975, 1985)。为了减轻这些问题所造成的影响,诸如等级制度、契约和法律等扮演监督和执行角色的制度安排就应运而生了。

逃避、搭便车和道德风险等问题同时也造成了提供基本的制度安排的服务所带来的成本增加的现象。但是,也有一些制度安排起着降低提供基本的制度安排的服务所带来的成本的作用。私有产权、货币、契约、习俗、伦理、道德和意识形态就是这些制度安排中的几个例子。[14] 私人产权、法律体系、货币等的存在意味着国家存在的必要性。如果没有一个关于国家的理论,那么,对制度的讨论就是不完整的。尽管如此,本文还是把对国家的讨论放在文章的后面。

意识形态所扮演的制度性作用

意识形态是降低提供其他制度安排的服务所带来的成本的最重要的制度安排。长期以来,意识形态一直是马克思主义经济学家关心的主题。或许正因为如此,直到最近,西方主流经济学家才将注意力较多集中到意识形态上来。[15]然而,正如 Arrow(1974)所指出的那样:"雇员听从(雇主的)命令以及市民遵守法律,这远不是仅仅依靠控制机制就能做出解释的。"为了弥补这一缺口,有必要提出一种关于意识形态的实证理论。

意识形态可以被定义为关于世界的一整套信念,它包括关于劳动分工、收入分配的道德规范,以及一个社会中现存制度结构的信念。按照 North 的观点,意识形态具有三个基本特征(North,1981,p.49):第一,意识形态是以较低的成本促使个人与环境达成一致的一种工具,它让个人拥有"世界观",从而使决策过程得以简化;第二,意识形态不可避免地与个人所理解的关于世界公平的道德和伦理判断纠缠在一起;第三,当个人的经验与他的意识形态不一致时,他会改变自己意识形态上的观点。实际上,个人总是试图发展一套新的、能更好符合个人经验的合理的意识形态。然而,有必要着重强调的是……在个人改变他的意识形态之前,必然会发生个人经验与自己的意识形态不相符的情形不断积累的过程。

文献中提到意识形态大多是因为它具有使现有的制度结构具有合法性或者是具有团结一个团体的作用。如果一个社会或一个团体中的大部分成员对体制是否公正合理有不同的看法,那么这个社会或团体就不可能长久地存在下去。如果一个社会中不同阶级之间的意识形态存在足够大的差异,那么就有引起革命的可能。社会或组织形成的目的就在于开发那些个人无力获得的收益。但是,个人行为的理性假设也暗示着任何大的组织天生就存在"搭便车"问题(Olson,1965)。因此,一个成功的意识形态就必须有能力克服"搭便车"问题。由于意识形态是一种有效的表达世界观的工具,意识形态要能够发挥效果,就必须很好地与个人对世界的经验相吻合。随着世界的改变和个人经验的积累,个人对世界公平的认识也会发生改变。因此,一个成功的意识形态就必须具有足够的灵活性,一方面使它不仅能赢得团体新成员的忠诚,另一方面还能保持团体老成员的忠心(North,1981,第5章)。

意识形态之所以存在是因为世界非常复杂,而人类思想的理性又是有限的。如果世界足够简单,或者如果个人具有无限理性,那么个人也不必借用意识形态这种简便的方式来判断他周围的现实世界是否公平。意识形态最主要的功能是作为节省信息(搜寻)成本的一种工具。但借助什么样的机制才能使得意识形态能够防止"搭便车"行为,同时减少法律和命令的执行成本呢?本文认为,成功的意识形态通过对个人提供有选择性的激励能够实现上述功能。[16]正如Becker所强烈主张的那样,个人利用市场上的物品和服务、他自己的时间、人力资本,以及其他投入品来生产一整套被定义为生活的基本方面的商品,其目的在于使个人效用达到最大化。虔诚——被边沁认为是十五种简单快乐中的一种——应该是那些进入个人效用函数的商品中的一种。生产虔诚这种商品的能力,相对于生产其他商品而言,尤其依赖于个人的意识形态资本。一个人的意识形态信念越强,就说明这个人的意识形态资本越大,因而,这个人生产虔诚的影子价格就越低。因此,一个人配置到虔诚上的时间的边际效用越高,这个人就会配置更多的时间来消费虔诚。

Olson(1965)曾正确指出,任何一个大的组织要生存下去,它都应该有能力向它的成员提供一些有选择性的激励。但是,Olson从效用函数的角度来进行解释,显得过于狭窄,因此,他不能解释为什么大多数人会参加投票。North注意到大多数人参加投票是出于意识形态的原因,但也未能认识到投票这种行为可以生产供个人消费的某种商品。个人之所以参加投票,是因为投票能生产虔诚这种商品,虔诚是为某些个人所看重的。然而,只有参加投票所带来的收益超过其成本时,个人才会参加投票。这正是下雨时投票人数大大减少的原因。

意识形态是一种人力资本,这种人力资本有助于帮助个人对他和他人在劳动分工中所扮演的角色、收入分配,以及现存的制度结构进行道德判断。这种关于意识形态的人力资本理论具有如下四种含义:第一,个人的意识形态禀赋越大,其所消费虔诚的影子价格就越低。因此,如果一个人对他周围的制度安排及制度结构所具有的道德性在意识形态上的信念越强,那么这个人"搭便车"或者违反规则的可能性就越小。第二,个人的意识形态是相对稳定的。收入分配、劳动分工或其他制度安排的变化并不会马上引起这个人意识形态的变化。这是因为个人不能马上就区分出制度变迁是暂时的还是永久的。如果制度变迁是永久的,那么个人需要时间来清除旧的意识形态资本。第三,发生永久性的制度变迁时,年轻人相对于老年人来说,更容易进行投资以获得新的意识形态,尽管年轻人和老年人具有相同的偏好。这是由于一般来说,老年人具有较多的意识形态资本需要清除,而清除意识形态资本需要时间和努力;更重要的是对于老年人来说,他们所剩的能够获取新的意识形态所产生的收益的年数相对于年轻人来说要少得多,从而使得老年人在意识形态资本上投资的激励也变小。第四,对现行制度安排的合法性的意识形态信念越强,就越能减少个人的机会主义行为。因此,从某种意义上说,按照权威的说法,意识形态是能够产生极大外部性的人力资本。为此,任何政府都会通过投资意识形态教育来补贴个人在意识形态资本上的积累。然而,与广告相类似,意识形态对人们行为的影响并不是通过改变个人的偏好,而是通过改变相对价格来影响人们的行为的(Stigler and Becker, 1977)。[17]

分析诱致性制度变迁的经济学方法

对任何合意的制度性服务,总有多种制度安排可以实现它的功能。因此,制度安排的选择就包括了成本和收益的比较。传统的成本—收益分析只考虑生产成本。当每一种投入的边际产品价值相等时就实现了最优配置。然而,选择制度安排的成本还包括交易成本,即组织、维持以及执行某种制度安排的规则的成本。除了受技术因素的影响,制度安排的交易成本同时还取决于这种制度安排被人们所认可的合法性。

理论上,如果撇开国家的作用,我们很容易认为在生产成本和交易成本给定的情况下,一种制度安排所能提供的服务越多,这种制度安排就越是有效。换句话说,如果两种制度安排提供相同的服务数量,那么,成本越低的制度安排就越是有效的制度安排。由此可见,有两种不同的因素会影响制度安排的效率。一种会影响生产效率,另一种则包括那些决定交易效率的因素。从根本上说,这两种因素都是技术的函数。然而,在现实中评价制度安排的效率是一件极其复杂的事情。

因为制度安排被"嵌在"制度结构中,所以某种制度安排的效率还取决于其他制度安排履行它们功能的能力。[18]例如,在以货易货体制中,搜索一个拥有你所想要的物品,同时愿意要你所拥有的物品的人,这样做所带来的不便利程度以及为此花费的成本都非常大。尽管如此,不便利程度本身并不意味着以货易货体制就一定是无效的。因为要找出一种大家一致同意的商品来充当一般意义上的可接受的交易工具,或者要创立并维持某种货币机制,都需要极高的成本。因此,当人们难得进行物品交换时,以货易货体制就可能比货币机制更为有效,原始社会就是这种情形。因此,单独挑出某个特定的制度安排来以绝对的标准评价它的效率是无法得到任何结果的。研究制度安排需要具有历史时间及地域等方面的专门知识,并需要关于该制度安排所在的制度结构的知识。缺乏这些知识,对特定制度安排效率进行评价也就不可能得到任何实质性的结论了。[19]制度变迁的方向和范围并不是随机和漫无目的的:我们可以对它们进行严密的经济学分析。因此,分析制度变迁的一种更为有效的方法是探究为什么会创造出一种新的制度安排,以及这种新的制度安排是如何被采用的。

有两种类型的制度变迁:诱致性制度变迁和强制性制度变迁。诱致性制度变迁指的是对现有的制度安排进行修正或替代;或者是出现一种新的制度安排,这种新的制度安排是由个人或一群个人在对可获利的机会做出反应时自发倡导、组织并实行的。与此相对的是,强制性制度变迁是由政府命令或法律推出并实行的。[20]诱致性制度变迁必须是由某种在原有制度安排下无法得到的获利机会所引起的。然而,强制性制度变迁可以纯粹出于在不同集团之间重新分配既有收入的目的而得以发生。尽管制度安排的自发变化,特别是正式制度安排的变迁,常常需要政府的行动来促进,但为了分析的方便,本文还是将这两种制度变迁区分开来。

制度非均衡的根源

综合考虑生产和交易成本,如果一种制度安排比其他制度安排更有效率,那么,这种制度安排就能从可供选择的制度安排集合中被挑选出来。由于特定制度安排的交易成本还取决于其他诸如法律、习俗、意识形态等制度安排,因此,最有效的制度安排是制度结构中其他制度安排的函数。要使得诱致性制度变迁得以发生,就必须有由于制度非均衡而带来的获利机会;也就是说,就必须有某种造成现有的制度安排不再是这个制度安排选择集合中最有效的制度安排的原因。

从某个起始的制度均衡点开始,我们发现引起制度非均衡的四个不同的原因是:制度选择集合的改变;技术变迁;要素和产品相对价格的长期变动;以及其他制度安排的变迁。这四种原因中的每一种本身又由几个不同的因素所组成。

- **制度选择集合的改变**　正如可行的生产技术集合是我们关于物理、化学及其他自然科学知识的函数一样,提供特定制度服务的可行性制度安排集合也取决于我们关于社会科学方面的知识。Ruttan(1984)曾明确指出,对经济学以及法律、商业和社会服务等其他社会科学的知识需求,主要还是得益于对制度变迁以及改进制度绩效的需要。社会科学的进步能够改进人类思想的有限理性,从而不仅可以提高个人管理现行制度安排的能力,而且还可以提高人类认识和创造新的制度安排的能力。

正如与其他经济体接触能扩大可用的技术选择集一样,与其他经济体接触也能扩大制度选择集。Bauer(1984,p.12)格外强调个体商贩在传播新技术和新制度安排方面的重要作用,并且认为这些商业活动可以促使人们"对现存的习惯和道德进行质疑",并对"那些与物质进步不相适宜的看法和习俗"起到非强制性的销蚀作用。通过借鉴其他社会的制度安排来完成本社会的制度变迁极大地降低了本社会在基础社会科学研究方面的投入成本。然而,由于一个制度安排的效率极大地依赖于其他有关的制度安排,因此,制度移植可能比技术转移要困难得多。Schiller(1969,第7章)曾经提到过一个案例:缅甸政府曾经派遣一些人去以色列集体农庄接受实践训练。一年之后,这些受训者得出一个结论:以色列这种极端的集体主义形式对缅甸来说是不能接受的,因为这需要太多的公益心和自我约束精神。要一个移植过来的制度安排能够很好地履行它的功能,就需要对它进行较大的调整。[21]

政府政策的变化也可能是制度选择集合扩大或缩小的结果。由于那些即将在下文讨论的原因,政府可能会将某些制度安排从制度选择集合中剔除出去。取消带有限制性的政府政策的效果也能够产生扩大制度选择集合的效果。近期的一个例子是中国政府在农村地区实行的关于农地制度的改革。在中国农村发生的这一农地制度变迁之前,家庭农作这种制度安排是被禁止的,而集体农作是唯一可接受的模式。然而,受政府政策改变的影响,中国约95%的家庭在1980—1983年间转到了新的以家庭为基础的家庭联产承包责任制(Lin,

1987)。另外,当政府对制度选择集合施加一种新的限制,并且这种限制起作用时,也会造成制度非均衡。原先效率较低的制度安排就有可能在这种被限制的制度选择集合中进一步凸显出来。菲律宾农村所出现的转租现象就是土地改革法对地租加以限制的结果(Hayami and Kikuchi, 1981)。

- **技术变迁** 本文同意马克思的观点:一个社会的制度结构根本上取决于这个社会的技术。在1859年《政治经济学批判》的序言中,马克思给出了权威性的论断:

> 物质生活的生产方式制约着整个社会生活、政治生活和精神生活的过程。……社会的物质生产力发展到一定阶段,便同它们一直在其中运动的现存生产关系或财产关系(这只是生产关系的法律用语)发生矛盾。于是这些关系便由生产力的发展形式变成生产力的桎梏。那时社会革命的时代就到来了。随着经济基础的变更,全部庞大的上层建筑也或慢或快地发生变革。……无论哪一个社会形态,在它所能容纳的全部生产力发挥出来以前,是决不会灭亡的;而新的更高的生产关系,在它的物质存在条件在旧社会的胎胞里成熟以前,是决不会出现的。[22]

技术变迁除了在决定制度结构方面起着重要作用,它还能改变特定制度安排的相对效率,并使一些制度安排不再起作用。技术变迁对制度安排的影响可以从它对生产和交易成本所产生的结果来进行分析。

从生产方面来看,新的制度安排往往需要利用新的潜在的外部性,或者需要对要素所有者之间和经济部门之间新收入流的分配方式进行修正。在制造业中,现代企业相对于家庭工场而言已占支配地位,这是对生产过程中机器使用对生产规模的要求所做出的反应,是第一种情形的一个例子(Brewster, 1950)。在菲律宾,现代高产水稻品种的出现和可用劳动力的增加导致了加玛契约(gama contract)取代了传统的胡纳桑契约(hunasan contract)。按照胡纳桑契约,所有的村民都有权参加收获,并可分得收成的六分之一;而按照加玛契约,只有那些不领工资并参加除草的工人才有权参加收获,并分得收成的六分之一(Hayami and Kikuchi, 1981)。显然,加玛体制是修改土地所有者和劳动者之间新收入流的分配方式而诱致出来的。

技术变迁也可以通过对交易成本的影响来使得那些原先无效的

制度安排变得能够发挥作用。私有产权的确立除要求其他条件外,还要求产权所有者拥有产权所得到的收益大于他排除其他人使用这一产权所造成的成本。当成本过高时,财产就变成共同所有了。例如,一般来说,牧场由于围栏的成本一般都是公有的。然而,低成本的有刺铁丝网的发明却导致了牧场私有产权的出现以及美国西部出租公共牧场的案例(Anderson and Hill, 1975)。拖拉机和其他农业机械的发明极大地降低了农业的监督成本,因为监督一个驾驶员比监督多个徒手劳动者要容易得多,其结果是出现了一种以土地所有者自己经营土地来取代"佃农耕种"的趋势,或者出现了由"佃农"向领取工资的农民转变的趋势(Day, 1976; Binswanger, 1978)。

- **要素和产品相对价格的长期变动**　要素和产品相对价格的长期变动是历史上多次产权制度安排变迁的主要原因之一。[23] 某种要素相对价格的上升会造成这种要素所有者相对于其他要素所有者而言获得相对更多的利益。产品价格的上升也会导致获取用来生产这种产品的要素的独家使用权变得更有吸引力。按照 North and Thomas (1973) 的观点,发生在中世纪欧洲的从对人的产权向对土地的产权的转变,是人口的增加以及土地变得更加稀缺所导致的土地相对价格上升的结果。同样,Feeny(1982) 也发现,19 世纪中叶到 20 世纪初,发生在泰国的从对人的产权向对土地的产权的转变,也可以用那个时期人口的增加以及稻米出口需求的增加来解释。在英国,食品价格的上涨使得把旷野和公共牧场圈为私有变得有利可图。据 McCloskey (1975) 的估计,尽管围栏的成本很高,但圈地仍可以产生 17% 的年收益率。

- **其他制度安排的变迁**　制度安排在制度结构中的绩效是相互依赖的。因此,某个特定制度安排的变迁可能会引起对其他制度安排服务的需求的变化。正如 Lewis(1955, p.146) 所说的那样:"一旦制度开始变迁,它们会以一种自我执行的方式来发生变化。旧的信念和制度在改变,新的信念和制度彼此之间变得越发协调,并按照这个方向发生着进一步的变化。"Posner(1980) 认为,荣誉感在原始和远古社会是一个非常重要的特征,这可以用当时缺乏正式的法律执行制度安排来加以解释。荣誉感增加了人们被报复的可能性,从而使其成为维持社会秩序的重要工具。在现代化国家,荣誉仍被人们所看重。然而,国家却成为维持社会秩序的唯一制度安排了。报复和决斗被国家禁止了。前工业化社会所出现的"生存伦理"可以用农业生产率水平低下和潜在市场规模有限来解释。宗主庇护关系(patron-client relationship)有助于节省交易成本,它代替了劳动力、土地、保险、信贷等一系列的专门市场(Hayami and Kikuchi, 1981,第2章)。市场的扩张有助于削弱互相帮助及宗主庇护关系(Polanyi, 1944)。我自己的研究(Lin, 1989)也发现,在中国发生农地制度变迁之前,农村的要素市场还是非常弱小的。从集体农作制向以家庭为基础的农作制的转变,导致了中国农村重新出现劳动力、土地和信贷等市场。

诱致性制度变迁的动力机制

以上所讨论的制度非均衡会带来盈利机会。为了获取这些盈利机会所带来的好处就需要发明出新的制度安排。由于制度结构由一个个制度安排所构成,因此,一个特定的制度安排出现非均衡就意味着整个制度结构的非均衡。许多制度安排是紧密相关的。一个特定的制度安排的变迁会引起其他相关的制度安排出现非均衡。如果人的理性是无限的,并且,如果建立制度安排无须花费成本,也无须耗费时间,那么,在对制度非均衡做出反应后,社会会立即从一种均衡结构直接转到另一种均衡结构。然而,人的理性是有限的。洞察所有必要的制度变迁并同时设计出全部最优的制度安排已非人类智力所能及。建立一个新的制度安排是一个消耗时间、精力和资源的过程。而且,具有不同经验并且在制度结构中扮演不同角色的人对非均衡的程度以及非均衡的根源的理解也各不相同。他们还会针对制度变迁所带来的收益寻求不同的分配方式。要使一套新的行为规则被接受并被采用,个人之间的谈判和一致意见是非常必要的。当出现非均衡时,制度变迁的过程最有可能是从一个制度安排开始变迁,然后逐渐扩散到其他制度安排的变迁上来。[24]因此,制度变迁过程是在一个由历史决定的制度结构中发生的,并取决于现存的制度结构。这样说来,某些制度安排单从抽象的理论思考来看可能是适合的,但由于它与制度结构中其他现存的制度安排不兼容,因而缺乏生命力。[25]制度变迁过程中,大多数制度安排都是从以前的制度结构中继承下来的。当制度安排的变化积累到一定的临界值时,一个制度结构的根本特征也随之发生改变,制度变迁更像一个渐进的演化过程(Alchian, 1950; Nelson and Winter, 1982)。

制度非均衡可以带来获利机会,制度安排的创新使得社会作为一个整体能够从这些盈利机会中获得好处。[26]然而,制度安排的创新是否能够实现最终还取决于单个创新者所能获得的预期收益和成本。相对于整个社会的成本—收益计算,单个创新者的成本—收益计算要复杂得多。不同类型的制度安排有不同的成本—收益计算问题。本文将制度安排分成两类,即正式的制度安排和非正式的制度安排。

正式的制度安排指的是这样一种制度安排:在这种制度安排中,规则的变动和修改需要得到那些行为受到这一制度安排管束的一群(个)人的批准。由于一致同意是一个正式的制度安排得以自发变迁的前提条件,正式的制度安排的任何变化都需要制度安排创新者花费时间和精力去组织、谈判,并争取得到这一群(个)人的同意。Hayami and Kikuchi(1981)所研究的菲律宾农村出现的转租现象以及从传统的胡纳桑契约到加玛契约的转变,就是正式的制度安排变迁的两个例子。与此相对的是,非正式的制度安排指的是另一种制度安排:在这种制度安排中,规则的变动和修改无须集体行动就可以由个人来实现。开始的时候,单个非正式制度安排的创新者会被其他人认为是违犯了现行的规则。只有当社会中的大多数人放弃了原来的制度安排,并接受新的制度安排时,非正式制度安排才得以发生改变。这种非正式制度安排的例子有价值观、伦理规范、道德、习俗、意识形态等。

改变一种正式的制度安排一般都会遇到外部性和"搭便车"问题。外部性的产生是因为制度安排并不能获得专利保护。当一种制度安排被创造出来后,其他集团的个人可以模仿这种创新,并以此来大大降低他们组织和设计新的制度安排的成本。因此,制度发明者的报酬会少于社会整体所能获得的报酬。这个问题意味着正式制度安排创新的强度和频率都会比社会最优的要少。因此,一个社会可能会持续地出现制度非均衡现象。

由于制度安排是一个公共物品,因此,可能出现"搭便车"问题。一旦发明出某种制度安排并成功建立起这种制度安排后,每一个受到这一制度安排管束的个人都能得到同样的制度服务。然而,个人的意识形态信念有助于缓解"搭便车"问题。如果新的制度安排与个人关于公平世界的观念相一致,那么他"搭便车"所需的代价也会变大。"搭便车"问题的严重性还取决于一群(个)人之间的相互关系。群体中成员的流动性越大,那么,由于个人行为被发觉的可能性就越小,从而越容易出现"搭便车"问题。另外一个影响"搭便车"问题严重性的因素是群体结构的紧密程度。Hayami and Kikuchi(1991, p.36)认为,在一个结构紧密的社区中,"人们出现个人主义的机会较少,同时会更严格地遵守社会规范",因而"搭便车"问题不会太严重。

由于"搭便车"问题的存在,政治或制度创新者(political or institutional entrepreneur)在正式制度安排创新中的作用就显得格外重要。政治创新者是这样一种人:"他受到普遍的信任(敬畏),或者他能够判断出谁在讨价还价中弄虚作假,或者他能够轻而易举地节省讨价还价的时间;有时他还能够设定出一种制度安排,相对于没有政治创新者领导和组织下的制度安排来说,他所设计出的制度安排对所有利益相关人来说都能带来更大的收益。"(Olson,1965,p.176)

制度非均衡会以不同的方式来影响不同的人。因此,一个政治创新者要取得成功,除了受其他因素影响,还取决于他针对未来的潜在收益设计出收入分配方案的能力,他的分配方案看起来应该使得每个成员的境况变得更好,并且还应该使得每个成员相信这种分配机制与他自己的意识形态相符合。如果政治创新者认为这样做对他来说收益大于成本,那么他会努力把新目标表达得更清楚,同时建立起新的规则。收益不一定是物质的,也可以是非物质的,诸如社会声望或政治支持等(Eisenstadt,1965,1968)。对政治创新者来说,如果他能够从政府机构内获得政治支持,或者如果他能够与地方利益集团结成联盟,那么,他的成本就会比较小(Hayami and Kikuchi,1981,第2章)。然而,这种考虑意味着新的制度安排可能会损害到某些个人,因为一旦运用了强制性力量,集团成员的意见一致就不再是制度创新的必要条件了。

非正式制度安排的创新过程所遇到的问题与正式制度安排的创新过程所遇到的问题截然不同。因为非正式制度安排的创新不涉及集体行动,因此,尽管它仍然存在外部性问题,但却没有"搭便车"问题。新规则是否能够被接受完全取决于个人对非正式制度创新所带来的效益和成本之间的计算。而且这种非正式制度创新的成本并不以创新过程所花费的时间、努力和资源等形式表现出来。由于非正式制度安排的执行取决于社会的相互影响,非正式制度创新者的成本主要来自他周围的社会压力。如果非正式制度创新所带来的利益没有在集体成员中平均分配的话,那么,这种成本是非常高的。那些没有能够分到利益的人会感到神圣的道德正在受到侵犯,他们合乎习俗的权利正在遭受剥夺。闲言碎语甚至暴力行为会接踵而来。当市场制度侵入小农的生计经济(subsistence-oriented peasant economy)时经常会出现这些情况(Scott,1976)。出于对耻辱和被社会排斥的担心,尽管违反非正式制度安排能够获得非常大的物质收益,但个人还是不愿意违反它。正因为如此,非正式制度安排有可能比正式制度安排更难以变迁。即使有政府行动的干预,非正式制度变迁也很难发生。[27]

尽管如此,非正式制度安排变迁的标准和特点并不是一成不变的。在人类历史进程中,价值观、习俗和社会道德与意识形态一样都已经发生了变化。制度创新者所面临的关键问题与其他经济决策者所面临的问题是一样的。当制度非均衡所带来的预期收益大到足以抵消其潜在成本时,个人会努力接受新的价值观、习俗和社会道德,无论这些规则是如何根深蒂固的。

非正式制度安排的执行主要取决于社会的相互影响。因此,一个团体或社区中成员的流动性越大,这种执行机制的效率也就越低。流动性越大,一个团体或社区中的成员就越容易放弃传统的制度安排并接受新的制度安排。这就解释了为什么价值观和社会道德在市场经济中不断变化而在传统经济中却比较固定。市场经济中的年轻人相对于老年人来说也更可能成为非正式制度的创新者,同样的原因在意识形态变迁中已经进行了讨论。这种现象就是所谓的"代沟"。

强制性制度变迁的政治经济学

由于制度安排是一种公共物品,并且"搭便车"问题又是制度创新过程中的固有问题,因此,如果诱致性制度创新是新制度安排的唯一来源的话,那么,一个社会中制度安排的供给将少于社会最优水平。国家干预可以弥补制度供给的持续不足。由于国家干预会同时带来成本和效益,因此,国家所面临的是否具有激励来采取适当行动的问题也是可以用经济学进行分析的。本部分提出了一个经济学模型来分析国家的行为。我们会站在统治者的角度来探讨国家的决策问题。统治者可以是国王、首领、总理或者民选总统。我们接下来的分析表明,即使对于一个理性的统治者来说,他也未必能够弥补制度安排的供给不足,原因将在"政策失败的原因"部分进行讨论。

关于国家的经济学分析方法

按照韦伯的定义,国家是一种在某个给定地区内具有独占的合法使用强制性手段的制度安排。[28]国家的基本功能是提供法律和秩序,保护产权并换取税收收入。由于使用强制力量具有非常大的规模效应,因此,国家属于自然垄断的范畴。国家作为垄断者可以比其他竞争性组织以低得多的成本来提供上面所提到的制度服务。因此,存在国家时的社会总收入大于个人不得不自我提供这些服务时的社会总收入,也大于从其他竞争性组织中得到这些服务时的社会总收入。标准情形下,我们可以认为最理想的国家是那种"局限在防范暴力、偷盗、欺诈并确保契约得以履行等非常狭窄的功能"意义上的最小国家(Nozick,1974,p. ix)。然而,这种说法在现实中是不恰当的。作为唯一一个具有合法使用强制力量的垄断者,国家可以将它的影响范围扩张到远远超过最小国家所允许的范围。尽管国家不能决定一个制度能否起作用,但是,正如Mill(1848,p.21)所说,它却拥有"决定什么样的制度可以继续存在"的权力。[29]一个更有趣的问题是:国家是否有激励和能力去设计和强制推行那些诱致性制度变迁过程中无力提供的适当的制度安排?

已经有人提出了好几种方法来研究国家的决策问题。第一种方法把国家看作一个有机的实体。按照这种观点,国家被人格化了。国家具有它自己的价值观、动机和目标,它独立于构成国家的个人所具有的价值观、动机和目标。作为国家的一个完整细胞,个人便失去了他自己的身份和特征。国家所扮演的角色就是最大化它的福利或效用。这种观点从方法论上看非常简单,但它并没有什么实质性的内容,正如Downs(1957,p.17)对它评论的那样:"它建立在一个虚构的主体之上:国家是一种和个人分开的机构。"

第二种方法由Buchanan and Tullock(1962)最早提出,它把国家想象为一种实现集体行动的工具。国家只不过是一台被个人用来满足自己欲望的机器。个人可以从国家那里购买到服务,并且对他所接受的服务仅仅支付成本。这种观点是不完整的,因为它完全忽略了对那些实际操纵国家机器并进行决策的人们的激励问题。

第三种方法是Downs(1957)在他对政府的相关研究中所提出的。这种方法从政党的角度来考察国家的决策问题。所谓政党指的是试图用法律手段来寻求对政府机构进行控制的一群人。通过假设政党的成员对他们所有的而不是部分的目标都能达成一致,政党被看作一个具有一致性偏好顺序的单一个人。这种方法同样也是不现实的,Downs(1957,p.26)自己也承认:"现实中,即使对于任何政府的主要官员来说,他们也不可能拥有完全相同的目标。"

无论在哪一个社会,国家的最终权力都掌握在政治家手中,政治家或多或少能够不受公民的偏好和压力的影响,因此,一种更加令人满意的方法是通过分析掌管国家的统治者的行为来研究国家的决策过程。这个统治者可以是国王、总统、首相或幕后最高领导人(Frohlich and Oppenheimer, 1974; North, 1981,第3章)。[30]和任何一个具有有限理性的个人一样,统治者也关心自己的生存、声望、权力、财富以及历史地位等。在面对可能发生的叛乱以及国内外潜在统治者的威胁下,任何统治者都会采取一切他认为合适的做法来最大化自己的效用。然而,统治者需要维持一套规则来减少自己统治国家的交易成本。这些规则包括统一的度量衡以及用以解决争端的司法系统。统治者的权力、声望和财富最终取决于国家的财富实力,因此统治者还会提供一套促进生产和贸易的产权方案以及一套关于契约的执行程序。公民遵守政治系统的成本还取决于公民对统治者合法性的认可程度,因此,为了使公民相信自己权力的合法性,统治者会在意识形态教育上进行投资。

经济增长会带来制度非均衡的出现。一些制度非均衡可以由诱致性创新来消除。然而,另一些制度非均衡会由于私人和社会在收益和成本之间的分歧而得以继续存在。只要统治者强制推行制度变迁所带来的预期收益超过它的预期成本,他都会采取行动来消除制度非均衡。尽管如此,如果某种制度安排的变迁会降低统治者所能获得的效用,甚至可能会威胁到统治者的生存,那么国家就有可能继续维持这种无效率的制度非均衡。也就是说,统治者只有在强制推行一种新的制度安排所带来的预期边际收益超过预期边际成本时,才会采取行动来解决制度创新供给不足问题。在衡量收益和成本时,统治者会关注税收净收入、政治支持以及其他进入统治者效用函数的商品等。我们无法保证追求自身效用最大化的统治者一定会有动机去执行那些旨在最大化整个社会财富的政策,这些政策有助于在社会最优的水平上提供制度安排。

政策失败的原因

维持一种无效率的制度安排以及国家不能采取行动来消除制度非均衡都属于政策失败。政策失败的原因有以下几种:统治者的偏好和有限理性,意识形态刚性,官僚政治及其代理问题,集团利益冲突,以及社会科学知识的局限等。

- **统治者的偏好和有限理性**　我们用制度安排对国民总财富的影响来定义它的效率。如果统治者是一个追求财富最大化的人,并且他的个人财富和整个国家的财富成正比,那么,统治者就有激励在他的权力范围之内建立最有效的制度安排。然而,由于统治者交易成本的上升,如果新的制度安排给整个国家带来了更高的收入,但给统治者自己带来了更低的收益,那么,统治者会发现建立这种新的制度安排并不是他个人的利益所在。此外,财富仅仅是为统治者所看重的众多商品中的一种。例如,如果统治者更为关心他自己在国际政治舞台上的声望,那么,他可能会建立一种以牺牲国民财富为代价来加强军事力量的制度安排。根据统治者效用最大化的模型,我们也可以推断出,随着国民财富的增加,统治者会更加关心自己的声望。[31]最后,尽管统治者是一个追求财富最大化的人,但由于他的有限理性以及认识和理解制度非均衡所需的复杂信息,他仍然存在无力矫正制度安排的供给不足并设计和建立起新的制度安排的可能。

- **意识形态刚性**　如果公民对统治者权力的合法性以及现有制度安排的公平性怀有较强的信念,那么,统治国家的交易成本也会随之下降。因此,统治者会发展一种服务于自己目的的意识形态,并且会投资于教育来向人们灌输这种意识形态,从而使得统治者本人和他所倡导的意识形态等同起来。意识形态和现实之间的差距会随着制度非均衡的出现而不断扩大。然而,强制推行新的制度安排来回归均衡,并且改变原来的意识形态很可能会挑战统治者权力的合法性。因此,出于对自己合法性会被动摇的担心,统治者有可能会维持旧的无效制度安排,并发起一场旨在净化意识形态的运动,而不是去创造新的制度安排。因而,新的制度安排往往只有在老的统治者被新的统治者所取代后才有可能得以建立。

- **官僚政治及其代理问题**　根据定义,统治者必须拥有一些官僚机构来供其使用,这些官僚机构能够执行法律和命令、征税、施加惩罚、保卫国家主权并提供其他服务。在这些官僚机构中,每一个官僚本身都是理性的个体,他的利益从来就不会与统治者的利益完全一致。当然,统治者也会试图监督代理人的行为,实施一种旨在促进官僚们忠诚于统治者的奖励制度,并向官僚们灌输诚实、无私、忠于职守的意识形态。然而,统治者不可能彻底地控制住这些官僚,官僚们的自由裁量权(discretionary power)也不可能得到彻底消除。这样所导致的结果是旨在最大化统治者效用的政策会或多或少受到扭曲,从而使得官僚机构也可以从中捞到不少好处。统治者最大化自身效用的能力以及建立有效制度安排的能力,取决于有多少官僚机构把统治者的目标视为自己的目标。官僚机构的代理问题因而会进一步加重统治者的有限理性,并进一步增加统治国家的交易成本。如果建立新制度安排所带来的额外收益被官僚们的自由裁量权所浪费的话,那么,新制度安排就无法建立起来了。

- **集团利益冲突**　正如 Schultz(1978, p.10)所指出的那样:"处于统治地位的个人在政治上依赖于那些能够使政体存在下去的特定集团的支持。从这个意义上说,经济政策是获取政治支持的手段。"制度安排的变迁经常会造成在不同集团的民众中重新分配财富、收入和政治权利。如果制度变迁所造成的受损者得不到补偿——在大多数情况下他们确实得不到补偿——那么,他们就会强烈地反对这一变迁。因此,如果制度变迁中受损者是支持统治者的那些集团,那么,统治者会因为担心自己的政治支持受到侵蚀而不愿意去进行这种制度变迁。Feeny(1982,第7章)发现,1880—1975年间的泰国,由于社会精英从技术和制度变迁中没有得到什么好处,这就造成了政府很少采取必要的行动来进行制度变迁,其结果是农业发展受挫。

一个强有力的集团也可能推进那些收入再分配有利于本集团的新制度安排,尽管这种变迁有损于经济的增长(Olson, 1982; Muller, 1983)。不仅如此,统治者的排他统治权还会受到国内外能够提供相同服务的潜在对手的制约。那些更容易接触到统治者的竞争对手的集团与统治者讨价还价时的力量也就更大,从而使得统治者需要为这些集团提供更多的服务。如果制度变迁会把这些集团驱赶到统治者的竞争对手的阵营里,并且,如果统治者从那些没有被驱赶到竞争对手阵营里的集团那里所得到的好处不能补偿由于自己的集团被驱赶到竞争对手的阵营里而给统治者带来的损失,那么,制度变迁就不可能发生了。

- **社会科学知识的局限**　尽管政府有意建立新的制度安排来恢复制度均衡,受社会科学知识不足的限制,政府也可能无法建立一个正确的制度安排。20世纪50年代初,许多欠发达国家采用了苏联模式的中央计划体制。尽管我们很难证明这种政策有多少是当时流行的社会知识的直接结果,然而,正如 Bauer(1984)所总结的那样,第二次世界大战结束后的早些年里,大量关于发展的文献的主要内容都强调综合、全面的政府计划在发展中国家取得快速经济增长中所起的重要作用。而 Schultz(1977)根据对近三个世纪以来英国和其他西方经济的历史研究发现：一个社会中各种不同的政治、经济制度安排的变动和确立，主要由在那个时代占支配地位的社会思潮所引发，并受在那个时代占支配地位的社会思潮的影响。然而，由于占支配地位的社会思潮可能既无法带来更加快速的经济增长也无力提供更加合意的收入分配，从而它可能不是"正确"的思潮。从根本上说，社会思潮也受到人们有限理性的限制。尽管如此，我们仍然可以很可靠地认为：如果占支配地位的社会思潮是众多受过不同专业训练的社会科学家经过充分的互动和商议后形成的，而不仅仅是一小撮权威人物拍脑袋的结果，那么它对社会所造成的损失，即使有的话也会比较小。

结语

为了结束本文，还有两个问题需要进行说明：一个是文化传统与经济增长之间的关系，另一个是政府在经济增长中的作用。一个民族的文化传统，与它的价值观和习俗一样，都是非正式制度安排。与正式制度安排一样，文化传统也是可以满足人们需要的"人造"工具。在一个稳定的经济当中，文化传统常常处于均衡状态，并逐渐变得神圣起来。然而，随着经济的发展，提供更多的制度服务同时降低交易成本所产生的盈利机会客观上要求新的制度安排的出现，从而使得原来的制度安排中的一部分逐渐变得不合时宜。虽然制度创新过程会受到外部性的影响，但是只要所带来的预期收益超过预期成本，制度创新者终究还是会出现，并能够创造出新的、有效的制度安排。从这个意义上讲，价值观、习俗和文化传统中的其他部分在经济增长过程中所起的作用是中性的。然而，这并不意味着一个国家的文化传统和这个国家的经济增长毫无关系，而是说它们不能决定一个国家经济的未来。一个国家不能指望通过它的文化传统来获得持续、快速的增长，无论这个国家的文化传统曾经是多么有利于经济增长。

一个国家无须等待建立起一套适合经济增长的价值观或道德观之后再来发展本国的经济。当一个国家转变自己的文化传统有利可图时，这个国家就可能会改变自己的文化传统。当今日本工人的职业道德受到了全世界的广泛称赞。然而，事实并非一直如此。我们可以引用一位应邀请前往日本政府访问的澳大利亚专家在1915年所写的报告中的一段话来证明上述观点：

> 当我看到你们的工人干活的时候，我对你们廉价劳动力的印象很快就破灭了。毫无疑问，你们工人所得工资确实非常低，但他们所能产生的回报也同样非常小；看到你们的工人干活使我感觉到你们民族是一个容易知足的、随遇而安且毫无时间观念的民族。当我和一些日本经理谈及此事时，他们告诉我，要改变国民这种承袭下的习性几乎是不可能的。[32]

然而，仅仅经过一两代人之后，日本国民的这种与工业社会水火不相容，并被假定为无法改变的"承袭下的习性"就已经得到了彻底的改变。[33]发生这种改变的关键是努力工作，以及发展出新的工作态度、新的价值观及其他正式和非正式制度安排能够给个人带来新的获利机会。没有一个人在寻求改善自己命运的过程中会受文化传统的束缚。缺乏通过改变自己的文化传统来获取未来巨大收益的机会正是束缚人们改善自己命运的枷锁。

相对于文化传统来说，政府政策对一个国家的经济增长就显得更为重要。由于政府提供了整个经济赖以建立的秩序框架；并且，如果政府所提供的秩序缺乏稳定性，那么，理性的行为也就不存在了。因此，我们再怎么强调政府政策对经济增长的重要性都不过分。然而，正如Lewis(1955，p.376)所说："一个国家所取得的经济增长都是在一个明智的政府的积极刺激下所取得的，……另一方面，现实中也存在大量的政府对经济生活造成损害的鲜活例子，以至于我们很容易把政府参与经济生活所得到的教训写上满满几页纸。"[34]这么说，明智的政府和不明智的政府的区别到底是什么呢？答案或许就在于政府如何引导个人的激励问题。

在任何情况下，个人总是在寻找使自己获得好处的机会。然而，为了发展一个经济，我们应该建立一个系统来鼓励个人积极寻找和采纳那些新的、富有生产力的、有利可图的收入流，尽管这种说法可能会显得过分概括。更进一步地，这个系统应该允许个人将自己的时间、努力和金钱投入那些可以为自己带来收益的行动之中。[35]具有这种特征的制度安排——更确切地说，指的就是在产品、要素和思想方面有着清晰界定并得到很好执行的产权系统——本来就是公共物品。它们不可能在诱致性制度变迁过程中就建立起来。如果缺乏政府一心一意的支持，那么社会上根本就不存在这样的制度安排。

注释

1. 这些假设包括:不存在外部性、规模经济和规模不经济,商品的完全可分性,相关集合与描述偏好和技术的函数所满足的凸性,以及一些其他数学特性。Hurwicz(1972)将这些假设归纳为"古典环境"。

2. Chandler(1977)观察到技术进步只能解释美国铁路在1870—1910年间生产率增长的一半;另一半生产率增长应该归因于组织创新,即创建一个科层机构来监督、评价和协调一个复杂系统。

3. 在1968年举行的美国农业经济学年会上,西奥多·舒尔茨报告了"制度与人的经济价值的提高"的论文。其后,这篇论文发表在同年的《美国农业经济学杂志》上并获得了杰出论文奖。据我所知,舒尔茨是第一个试图运用现代经济学的分析方法来探讨制度和制度变迁的当代经济学家。在1953年出版的《农业的经济组织》一书中,舒尔茨写道:"有多种可供选择的组织形式。但是,采用任何一种组织都需要付出代价。也就是说,建立和维持任何组织,投入都是必不可少的。"(第2449—2450页)。舒尔茨还指出,由于缺乏有价值的社会组织理论来处理相关的政治及社会变量,经济学家都回避对制度问题的分析:"其结果是,经济学家的观点常常给人这样一种印象,似乎市场、企业和家庭本身就足以组建一个切实可行的经济组织了。"(第254页)。

4. 这是Schultz(1968)在他一篇非常著名的论文中所给出的定义。还可以参见Ruttan(1978)、Field(1981)以及North(1981,第15章)。

5. 参见Olson(1965,pp.16—22)对传统观点的讨论。

6. Luce and Raiffa(1957,p.50)从博弈论的视角对理性给出了一个正式的定义:"在两种可能带来结果的备选对象中,博弈参与者所选择的应该是能给自己带来更加偏好的结果的那个备选对象;或者用效用函数的术语来更精确地表述,理性意味着博弈参与者会试图使自己的期望效用最大化。"

7. Becker用来分析关于时间配置、家庭生产和社会交往的经济学方法特别适用于研究制度和制度变迁问题。Becker关于这些问题研究的论文收集于Becker(1976)。按照边沁的说法,进入效用函数的变量包括感觉、富裕、头衔、友谊、良好的声誉、权力、虔诚、慈悲、恶意、知识、记忆、想象力、希望、交往以及减轻痛苦(Becker,1976,p.137)。

8. 理性的人试图最大化自己的效用而不是最大化自己的收入,这对于理解不存在完全的产品市场或者完全的要素市场中人的行为至关重要。在仅够维持生计的农业中,农民会采取多种措施来尽可能地保证粮食生产的安全性,而不是最大化粮食产量的预期市场价值。农民这样做是因为作物歉收可能会威胁到他自己的生存(Lipton,1968)。

9. 对人类行为采用理性的分析方法并不一定意味着个人在任何时候都十分清楚自己最大化效用所付出的努力。Friedman(1953)、Becker(1976)和Posner(1980)都强调了这一点。

10. 家庭、企业、医院、大学等并不是由于它们的物质建筑,而是由于它们所制定的管理内部人员行为的规则,才使得它们能够成为一种制度安排(Field,1981)。

11. 本文中的"结构"一词是从 Montias(1976,p.20)那里借用来的。他说:"一个系统的结构……由那些约束成员行为的正式以及非正式的规则所构成。"制度结构这个概念要比 Davis 和 North 所定义的制度环境宽泛。他们所定义的制度环境指的是"那些管理经济和政治活动的根本的关于政治、社会以及法律方面的基本法则所构成的集合(如有关选举、产权及合同权利等方面的规则就是基本法则的一些例子)"(Davis and North,1970,p.133)。然而,本文的制度结构要比 North 用来定义"政治和经济制度、技术、人口统计学和社会意识形态"的"结构"的概念狭窄(North,1981,p.3)。

12. "搭便车"指的是一个团体里,某个人即使没有支付成本也能自动地享受到团体所提供的服务。为了克服"搭便车"问题并保证团体能够维持下去,该团体就必须有能力对其成员提供有选择的激励(Olson,1965)。

13. 道德风险的最初含义指的是:一个人因参加保险而使得他所采取的防范风险的行为低于(社会)适宜的水平。然而,在委托—代理文献中,道德风险指的是:信息不对称和监督不完全下,代理人所付出的努力小于他所得报酬下的(最优)努力水平。

14. 正如 Arrow 所指出的:"信任是社会系统赖以正常运转的重要润滑剂。它非常有效;它通过对他人的语言给以相当程度的信赖来免掉许多不必要的麻烦。……信任以及类似的价值观,忠诚或者讲真话等,……都是商品;它们具有真正的、实用的经济价值;它们可以提高系统的运行效率,从而使得人们能够生产出更多的产品或者生产出更多的任何被你所看重的其他东西。"(Arrow,1974,p.23)

15. 参见 Downs(1957,第7章;1966,第19章),North(1981,第5章),Lodge(1986)以及 Lodge and Vogel(1987)。

16. North(1981)正确地认识到,有必要在效用函数中放进更多的自变量来解释意识形态所起的作用。然而,由于不愿意完全接受 Stigler and Becker(1977)对效用函数的重新构建,North 还是离意识形态的实证理论有一步之遥。在 North 的解释里,当意识形态因素被考虑进去时,人们的行为就变得非理性了。例如,North 说:"任何成功的意识形态一定要能够成功克服'搭便车'问题,它的基本目标就是给团体提供激励,来使得团体所采取的行动不同于那些简单的、享乐主义的、只进行个人收益和成本计算的个人所采取的行动。"(North,1981,p.53)对 Olson《国家的兴起和衰落》一书的评论中,North 对这个观点表述得更加清楚:"在很多情况下,人们只是凭借对周围世界游戏规则的合法性和公平性的信任就采取行动。这就是说,如果人们相信规则是公平的,即使在他们违反规则相对于遵守规则能够给自己带来更多好处的时候,也会自动遵守规则。"(North,1983,p.164)然而正如 Becker 所主张的:"经济学的分析方法不会在主要的和次要的决策之间做出概念性的区别,……也不会在那些包含强烈感情因素的决策与少有感情因素的决策之间做出概念性的区别,……更不会在不同收入水平、教育程度和家庭背景的人们所做的决策上做出概念性的区别。"(Becker,1976,pp.7—8)这样说来,一个理性的人怎么能够在不涉及意识形态因素时就做一个愿意仔细盘算自己的成本和收益的简单的享乐主义者;而当他考虑意识形态因素时,这个理性人又如何能够克服自己的享乐主义想法并且会毫不在意自己的成本和收益呢?

17. 我们应该清楚的是:大的利益集团、公司和政府机构都会在意识形态教育方面进行投资,以培养成员对自己合法性的坚定信念。对意识形态的分析也很容易推广到分析其他非正式制度安排,如伦理规范、道德准则和习俗等。

18. 社会学家早就注意到了这一点。比如,Eisenstadt(1968,p.412)指出:"分析任何具体的制度模式都必须把各种制度安排的存在当作人类社会本身必然存在的。"然而,经济学家通常会忽视这一点,只有制度经济学家是个例外。

19. Srinivasan(1984,p.55)在对Bauer关于市场与计划效率的比较的论文评论中简明地表达了这一观点:"在制定发展政策时,必须对这个政策在具体的社会政治经济背景中所扮演的系统性角色有全面的了解。如果缺乏这种了解,那么关于市场以及中央计划二者地位的争论除让我们给予市场或计划图腾式崇拜之外不可能有更有价值的收获。"

20. 本文交替使用"制度变迁"(institutional change)和"制度创新"(institutional innovation)这两个术语,其理由是:对现存制度的修正其实也是一种创新活动,而采纳所创新出来的新制度也一定要改变旧的制度。

21. 从长期来看,尽管不同社会中的制度安排和制度结构可能会趋同;然而,由于不同社会有着不同的社会政治历史条件,从短期来看,不同社会中最有效率的制度安排也各不相同。很遗憾的是,很多新闻工作者和政治家都没有看到这一点,他们常常以自己国家的制度安排为标准来评价其他社会的制度安排。

22. 参见Marx and Engels(1968,pp.182—183)。有必要指出的是,按照马克思所用的术语,本文所定义的制度结构包括生产关系和上层建筑两个方面。因为生产关系和上层建筑都受技术的制约,本文的分析与马克思的观点是一致的。然而,本文和马克思的分析也有一个大的区别。马克思所论述的主要是整个制度结构的变迁,也就是从原始社会到封建社会、从封建社会到资本主义社会的巨大变迁。本文是在假设制度结构中的其他制度安排给定的情况下来分析特定制度安排的变迁。

23. 由于所有权是一种排他的权利,这种权利仅仅受政府所颁布的规定的限制。而产权内容的变化就一定需要得到政府的干预。因此,要理解产权的变化,就必须有一个关于国家的理论。

24. 用Lewis(1955,p.144)的话说:"变革是从信仰和关系所编织的网上的某一点开始,然后向外进行扩展的。"

25. Hayami and Kikuchi(1981)所研究的菲律宾农村从胡纳桑契约转变到加玛契约就是这样的一个例子。在加玛契约中,村民的实际工资反而下降了。然而,加玛契约安排还是被村民所采纳,自由劳动力市场并没有因胡纳桑契约向加玛契约的转变而出现。其原因就在于,根据农村中的互相帮助和收入分享的传统道德观念,加玛契约对村民们来说要更合理一些。

26. 一些制度创新纯粹是出于对现有收入进行再分配的目的而发起的。由于这种制度创新是一个消耗资源的过程,因此,除了某些个人可能会遭受损失,整个社会也可能会遭受损失。因而,这样的创新不可能是一个自发的过程,一般来说,它们都是由政府强制推行的。本文将在后文中详细讨论这种类型的制度变迁。

27. 强迫人们放弃传统的信仰、价值观念、人生态度、道德观念以及生活方式都可能会引起社会不稳定。正如 Bauer(1984, p.31)所指出的:"事实上,发展中国家的政府很少会尝试进行这样的强制性改变。通常,他们能够认识到强制性改变会招致民众强烈的反抗甚至会引发暴动。哪怕是政府朝着这个方向进行改变的一些实质性的行动,或者是人们怀疑政府会进行强制性改变的企图都可能会引起暴力冲突,这样的事情在亚洲和非洲经常发生。"

28. Frohlich and Oppenheimer(1974)引用了韦伯对国家的定义。

29. 转引自 Field(1981, p.186)。

30. 正如 Dahl and Charles(1953, p.42)所指出的:"任何一个控制政府的人通常都有'最后发言权',从而使得他可以把自己的决策强加在自己地盘上的其他组织的头上。"(转引自 Downs,1957, p.22)不同社会对统治者绝对权力的限制当然会有所不同,并且,这种不同在很大程度上取决于历史条件。然而,即使对于一个民选的总统(或首相)来说,由于两次选举之间的间隔期等原因,他也会有很大的空间来追求自己的目标(Breton, 1974)。

31. 随着统治者财富的增加,财富的边际效用在逐渐减少,其他商品(如声望、历史地位等)的边际效用却在逐渐增加。因此,统治者愿意拿出一些财富来换取自己的威望和名声。

32. 这一段文字转引自 Srinivasan(1984, p.53),而 Srinivasan 又引自 Bhagwati(1983)。

33. 关于其他的许多例子,请参见 Bauer(1984)、Bauer and Yamey(1957)、Schultz(1964)和 Lewis(1955)等人的著作。

34. North(1981, p.20)表达了类似的观点:"国家的存在是经济增长必不可少的条件;然而,国家又是导致人为经济衰退的原因。"

35. 我们应该把两类利润追求活动区分开来。第一类包括所谓的寻租行为(Krueger, 1974)以及直接的无生产能力的利润追求行为(Srinivasan, 1985),它们包括要求征收关税的游说、偷避关税、从给定的关税中获取收益、从进口配额中赚取利润,等等。一旦政府对贸易和其他经济活动进行干预,人们就会采取行动以使得政府制定出有利于自己的政策。这些行动可以使利润流向从事这些活动的人们。然而,它们会耗费资源,把生产可能性曲线向内推移,却对整个社会没有生产出任何有价值的商品和服务。这种类型的利润追求活动只能带来经济停滞而不是增长。第二类是有生产能力的利润追求行为,它包括在物质资本和人力资本上的投资,在新技术和有效的制度安排上的创新等。第二类利润追求活动可以把生产可能性曲线向外推移,从而能够给整个社会带来商品和劳务供给的增加。如果没有第二类利润追求活动,一个国家是不可能出现经济增长的。

参考文献

Alchian, A. A. 1950. "Uncertainty, Evolution, and Economic Theory," *Journal of Political Economy* 58 (June): 211—222.

Alchian, A. A., and H. Demsetz. 1972. "Production, Information Costs, and Economic Organization," *American Economic Review* 62 (December): 777—795.

Anderson, Terry L., and P. J. Hill. 1975. "The Evolution of Property Rights: A Study of the American West," *Journal of Low and Economics* 18 (April): 163—179.

Arrow, K. J. 1974. *The Limits of Organization*. New York: W. W. Norton.

Bhagwati, J. 1983. "Development Economics: What Have We Learned?" Distinguished Speakers Lecture, Asian Development Bank, Manila, October.

Bauer, P. T. 1984. *Reality and Rhetoric*. Cambridge: Harvard University Press.

Bauer, P. T., and B. S. Yamey. 1957. *The Economics of Under-developed Countries*. Chicago: University of Chicago Press.

Becker, G. S. 1976. *The Economic Approach to Human Behavior*. Chicago: University of Chicago Press.

Binswanger, H. P. 1978. *The Economics of Tractors in South Asia*. New York: Agricultural Development Council; and Hyderabad, India: International Crops Research Institute for the Semi-Arid Tropics.

Binswanger, H. P., and M. R. Rosenzweig. 1986. "Behavioral and Material Determinants of Production Relations in Agriculture," *Journal of Development Studies* 22 (April): 504—539.

Binswanger, H. P., and V. W. Ruttan. 1978. *Induced Innovation: Technology, Institutions, and Development*. Baltimore: Johns Hopkins University Press.

Breton, A. 1974. *The Economic Theory of Representative Government*. Chicago: Aldine.

Brewster, J. M. 1950. "The Machine Process in Agriculture and Industry," *Journal of Farm Economics* 32 (February): 69—81.

Buchanan, J. M., and G. Tullock. 1962. *The Calculus of Consent: Logical Foundations of Constitutional Democracy*. Ann Arbor: University of Michigan Press.

Chandler, A. D., Jr. 1977. *The Visible Hand: The Managerial Revolution in American Business*. Cambridge: Harvard University Press.

Dahl, R. A., and C. E. Lindbolm. 1953. *Politics, Economics, and Welfare*. New York: Harper & Bros.

Davis, L., and D. C. North. 1970. "Institutional Change and American Economic Growth: A First Step Toward a Theory of Inspirational Innovation," *Journal of Economic History* 30: 131—149.

Day, R. H. 1967. "The Economics of Technological Change and the Demise of the Sharecropper," *American Economic Review* 57 (June): 427—449.

Demsetz, H. 1967. "Toward a Theory of Property Rights," *American Economic Review* 57 (May): 61—70.

Downs, A. 1957. An Economic *Theory of Democracy*. New York: Harper and Row.

Eisenstadt, S. N. 1965. *Essays on Cornparative Institutions*. New York: John Wiley.

Eisenstadt, S. N. 1968. "Social Institutions," In *International Encyclopedia of the Social Sciences*, 409—421.

Feeny, D. 1982. *The Political Economy of Productivity: Thai Agricultural Development, 1880—1975*. Vancouver, Canada: University of British Columbia Press.

Field, A. J. 1981. "The Problem with Neoclassical Institutional Economics: A Critique with Special Reference to the North/Thomas Model of Pre-1500 Europe," *Explorations in Economic History* 18: 174—198.

Friedman, M. 1953. "The Methodology of Positive Economics," in *Essays in Positive Economics*. Chicago: University of Chicago Press, 3—43.

Frohlich, N., and A. Oppenheimer. 1974. "The Carrott and The Stick: Optimal Program Mixes for Entrepreneurial Political Leaders," *Public Choice* 19 (Fall): 43—61.

Furubotn, E. G., and S. Pejovich. 1972. "Property Rights and Economic Theory: A Survey of Recent Literature," *Journal of Economic Literature* 10 (December): 1137—1162.

Hayami, Y., and V. W. Ruttan. 1971. *Agricultural Development: An international Perspective*. Baltimore: Johns Hopkins University Press.

Hayami, Y., and M. Kikuchi. 1981. *Asian Village Economy at the Crossroads: An Economic Approach to Institutional Change*. Tokyo: University of Tokyo Press; and Baltimore: Johns Hopkins University Press.

Hurwicz, L. 1972. "Organizational Structures for Joint Decision Making: A Designer's Point of View," in M. Tuite, R. Chisholm and M. Rador. (eds.), *Interorganizational Decision Making*. Chicago: Aldine: 37—44.

Krueger, A. O. 1974. "The Political Economy of the Rent-seeking Society," *American Economic Review* 64 (June): 291—303.

Lewis, W. A. 1955. *The Theory of Economic Growth*. London: George Allen & Unwin.

Lin, J. Y. 1987. "The Household Responsibility System Reform in China: A Peasant's Institutional Choice," *American Journal of Agricultural Economics* 69 (May): 410—415.

Lin, J. Y. 1989. "Rural Factor Markets in China after the Household Responsibility Reform," in B. Reynolds (ed.), *Chinese Economic Policy*. New York: Paragon: 157—192.

Lipton, M. 1968. "The Theory of the Optimizing Peasant," *Journal of Development Studies* 4 (April): 327—351.

Lodge, G. C. 1986. *The New American Ideology*. New York: New York University Press.

Lodge, G. C., and E. F. Vogel. 1987. *Ideology and Notional Competitiveness: An Analysis of Nine Countries*. Cambridge: Harvard Business School.

Luce, R. D., and H. Raiffa. 1957. *Games and Decisions: Introduction and Critical Survey*. New York: John Wiley.

Marx, K., and F. Engels. 1968. *Selected Works*. New York: International Publishers.

McCloskey, D. N. 1975. "The Economics of Enclosure: A Market Analysis," in W. N. Parker and E. L. Jones (eds.), *European Peasants and Their Markets*. Princeton, N. J.: Princeton University Press.

Mill, J. S. 1848/1973. *Principles of Political Economy with Some of Their Applications to Social Philosophy*. Reprint. Clifton, N. J.: Augustus M. Kelly.

Montias, J. M. 1976. *The Structure of Economic Systems*. New Haven: Yale University Press.

Muller, D. C. 1983. *The Political Economy of Growth*. New Haven: Yale University Press.

Nelson, R. R., and S. G. Winter. 1992. *An Evolutionary Theory of Economic Change*. Cambridge: Belknap Press of

Harvard University Press.

North, D. C. 1981. *Structure and Change in Economic History*. New York: Norton.

North, D. C. 1983. "A Theory of Economic Change," *Science* (14 January): 163—164.

North, D. C., and R. P. Thomas. 1970. "An Economic Theory of the Growth of the Western World," *The Economic History Review*, 2nd series, 23: 1—17.

North, D. C., and R. P. Thomas. 1973. *The Rise of Western World: A New Economic History*. Cambridge: Cambridge University Press.

Nozick, R. 1974. *Anarchy, State, and Utopia*. New York: Basic Books.

Olson, M., Jr. 1965. *The Logic of Collective Action: Public Goods and the Theory of Groups*. Cambridge: Harvard University Press.

Olson, M., Jr. 1982. *The Rise and Decline of Nations: Economic Growth, Stagflation, and Social Rigidities*. New Haven: Yale University Press.

Polanyi, K. 1944. *The Great Transformation: The Political and Economic Origins of Our Time*. New York: Rinehart.

Posner, R. A. 1980. "A Theory of Primitive Society, with Special Reference to Law," *Journal of Law and Economics* 23 (April): 1—53.

Ruttan, V. W. 1978. "Induced Institutional Change," in H. P. Binswanger and V. W. Ruttan (eds.), *Induced Innovation: Technology, Institutions, and Development*. Baltimore: Johns Hopkins University Press: 327—357.

Ruttan, V. W. 1984. "Social Science Knowledge and Institutional Change," *American Journal of Agricultural Economics* 39 (December): 549—559.

Schiller, O. M. 1969. *Cooperation and integration in Agricultural Production: Concepts and Practical Application, An International Synopsis*. London: Asia Publishing House.

Schultz, T. W. 1953. *The Economic Organization of Agriculture*. New York: McGraw-Hill.

Schultz, T. W. 1964. *Transforming Traditional Agriculture*. New Haven: Yale University Press.

Schultz, T. W. 1968. "Institutions and the Rising Economic Value of Man," *American Journal of Agricultural Economics* 50 (December): 1113—1122.

Schultz, T. W. 1977. "Economics, Agriculture, and the Political Economy," in P. Anderou (ed.), *Agriculture and Economic Development of Poor Nation*. Nairobi: East African Literature Bureau, 254—265.

Schultz, T. W. 1978. *Distortions of Agricultural Incentives*. Bloomington: Indiana University Press.

Scott, C. 1976. *The Moral Economy of the Peasant*. New Haven: Yale University Press.

Simon, H. A. 1957. *Models of Man*. New York: John Wiley.

Smith, A. 1937. *The Wealth of Nation*. New York: Modern Library published by Random House.

Srinivasan, T. N. 1984. "Comment: Remembrance of Studies Past: Retracing First Steps," in G. M. Meier and D. Seers (eds.), *Pioneers in Development*. Cambridge: Oxford University Press published for the World Bank: 51—55.

Srinivasan, T. N. 1985. "Neoclassical Political Economy, the State, and Economic Development," *Asian Development Review* 3, no. 2: 38—58.

Stigler, G. J., and G. S. Becker. 1977. "De Gustibus Non Est Disputandum," *American Economic Review* 67 (March): 76—90.

Sweezy, P. M. 1970. "Toward a Critique

of Economics," *Review of Radical Political Economics* 2 (Spring): 1—8.

Thompson, E. A. 1979. "An Economic Basis for the 'National Defense Argument' for Protecting Certain industries," *Journal of Political Economy* 87 (February): 1—36.

von Neumann, J., and O. Morgenstern. 1953. *Theory of Games and Economic Behavior*. 3rd ed. Princeton, N. J.: Princeton University Press.

Williamson, O. E. 1975. *Markets and Hierarchies: Analysis and Antitrust Implications*. New York: Free Press.

Williamson, O. E. 1980. "The Organization of Work," *Journal of Economic Behavior and Organization* 1 (March): 5—38.

Williamson, O. E. 1985. *The Economic Institutions of Capitalism: Firms, Markets, Relational Contracting*. New York: Free Press.

金融结构与经济发展^{*,**}

引言

不同国家(地区)的金融结构差异显著。在银行主导型金融体系的国家(地区)如德国、日本和印度,由银行来提供主要的金融服务,包括动员储蓄、配置资本、监控企业管理层和风险管理。而在市场主导型金融体系的国家(地区)如英国、美国和马来西亚,证券市场和银行在金融服务领域都扮演着重要角色。不同国家(地区)的金融结构存在巨大的差异。Demirgüç-Kunt and Levine(2001)运用全面综合性多国金融结构数据,将各个国家(地区)分为四类:银行主导型金融发达国家(地区),市场主导型金融发达国家(地区),银行主导型金融欠发达国家(地区)和市场主导型金融欠发达国家(地区)。其中,银行主导型金融欠发达国家(地区)包括孟加拉国、尼泊尔、埃及、哥斯达黎加、肯尼亚、斯里兰卡、印度尼西亚、哥伦比亚、巴基斯坦、津巴布韦、希腊、阿根廷、委内瑞拉、印度和爱尔兰;市场主导型金融欠发达国家(地区)包括丹麦、秘鲁、智利、巴西、墨西哥、菲律宾和土耳其;银行主导型金融发达国家(地区)包括突尼斯、葡萄牙、奥地利、比利时、意大利、芬兰、挪威、日本、法国、约旦、德国、以色列和西班牙;市场主导型金融发达国家(地区)包括荷兰、泰国、加拿大、澳大利亚、南非、韩国、瑞典、英国、新加坡、美国、瑞士、中国香港和马来西亚。

金融结构产生的原因何在?金融体系两大组成要素——金融机构和金融市场的组合对经济发展有没有影响?这些问题数十年来吸引着经济学家不断探索。早期的一项研究是Goldsmith(1969),早在40

---

* 本文与徐立新合作,并获益于与 Robert Cull 和 Asli Demirgüç-Kunt 的讨论,以及 2011 年 6 月 17 日在美国华盛顿举行的世界银行金融结构会议上的讨论。徐立新是世界银行发展研究小组首席经济学家。

** 本文改编自作者 2011 年 7 月在北京举行的国际经济学会第 16 届全球大会上发表的论文。本文由苏剑翻译。

年前他就试图记录金融结构随时间的变革并就金融发展对经济发展的作用进行评估。他指出,"金融领域几乎所有人都承认的最重要的问题之一——如果不是唯一最重要的话——就是金融结构及其发展对经济增长的影响"。通过分析35个国家1964年之前的数据,他发现金融发展与经济增长之间存在正相关性。但数据的限制使他难以对金融结构做进一步探究,其研究只局限于对德国和英国的细致比较。显然这种案例研究的结论难以推广到世界其他地区。

自 Goldsmith 以来,对金融结构的研究取得了巨大进展。Demirgüç-Kunt and Levine(2001)(与其合著者)收集了不同国家的综合性金融结构数据,并根据这一全新数据集发现:随着国家越来越富有,银行和金融市场的规模越来越大,银行和金融市场越来越活跃,其效率越来越高,这些金融系统也变得日趋复杂。但总的来说,较高收入国家的金融结构更偏向于市场主导型。他们还发现了强有力而且一致的证据,表明影响经济发展的是金融发展水平,而银行与证券市场的混合情况则影响不大(Beck et al., 2001)。

但是,认为金融结构与经济发展无关的观点面临着巨大挑战。有几位学者从理论上证明了金融结构的影响十分重要。毕竟,相对于银行服务而言,经济发展更能提升对证券市场服务的需求(Allen and Gale, 2000; Boyd and Smith, 1998)。此外,银行和证券市场在企业治理和投资者权益保护方面的作用不同(Stulz, 2001)。具体说来,银行更擅长降低那些标准化程度较高、期限较短、风险较低且抵押质量良好的投资项目的市场摩擦,而证券市场更擅长为那些创新性强、期限较长、风险较高、更加依赖无形投入(如人力资本)的项目提供资金(Allen and Gale, 2000)。而且,随着经济的发展,证券市场明显变得越发活跃和重要,这一客观事实强化了金融市场的作用随国民收入上升而提升的观点。

本文将总结近期的理论研究与实证研究的进展,这些研究表明,金融结构确实影响着经济发展;在各国不同的发展阶段,银行与金融市场的作用也不尽相同;各个发展阶段可能存在相应的最优金融结构。政治因素的存在可能使一国的实际金融结构偏离其最优结构,本文也会提供这方面的证据。

在下文中,我们首先对传统的金融结构理论和研究发现进行总结,随后讨论一些新的观点及其实证依据。

有关金融结构与经济发展的传统观点

关于银行与金融市场各自相对优势的研究文献有很多,诸多观点总结起来可分为四种(Beck et al., 2001; Levine, 2002; Stulz, 2001)。第一种观点是**金融结构无关论**(the financial-structure-irrelevancy view)。在资本市场完善、市场主体风险中性的前提下,利率决定了哪些投资机会是值得利用的,任何一个能够产生正的净收益(扣除资本成本以后)的投资项目都会被采用(Stulz, 2001)。如果资本的流动性不完全,即资本的跨境流动因为对特定国家风险的担忧而受到阻碍,那么,影响就业机会创造、企业成长和资源有效配置的决定性因素就在于金融系统能否提供高效的服务、金融服务渠道是否充分,而不是银行与金融市场如何组合。按照这一观点,影响经济发展的因素是金融深度而非金融结构。

金融结构无关论的一种特例就是**法律与金融论**(the law and finance view),该观点认为,金融系统健全性的首要决定因素是法律体系(La Porta et al., 2000)。具体而言,这种观点认为,和经济增长息息相关的与其说是金融结构,还不如说是金融系统究竟是银行主导还是市场主导。金融的整体发展依赖于法律制度和法律渊源。法律体系可能会对外部金融产生影响,因为良好的法律保护将让投资者们更加相信他们的投资(由企业负责管理)至少能获得一些回报,从而更可能为企业管理人员提供投资资金(La Porta et al., 2000; Stulz, 2001)。

金融结构无关论成立的前提是一些较强的假设,这些假设在现实中可能难以成立。当金融体系无法使储蓄资金流向效率较高的资金使用方时,金融结构就显得重要了(Stulz, 2001)。有两大关键的市场缺陷摧毁了完美金融市场的假设(Stulz, 2001):相对于投资者而言,公司管理层对企业行为具有信息优势("隐蔽信息");投资者观察不到管理者的某些行为("隐蔽行为")。隐蔽信息和隐蔽行为使得管理者有条件追求自己的目标。而管理者无法就向投资者返还投资收益提供可信承诺,进而使得投资者未能给那些本可以在信息对称条件下盈利的项目提供资金。在存在这两个问题的情况下,金融结构就有了真实后果:它改变信息和交易成本、影响资本成本、改变管理层的激励和对管理层的监督。

银行主导论(the bank-based view)突出银行在调动资源、甄别项目质量、监督企业经理层、管理风险等方面的积极作用,并强调了证券市场的缺陷(Beck et al., 2001)。金融结构研究领域的开拓者之一 Gerschenkron(1962)认为,在经济发展的早期,制度环境尚无法有效地支持金融市场活动,此时银行的作用比市场更重要。因为即便是在法律和会计体系薄弱、制度不发达的国家,强有力的银行也有能力迫使企业披露信息、偿还负债,从而助力工业增长。而且,银行比证券市场更适合向需要多阶段融资的新企业提供外部资金:银行可以做出随着项目进展追加提供资金的可靠承诺,而证券市场很难提供如此可靠的长期承诺。与银行相比,完善的证券市场能够及时充分地在公开市场披露信息,这降低了投资者获取信息的激励。因此,金融市场的发展可能减弱投资者甄别创新性项目的激励,从而阻碍资源的有效配置。此外,流动性很大的证券市场还会引发短视的投资观念——投资者所要做的只是紧盯股价,他们不会去积极地监督有害于公司管理的公司管理者。

与之相反,**市场主导论**(the market-based view)将证券市场视为推动经济成功的关键要素(Beck et al., 2001)。金融市场为投资者更有效地进行多样化投资和风险管理提供了条件,进而鼓励更多的外部资金供给。市场主导型金融体系还能促进竞争,从而加强企业致力于研发和成长的激励。因此,市场主导型金融体系在推动创新型和研发主导型产业的发展方面尤其有效(Allen and Gale, 2000)。流动性良好的资本市场使投资者能够持有大量股份,使敌意收购成为可能,从而建立了一种对失职或无法胜任的公司管理者的惩罚机制(Stulz, 2001)。市场主导论也强调了银行的消极作用。银行付出昂贵的成本收集企业信息,从而可能从企业榨取更多的租金,这将降低企业承担高风险、高回报项目的激励。而且,由于债务合约的本质属性——银行不会因为企业的投资回报高而获利,却可能因其投资回报低而蒙受损失——因此银行更偏爱投资回报低但财务稳健性高的投资项目,这妨碍了企业的创新与增长。此外,强有力的银行还可能与企业管理层勾结以阻碍其他投资者的进入,削弱竞争,降低公司控制的效率,从而阻碍增长。

传统的实证研究结果

Demirgüç-Kunt and Levine(2001)使用新的各国(地区)金融结构数据库考察了各国(地区)金融结构随经济发展而演变的历程。金融结构的特征是用银行业发展状况(以规模、活动和效率来衡量)相对证券市场发展状况(用同一方法衡量)的比率来刻画的,比率越高,表明金融结构越偏向于银行主导型。由此将各国(地区)分成银行主导型和市场主导型两类。奥地利、法国、德国、英国、中国香港、日本、荷兰和瑞士这些国家和地区具有相对庞大、活跃的银行系统;相比之下,阿根廷、哥伦比亚、哥斯达黎加、加纳、尼泊尔、尼日利亚、秘鲁、土耳其和津巴布韦的银行系统明显规模偏小、不够活跃。在证券市场的发展方面,有些国家和地区用各种指标衡量都已十分发达(澳大利亚、英国、中国香港、马来西亚、荷兰、新加坡、瑞典、瑞士、泰国和美国),而在另外一些国家如智利和南非,证券市场庞大但流动性较差。还有少数国家,如德国和韩国,证券市场活跃但规模小。

Demirgüç-Kunt and Levine(2001)发现,在富裕的国家,银行、非银行金融机构、股票市场和债券市场的规模更大,交易更活跃,效率也更高,这也印证了 Goldsmith(1969)早年的小样本研究所得出的结论。因此平均而言,富国的金融体系也更发达。而且,在较高收入国家,证券市场相对银行显得更活跃、更有效率。此外,在具有普通法传统(有别于民法法系)、对小股东权益保护良好、会计体系完善、腐败程度低、没有存款保险的国家,金融结构更倾向于市场导向型。这与信息成本较高、产权法律保护较差的国家更钟爱银行而非金融市场的观点是一致的(Allen and Gale, 2000; Stulz, 2001)。

Beck *et al.* (2001)提供了广泛的证据说明影响经济的不是金融结构而是金融深度。他们将上述新的各国金融结构数据库与企业层面数据及国别产业层面数据结合起来分析。根据关于金融结构和经济绩效的三个层次的证据(纯粹的国别比较,国别产业间比较,国别企业层次数据比较),他们得出了前后一致的结论。他们发现,没有证据表明金融结构有助于解释各国经济绩效:"无论是市场主导型还是银行主导型,国民经济并没有增长得更快,金融依赖型产业没有更快地扩张,新企业的创建没有变得更加容易,企业的外部资金可得性没有增强,企业的成长也没有变得更快。"相反,他们写到:"不同国家之间总体金融发展情况的差异确实有助于解释经济绩效的跨国差异。银行发展程度和金融市场发展程度与经济增长之间联系紧密。具体来讲,数据表明,在金融领域整体发展水平更高的经济体中,经济增长更快,对外部融资依赖性较强的产业扩张更快,新企业的创建更加容易,企业的外部资金可得性更强,企业成长得也更迅速。"他们还发现,金融发展当中能够被法律体系解释的部分同时也能用来一致地解释企业、产业乃至国家经济的增长,这与法律与金融论的观点相一致。

理论争鸣的新浪潮

金融结构真的与经济发展无关吗？近期的研究进展对此提出了怀疑。首先,经济学家开始意识到经济发展往往没有通用不变的套路(Kremer, 1993)。能带来最大收益的改革领域因国而异,而且经济发展通常都会存在"瓶颈",这就好比著名的挑战者号航天飞机事故：这艘由成千上万个零部件所组成的航天飞机"之所以爆炸,是因为发射时的温度导致其中一个部件——密封圈——失灵了"(Kremer, 1993)。与这种强调特定国家和特定发展阶段瓶颈的观点一脉相承的是,一些研究在不同经济环境中已经发现了政策互补性。具体而言, Xu(2011)总结的证据表明,商业环境对经济发展的效果会因发展阶段而异,尤其是落后的基础设施和缺乏灵活性的劳动力市场——如印度的现状——因其对经济发展有消极的间接影响而可能成为关键性瓶颈。

其次,金融结构理论也有所发展。基于德国、日本、英国和美国的经验比较,Allen and Gale(2000)检验了金融结构是否影响经济发展。结论是,由于银行和证券市场提供不同的金融服务,处于不同发展阶段的经济体需要把这些金融服务进行不同组合以确保经济运行的效率。他们认为,随着一国经济增长,该国需要的金融服务(银行和证券市场)的组合也不同(Boyd and Smith, 1998);如果实际金融结构偏离了最优组合,那么经济体将无法获得适当的金融服务组合,从而伤害经济增长。

Lin *et al.* (2011)从另一个角度论证了金融结构对经济发展存在影响。他们认为关键的原因在于高效的金融结构必定反映了实体经济的需求。从根本上看,要素禀赋状况(劳动力、资本和自然资源)决定了产业结构,反过来产业结构又离不开与特定发展阶段相适应的金融结构的支撑。具体说来,对一国而言,在每一个发展阶段都有其特定的要素禀赋结构。要素禀赋结构决定了要素价格,要素价格进而决定了最优的产业结构、相关风险的性质和企业规模的分布(Lin, 2009)。由于不同行业的企业在规模、风险、融资需要等方面各不相同,实体经济在某一发展阶段对金融服务的需求也会系统性地有别于该经济体在其他阶段的需求。当金融结构的特征与该经济体产业结构的特征相适应时,金融体系便能够最大效率地发挥其基本功能,从而促进经济可持续的、包容性的发展。因此,经济体在每一个发展阶段都存在最优的金融结构。

对发展中国家而言,要素禀赋结构最突出的特征是具有相对充足的非熟练劳动力(和相对稀缺的资本)。劳动密集型产业和资本密集型产业的劳动密集环节具有比较优势,因而应该在经济体中占据主导地位。因为有发达国家的经验可供模仿,与发展中国家相适应的产业、产品和技术相对都比较成熟。劳动密集型产业的企业规模通常比资本密集型产业更小,尤其是在资本规模上。因此,发展中国家金融体系的运转效率取决于它是否有能力满足小规模的、成熟的劳动密集型产业中的企业的融资需要。标准化财务信息的缺乏导致这些企业的信息透明度不高,因此外部投资者关注的重点在于对企业的甄别和对经理层的监督。在这样的经济环境下,银行,尤其是小规模的地方性银行比金融市场更具优势,因为它们更善于处理当地信息、评估与企业商誉相关的"软"信息并与借款者建立长期联系。而且,对低收入国家的企业而言,银行尤其具有吸引力,因为银行可以带来更低的资本成本:(1)在向为数不多的几家银行借款时,企业无须提供如财务报告、外部审计报告等公开信息,因而节省了宝贵的资金;(2)向银行贷款的利息比在股票市场中支付的股票红利更低,因为贷款的风险更低,对发展中国家的企业来说这又节约了一笔资金。因此,如果不存在扭曲,发展中国家金融结构的主要特征理应是银行占据支配地位。

在发展中国家,小规模的地方性银行很可能在向小企业提供金融服务的过程中起到至关重要的作用。最近一些证据表明,银行的规模与其服务的企业的规模是相匹配的。大银行的服务重心在于大企业,对小企业持回避态度,而小银行的目标则定位为小企业。大银行向大企业贷款能够节约交易成本——因为无论贷款规模大小,每一次的流程和手续都一样,对大银行而言,最能节约单位成本的方式是向大企业提供几笔高额贷款,而不是向小企业提供许多笔低额贷款。因此,在发展中国家,小企业的贷款业务就留给了小银行。

与发展中国家相反,发达国家要素禀赋结构的突出特征是拥有相对充足的熟练劳动力和资本,其比较优势在于资本密集型产业。资本密集型企业通常规模庞大,对外部融资的需求更大。由于发达国家已处于或接近技术前沿,企业需要在产品研发与创新上支出更多,并且承受技术创新和产品创新的高风险。[1]较大的规模使企业能够负担向市场提供标准化财务信息的(或多或少的)固定支出,而专业金融机构得以获得足够的收入,从而可以向公众提供专业的财务和审计信息。在标准化财务信息可得的前提下,股票市场、债券市场和大银行就成为资本密集型企业的资金提供者。

而且,有观点指出,证券市场更适合富国。对于拥有新技术和创新型项目的企业而言,投资者掌握的信息有限,对高新技术前景的预期也存在分歧。分散化的证券市场允许投资者同意或不同意这些企业的前景,因此,企业也更可能获得资金支持(Allen and Gale, 2000)。此外,证券市场还可以利用标准化财务信息——这些信息通常只在较高收入国家是可得的——来降低企业管理层和外部投资者之间的信息不对称,帮助投资者更准确地判断哪些企业值得投入,哪些企业的投资能获得更安全的回报。风险资本通常投资于高风险的创新型和资本密集型企业的早期发展阶段,而证券市场的关键作用就在于它一方面可以为风险资本提供退出市场的选择,另一方面可以为高新技术企业的进一步发展提供融资支持。而且,一旦风险资本投资项目获得良好的初期收益使项目的高质量得到证明,银行也可以跟进提供多阶段投资。如此一来,高收入国家的最优金融结构的特征就应是一个庞大、活跃的证券市场辅之以众多大银行。[2]

综上所述,对经济发展处于某一特定阶段的国家而言,某种特定的金融机构将会更有效地动员和配置资本。换言之,在经济发展的某一特定阶段,存在一个特定的最优金融结构,这一最优金融安排的组合方式及其相对权重能够将金融资源最高效率地配置于最优产业结构(由要素禀赋结构决定)中的竞争性部门的企业中。发展中国家最优金融结构的突出特征是银行(尤其是小银行)的地位比证券市场更重要,发达国家的情形则正好相反。而且,最优金融结构是处于动态变化之中的。随着物质资本和人力资本的积累,要素禀赋结构会发生变化,最优产业结构和最优金融结构也会相应改变。因此,没有哪一个特定的金融结构是普遍适用于各国的。为将来参考之便,我们把上述每一个发展阶段都存在特定最优金融结构的观点命名为新结构观点。

一些新的实证研究成果

几篇最新的论文提供了一些证据,支持金融结构以不同方式影响经济发展的观点。第一条也是最关键的证据来自 Demirgüç-Kunt et al. (2011)的国别研究。在注意到以往的文献并没有认识到金融结构的重要性之后,他们试图探究对最优金融结构的偏离是否与经济发展的速度相关。他们运用 72 个国家 1980—2008 年的数据对金融结构在经济发展中的重要性进行了再评估。具体来说,他们评估了在发展过程中经济发展对金融结构变化的敏感性是否改变,经济发展的各个层次是否都存在一个最优金融结构。对金融结构的衡量指标是私人信贷规模(占 GDP 的比重)与证券市场市值(占 GDP 的比重)的比率以及该比率的一些变种。

作者采用分位数回归法评估发展过程中经济活动对银行和证券市场发展程度的敏感性。分位数回归方程提供了增长过程中经济发展和银行、证券市场发展之间的关系如何变化的信息。相比之下,传统的国别研究重点在于对"一般"(average)国家而言经济发展与金融结构之间的关系。分位数回归法隐含地主张金融结构在不同收入水平的国家有不同的作用,成为得到"金融结构对经济发展有影响"这一发现的关键。

每一个发展阶段的最优金融结构的衡量指标是这样构建的:在控制关键性制度、地理条件和结构等特征的前提下,对 OECD(经济合作与发展组织)国家的样本,就金融结构的一个衡量指标(占人均 GDP 的一定比例)进行回归。模型的前提假设是在上述特征具备的条件下,OECD 国家可以提供最优金融结构如何随经济发展变化的信息。随后,作者使用回归得出的系数测算出各国每年的最优金融结构估计值。接着计算出一个"金融结构缺口",它等于金融结构实际值和预测值之差的绝对值的自然对数。

他们发现,随着经济发展,银行和证券市场相对于整体经济的规模都会变得更大。更重要的是,随着国家变富,经济发展对银行发展指数变化的敏感性在逐渐降低,而对证券市场发展指数变化的敏感性在提升。因此对证券市场服务的相对需求将上升,而这类服务与银行提供的服务不同,正如 Allen and Gale(2000)所指出的那样。

Demirgüç-Kunt et al. (2011)还发现了一些证据,支持在不同发展阶段存在相应的适宜金融结构的观点。研究表明,实际金融结构对最优估计结构的背离值(即金融发展缺口值)与经济产出的下降密切相关。即使控制银行业发展水平、证券市场发展水平、标准的控制变量组和国家固定效应,在金融结构缺口和经济活动之间仍然存在稳健的负相关关系。他们还研究了非最优金融结构形成的原因(是过分的银行导向还是市场导向)是否有影响的问题,结论是没有影响。偏离最优金融结构带来的影响是显著的:金融结构缺口每增加一个标准差,人均真实 GDP 的对数值会降低 0.06,这意味着经济活动降低 6%。进一步控制国家和时期固定效应以及一些标准控制变量,上述影响的大小会下降 50%,但仍显著。这一影响的大小很有意思:它显然不是微不足道的,但也并非很大。

应该指出,这篇论文并未考虑金融结构潜在的内生性。如果依照该理论,金融结构确实受收入水平的影响,那么对金融结构的效果的预测就会存在偏误。而且,用 OECD 国家的数据预测最优金融结构的说服力也值得商榷。毕竟 OECD 国家都是高收入国家,是否可以把这些国家作为推断穷国的最优金融结构的基础尚不清楚。尽管如此,该论文为新结构观点提供了比较可信的实证支持,向解决金融结构效应之谜迈出了很好的第一步。

第二条证据来自一个比较大的企业数据库。Cull and Xu(2011)使用 89 个国家的企业层面数据,考察了企业的劳动力增长率如何随各国金融结构而变化。将企业层面的数据和各国金融结构指标结合起来分析的重要优点是,能够考察金融结构给各个类型的企业带来的不同影响,从而使我们可以区分两种解释金融结构演进的思路——以效率为基础的思路(即新结构观点)和以政治经济学为基础的思路。

Cull and Xu(2011)将企业层面的劳动力增长率对各国银行和证券市场的发展程度做回归(控制了企业和国家的基本特征以后)。出于两方面考虑,作者关注劳动力增长率方程中金融结构的潜在内生性问题。首先,可能存在同时与金融结构和劳动力增长率相关的遗漏变量,比如非金融企业环境变量(Xu, 2011)。其次,金融结构与企业劳动力增长之间可能存在互为因果的关系。他们借助工具变量应对上述问题,纳入考虑的工具变量具体包括自然资源依赖度、社会信任度、粮食作物耕作模式、居民死亡率等,作者选取它们的一个与金融结构相关且通过过度甄别约束检验的子集作为工具变量。此外,作者还采用了 Rajan-Zingales 倍差法以考察在保持国家和产业固定效应不变,即控制了全部的国家和产业特有因素的前提下,外部融资依赖性更强的企业的增长是否因国家层次上的金融发展而受益更多。该方法显著地降低了遗漏变量偏误。

在将企业增长与国家、产业特征和金融结构挂钩,并考虑了金融结构的内生性之后,Cull and Xu(2011)发现,在私人信贷比例较高的低收入国家,劳动力增长速度更快,而且银行业发展的带动效应在外部融资依赖性强的产业尤为明显。在高收入国家,劳动力伴随着证券市场资本化程度的提升而增长。这两个结论与新结构观点和某些更早期的理论预测(Allen and Gale, 2000; Boyd and Smith, 1998; Lin et al., 2011)是一致的。

第三条证据来自金融结构对贫困水平的影响研究。金融结构可能影响贫困水平,因为企业家与投资者之间的信息不对称问题增加了企业家筹资的难度——毕竟他们比银行和证券市场的微观投资者更知晓自己项目的前景。为数不少的研究者认为,银行比证券市场更善于处理信息不对称问题。一个原因是银行与借款者建立起了长期联系,从而可以受益于这种长期关系带来的信息的价值;相比之下,成熟的证券市场能够迅速、公开地发布信息,因而降低了私人投资者收集信息的激励。因此银行处理信息不对称问题的能力更强,使得外部融资成为可能。另外,证券市场十分依赖法律制度和会计制度以保证必要的投资收益,因此市场效果如何极大程度地依赖制度因素。而银行更擅长督促企业和家庭履行合约(Gerschenkron, 1962; Boyd and Smith, 1998),因此在合约兑现程度较差的低收入国家,银行的作用十分明显。

基于以上逻辑,Kpodar and Singh(2011)使用来自47个发展中国家1984—2008年的数据证明,在这个样本中,由银行主导型的金融深化与贫困水平的下降相联系,而市场导向型的金融发展指标则与贫困水平的提升相联系。此外,回归结果显示,如下两个变量的交叉项系数为负且是显著的:一是制度质量,二是以规模为基础的衡量证券市场与银行相对重要性的指标。这表明随着制度的完善,市场主导型金融发展指标和贫困水平之间的正向关系将越发不明显,甚至在制度质量达到一定界限后会呈现反向关系。反之,在制度环境不完善的国家,银行主导型金融体系比市场主导型更能降低贫困水平。作者采用GMM方法处理了金融结构对贫困水平的内生性,这种方法控制了国家固定效应,并允许金融结构和其他变量是内生且前定的。

对最优金融结构的偏离

除了基于产业结构(根源于要素禀赋结构)的派生需求,还有一些因素导致了实际金融结构对最优结构的偏离。早先的研究已经证明,金融结构与法律及法律渊源显著相关(La Porta et al., 2000; Demirgüç-Kunt and Levine, 2001);我们在这里重点关注其他几个因素的作用,例如思想理念、政治因素等,它们已在近期的一些研究中崭露头角。

第一个因素来自政府领导人的理念。[3] 在大多数发展中国家,政府在经济结构的构建中起着至关重要的作用。自然,高层领导人的观念会对该国的金融结构产生决定性影响。一个例证就是在多数发展中国家内广泛存在的金融抑制。这类国家往往对银行业采取限制准入政策,控制利率,并干预信贷的配置。结果造成银行业被几家大银行垄断,资金主要流向大企业。而在经济体中具有比较优势的小企业却基本无法取得贷款,只能依靠内部资金,或者以非正当渠道进行外部融资。

为什么这些国家会采取如此明显低效率的金融政策?政府错误的发展战略很可能是导致这些抑制性政策和金融体系扭曲的主要驱动力。[4] 如果政府优先发展的并非那些由要素禀赋结构内生决定的具有比较优势的产业,那么它只能采用扭曲市场的政策使稀缺资源流入其优先发展的产业。政府干预和随之而来的金融抑制政策自然就不可避免。由于制度变迁存在惯性,这些扭曲的政策对金融体系演进的影响可能是漫长的。

中国是一个很好的例证。20世纪50年代,中国要素禀赋结构的特征是资本极度匮乏、劳动力数量庞大。然而,政府却雄心勃勃地采用了一种与比较优势背道而驰的发展战略:优先建立和发展重工业。为了推动资本密集度非常高的重工业的发展,政府不得不有意地扭曲各种产品和生产要素,如劳动力、资本和外汇的价格;以政府的计划体系取代市场机制来控制生产要素的配置;将私有企业国有化;以人民公社的形式将农业生产集体化。在中央计划经济体制下,银行被关闭或合并入中国人民银行,直到20世纪70年代末它一直是全国唯一的金融机构。20世纪70年代后期改革开放以后,政府采用双轨制进行过渡:一方面,为原来优先发展领域的企业提供暂时的补贴和保护;另一方面,对符合比较优势但在旧发展战略下被压制的一些行业取消准入限制。作为经济改革的一部分,四大国有银行在20世纪80年代初成立。十几家股份制商业银行也在80年代末和90年代初建立。但是利率仍处于国家控制之下,国内银行业准入也依然受到严格限制。四大国有银行的市场份额虽然已经缓慢下降,但仍占据主导地位。由于实际金融结构与最优产业结构之间的严重错配,劳动密集型的小工商企业很难获得信贷,抑制了国内就业机会的创造,并导致收入分配差距扩大。

第二个因素来自那些深信金融自由化的好处并相信金融体系可以跳跃式发展的政策顾问们。作为纠正金融抑制的政策处方,金融自由化被理论家们广泛接受并在许多发展中国家付诸实践。虽然金融抑制政策理应被去除,但是某些新的容易被忽视的政策扭曲可能在金融自由化过程中被引入。在发展中国家构建和发展与发达国家类似的金融体系的建议并不罕见。金融市场高度活跃的英国和美国的金融体系经常被树为发展中国家应该追随的榜样,这个榜样往往被金融市场那所谓的优越性赋予了合理性。于是部分低收入小国渴望发展证券市场,将小银行合并成大银行,并抑制地方性银行的发展。

然而,正如新结构观点所认为的——而且已得到实证支持——低收入国家的最优金融结构系统性地有别于发达国家。模仿发达国家的金融模式既不会提升金融体系的效率,也不能带来更优的经济表现,相反甚至可能引发破坏性后果,譬如金融危机。而且此类政策建议与那些发达国家自身在工业化时期的增长经历也是不一致的。例如,在英国工业革命时期,工业企业通常规模很小,在初创和扩张阶段主要依靠内部融资。在外部融资方面,个人接触扮演着至关重要的角色。银行在工业领域长期投资上的融资作用不大。英国的银行往往是小规模、地方性的,办公地点也很少,这种局面最少一直维持到19世纪中期。英国的银行合并运动直到19世纪60年代才发展起来,其顶峰位于19世纪80年代末到90年代初。

再来看资本市场。历史证明直到19世纪末,资本市场才开始在工业生产融资方面发挥重要作用。在1890年之前的美国,工业企业数量多、规模小,以独资为主。除煤炭和纺织业以外的工业证券几乎无人知晓。直到1887—1904年兼并浪潮以前,工业优先股流通的资本市场并未发展起来。普通股公开市场的发展则更晚。因此,虽然今天金融市场是英美金融体系的关键组成元素,但在经济发展的早期却并非如此。根据 Cull et al. (2006) 的研究,在19世纪及20世纪早期,正是各种地方性金融机构的出现才满足了北大西洋核心区国家中中小企业的需要。这些机构能够深入当地的信息网络,从而将贷款发放给那些因太年轻或规模太小而无法从大的中心银行获得资金的企业。

第三个因素是政治因素,观点来自 Calomiris and Haber(2011) 对银行危机(此时的金融结构显然不是最优的)的讨论。许多银行业欠发达的经济体重复地犯草率地发放贷款的错误：一旦一轮危机结束，银行旋即将有限的贷款继续错误地分配给违约可能性很大的企业和家庭。原因何在？Calomiris 和 Haber 借助政治经济学的分析，解释了为什么会普遍存在信贷对象过于狭窄的不稳定的银行体系。关键原因在于，每当涉及银行系统的操作，政府官员就面临内在的利益冲突，这种冲突造成了银行体系不稳定和信贷供给不足。具体而言，政府一方面对银行实施监管以控制风险，另一方面它们又将银行视为有风险的公共资金的源泉(通过从银行借款和对银行征税)。此外，政府一方面需要执行债务合约、惩罚违约借款人，另一方面还需要借款人的选票和政治支持。最后，当一家银行破产时，政府通常让债权人承担损失，然而它们的政治生命又系于最大的债权人群体——存款者手中。这些利益冲突意味着，对银行业的调控政策通常迎合了支持政府的政治联盟的利益诉求。

政治经济学的分析框架对理解某些历史案例(苏格兰、英格兰、美国、加拿大、墨西哥和巴西等)中的银行业结构十分有用。在上述国家中，无论政府的组织形式如何，一旦具有生命力的政治联盟形成之后，银行业结构的演化方向也就决定了。将这一理论框架运用到历史案例研究中可以获得一些结论。首先，造成银行业准入障碍的政治联盟的性质是因政治体制而异的。在专制体制下，很容易组建一个严格限制银行业准入的稳定的政治联盟，部分原因是潜在借款者在政治过程中没有话语权。因此，专制体制下的银行体系只能将贷款发放给政府和由政府看中的银行家精英们把持的企业。然而，这种专制制度下狭隘的贷款配置未能使银行业变得更稳定：在经济困难时期，银行内部人会和政府一起剥夺与这一政治联盟(即少数的股东和存款人)关系松散或根本没有联系的企业与家庭的财产；在极度困难时期，政府甚至会(实际上也发生过)剥夺银行内部人的财产。

政治普选让广大公众拥有话语权，使得只向精英群体发放贷款的银行体系难以为继。但是，普选也不一定能确保银行业的稳定。借款人把选票投给自己利益的代言人，他们当选后将扩大信贷供应量，改善信贷条款，并在选民难以偿还时豁免债务。事实上，这就是美国次贷危机的根源。不管在何种政治体制下，银行系统都是很脆弱的。只有极少数国家能够同时实现银行业的稳定和向大众提供的信贷供应，因为这样的结果要求政治体制不仅允许大规模普选，而且能够充分限制执政党的权力和决策随意性。

为了弄清楚实际金融结构是否具有偏离最优结构的倾向,Cull and Xu(2011)分析了从私人信贷市场发展中获益较多的企业类型。具体而言,他们在劳动力增长方程中引入私人信贷变量(即私人信贷占GDP的比重)和企业特征量(如规模、资本密集度等)的交互项,并在企业层次上进行回归。研究发现,并没有证据显示低收入国家的小企业从私人信贷市场获益最多。相反,随着私人信贷的发展,资本密集型大企业的劳动力增长率上升更多。因此对低收入国家来说,大规模资本密集型企业从银行业发展中受益更大。这表明实际金融结构偏离最优结构的可能性很大。具体而言,发展中国家的银行很有可能将大部分贷款发放给大规模的资本密集型企业,使得少数精英企业快速成长。这种情况可能源自银行业结构过于集中、被大银行主导,而大银行只放贷给大企业(Lin et al., 2011),或者是政治家和银行内部人之间的政治结盟限制了银行业的准入,导致大银行占据统治地位,而这些大银行只为与其关联紧密的内部企业(往往是大规模且资本密集的)提供贷款(Calomiris and Haber, 2011)。

结语

为什么不同国家的金融结构千差万别?金融结构是否影响经济发展?对这些问题的研究已有了一些进展。传统理论认为,金融结构对经济发展无关紧要,而传统的实证研究的共识是决定整体经济绩效的是金融深度而非金融结构。

一些近期的研究却认为,金融服务内生于产业结构,产业结构又是由相对要素禀赋结构决定的,每个具体的发展阶段都有其特定的最优金融结构。这一观点得到了最近的某些实证研究结果的支持。具体而言,随着一国的发展,银行业和证券市场都变得越来越庞大、活跃,但是证券市场的相对重要性在提升。而且,在发展过程中,经济发展对银行发展指标的变化的敏感性在逐渐降低,而对证券市场发展指标的变化的敏感性在提升,因此证券市场服务的相对需求将上升。此外,实际金融结构对最优结构的偏离值与国民收入水平存在显著的负相关关系。企业层面的证据表明,银行业的发展对低收入国家的经济有非常强劲的影响,尤其是在外部融资依赖性强的产业表现得特别明显;而在高收入国家,证券市场发展对经济的影响则十分强烈。另外,银行

(相对于证券市场)在降低发展中国家贫困水平上的作用更大,尤其是在制度建设薄弱的国家。另外,没有迹象表明发展中国家的小企业从银行业发展中获益更多,因为实际金融结构往往背离最优结构。

上述结论具有重要的含义。第一,随着经济的发展,最优金融结构将向市场主导型的方向演进。第二,新的实证结果表明,在经济发展的不同阶段,能够较好地推动经济增长的金融结构确实也是不同的。这些发现都表明,可以把金融结构作为独立的金融政策。如果最优金融结构是随着经济的发展而变化的,那么在发展过程中就应该适当调整金融政策和制度。第三,政治、法律渊源、当政者的理念都可能引起一国的实际金融结构偏离其最优值,从而导致经济效率和福利的损失。因此,如果能够更好地理解最优结构是什么,以及偏离最优结构可能引起的效率与福利损失,就有可能在实际金融结构的决定中减弱政治性和理念性因素的影响。

注释

1. 技术创新风险是指与新产品开发过程相关的风险,产品创新风险是指新产品能否被市场所接纳的风险。
2. 同时依然存在数量众多的小银行在向非贸易品领域的劳动密集型小企业提供金融服务。
3. 以下四段内容大量摘自 Lin *et al.* (2011),也可参见文后参考文献。
4. 参见 Lin(2009)关于发展战略及其对金融制度发展影响的详细讨论。

参考文献

Allen, F., and D. Gale. 2000. *Comparing Financial Systems*. Cambridge, MA: MIT Press.

Beck, T., A. Demirgüç-Kunt, R. Levine, and V. Maksimovic. 2001. "Financial Structure and Economic Development: Firms, Industry, and Country Evidence," in A. Demirgüç-Kunt and R. Levine (eds.), *Financial Structure and Economic Growth: A Cross-Country Comparison of Banks, Markets, and Development*. Cambridge: MA: MIT Press.

Boyd, J. H., and B. D. Smith. 1998. "The Evolution of Debt and Equity Markets in Economic Development," *Economic Theory* 12: 519—560.

Calomiris, C., and S. Haber. 2011. "Fragile Banks, Durable Bargains: Why Banking Is All about Politics and Always Has Been," Stanford University, Stanford, CA.

Cull, R., and L. C. Xu. 2011. "Firm Growth and Finance: Are Some Financial Institutions Better Suited to Early Stages of Development than Others?" World Bank, Washington, DC.

Cull, R., L. E. Davis, N. R. Lamoreaux, and J. Rosenthal. 2006. "Historical Financing of Small and Medium-sized Enterprises," *Journal of Banking and Finance* 30: 3017—3042.

Demirgüç-Kunt, A., E. Feyen, and R. Levine. 2011. "Optimal Financial Structures and Development: The Evolving Importance of Banks and Markets," World Bank, Washington, DC.

Demirgüç-Kunt, A., and R. Levine. 2001. "Bank-Based and Market-Based Financial Systems: Cross-Country Comparisons," in A. Demirgüç-Kunt and R. Levine (eds.), *Financial Structure and Economic Growth: A Cross-Country Comparison of Banks, Markets, and Development*. Cambridge, MA: MIT Press.

Gerschenkron, A. 1962. *Economic Backwardness in Historical Perspective, a Book of Essays*. Cambridge, MA: Harvard University Press.

Goldsmith, R. W. 1969. *Financial Structure and Development*. New Haven, CT: Yale University Press.

Kpodar, K., and R. Singh. 2011. "Does Financial Structure Matter for Poverty? Evidence from Developing Countries," International Monetary Fund, Washington, DC.

Kremer, M. 1993. "The O-Ring Theory of Economic Development," *Quarterly Journal of Economics* 108: 551—575.

La Porta, R., F. Lopez-de-Silanes, A. Shleifer, and R. W. Vishny. 2000. "Investor Protection and Corporate Governance," *Journal of Financial Economics* 58: 3—27.

Levine, R. 2002. "Bank-based or Market-based Financial Systems: Which Is Better?" *Journal of Financial Intermediation* 11: 1—30.

Lin, Justin Yifu. 2009. *Economic Development and Transition: Thought, Strategy, and Viability*. New York: Cambridge University Press.

Lin, Justin Yifu, Xifang Sun, and Ye Jiang. 2011. "Toward a Theory of Optimal Financial Structure," World Bank, Washington, DC.

Stulz, R. 2001. "Does Financial Structure Matter for Economic Growth? A Corporate Finance Perspective," in A. Demirgüç-Kunt and R. Levine (eds.), *Financial Structure and Economic Growth: A Cross-Country Comparison of Banks, Markets, and Development*. Cambridge, MA: MIT Press.

Xu, L. C. 2011. "The Effects of Business Environments on Development: A Survey of New Firm-Level Evidence," *World Bank Research Observer* 26: 310—340.

发展战略、制度与经济绩效

第 一 部 分[*],[**]

引言

自 18 世纪工业革命以来,世界各国被分为两类,一类由富裕的、工业化的发达国家(DC)组成,另一类则包括贫穷的、以农业为主的欠发达国家(LDC)。第一类国家广泛使用现代的资本密集型生产技术,而第二类国家却主要使用过时的生产技术。发达国家的富裕根源于它们的产业和技术优势。19 世纪以来,如何实现国家的工业化并赶超发达国家成为摆在欠发达国家政治领导人和知识分子面前的紧迫课题(Gerschenkron, 1962; Lal, 1985)。第二次世界大战以后,许多欠发达国家的政府采取多种政策措施,力图实现国民经济的工业化。然而,到目前为止,只有东亚少数几个经济体确实缩小了与发达国家的发展差距,并且趋向收敛于发达国家的人均收入水平。[1]

我认为大多数欠发达国家没有能够成功缩小与发达国家的发展差距,主要根源于它们的政府采取了不适当的发展战略。第二次世界大战以后,大多数欠发达国家的政府都执行了优先发展资本密集型产业的发展战略。然而,一个经济的最优产业结构是由其要素禀赋结构所内生决定的。政府所要优先发展的资本密集型产业通常是不符合该经济的比较优势的,在一个开放竞争的市场中,这些产业中的企业

---

[*] 本文为作者于 2001 年 5 月 14 日在芝加哥大学所做的 D. Gale Johnson 讲座首讲的讲稿。作者感谢 Gary Becker、陈抗、James Heckman、Ralph Huenemann、大冢启二郎、George Rosen、Jan Svejnar、钱颖一、Kislev Yoav、周浩以及其他讲座参与者的有益评论。刘明兴、章奇和刘培林在查阅文献、整理数据和做回归上为本文的写作提供了重要帮助,作者深表感谢。

[**] 本文改编自"Development Strategy, Viability, and Economic Convergence," *Economic Development and Cultural Change* (2003) 51 (2): 277—308。经芝加哥大学许可重印。© 2003 The University of Chicago. 版权所有。本文由苏剑翻译。

是没有自生能力的。于是,为了支持不具备自生能力的企业,政府就在国际贸易、金融部门和劳动市场等方面采取了一系列扭曲措施。通过扭曲,虽然可能在发展中国家建立资本密集型产业,但是却会造成资源配置不当、寻租活动猖獗、宏观经济不稳定等,使经济的效率低下。结果,收敛的目标未能实现。欠发达国家政府应该以促进要素禀赋的结构升级为目标,而不是以产业/技术的结构升级为目标。因为一旦要素禀赋结构升级,利润动机和竞争压力就会驱使企业自发地进行技术和产业结构升级。要素禀赋结构升级意味着资本(无论是物质资本还是人力资本)积累比劳动力和自然资源增长得更快。资本积累取决于经济剩余(或者说是利润),以及国民经济的储蓄倾向。如果欠发达国家遵循比较优势发展产业,那么就会有最大可能的经济剩余和最高的储蓄倾向,从而最大可能地进行要素禀赋结构升级。遵循这一发展战略,欠发达国家能够取得比发达国家更快速的要素禀赋、技术和产业结构的升级,并实现收敛。企业的产业和技术选择取决于资本、劳动力和自然资源的相对价格,因此,只有当国民经济的价格结构能够反映资本、劳动力和自然资源相对丰裕度的时候,企业才能够根据比较优势选择自己的产业和技术。而只有当价格是由竞争性市场决定的时候,价格结构才能反映每一个要素的相对丰裕度。因此,政府在经济发展中的基本职能是维持市场的良好运转。

在本文中,我将首先对关于经济增长与收敛问题的最新理论发展做一简短的讨论,然后,我将讨论企业的自生能力和经济的比较优势的决定因素问题,以及它们与要素禀赋的关系。在分析了政府的几个替代发展战略之后,我提出了发展战略的一个统计测度,并给出了发展战略对经济增长影响的计量经济学估计。在总结性评论中,我将讨论分析内容的政策含义。

增长理论:概述

在战后时期,当发展经济学刚开始形成的时候,发展经济学家曾鼓励欠发达国家政府采取干预政策,加速资本积累,追求"内向型"重工业优先发展或进口替代战略,直接瞄准缩小与发达国家的产业和技术结构差距(Chenery, 1961; Warr, 1994)。苏联最初在国家建设中的成功,大萧条时期形成的对初级产品出口的悲观情绪,对市场缺乏信心,以及新古典增长理论,都强烈影响了这些经济学家的政策建议

(Rosenstein-Rodan，1943；Prebisch，1959）。自20世纪50年代以来，大多数欠发达国家无论是属于社会主义阵营还是属于资本主义阵营，都采取了这类发展战略(Krueger，1992)。

根据 Solow(1956)等人的开拓性工作，从新古典增长理论的假设可以推导出一个结论，发展中国家应该比发达国家增长得更快，二者的人均收入差距应该逐渐缩小，因为发达国家和发展中国家拥有同样的技术而发达国家资本的边际报酬递减。然而，经验证据表明，虽然美国不同州之间，以及发达国家之间人均收入水平出现了收敛(Barro and Sala-i-Martin，1992；Baumol，1986)，但是，绝大多数发展中国家却并没有能够缩小与发达国家的人均收入差距(Pearson，1969；Romer，1994)。

由于新古典增长理论不能解释发达经济体的持续增长和大多数欠发达经济体没有能够缩小与发达经济体发展差距的事实，Romer(1986)和 Lucas(1988)提出了新增长理论，将技术创新看作是由人力资本积累、研发(R&D)、"干中学"等因素内生决定的。新增长理论对使用了世界上最先进技术的发达经济体的持续增长的解释是很有见地的。然而，对于韩国、中国台湾、中国香港、新加坡以及后来加入的中国内地等亚洲新兴工业化经济在20世纪最后30年间超乎常规的增长和收敛现象，新增长理论并未能给出一个令人满意的解释(Pack，1994；Grossman and Helpman，1994)。在赶超过程中，这些新兴工业化经济在人力资本积累、研发、"干中学"方面的投资都远远低于发达经济体。

欠发达国家一般使用那些处于发达国家技术前沿以内的技术(Caselli and Coleman，2000)。采用新的前沿技术的发达国家的技术创新只能通过研发或其他创造知识的机制实现。然而，对于欠发达国家来说，可以通过模仿发达国家的现存技术和技术转移实现技术创新。很显然，通过研发实现的技术创新成本要远高于通过模仿或其他技术引进方式实现的技术创新。因此，从发达国家向欠发达国家的技术扩散有助于欠发达国家的经济增长。将注意力主要集中于产生新技术的机制对理解欠发达国家和发达国家之间的收敛性没有什么帮助。

然而，发达国家和欠发达国家之间的技术差距处处存在，一个欠发达国家仍然面临哪类技术适合自己模仿或引进的问题。

合适技术的思想首次被 Atkinson and Stiglitz(1969)引入新古典贸易理论，他们提出了"局部性的干中学"(localized learning by doing)概念。发展经济学中的类似观点由 Schumacher(1973)提出。对合适技术的研究最近重新被 Diwan and Rodrick(1991)、Basu and Weil(1998)、

Acemoglu and Zilibotti(1999)等研究提出。[2] 但是建立在合适技术观点上的理论模型对于收敛问题并没有一致性的结论。Basu and Weil(1998)认为,欠发达国家(地区)资本存量相对较低是采用发达国家(地区)先进技术的一个障碍。他们得出结论,欠发达国家(地区)如果能够通过提高储蓄率来利用先进技术,那么就有可能经历一个经济迅速增长时期。可是,他们的观点不能解释为什么拉丁美洲、非洲和"四小龙"之外的亚洲国家(地区)政府提高储蓄率的努力没有能够提高经济增长率。Rodríguez and Rodrick(1999)在一个跨国研究中显示,增长率决定储蓄率,而不是储蓄率决定增长率。因此,难以将提高储蓄率看成触发经济快速增长的关键。相反,Acemoglu and Zilibotti(1999)强调进口技术的坏处。在他们的理论框架里,发达国家(地区)的技术是由熟练工人使用的;当技术转移到欠发达国家(地区)的时候,技术是由非熟练工人使用的。劳动技能和技术之间的这种不匹配会导致发达国家(地区)和发展中国家(地区)在人均产出和全要素生产率(TFP)方面出现巨大差距。在Acemoglu和Zilibotti看来,改善工人的技能基础和人力资本对于收入收敛是至关重要的,Lucas(1993)也持有类似的观点。然而,Acemoglu和Zilibotti使用的假设条件过于苛刻,他们假设欠发达国家(地区)总是使用发达国家(地区)处于技术前沿的技术,而不是技术前沿以内的技术。

合适技术观点并没有回答欠发达国家政府在经济发展过程中的合适角色是什么的问题。虽然知识扩散与合适技术之间的关系表明,需要选择一个不同于许多发展中国家实际遵循的发展路径,但是政府干预对于经济增长是否重要的,政府是否应该采取提高私人部门储蓄率和人力资本存量的政策,政府是否应该对发展高技术产业直接提供补贴,这些问题还不很清楚。

自生能力、比较优势和要素禀赋结构

一个国家的人均收入是它的技术和产业的函数。如果两个国家有相同的技术和产业结构,则它们的人均收入应该基本相同。为了理解欠发达国家的收入是如何向发达国家收敛的,我们需要弄清楚欠发达国家怎样才能缩小与发达国家的技术和产业差距。我将先解释企业自生能力的含义,以及企业自生能力及其产业和技术选择之间的关系。

我用一个开放、自由和竞争性市场中的企业的预期利润率来定义自生能力(viability)一词。如果一个企业通过正常的经营管理预期能够在自由、开放和竞争性市场中赚取社会可接受的正常利润,那么这个企业就是有自生能力的,否则,这个企业就是没有自生能力的。很显然,如果一个企业预期不能获取社会可接受的正常利润,那么就没有人愿意投资,这样的企业除非政府提供支持,否则就不会存在。

在一个竞争的市场里,企业的经营管理将影响其盈利能力,这是一个公认的命题。然而,一个企业的预期获利能力也取决于其产业和技术选择。

考虑一个简单经济,该经济仅包括两种给定的生产要素,资本和劳动,且只生产一种商品。图1中的等产量线上的各点代表生产既定数量的某一产品的各种可能生产技术或所需要的不同资本和劳动的组合。A点代表的技术比B点更为劳动密集。C、C_1、D、D_1是等成本线,其斜率代表资本和劳动的相对价格。在一个资本相对昂贵而劳动相对便宜的经济里(如等成本线C和C_1所表示的那样),生产既定数量的产品,采纳A点所代表的技术成本最低。当劳动的相对价格上升的时候(如等成本线D和D_1所表示的那样),采用B点所代表的技术成本最低。

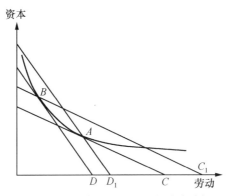

图1 生产要素的相对价格与技术选择

在一个自由、开放、竞争并只生产一种产品的市场经济中,如图1所示,一个企业只有在生产中采用最低成本的技术时才是有自生能力的。在图1中,如果资本和劳动的相对价格是C曲线,则采用A点代表的技术就是成本最低的,任何其他技术选择,如B点,都会导致成本上升。市场竞争将使得选择A点以外的各种技术的企业都不具有自生

发展战略、制度与经济绩效

能力。因此,在一个竞争性市场中,给定劳动和资本的相对价格,企业的自生能力取决于其技术选择。

在一个竞争性市场中,资本和劳动的相对价格决定于该经济的要素禀赋结构中资本和劳动的相对丰裕或稀缺程度。当劳动相对丰裕而资本相对稀缺时,等成本线类似于图1中的C线,当资本相对丰裕而劳动相对稀缺时,等成本线就会变化为类似于图1中的D线。因此,在一个竞争性市场中,企业的自生能力取决于其技术选择是否位于经济的相对要素禀赋结构所决定的最低成本线上。

上面的讨论可以扩展到生产许多不同产品的一个产业,以及拥有许多不同产业的经济中去。如图2所示,I_1、I_2、I_3分别代表产业I中具有相同产出价值的三个不同产品的等产量线,三个产品的平均相对资本密集度从I_1到I_3递增。如图2所示,一个企业的自生能力取决于其产品和技术选择是否位于最低成本线上,该线又是由经济的相对要素禀赋所决定的。

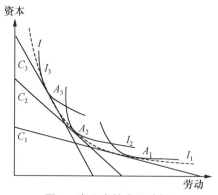

图2 产业中的产品选择

一个产业可由其所有不同产品的等产值线的包络曲线来代表。一个产业的等产值线上的每一个点都代表该产业中以一个特定技术生产的某一特定产品,同一个等产值线上的所有产品都有相同的价值。如图3所示,一个有三个不同产业(用I、J和K三个产业的等产值线表示)的经济,图中的三个产业有相同的产值。如果劳动相对丰裕,等成本线是C,则该经济在I和J产业具有比较优势,进入这两个产业并选择相应的技术生产产品I_1(或J_1)的企业就具有自生能力。假定随着资本相对丰裕度的提高,等成本线变化到D线,该经济的比较优势将相应变化,企业也只有将自己的产品或技术从产业J中的J_1调整

到 J_2，或者转移到 K 产业并生产 K_1 产品，才能继续保持自生能力。在 I 产业生产 I_1 产品的企业将丧失自生能力。

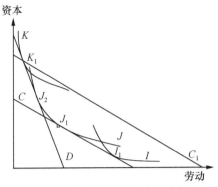

图 3　经济中的产业和产品选择

从上面的讨论可知，企业自生能力的概念和经济比较优势的概念密切相关，二者都是由经济的要素禀赋结构决定的。如果欠发达国家想要缩小与发达国家的产业和技术结构差距，就必须首先缩小与发达国家的要素禀赋结构差距。

可选择的发展战略

在任何经济中政府本身是最重要的制度。它的经济政策决定了国民经济中企业面对的宏观激励结构。为了解释欠发达国家在收敛方面的成功或失败，我将分析政府的产业发展政策，并将它们概括为不同的发展战略。我将发展战略大概分为两个不同的大类：(1) 违背比较优势的发展战略，该战略试图鼓励企业在选择其产业和技术时，忽视现有的比较优势；(2) 遵循比较优势的发展战略，该战略尝试促使企业按照经济中的现存比较优势选择产业和技术。[3]世界上没有哪一个国家一贯而不修改地遵循上述任一发展战略。然而，有些国家偏向于某个发展战略而成为该战略的典型。当然，遵循某种战略的国家后来也可能放弃该战略。战略转换为我们深入分析战略影响提供了好机会。

发展战略的特征

- **违背比较优势的战略**　大多数发展中国家都是劳动相对丰裕、

资本相对稀缺的,因此,在一个自由、开放和竞争性市场中,欠发达国家的企业将进入相对劳动密集型产业,在生产中选择相对劳动密集型技术。[4]然而,欠发达国家的政治领袖和知识精英常常将现代化等同于工业化,特别是重工业化,并推动他们的国家尽可能快地发展资本密集型的重工业,并采用最先进的技术。也就是说,当他们的经济的要素禀赋结构决定的等成本线还在图3中的 C 时,他们就想发展一些类似于 K_1 的产业,并生产 K_1 产品。[5]给定这个经济的要素禀赋结构,生产 K_1 产品的企业在一个自由、开放和竞争性市场中是没有自生能力的。如果一个自由、开放和竞争性市场能够得以维持,那么遵循政府战略的企业就会引致相当于等成本线 C 和 C_1 之间距离的损失。我将这个损失取名为企业的政策性负担(policy burden)。因为政府要对企业进入和选择这个产业或技术负责,所以政府要承担企业的损失。因此,实施违背比较优势的战略,政府必须对企业进行政策补贴(policy subsidy),来弥补这一损失(Lin and Tan, 1999; Lin et al., 1998, 2001)。

在真实世界中,补偿政策性负担的补贴需要有多大,取决于政府倡导的产业和技术偏离经济的比较优势有多远。如果偏差比较小,那么政府就能够依靠税收激励或直接的财政转移支付对企业进行补贴。然而,欠发达国家政府采取违背比较优势的战略时,这一偏差常常很大,为了实现发展战略所定的目标,就需要有各种特殊的制度安排。

当欠发达国家政府追求违背比较优势的战略时,最常使用的手段是通过管制压低利率,以便减少项目的资本成本。另外,违背比较优势的战略项目所需设备一般在国内不能生产,需要从发达国家进口,因此需要大量的外汇支撑。然而,欠发达国家出口有限而且主要是价值不高的农业和资源产品,因为外汇一般是稀缺的、昂贵的。为了降低违背比较优势战略项目的设备进口成本,政府一般也会高估本币价值,低估外汇价值。[6]

利率和汇率扭曲一方面刺激了优先部门和非优先部门的企业需要更多的资本和外汇,另一方面也抑制了储蓄和出口积极性,因此减少了经济中的资本和外汇供给量。这样就会出现资本和外汇短缺,政府需要使用行政手段对资本和外汇储备实行配额分配,以确保执行违背比较优势战略的企业能够有足够的资源执行战略任务。市场的资源配置功能因此受到抑制,甚至被直接的政府配给取代。[7]

从理论上来说,选择违背比较优势战略的政府只要补贴企业由于政策性负担造成的损失即可,然而,在信息不对称的情况下,政府不能区分政策性负担诱致的损失和企业经营不善造成的损失。企业会利用政策性负担作为借口,并动用一定的资源游说政府提供事前的政策优惠,例如获取低息贷款、税收减免、关税保护和法律上赋予垄断权等,以补偿政策性负担造成的损失。除了政策优惠,如果企业依然还有损失,那么它们会再次要求政府提供事后的、特别的支持,如更多的优惠贷款。经济中会充满寻租行为或直接非生产性的利润寻求活动。[8]因为企业会利用政策性负担作为借口,要求得到更多的政府支持,也因为政府很难逃避这种责任,企业的预算约束由此软化。[9]一旦存在预算软约束,企业的经理人员就没有压力提高生产率,而去追求更多的在职消费和其他道德风险行为。企业实际得到的补贴将会大大高于政策性负担所增加的成本。

- **遵循比较优势的战略** 欠发达国家的政府可以选择替代性的遵循比较优势的战略,鼓励企业进入该国具有比较优势的产业,在生产中选择能够使企业具备自生能力的技术。如上所述,一国具有比较优势的产业和适合在生产中使用的技术都是由该国的相对要素禀赋所决定的。然而,作为微观单位的企业的经理人员,不太可能知道或关心实际的禀赋条件。他们关心的仅仅是企业产出品价格和生产成本。只有当要素相对价格正确地反映了各种要素的相对丰裕度时,他们才能进入正确的产业,选择正确的生产技术,而这又只能在市场是竞争性的情况下才能实现。因此,当欠发达国家的政府选择了遵循比较优势的战略时,它的基本政策应该是为自由、开放和竞争性的产品与要素市场的运转消除各种可能存在的障碍。

在前面的讨论中,我假定一个经济中的每一个企业都可以免费获取关于产品市场、产业和生产技术的各种信息。所以,当该经济的要素禀赋结构升级的时候,企业能够相应地升级它的产品或技术,或者顺利地从资本相对较不密集的产业转向资本相对更为密集的产业。然而,信息并不一定是可以自由获得的。因此,花费一定的资源搜寻、收集和分析产业、产品及技术的信息就是必不可少的了。如果企业自己从事这些活动,那么它就会对这些信息进行保密,其他企业也需要花费同样的资源去获取信息,信息投资重复的现象就会出现。然而,信息具有公共品性质,一旦信息收集和加工工作完成,信息传播的成本接近于零。所以,政府可以收集关于新产业、市场和技术方面的信息,然后以产业政策的形式免费提供给所有的企业。

经济中的技术和产业升级常常要求不同企业和部门能够协同配

合。例如,新的产业和技术对人力资本或技能方面的要求可能不同于老的产业和技术,一个企业也许不能将这些新需求的供给完全内部化,而需要依赖外部来源的帮助。所以,一个企业的产业和技术升级的成功与否也取决于企业之外是否存在新的人力资本供给。除了人力资本,这种升级可能也需要有新的金融制度、贸易安排、营销及配送渠道等。因此,政府也可以利用产业政策协调不同产业和部门的企业实现产业和技术的升级。

产业和技术升级是一种创新活动,其本质上是有风险的。即使有政府产业政策提供的信息与协调,尝试实现产业和技术升级的企业也仍然有可能因为升级本身目标过高、新的市场太小和协调不适当等情况的出现而失败。一个企业的失败会告诉其他企业这个产业政策不合适,它们因而能够通过不遵循这个政策而避免失败。也就是说,第一个企业支付了失败的成本,为其他企业提供了有价值的信息。如果第一个企业成功了,那么其成功也会为其他企业提供外部性,促使其他企业从事类似的升级,第一个企业可能享有的创新租金也就会很快被其他企业的升级稀释掉。这样,第一个企业可能的失败成本和成功收益之间是不对称的。为了补偿外部性和可能的成本与收益之间的不对称性,政府可以向首先响应政府产业政策的企业提供某种形式的补贴,如税收激励或贷款担保等。

需要注意的是,在遵循比较优势和违背比较优势的产业政策之间存在本质的差异。在遵循比较优势的战略下,受到鼓励的新产业和技术与这个经济由要素禀赋结构决定的比较优势的变动是一致的,而在违背比较优势的战略下,政府所要优先发展的产业和技术并不符合这个经济的比较优势。所以,在遵循比较优势的战略下,企业应该是有自生能力的,少量有一定期限的补贴就足以补偿信息的外部性,而在违背比较优势的战略下,企业没有自生能力,它们的生存需要依靠政府提供大量、连续的政策优惠或支持。[10]

比较日本、韩国、印度和中国在汽车生产方面的产业政策的成功与失败,可以很清楚地看到遵循比较优势和违背比较优势的战略下产业政策的差异。汽车工业是一个典型的资本密集型重工业,发展汽车工业是许多欠发达国家的梦想。日本在20世纪60年代中期选择了促进汽车工业发展的政策,并且取得了巨大的成功。日本的经验经常被引用来支持发展中国家应该采取促进重工业发展的产业政策的观点。韩国在70年代中期制定了促进汽车工业发展的政策,并且取得了有限程度的成功。中国和印度的汽车工业开始于50年代,两个国家的汽车工业自那时起到现在一直接受政府保护。同样一个产业政策为什么有的时候成功而有的时候失败?一旦我们将这些国家制定和开始执行产业政策时的人均收入水平与美国的人均收入水平进行比较,问题就会变得很清楚(见表1)。

表1 人均收入水平 (1990年国际元)

年份	美国	日本	韩国	印度	中国
1955	10 970	2 695	1 197	665	818
1965	14 017	5 771	1 578	785	945
1975	16 060	10 973	3 475	900	1250

资料来源:Maddison, A. 1995. *Monitoring the World Economy*, 1820—1992. Paris: OECD: 196—205.

人均收入是一个经济的劳动和资本相对丰裕度的良好近似。高收入国家资本丰裕、工资率高,低收入国家的情形则相反。表1表明,当日本在60年代中期执行它的汽车产业政策时,其人均收入超过了美国当时的人均收入的40%。汽车工业那时并不是最为先进和资本密集的工业,日本那时也不是资本稀缺的经济。日本通产省仅仅对日产和丰田提供了支持。然而,超过十家企业置通产省不要进入汽车工业的劝告于不顾,也开始生产汽车,虽然它们没有得到通产省的支持,但也都取得了同样的成功。上面的证据表明,在60年代中期,日本的汽车企业是有自生能力的,通产省推动汽车工业发展的产业政策属于遵循比较优势战略的政策。当韩国在70年代中期执行汽车工业发展政策时,它的人均收入仅仅相当于美国当时人均收入的大约20%,相当于日本当时人均收入的大约30%。这可能就是韩国政府需要给它的汽车企业比日本政府更多、更久的支持的原因所在。即使有这样的支持,韩国的三个汽车企业最近还是有两个陷入了破产困境。当中国和印度在50年代执行它们的汽车工业发展政策时,它们的人均收入还不到美国的10%。中国和印度的汽车企业完全没有自生能力,即使到了今天,它们的生存仍然要靠政府的高度保护。[11]

人力资本和经济发展

在上述讨论中,我们的重点放在物质资本的积累上,以及它对一个经济的产业和技术升级的决定性影响。人力资本在发展过程中的作用近年来已经受到发展文献的大量关注。最近旨在解释跨国收入差距的经验研究中已经将人力资本作为生产函数中的一个解释变量,并且已经发现人力资本对经济增长有积极影响(Mankiw et al.,1992；Caselli et al.,1996；Klenow and Rodriguez,1997；Barro,1997)。

人力资本积累在欠发达国家发展战略中处于什么地位？如果欠发达国家选择遵循比较优势的战略,那么要素禀赋结构的升级就会很快,产业和技术结构的升级也会非常迅速。这种升级实际上是一种创新,即使升级的过程是对更为先进的国家现存的产业和技术的模仿。经理人员或工人在升级过程中需要面对和解决新技能、生产、营销等方面带来的不确定性问题,他们还需要对引进的技术做出许多改良,以适应本国的环境。提高经理人员和工人的人力资本将有助于他们应对不确定性,并进行必要的改良(Schultz,1975)。当一个发展中国家缩小其与发达国家的产业和技术差距时,它将离开成熟的产业和技术,向更新的、不成熟的、不确定的产业和技术靠拢,这将要求有更多的人力资本。也就是说,在新的、前沿性的产业和技术中,人力资本与物质资本的互补性越来越强。[12] 由于物质资本和人力资本之间存在互补性,在收敛过程中同时积累物质资本和人力资本是很有必要的。然而,人力资本并不是物质资本的替代物,人力资本的过度积累会导致资源的浪费。第二次世界大战以后,有许多科学家和工程技术人员从印度、拉丁美洲和其他发展中国家移居到美国,他们对其祖国的经济增长直接贡献很小。然而,这些科学家和工程技术人员不应该受到谴责,因为他们祖国的要素禀赋结构较低,以致他们中的许多人不太可能在国内找到合适的位置去发挥他们的人力资本作用。

遵循比较优势和违背比较优势战略的比较

试图赶超发达国家对于欠发达国家来说是无可非议的。违背比较优势的战略对欠发达国家的政治领导人和普通民众,包括知识精英,是很有吸引力的。因为大多数人直接观察到的是发达国家和他们自己国家在产业和技术结构上的差距,以及产业和技术结构与人均收入之间的关系。然而,遵循比较优势的战略将使一个欠发达国家赶上发达国家,而违背比较优势的战略事实上会扼杀一个欠发达国家赶上发达国家的机会。许多其他理论也都试图解释欠发达国家在取得持续经济发展方面的成功或失败,遵循比较优势或违背比较优势战略的理论框架提供了一个统一的解释。

- **资本积累** 一个经济的产业和技术结构由其要素禀赋结构内

生决定,所以,如果一个欠发达国家要想达到发达国家的产业和技术结构,就必须首先缩小它与发达国家在要素禀赋结构上的差距。要素禀赋结构的升级意味着资本相对于劳动的增长。资本积累取决于企业获得的剩余或利润的规模,以及经济中个体的储蓄率。当一个企业进入具有比较优势的产业,并且在生产中选择了成本最低的技术时,作为遵循比较优势战略的结果,这个企业将是有竞争力的,占有最大的市场份额,拥有最大的剩余或利润。同时,当资本在具有比较优势的产业中被使用时,有最大可能的回报率,因此,经济个体的储蓄激励也最高。而且,政府不会扭曲要素和产品价格,也不会动用行政力量创造合法的垄断,因而也就不存在浪费性的寻租活动。企业将拥有硬预算约束,需要通过提高管理和竞争力赚取利润。在有关要优先发展的产业中的企业的竞争力、资本回报率、寻租活动、预算约束软化等方面,违背比较优势的战略将导致与遵循比较优势的战略恰恰相反的结果。所以,遵循比较优势战略下的要素禀赋结构升级将快于违背比较优势战略。

- **技术转移**　要素禀赋结构升级为产业和技术结构升级提供了基础(Basu and Weil, 1998)。对于欠发达国家的企业来说,要升级的产业和技术是新的,需要从发达国家转移过来。学习成本在遵循比较优势的战略下要比在违背比较优势的战略下低,因为新老产业和技术之间的差距在前一战略下要比在后一战略下小(Barro and Sala-i-Martin, 1992)。而且,在遵循比较优势的战略下,对许多目标技术的专利保护可能已经过期,即使仍然处于专利保护之下,购买专利的费用也将低于违背比较优势的战略,因为在相同条件下,遵循比较优势战略的目标技术比违背比较优势战略的目标技术要旧一些。有时,在违背比较优势的战略下,企业可能无法从发达国家获取所需要的技术,需要"再发明轮子"(reinvent the wheel),自己投资于成本高、风险大的技术研究和开发。所以,技术的获取成本在遵循比较优势的战略下要比在违背比较优势的战略下低。

- **国际贸易的开放程度**　许多经验研究表明,更为开放的国家的收敛趋势要比更为封闭的国家大(Harberger, 1984; Dollar, 1992; Warr, 1994; Ben-David, 1993; Sachs and Warner, 1995; Harrison, 1996; Michaely, 1977; Frankel and Romer, 1999)。国际贸易被认为是有利于国际技术扩散的。Lee(1995)发现,进口更多资本品的国家倾向于增长更快,这意味着新技术可能包含于资本品中。然而,Rodríguez and Rodrik(2000)却认为,"这个文献中的经验分析所牵涉的方法论问题使人们可以对这些结果给出不同的解释",贸易政策的作用并不清楚。如果设备的进口促进了技术转移,那么政府是应该采取措施促进设备进口,还是最好是追求贸易自由化,实行低关税和非关税的贸易壁垒?

在我们的框架里,选择遵循比较优势战略的国家将进口不具备比较优势的产品,同时出口具有比较优势的产品。对这样的国家来说,开放程度是由国家的要素禀赋结构所内生决定的,而不是外生决定于进出口政策。如果欠发达国家的政府选择了违背比较优势的战略,试图以国内生产替代资本密集型制造品的进口,那么它的进出口贸易都将受到削弱。出口贸易受到削弱是因为资源会被从具有比较优势的产业转移出去,而且,为了促进不具有比较优势的产业的发展,本币价值会被高估,从而阻碍出口。社会主义经济、印度和许多拉丁美洲国家都属于这种情况。与选择了遵循比较优势的战略的国家相比,这些国家的增长绩效很不理想。欠发达国家的政府可能选择违背比较优势的战略,同时也鼓励优先发展的资本密集型产业扩大出口。在这种情况下,即使企业的产品拥有很高的出口比率并且技术进步的速度很快,出口也将是没有利润的。[13]企业的生存需要依靠国内市场的保护、银行的优惠贷款和其他的政策支持。这个国家的外汇储备会很少,并积累很多外债,使这个国家容易受到外部冲击的影响。对于欠发达经济来说,选择违背比较优势的战略同时鼓励出口,可能要比选择违背比较优势的战略同时鼓励进口替代要好。然而,选择鼓励出口战略的经济整体绩效将比选择遵循比较优势战略的经济差。[14]因此,并不是更为出口导向的政策就是促进欠发达经济 GDP 增长的更好政策。[15]

- **金融深化** 自从 Shaw(1969)和 Mckinnon(1973)的先驱性著作问世以来,许多研究人员都认为,金融深化和经济增长之间存在因果关系。经常用来度量金融深化的指标要么是货币供给(M2)与 GDP 的比值,要么是金融中介机构向私人部门提供的信贷额与 GDP 的比值。这种关系受到 Levine(1997)、Rajan and Zingales(1998)的经验研究的支持。

然而,欠发达国家金融深化的程度在很大程度上内生决定于政府的发展战略。在违背比较优势的战略下,政府发展战略的载体是大型企业。为了满足并不具有自生能力的大型企业的金融需要,政府常常对企业实行国有化,越过金融中介,使用直接的财政拨款向这些企业提供支持,前社会主义计划经济以及之后的印度和很多其他欠发达国家就是这样做的。即使政府依靠私人企业充当违背比较优势战略的载体,大型企业的金融需要也是很大的,并且只能通过严格管制的垄断性银行体系才能满足这种需要。无论是哪一种情况,金融体系的发育都不健全。然而,欠发达国家最有竞争能力和活力的企业是劳动密集型的中小企业,它们在获取金融服务时经常受到大银行的歧视甚至根本得不到服务。因而,金融体系是非常没有效率的。而且,优先发展部门中的企业虽然在获取银行贷款方面享有优先权,但是却没有自生能力,可能也无力偿还贷款。银行常常因为向优先发展部门中的大型企业贷款而积累了大量坏账,促使甚至导致了金融危机的爆发。欠发达国家金融深化的一个前提条件是政府发展战略从违背比较优势的战略转向遵循比较优势的战略。

- **宏观经济稳定** 大量的经验研究表明,宏观经济不稳定会阻碍长期增长(Barro and Sala-i-Martin, 1997)。如果欠发达国家的政府选择了违背比较优势的战略,那么要优先发展的产业中的企业就是没有自生能力的,需要依靠优惠贷款、贸易壁垒保护和其他政策支持才能生存。因为现有的比较优势没有被利用,所以经济作为整体也是没有竞争力的,比较优势的动态变化不能实现,经济绩效因此很差,金融部门脆弱,对外收支不佳。当财政赤字、债务负担和金融脆弱性积累到一定程度的时候,宏观经济稳定就会难以为继。遵循比较优势战略的国家拥有更好的外汇收支、更为健康的金融和财政体系,能够更有力地抵御外部冲击,所以宏观经济稳定性也更好。[16]

- **收入分配** 收入分配与经济发展之间的关系是发展经济学最为古老的研究课题之一。Kuznets(1955)提出了一个倒 U 形假说,认为不平等在经济发展初期倾向于扩大,晚期倾向于缩小。经验证据对于这个假说的支持是混淆的。Paukert(1973)、Cline(1975)、Chenery and Syrquin(1975)、Ahluwalia(1976)等人的研究支持了这一假说,而 Fields(1991)对 19 个经济体 43 个年份数据资料的研究发现,穷经济体的不平等程度并没有呈现出上升的趋势,而富经济体也没有出现下降的趋势。但是,Fei *et al.*(1979)对中国台湾的研究表明,中国台湾经济的增长与平等是相伴生的。我认为,欠发达经济体选择遵循比较优势的战略将有助于缓解收入不平等程度,而选择违背比较优势的战略将会加剧收入不平等程度。欠发达经济体的穷人最重要的资产是自己的劳动力。遵循比较优势的战略将通过更为劳动密集型产业的发展促进持续的经济增长,为穷人创造更多的就业机会,提高其工资,使穷人有机会分享增长的好处。相反,违背比较优势的战略会通过促进更为资本密集型产业的发展而减少穷人的就业机会,压低穷人的工资;同时,增长也不是可持续的。当经济崩溃的时候,穷人将遭受最大的困难,1998年东亚金融危机时的情形即是如此(Stiglitz, 1998)。

发展战略的选择

20世纪发展经济学开始形成的时候,发展经济学家当中盛行的观点是建议欠发达国家的政府忽略自己的比较优势,选择内向型发展战略,例如重工业优先发展战略或进口替代战略。违背比较优势战略的提倡者常常混淆了比较优势动态变化的因果关系。他们敦促欠发达国家抛开要素禀赋中资本相对稀缺的约束,直接建立与发达国家相似的资本密集型产业。他们认为,如果欠发达国家绕过发展劳动密集型或资源密集型产业阶段,那么经济发展就可以加速。

我认为发展与一个经济的比较优势相一致的产业和技术结构是促进国际技术扩散,从而加速经济增长,并实现与发达国家经济发展水平收敛的关键。一个经济的比较优势的动态变化取决于其要素禀赋结构的动态变化,后者相应地取决于其资本积累的速度,而资本积累的速度反过来又取决于经济个体在选择其产业和技术时是否很好地利用了现存的比较优势。欠发达经济利用要素禀赋结构的比较优势作为选择产业和技术的基本指导原则,会最小化模仿成本,经历最快的要素禀赋结构变迁,并使产业和技术结构得以持续升级。亚洲"四小龙"的发展经验是遵循比较优势战略优点的良好例证。

与其他发展中经济类似,中国台湾、韩国、中国香港和新加坡在第二次世界大战后十分贫穷。在20世纪50年代初,它们的工业化水平很低,资本和外汇极端匮乏,人均收入低下,面临选择合适路径以发展经济的问题。中国台湾、韩国和新加坡一开始选择的是进口替代型违背比较优势的战略,但是不久就放弃了在初始阶段发展重工业的尝试。取而代之的是,根据它们的要素禀赋结构,积极地发展劳动密集型产业,鼓励出口,扩大外向型经济,以充分利用它们的比较优势。

在发达经济,如欧洲、美国和日本,因为资本变得越来越丰裕,工资率也在上升,劳动密集型产业逐渐被技术和资本较为密集的产业所取代。中国香港、中国台湾、韩国和新加坡有丰裕的、廉价的劳动力,所以当发达经济的比较优势产业变得更为资本、技术密集时,"四小龙"能够充分利用这种动态变化的机会。通过贸易联系和经济开放,发达国家的劳动密集型产业转移到这些亚洲经济当中。由于充分利用了自己的比较优势,"四小龙"十分具有竞争力,能够取得快速的资本积累。伴随着资本积累和比较优势的变化,它们的产业逐渐升级为更加资本密集和技术密集的产业。因此,这四个国家和地区能够维持超过30年的快速增长,首先成为新兴工业化经济,进而达到或接近发达经济的水平。这一杰出成就引起了世界的瞩目。

20世纪50年代的大多数发展中经济选择了违背比较优势的战略,并且在相当长的时间里维持了这一战略。为什么中国香港从来没有尝试实行违背比较优势的战略,而中国台湾、韩国和新加坡也很快就从违背比较优势的战略转向遵循比较优势的战略?这些国家和地区仅仅是因为运气好,还是它们的领导人通过智慧选择了遵循比较优势的战略?Ranis and Syed(1992)认为,成功应该归因于这些经济自然资源贫乏。此外,我认为人口规模小也是原因所在。违背比较优势的战略十分无效率,且成本很高。欠发达经济实行这个战略能够维持多久,取决于政府能够动员多少资源来支持它。人均自然资源越多,或者人口规模越大,政府为了支持这一低效率战略所能够动员的资源也就越多。对于自然资源贫乏、人口规模小的经济来说,选择违背比较优势的战略很快就会引发经济危机。那时,政府将没有其他选择,只能被迫执行改革和战略转变(Edwards,1995)。事实上,受到50年代流行的经济思想的影响和民族复兴梦想的激励,中国台湾和韩国的许多领导人和知识精英从未放弃加速发展资本密集型重工业的渴望。然而,它们的人均自然资源极端贫乏,人口规模也太小。50年代初中国台湾一开始实施违背比较优势的战略,马上导致巨大的财政赤字和很高的通货膨胀,不久当局就被迫放弃了这一战略(Tsiang,1984)。在70年代韩国选择重机、重化工业推进战略时,类似的结果也出现了,推进战略被推迟。新加坡和中国香港人口规模都太小,自然资源极度贫乏,违背比较优势的战略难以实施。

转轨战略

如果政府采取违背比较优势的战略,那么发展中国家具有比较优势的劳动密集型产业就会受到抑制。因此,一个转轨国家在从社会主义经济向市场经济转轨的过程中,其经济增长状况就决定于该国是否有能力为劳动密集型产业的发展创造一个合适的环境,同时为从以前的发展战略中继承下来的企业找到解决其自生能力问题的办法,为消除以前的各种扭曲和政府干预铺平道路。然而,在那些采取违背比较优势战略的许多国家中,存在许多不具有自生能力的企业,它们在开放的竞争性市场中是无力生存的。如果政府扭曲和干预被突然取消,则这些企业就会破产。同时,以前被抑制的劳动密集型产业会快速发展,这些产业中新创造的就业机会将超过不具有自生能力的企业破产所带来的就业损失。其结果是,在实施"休克疗法"后不久,经济就会充满活力地增长,其代价最多不过是开始时产出和就业的很小损失。

另外,如果不具有自生能力的企业数量过大,这些企业的产出和就业在国民经济中所占的比例就会太大,从而休克疗法将不适用。休克疗法将导致大规模的企业破产和失业的急剧增加,从而造成经济混乱。为了避免失业的急剧增加,或者为了维持这些不具有自生能力的"先进"企业,有些政府(比如一些东欧国家的政府)就继续对这些企业采取或明或暗的保护和补贴。这种办法的最终结果是,这些经济陷入了只有休克没有疗效的悲惨境地(Kolodko,2000)。[17]

中国政府采取了双轨制,这被认为优于休克疗法(McKinnon,1993)。与华盛顿共识倡导的"宏观制度优先"思路不同,中国政府采取了"微观优先"的办法,以提高农民和国有企业工人的积极性。在农村,政府采取了以家庭为单位的耕作体系,取代了集体耕作体系[18];在国有企业,政府采取了利润留成和扩大企业经营自主权的措施[19]。这些措施使得农民和国有企业工人对经营剩余具有了部分获取权。这些改革大大提高了农业和工业的积极性及生产率(Groves et al.,1994;Jefferson et al. 1992;Jefferson and Rawski,1995;Lin,1992;Li,1997;Weitzman and Xu,1995)。然后,中国政府允许集体的乡镇企业[20]、私有企业、合资企业以及国有企业用它们的资源投资于以前被抑制的劳动密集型产业。同时,要求农民和国有企业履行义务,按照预定价格把其一定数量的产品卖给政府。前一措施改善了资源配置的效率,后一措施确保了政府有能力继续补贴那些不具有自生能力的企业。就这样,中国政府同时实现了经济稳定和充满活力的经济增长。

注释

1. 从很低的水平起步,日本人均收入用现价美元衡量,已经于1988年超过了美国,新加坡人均收入于 1996 年超过了美国。中国台湾、韩国和中国香港与发达国家的收入差距也都显著缩小。

2. 也有其他经济学家对合适技术持有类似观点,一些经济学家如 Akamatsu(1962)和 Takatoshi(1998)根据东亚奇迹的经验教训,使用"雁阵模式"(flying geese pattern)来描述不同发展阶段产业结构和技术扩散的特征。但是,从这个比喻里并不能得出明显的政策建议。

3. Griffin(1999)将发展战略分为六类:货币主义、开放经济、工业化、绿色革命、再分配和社会主义战略。

4. 为了简化起见,讨论时我忽略了自然资源禀赋。但是,即使将自然资源一并考虑,也并不影响讨论中得出的结论的有效性。

5. 重工业在过去是最先进的部门。今天欠发达国家违背比较优势战略的重点放在信息技术和其他高技术产业上,这些目前是最为资本密集的领域。

6. 在追求违背比较优势战略的欠发达国家,利率和汇率扭曲是很普遍的现象。选择重工业优先发展战略的社会主义国家和其他欠发达国家,原材料和生活必需品价格以及工资水平也常常被扭曲了(Lin et al., 1996)。

7. 选择违背比较优势战略的政府也能将资本配给那些不属于优先发展产业中的企业。这事实上是社会主义计划经济中有过的实际经验。当然,非优先发展产业中的企业收到的资本会少于政府不选择该战略时的资本量。另外,在确保优先发展产业的资金配给之后,政府也可以经由市场来配置剩余的资本,但是,此时市场利率将会比资本完全由市场配置时高。市场工资率则正好相反,因为优先发展产业对劳动的需求比较小,此时,市场工资率会低于完全由市场配置时的水平。这样,非优先发展产业中的企业就会在生产中选择比没有政府干预时更为劳动密集的技术。上面的分析也适用于对非优先发展产业中的企业的外汇配置情况。

8. 寻租的损失估计要远远大于资源配置扭曲所造成的损失(Kruger, 1974)。

9. Kornai(1986)是第一个分析预算软约束现象的经济学家。他将社会主义国家中的国有企业的预算软约束归因于社会主义政府的家长性质。但我认为,预算软约束是政府对由其实施的发展战略所导致的企业缺乏自生能力现象负责的结果。我的假说可以解释为什么预算软约束现象同样存在于非社会主义国家的企业(例如韩国的财阀),以及为什么这一现象仍然存在于已经对国有企业实行了私有化并废除了社会主义体制的苏联和东欧国家。也可参见 Lin and Tan(1999)。

10. 在讨论政府的产业政策和对企业的支持时,动态比较优势是一个常常被使用的观点(Redding, 1999)。然而,在我们的框架里,可以清楚地看到,这种观点仅仅在政府的支持只限于克服信息成本和先驱企业对其他企业的外部性时才是成立的。产业应该与经济的比较优势相一致,新产业中的企业应该有自生能力,否则,一旦政府支持取消,这些企业就会倒闭。

11. 20 世纪五六十年代欠发达国家绝大多数的"大推进"努力都失败了。然而,Murphy et al.(1989a, 1989b)很有影响的文章发表之后,人们又重新对这个思想产生了兴趣。他们的文章表明,政府的协调和支持对于建立关键性产业是必要的,从关键性产业向其他产业产生的需求溢出会刺激经济增长。然而,"大推进"战略要取得成功,受到推进的产业必须符合经济的相对要素禀赋结构所决定的比较优势,受到推进的产业中的企业在推进后必须具备自生能力。偏离比较优势是五六十年代欠发达国家那么多"大推进"努力失败的原因。

12. 许多文章都认为,不同的技术可能要求有不同程度的熟练劳动和非熟练劳动偏向(Katz and Murphy, 1992; Berman *et al.*, 1994; Acemoglu, 1998; Caselli, 1999)。关于技能互补性的这个思想已经被用来解释美国20世纪八九十年代工资不平等的上升现象。

13. 20世纪90年代初我曾经在美国遇到过现代汽车公司的高级经理人员,他告诉我,现代在成功地向美国市场出口小汽车10年以后仍然处于亏损状态。

14. 中国台湾和韩国是很好的比较,中国台湾始终较好地遵循了比较优势的发展战略,而韩国则常常试图从遵循比较优势的战略转向违背比较优势的战略,结果中国台湾的GDP增长率、收入分配、宏观稳定性和其他发展指标都优于韩国。

15. 在发展经济学文献中,出口导向和进口替代经常被用来对发展战略做出分类。这一分类方式与遵循比较优势/违背比较优势的分类有些类似。任何国家在遵循比较优势战略下的出口水平都要高于在违背比较优势战略下的这一水平。但是,任何国家的贸易水平都是由其要素禀赋结构内生决定的。因此,选用一个内生变量作为政策目标或工具就是适当的了。

16. 1998年爆发的东亚金融危机中,中国台湾、中国香港、新加坡和马来西亚受到的影响相对轻微,而韩国、印度尼西亚和泰国受到的打击相对较重。在这两组经济中,表现各异的一个原因是它们的发展战略各不相同。前者更好地遵循了比较优势的发展战略,后者则选择了违背比较优势的发展战略(Lin, 2000)。

17. 经济中不具有自生能力的企业的比例也许可以解释为什么Sachs建议的休克疗法在玻利维亚取得了成功,但在苏联和东欧国家却失败了。玻利维亚较小也较穷,因此,玻利维亚政府可以用于补贴不具有自生能力的企业的资源就较少,经济中这样的企业的比例也较小。Stiglitz(1998)就对华盛顿共识的普适性提出了质疑。他指出,华盛顿共识倡导的是,用少数几个政策工具,包括宏观经济稳定、贸易自由化和私有化,来实现相对较窄的经济增长目标。他建议政府采用多个政策工具,比如金融管制和竞争政策,来实现更为宽泛的政策目标,包括可持续发展、收入分配平等化等。Stiglitz的观点的基础是信息不对称以及政府克服市场失灵的必要性。但是,他并没有讨论发展中的转轨国家如何应对不具有自生能力的企业的问题,以及企业这种能力的缺乏对转轨路径和转轨政策的选择有什么启示。

18. 1978年年末改革开始时,政府起初的政策是提高农产品收购价格、开放农村集市,把生产队的规模从20—30户减少到由3—5户农民自愿组成的生产小组,但明确禁止用以单个家庭为单位的耕作制度代替生产队制度。然而,安徽省凤阳县一个穷村的一个生产队在1978年秋秘密地把生产队的集体土地承包给了各个家庭,并在1979年取得了很好的收成。在看到了这种制度的效果之后,中国政府改变了政策,把这种方法作为改革的一个新方向(Lin,1992)。集体土地的承包期开始时为1—3年,1985年延长到15年,1994年延长到30年。每个农民被要求按政府定价向政府出售一定数量的农产品,直到20世纪90年代末。

19. 国有企业改革措施实施的顺序是1979年的利润留成制度、1986年的承包责任制度、20世纪90年代开始直到现在的现代企业制度。每个制度都是先在少数企业试点然后向全国推广的(Lin et al.,1994)。

20. 乡镇企业是转轨过程中中国农民的另一制度创新。在实行家庭联产承包责任制后,农民得到了大量剩余,也看到了消费品生产领域的投资机会。然而,由于那时的意识形态,所有私营企业的形式是被禁止的,所以农民就用集体性质的乡镇企业作为替代制度来利用这些盈利机会。开始时政府担心乡镇企业与国有企业竞争信贷、资源和市场,因此对乡镇企业的经营施加了许多限制。后来政府发现,乡镇企业有助于提高农民的收入和解决城镇市场的短缺问题,这才对中国农村乡镇企业的发展开了绿灯(Lin et al.,1994)。

参考文献

Acemoglu, D., and F. Zilibotti. 1999. "Productivity Differences," Working Paper 6879 National Bureau of Economic Research, Cambridge, Mass.

Ahluwalia, M. S. 1976. "Inequality, Poverty, and Development," *Journal of Development Economics* 3 (December): 307—312.

Akamatsu, K. 1962. "A Historical Pattern of Economic Growth in Developing Countries," *Developing Economies*, preliminary issue, no.1 (March-August): 3—25.

Atkinson, A. B., and J. E. Stiglitz. 1969. "A New View of Technological Change," *Economic Journal* 79 (September): 573—578.

Barro, R. J. 1997. *Determinants of Economic Growth: A Cross-country Empirical Study*. Cambridge, Mass.: MIT Press.

Barro, R. J., and X. Sala-i-Martin. 1992. "Convergence," *Journal of Political Economy* 100 (April): 223—251.

——. 1997. "Technological Diffusion, Convergence, and Growth," *Journal of Economic Growth* 2 (March): 1—26.

Basu, S., and D. N. Weil. 1998. "Appropriate Technology and Growth," *Quarterly Journal of Economics* 113 (November): 1025—1054.

Baumol, W. J. 1986. "Productivity Growth, Convergence, and Welfare: What the Long-run Data Show," *American Economic Review* 76 (December): 1072—1085.

Ben-David, D. 1993. "Equalizing Exchange: Trade Liberalization and Income Convergence," *Quarterly Journal of Economics* 108 (August): 653—679.

Caselli, F. 1999. "Technological Revolutions," *American Economic Review* 89 (March): 78—102.

Caselli, F., and W. J. Coleman II. 2000. "The World Technology Frontier," Working Paper 7904. National Bureau of Economic Research, Cambridge, Mass.

Caselli, F., G. Esquivel, and F. Lefort. 1996. "Reopening the Convergence Debate: A New Look at Cross-country Growth Empirics," *Journal of Economic Growth* 1 (September): 363—389.

Chenery, H. B. 1961. "Comparative Advantage and Development Policy," *American Economic Review* 51 (March): 18—51.

Chenery, H. B., and M. Syrquin. 1975. *Pattern of Development, 1950—1970.* New York: Oxford University Press.

Cline, W. 1975. "Distribution and Development: A Survey of the Literature," *Journal of Development Economics* 1 (February): 359—400.

Diwan, I., and D. Rodrik. 1991. "Patents, Appropriate Technology, and North-South Trade," *Journal of International Economics* 30: 27—47.

Dollar, D. 1992. "Outward-Oriented Developing Economies Really Do Grow More Rapidly: Evidence from 95 LDCs, 1976—1985," *Economic Development and Cultural Change* 40, no. 3 (April): 523—544.

Edwards, S. 1995. *Crisis and Reform in Latin America: From Despair to Hope.* New York: Oxford University Press.

Fei, J., G. Ranis, and S. W. Y. Kuo. 1979. *Growth with Equity: The Taiwan Case.* New York: Oxford University Press.

Fields, G. 1991. "Growth and Income Distribution," in G. Psacharopoulus (ed.), *Essays on Poverty, Equity, and Growth.* Oxford: Pergamon: 1—52.

Frankel, J., and D. Romer. 1999. "Does Trade Cause Growth?" *American Economic Review* 89 (June): 379—399.

Gerschenkron, A. 1962. *Economic Backwardness in Historical Perspective.* Cambridge, MA: Harvard University Press.

Griffin, K. 1999. *Alternative Strategies for Economic Development,* 2d ed. London: St. Martin's Press.

Grossman, G. M., and E. Helpman. 1994. "Endogenous Innovation in the Theory of Growth," *Journal of Economic Perspectives* 8 (Winter): 23—44.

Groves, T., Y. Hong, J. McMillan, and B. Naughton. 1994. "Autonomy and Incentives in Chinese State Enterprises," *Quarterly Journal of Economics* 109 (1): 183—209.

Harberger, A. C. 1985. *World Economic Growth.* San Francisco: ICS.

Harrison, A. 1996. "Openness and Growth: A Time-series, Cross-country Analysis for Developing Countries," *Journal of Development Economics* 48 (March): 419—447.

Jefferson, G. H., and T. G. Rawski. 1995. "How Industrial Reform Worked in China: The Role of Innovation, Competition, and Property Rights," *Proceedings of the World Bank Annual Conference of Development Economics.* Washington DC: World Bank: 129—156.

Jefferson, G. H., T. G. Rawski, and Y. Zheng. 1992. "Growth, Efficiency, and Convergence in China's State and Collective Industry," *Economic Development and Cultural Change* 40 (2): 239—266.

Klenow, P., and A. Rodríguez-Clare. 1997. "The Neoclassical Revival in Growth Economics: Has It Gone Too Far?" in B. S. Bernanke and J. Rotemberg(eds.), *NBER Macro Annual 1997.* Cambridge, Mass.: MIT Press: 73—114.

Kolodko, G. W. 2000. *From Shock to Therapy. Political Economy of Post-socialist Transformation.* New York: Oxford University Press.

Kornai, J. 1986. "The Soft Budget Constraint," *Kyklos* 39, no.1: 3—30.

Krueger, A. O. 1974. "The Political Economy of the Rent-seeking Society," *American Economic Review* 64 (June): 291—303.

———. 1992. *Economic Policy Reform in Developing Countries.* Oxford, U. K.:

Blackwell.

Kuznets, S. 1955. "Economic Growth and Income Inequality," *American Economic Review* 45 (March): 1—8.

Lal, D. 1985. "Nationalism, Socialism and Planning: Influential Ideas in the South," *World Development* 13 (June): 749—759.

Lee, J. 1995. "Capital Goods Imports and Long Run Growth," *Journal of Development Economics* 48 (October 1): 91—110.

Levine, R. 1997. "Financial Development and Economic Growth: Views and Agenda," *Journal of Economic Literature* 35 (June): 688—726.

Li, W. 1997. "The Impact of Economic Reform on the Performance of Chinese State Enterprises, 1980—1989," *Journal of Political Economy* 105 (5): 1080—1106.

Lin, J. Y. 1992. "The Needham Puzzle: Why the Industrial Revolution Did Not Originate in China," UCLA Economics Working Paper 650. UCLA Department of Economics, Los Angeles.

——. 2000. "The Financial and Economic Crisis in Asia: Causes and Long-term Implications," in *The New Social Policy Agenda in Asia: Proceedings of the Manila Social Forum* (Manila: Asian Development Bank): 9—17.

Lin, J. Y., and G. Tan. 1999. "Policy Burdens, Accountability, and the Soft Budget Constraint," *American Economic Review: Papers and Proceedings* 89 (May): 426—431.

Lin, J. Y., F. Cai, and Z. Li. 1994. "China's Economic Reforms: Pointers for Oher Economies in Transition," Policy Research Working Paper 1310, World Bank, Washington, DC.

——. 1998. "Competition, Policy Burdens, and State-Owned Enterprise Reform," *American Economic Review: Papers and Proceedings* 88 (May): 422—427.

——. 2001. *China's State-Owned Firm Reform*, trans. by the authors (Hong Kong SAR, China: Chinese University of Hong Kong Press, 2001; originally published as *Zhongguo Guoyou Qiye Gaige*. Taipei: Linking Press, 2000).

Lucas, R. E. 1988. "On the Mechanism of Economic Development," *Journal of Monetary Economics* 22 (March): 3—42.

——. 1993. "Making a Miracle," *Econometrica* 61 (March): 251—272.

Maddison, A. 1995. *Monitoring the World Economy, 1820—1992*. Paris: OECD: 196—205.

Mankiw, N. G., D. Romer, and D. N. Weil. 1992. "A Contribution to the Empirics of Economic Growth," *Quarterly Journal of Economics* 107 (May): 407—437.

McKinnon, R. 1973. *Money and Capital in Economic Development*. Washington, DC: Brookings Institution.

——. 1993. *The Order of Economic Liberalization: Financial Control in the Transition to a Market Economy*, 2nd ed. Baltimore: Johns Hopkins University Press.

Michaely, M. 1977. "Exports and Growth: An Empirical Investigation," *Journal of Development Economics* 4 (March): 49—53.

Murphy, K. M., A. Shleifer, and R. W. Vishny. 1989a. "Income Distribution, Market Size, and Industrialization," *Quarterly Journal of Economics* 104 (August): 537—564.

——. 1989b. "Industrialization and Big Push," *Journal of Political Economy* 97 (October): 1003—1026.

Pack, H. 1994. "Endogenous Growth Theory: Intellectual Appeal and Empirical Shortcomings," *Journal of Economic Perspectives 8 (Winter): 55—72.

Paukert, F. 1973. "Income Distribution at Different Levels of Development: A Survey of Evidence," *International Labour Review* 108 (August-September): 97—125.

Pearson, L. B. 1969. *Partners in Development: Report of the Commission on International Development*. New York: Praeger.

Prebisch, R. 1959. "Commercial Policy in the Underdeveloped Countries," *American Economic Review: Papers and Proceedings* 49 (May): 251—273.

Rajan. R. G., and L. Zingales. 1998. "Financial Dependence and Growth," *American Economic Review* 88 (June): 559—586.

Ranis, G., and M. Syed. 1992. *The Political Economy of Development Policy Change*. Cambridge, Mass.: Blackwell.

Redding, S. 1999. "Dynamic Comparative Advantage and the Welfare Effects of Trade," *Oxford Economic Papers* 51 (January): 15—39.

Rodríguez, F., and D. Rodrik. 1999. "Trade Policy and Economic Growth: A Skeptic's Guide to the Cross-National Evidence," Working Paper w7081. National Bureau of Economic Research, Cambridge, Mass; subsequently published in National Bureau of Economic Research. 2000. *NBER Macroeconomics Annual, 2000*, ed. B. Bernanke and K. Rogoff. Cambridge, Mass.: MIT Press: 261—325.

Romer, P. 1986. "Increasing Returns and Long-run Growth," *Journal of Political Economy* 94 (October): 1002—1037.

——. 1994. "The Origins of Endogenous Growth," *Journal of Economic Perspectives* 5 (Winter): 3—22.

Rosenstein-Rodan, P. 1943. "Problems of Industrialization of Eastern and Southeastern Europe," *Economic Journal* 53 (June-September): 202—211.

Sachs, J. D., and A. Warner. 1995. "Economic Reform and the Process of Global Integration," *Brookings Papers on Economic Activity*, no.1: 1—95.

Schultz, T. W. 1975. "The Value of the Ability to Deal with Disequilibria," *Journal of Economic Literature* 13 (September): 827—846.

Schumacher, E. F. 1973. *Small Is Beautiful: Economics as if People Mattered*. New York: Harper & Row.

Shaw, E. S. 1969. *Financial Deepening in Economic Development*. New York: Oxford University Press.

Solow, R. M. 1956. "A Contribution to the Theory of Economic Growth," *Quarterly Journal of Economics* 70 (February): 65—94.

Stern, J. J., J. Kim, D. H. Perkins, and J. Yoo. 1995. *Industrialization and the State: The Korean Heavy and Chemical Industry Drive*. Cambridge, Mass.: Harvard University Press.

Stiglitz, J. E. 1998. "Toward a New Paradigm for Development: Strategies, Polices, and Processes," 1998 Prebisch Lecture at the United Nations Conference on Trade and Development, Geneva, October 19.

Takatoshi, I. 1998. "What Can Developing Countries Learn from East Asia's Economic Growth?" in B. Pleskovic and J. E. Stiglitz (eds.), *Annual World Bank Conference on Development Economics, 1997*. Washington, DC: World Bank: 183—200.

Tsiang, S. 1984. "Taiwan's Economic Miracle: Lessons in Economic Development," in A. C. Harberger (ed.), *World Economic Growth: Case Studies of Developed and Developing Nations*. San Francisco: ICS.

Warr, P. G. 1994. "Comparative and Competitive Advantage," *Asian Pacific Economic Literature* 8 (November): 1—14.

Weitzman, M. L., and Chenggang Xu. 1994. "Chinese Township-village Enterprises as Vaguely Defined Cooperatives," *Journal of Comparative Economics* 18 (2): 121—145.

第 二 部 分[*]

发展战略的选择与经济绩效:实证检验

以上几个部分讨论了一国的发展战略对制度安排、经济增长、收入分配和转型绩效的影响。通过上述讨论,我提出了以下几个可供验证的假说:

假说 1:若推行违背比较优势的发展战略,一国会出现各种政府干预和扭曲。

假说 2:从长期来看,若推行违背比较优势的发展战略,一国的经济增长绩效会很差。

假说 3:从长期来看,若推行违背比较优势的发展战略,一国的经济波动性会很大。

假说 4:从长期来看,若推行违背比较优势的发展战略,一国的收入分配会更为不平等。

假说 5:在向市场经济转型的过程中,如果一国能够为先前被抑制的劳动密集型产业的发展创造有利条件,那么其总体经济增长绩效就能够得到改善。

发展战略的代理变量

为了验证以上假说,我们需要设定关于一国发展战略的代理变量。Lin and Liu(2004)提出以技术选择指数(technology choice index, TCI)作为一国推行的发展战略的代理变量。TCI 定义如下:

$$\text{TCI}_{i,t} = \frac{\text{AVM}_{i,t}/\text{LM}_{i,t}}{\text{GDP}_{i,t}/L_{i,t}} \quad (1)$$

其中,$\text{AVM}_{i,t}$ 是 i 国的制造业在 t 年的增加值;$\text{GDP}_{i,t}$ 是 i 国在 t 年的 GDP;$\text{LM}_{i,t}$ 是 i 国的制造业在 t 年的就业劳动量;$L_{i,t}$ 是 i 国在 t 年的劳动力总数。如果一国政府通过推行违背比较优势的战略来推动其资本密集型产业的发展,那么可以预期该国的 TCI 较其他情况而言更高。

---

[*] 本文改编自"Development Strategy, Development and Transition Performances: Empirical Analysis," *Economic Development and Transition: Thought, Strategy, and Viability*, Cambridge University Press, 2009. © 2009 Cambridge University Press. 结语改编自"Development Strategy, Viability, and Economic Convergence",参见第一部分的脚注。本文由苏剑翻译。

这是因为,如果一国推行了违背比较优势的战略,为了解决优先发展的制造业部门中企业的自生能力问题,政府可能会给予这些企业在产品市场上的垄断地位以允许它们制定更高的产品价格,同时还会为其提供补贴性贷款和投入以降低它们的投资成本和运营成本。相对于其他情况下的 $AVM_{i,t}$ 而言,以上政策措施所导致的 $AVM_{i,t}$ 也更高。同时,在其他条件不变的情况下,优先发展的制造业中的投资具有较高的资本密集度,能够吸收的劳动力较少。因此,对推行了违背比较优势战略的国家而言,式(1)的分子较大。这样,在收入水平和其他条件给定的情况下,TCI 的大小可以被用作一国推行违背比较优势战略的程度的代理变量。[1] 计算 TCI 所用的数据取自世界银行的《世界发展指标(2002)》和联合国工业发展组织(UNIDO)的《国际工业统计年鉴(2002)》。表 A1 报告了 122 个国家(地区)在 1962—1992 年间 TCI 的均值和变差。

发展战略与制度

为了估计假说 1 所预测的发展战略对政府扭曲和干预政策的影响,我使用几个变量作为制度的代理变量:(1) 将"黑市溢价"(black-market premium,BMP)作为衡量价格扭曲的指标;(2) 将经济自由指数(index of economic freedom,IEF)和征用风险作为衡量政府对产权制度干预程度的指标;(3) 将新建企业为获得合法地位所需完成的审批手续数量以及经营管理的实际独立性作为衡量企业自主权的指标;(4) 将贸易依存度作为衡量开放程度的指标。表 A1 报告了每个国家(地区)的各个代理变量的均值和变差。

• **发展战略与价格扭曲** 105 个国家的黑市溢价数据取自纽约大学发展研究所的"全球发展网络增长数据库"。TCI 和黑市溢价在四个阶段(1960—1969,1970—1979,1980—1989,1990—1999)中的关系如图 4 所示。

图 4 表明,在每个阶段,TCI 和黑市溢价之间都存在正向关系,这证实了假说 1 的预测,即一国推行违背比较优势战略的程度越高,黑市溢价就越大。

• **发展战略与政府对资源配置的干预** 我使用经济自由指数(IEF)和征用风险作为衡量政府对产权制度干预程度的指标。91 个国家 1970 年以来的 IEF 观测值取自《世界经济自由》(Fraser Institute,2007)。IEF 的范围从 0 到 10,值越高,表明经济自由度越高。每

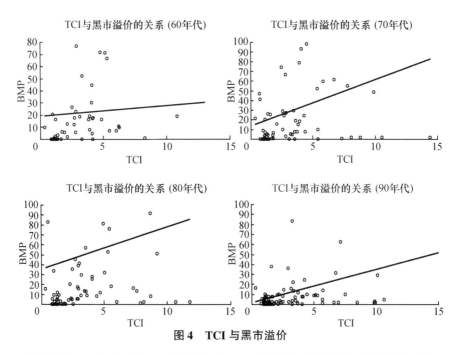

图 4 TCI 与黑市溢价

个国家在 10 年内的 TCI 平均值与 IEF 平均值之间的相关关系如图 5 所示。

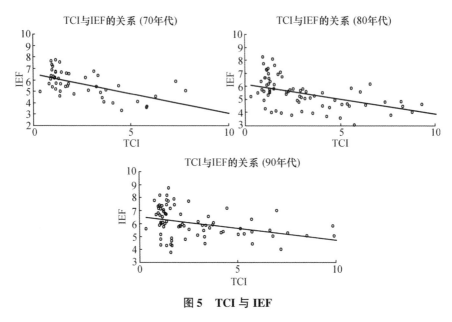

图 5 TCI 与 IEF

在上述各图中,TCI 与 IEF 之间都存在很强的负向关系,这符合理论预期:一国推行违背比较优势战略的程度越高,客观上需要的政府干预就越多,从而经济自由度就越低。

102个国家的征用风险数据取自《国际国家风险指南》(The PRS Group)。征用风险指的是政府直接没收财产以及强制性的财产国有化的风险,该变量的取值范围是0到10,其值越高意味着私营企业被征收的可能性越低。图6显示了TCI和征用风险之间的关系。两个指标取的都是1982—1997年间的平均值。

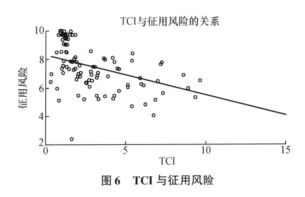

图6 TCI与征用风险

如图6所示,TCI与征用风险之间存在负向关系,这符合理论预期:一国推行违背比较优势战略的程度越高,政府没收企业或对其实施国有化的可能性就越大。

- **发展战略与企业自主权** 为了分析政府发展战略与企业自主权之间的关系,本研究使用两个指标来衡量企业的自主权程度,即Djankov and Murrell(2002)使用的审批手续数量和经营管理的实际独立性。样本包含69个国家。

审批手续数量指的是一个新建企业为了获得合法地位(即开始以合法实体的身份进行运营)而必须通过的审批手续的数量。经营管理的实际独立性这一指标用来衡量企业首席执行官的(实际)经营独立性,其范围是1到7,值越小,表明独立性越高(1=完全自主;2=居间类型;3=轻度到适度限制;4=居间类型;5=大量限制;6=居间类型;7=执行力相当或居于附属地位)。两个指标都取1965—1998年间的平均值。

如图7所示,TCI与审批手续数量之间存在正向关系,与实际独立性之间存在负向关系。这表明,一国推行违背比较优势战略的程度越高,企业自主权就越低,这就证实了假说1的预测。

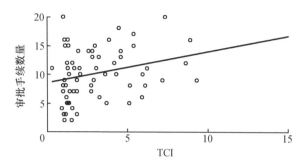

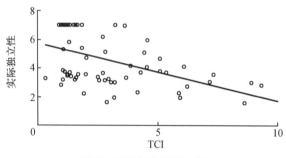

图 7　TCI 与企业自主权

- **发展战略与开放程度**　在此用贸易依存度作为衡量一国开放程度的指标,115 个国家的贸易依存度数据取自 Dollar and Kraay (2003)。图 8 描述了各国在 20 世纪 60 至 90 年代,每十年的 TCI 平均值与贸易依存度平均值,即与开放程度之间的相关性。[2]

如图 8 所示,TCI 和开放程度之间存在负向关系。这与之前所提出的假说相符——如果一个发展中国家的政府推行违背比较优势的战略,那么其经济的内向性会较其他情况下为高。因为违背比较优势的战略试图通过在国内生产资本密集型的制造品来替代进口,从而导致进口减少;与此同时,有限的资源由具有比较优势的产业转移到了由发展战略所决定的优先部门,使出口也受到抑制。因此,一国推行违背比较优势战略的程度越高,其开放程度就越低。

发展战略与经济增长[3]

根据假说 2 的预测,从长期来看,推行违背比较优势的发展战略的国家,其增长绩效会很差。本研究用如下计量模型来检验这一假说:

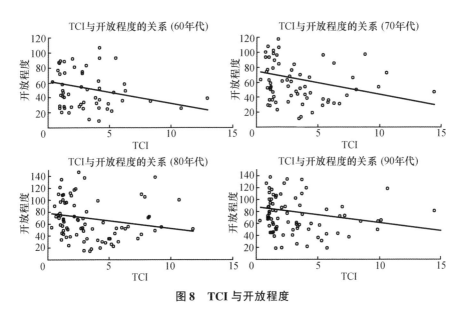

图 8　TCI 与开放程度

$$\mathrm{GROWTH}_{i,t} = C + \alpha \mathrm{TCI}_{i,t} + \beta X + \xi \quad (2)$$

其中，$\mathrm{GROWTH}_{i,t}$ 是国家 i 在时期 t 的经济增长率；X 是一个向量，具体包括以下几个方面：引入初始人均 GDP 以控制发展阶段的影响；引入初始人口规模以控制市场规模的影响；引入法律程序指标以反映制度质量（该指标的构造来自 Kaufmann et al., 2002）；引入贸易依存度以反映开放程度；此外还引入两个描述地理特征的变量——距离赤道的距离以及国家的内陆性。控制制度质量内生性的工具变量是讲英语人口的比例、讲其他主要欧洲语言人口的比例（Hall and Jones, 1999），这两个指标用来控制殖民地起源对现行制度质量的长期影响。类似地，我们使用重力模型所预测的贸易拟合值作为开放程度的工具变量。这种方法是由 Frankel and Romer（1999）提出的，Dollar and Kraay（2003）对其进行了修正。在面板数据回归中，开放程度的工具变量就是其自身的一期滞后值。各变量的具体定义与数据来源参见表 2。

表 2　变量定义与数据来源

变量	定义	均值	标准差	来源
LnGDP60	1960 年人均真实 GDP 的对数值	7.33	0.80	世界银行《世界发展指标》
LnGDP80	1980 年人均真实 GDP 的对数值	7.91	1.05	世界银行《世界发展指标》

（续表）

变量	定义	均值	标准差	来源
LnGDP	1960年、1970年、1980年、1990年人均真实GDP的对数值	7.73	1.02	世界银行《世界发展指标》
LnTCI1	1963年到1999年的平均TCI的对数值	0.96	0.90	世界银行《世界发展指标》和UNIDO(2002)
LnTCI2	20世纪60至90年代，每十年的平均TCI的对数值	0.85	0.84	世界银行《世界发展指标》和UNIDO(2002)
LnTCI70	1970年到1979年的平均TCI的对数值；如果数据不可得，则取1980年到1985年的平均TCI的对数值	0.91	0.92	世界银行《世界发展指标》(2002b)和UNIDO(2002)
ΔTCI	1990年到1999年的平均TCI的对数值与LnTCI70之差	0.07	0.38	世界银行《世界发展指标》(2002b)和UNIDO(2002)
RL01	2000—2001年的法律程序	0.003	0.95	Kaufmann and Murrell (2002)
LnOPEN1	1960年到1999年进出口总额与GDP比值平均数的对数值	−1.11	0.81	Dollar and Kraay (2003)
LnOPEN2	20世纪60至90年代，每十年平均的进出口总额和GDP比值的对数值	−1.30	0.84	Dollar and Kraay (2003)
LnPOP1	1960年到1999年的中间年份总人口的对数值	15.2	2.11	世界银行《世界发展指标》(2002b)
LnPOP2	20世纪60至90年代，各起始年份总人口的对数值	14.93	2.12	世界银行《世界发展指标》(2002b)
LANDLOCK	虚拟变量，如果一个国家是内陆国，则取值1；否则取值0	0.18	0.39	Dollar and Kraay (2003)
LnDIST	(DISTEQ+1)的对数值，其中DISTEQ是一个国家距赤道的距离，以该国首都纬度的绝对值来衡量	2.96	0.88	Dollar and Kraay (2003)
ENGFRAC	讲英语人口的比例	0.07	0.24	Hall and Jones (1999)，取自Dollar and Kraay (2003)
EURFRAC	讲其他主要欧洲语言人口的比例	0.22	0.38	Hall and Jones (1999)，取自Dollar and Kraay (2003)

(续表)

变量	定义	均值	标准差	来源
LnFRINST	LnOPEN 的工具变量	-2.83	0.64	Dollar and Kraay (2003)
INST	跨国估计中 RL01 的预测值（以 ENGFRAC 和 EURFRAC 为工具变量）	0.003	0.34	

我们将使用两种方法对这个假说进行检验。在第一种方法下,因变量是 1962—1999 年间人均 GDP 的年均增长率。在第二种方法下,因变量是 20 世纪 60 至 90 年代,人均 GDP 在每十年的年均增长率。

第一种方法得到的回归结果如表 3 所示。回归模型 1.1 和模型 1.2 采用普通最小二乘法(OLS)进行估计。模型 1.1 的解释变量只包括发展战略的代理变量(LnTCI1)、初始年份人均 GDP(LnGDP60),而模型 1.2 则包括了其他解释变量以控制制度质量、开放程度、地理位置和市场规模的影响。模型 1.3 具有相同的解释变量,但采用两阶段最小二乘法(2SLS)进行估计,以控制制度质量和开放程度的内生性。

表 3 发展战略经济增长——模型 1

	模型 1.1(OLS)	模型 1.2(OLS)	模型 1.3(2SLS)
常数项	7.32*** (1.60)	4.66** (1.87)	3.26 (2.15)
LnTCI1	-1.25*** (0.20)	-0.66*** (0.18)	-0.92*** (0.19)
LnGDP60	-0.54*** (0.20)	-0.99*** (0.18)	-0.59*** (0.21)
RL02		0.58*** (0.21)	
INST			0.22 (0.41)
LnOPEN2		0.70*** (0.22)	
TRADE2			0.93** (0.43)
LnDIST		0.20 (0.16)	0.47*** (0.16)
LnPOP2		0.33*** (0.09)	0.22** (0.09)

（续表）

	模型 1.1(OLS)	模型 1.2(OLS)	模型 1.3(2SLS)
LANDLOCK		0.07	0.46
		(0.32)	(0.38)
调整 R^2	0.36	0.56	0.44
样本容量	85	83	83

＊表明在10%的水平上显著；＊＊表明在5%的水平上显著；＊＊＊表明在1%的水平上显著。

注：因变量是1962—1999年间人均GDP的年均增长率；括号中的数据是标准差。

计量结果表明，TCI对经济增长率的影响为负，这符合理论假说的预期，并且在三个回归模型下都高度显著。这个结果支持假说2——一国推行违背比较优势战略的程度越高，则其在1962—1999年间的增长绩效就越差。LnTCI1的估计系数在-0.66到-1.25之间。从这些估计可以推断，TCI由均值提高10%，大约会导致1962—1999年间人均GDP的年均增长率下降0.1个百分点。

回归结果也显示，初始人均收入和人口规模对经济增长率的影响符合理论预期，并且显著。法律程序、开放程度和一国距赤道的距离也有着理论预期的影响。但法律程序在两阶段最小二乘法的回归中并不显著，而一国距赤道的距离在普通最小二乘法的回归中也不显著。国家的内陆性在三个回归中都不显著。

表4给出了由第二种方法得到的回归结果，其因变量是20世纪60至90年代，人均GDP在每十年的年均增长率。回归模型2.1和模型2.2采用普通最小二乘法进行估计，模型2.3采用单向固定效应法进行估计，模型2.4采用两阶段最小二乘法进行估计，模型2.5采用两阶段最小二乘法和单向固定效应法进行估计。在固定效应模型中，为了控制时间效应，加入了时间虚拟变量，两阶段最小二乘法的使用是为了控制制度质量和开放程度的内生性。

表4　发展战略与经济增长——模型2

	模型 2.1 (OLS)	模型 2.2 (OLS)	模型 2.3 (固定效应)	模型 2.4 (2SLS)	模型 2.5 (2SLS,固定效应)
常数项	7.15＊＊＊	8.36＊＊＊	3.83＊	-0.74	-2.70
	(1.61)	(2.16)	(2.11)	(2.56)	(2.37)
LnTCI2	-1.10＊＊＊	-0.69＊＊＊	-0.40＊＊	-0.69＊＊＊	-0.47＊＊
	(0.21)	(0.20)	(0.19)	(0.24)	(0.22)

（续表）

	模型2.1 （OLS）	模型2.2 （OLS）	模型2.3 （固定效应）	模型2.4 （2SLS）	模型2.5 （2SLS,固定效应）
LnGDP	-0.54^{***} (0.18)	-1.39^{***} (0.23)	-0.86^{***} (0.23)	-0.17 (0.27)	0.17 (0.25)
RL01		1.45^{***} (0.23)	1.12^{***} (0.22)		
INST				-0.38 (0.42)	-0.67^{*} (0.38)
LnOPEN2		0.24 (0.23)	0.35 (0.22)		
TRADE2				0.01 (0.29)	-0.06 (0.27)
LnDIST		-0.04 (0.18)	-0.10 (0.17)	0.27 (0.20)	0.17 (0.18)
LnPOP2		0.32^{***} (0.10)	0.41^{***} (0.09)	0.22^{*} (0.12)	0.27^{**} (0.12)
LANDLOCK		-0.31 (0.39)	0.08 (0.36)	-0.23 (0.46)	0.02 (0.43)
调整R^2	0.08	0.23	0.36	0.08	0.24
样本容量	315	278	278	213	213

*表明在10%的水平上显著；**表明在5%的水平上显著；***表明在1%的水平上显著。

注：因变量是20世纪60至90年代，人均GDP在每十年的年均增长率；模型2.3和模型2.5包括时间虚拟变量；括号中的数据是标准差。

与采用第一种方法得到的结果相同，TCI对经济增长率的影响为负，这符合理论假说的预期，并且在全部回归模型中都高度显著。这进一步印证了假说2的结论——发展战略是一国长期经济增长绩效的主要决定因素。[4]

其他解释变量的估计结果与表3中的结果类似。

发展战略与经济波动

假说3的内容是违背比较优势的战略对经济波动的影响。如果一国推行违背比较优势的战略，则能够经历一段投资驱动的增长，但这样的增长是不可持续的，并且有可能导致经济危机。因此，推行违背比较优势战略的国家的经济波动性可能会更大。在实证检验中，我们使用如下公式衡量一国在1962—1999年间人均GDP增长率的波动性：

$$V_i = \left[(1/38) \sum_{t=1962}^{T=1999} \left(\frac{g_{it}}{\left(\sum_{t=1962}^{T=1999} g_{it}\right)/38} - 1 \right)^2 \right] \quad (3)$$

其中,g_{it}是i国在t年的人均GDP增长率。

在对假说3进行检验时,因变量是V_i的对数值,解释变量与检验假说2时使用的解释变量相同。回归方程的拟合方法也类似于之前所使用的方法。表5给出了模型回归结果。TCI对经济波动性的影响为正,符合理论假说的预期,并且在三个回归模型中都高度显著。这些结果支持了假说3,表明一国推行违背比较优势战略的程度越高,该国经济增长率的波动性就越大。由估计结果可以推知,TCI每增加10%,将导致波动性提高大约4%—6%。

表5 发展战略与经济波动性

	模型3.1(OLS)	模型3.2(OLS)	模型3.3(2SLS)
常数项	0.49	3.03**	3.63**
	(1.06)	(1.44)	(1.56)
LnTCI1	0.64***	0.41***	0.56***
	(0.13)	(0.14)	(0.14)
LnGDP60	−0.04	0.17	−0.07
	(0.13)	(0.14)	(0.15)
RL01		−0.33**	
		(0.16)	
INST			−0.20
			(0.29)
LnOPEN1		−0.46***	
		(0.17)	
TRADE1			−0.53
			(0.33)
LnDIST		−0.003	−0.15
		(0.11)	(0.11)
LANDLOCK		−0.31	−0.53*
		(0.24)	(0.28)
LnPOP1		−0.26***	−0.18**
		(0.06)	(0.07)
调整R^2	0.29	0.47	0.37
样本容量	103	93	93

* 表明在10%的水平上显著;** 表明在5%的水平上显著;*** 表明在1%的水平上显著。

注:因变量是1962—1999年间人均GDP增长率波动性的对数值,括号中的数据是标准差。

其他解释变量的估计结果表明,制度质量、开放程度、国家内陆性和人口规模都对经济波动性有负向影响。除代表经济规模的人口规模的系数在 OLS 模型和 2SLS 模型中都显著外,其他变量或者在 OLS 模型中显著或者在 2SLS 模型中显著。1960 年的初始人均收入、一国距赤道的距离在三个回归模型中都不显著。

发展战略与收入分配

为检验发展战略对收入分配的影响,本文构造了如下计量模型:

$$\text{GINI}_{i,t} = C + \alpha \text{TCI}_{i,t} + \beta X + \varepsilon \quad (4)$$

其中,$\text{GINI}_{i,t}$ 是国家 i 在时期 t 的不平等指数,TCI 是发展战略的代理变量,X 是包括其他解释变量的一个向量。

GINI 系数取自 Deininger and Squire(1996)数据集的一个修订版。该数据集包括众多文献对有关国家 GINI 系数的估计。其中一些是基于收入数据进行估计的,而另外一些则是基于支出数据进行估计的。不同国家的 GINI 数据涵盖的范围不尽一致。Deininger and Squire(1996)对 GINI 系数估计的质量做出了评价,我们的回归采用的是数据质量为"较好"(acceptable)级别的数据。我们没有调整原始数据中基于收入数据得到的 GINI 系数,但对基于支出数据得到的 GINI 系数做出了调整,在其基础之上加了 6.6(6.6 是两种口径下所得估计结果的平均差距)。关于 TCI 指标的计算和数据来源的详细资料,参见 Lin and Liu(2003)。为了使 GINI 系数与 TCI 相匹配,我们在估计中使用的面板数据包括来自 33 个国家的 261 个样本。图 9 显示了 TCI 与 GINI 系数之间的关系。

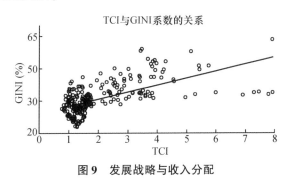

图 9　发展战略与收入分配

为了同时检验其他替代假说,我们引入一些新的解释变量。首先引入人均收入($GDPPC_{i,t}$)及其倒数($GDPPC\_1_{i,t}$),它们可以用来检验 Kuznets 倒 U 形曲线假说。如果该假说成立,那么这两个解释变量的系数应该显著为负。[5]

在 Deininger and Squire(1996)的数据集基础上,Li *et al.* (1998)进行了稳健性检验,结果表明,一国的 GINI 系数在时期之间是相对稳定的。基于这个结论,我们在回归中引入各样本首次出现于数据集时的 GINI 系数,记为 IGINI。这种方法可以控制影响收入分配的历史因素以及国家间若干不可观测因素的影响。由于数据集的限制,我们能够得到的各个国家的 IGINI 年份不尽相同。但是,通常而言,不论初始年份是哪一年,IGINI 越高,后续年份的 GINI 系数也相应越高。因而,IGINI 的估计系数预期为正。

腐败也会对收入分配造成影响。为此,我们在回归中引入另外两个解释变量——政治腐败指数($CORR_{i,t}$)和官员质量指数($BQ_{i,t}$)。这两个指标的数据取自 Sachs and Warner(2000),它们随国家而变化,但在整个研究时段内保持不变。其数值越高,表明政府越清廉、官员质量越高。根据理论预期,这两个变量的系数应为负值。

对外贸易也会对收入分配造成影响,它会影响生产要素的相对价格(Samuelson,1978)和经济中不同部门的市场空间,因而,贸易能够通过对就业机会的影响(Krugman and Obstfeld,1997)而影响收入分配。为了控制其影响,我们在回归中引入开放程度指标 $OPEN_{i,t}$,其含义是进出口总值在名义 GDP 中所占的比重,数据取自 Easterly and Yu (2000)。但是,开放程度对熟练工人和非熟练工人、贸易部门和非贸易部门有着不同的影响,其长期影响和短期影响也有所不同。因此,它的符号是不确定的。

表 6 给出了五个回归模型的结果。模型 4.1 包含所有的解释变量:TCI、IGINI、GDPPC、GDPPC_1、CORR、BQ 和 OPEN。由于 CORR、BQ 和 OPEN 具有内生性,为了控制内生性,其他模型没有包含这几个变量。因为 IGINI、CORR 和 BQ 不随时间改变,所以使用单向效应模型对回归模型 4.1、4.2 和 4.4 进行估计。根据 Hausman 检验的结果,在模型 4.1、4.2 和 4.4 的回归中使用单向随机效应模型,在模型 4.3 和 4.5 的回归中使用双向固定效应模型。

表6 发展战略对不平等的影响

	模型4.1ᶠ	模型4.2ᶠ	模型4.3ᶠ	模型4.4ʳ	模型4.5ʳ
常数项	6.46	8.18***	31.5***	8.09***	32.6***
	(4.72)	(2.40)	(1.75)	(3.16)	(0.97)
TCI	1.32***	1.35***	1.84***	1.35***	1.72***
	(0.33)	(0.31)	(0.48)	(0.32)	(0.46)
IGINI	0.73***	0.71***		0.71***	
	(0.08)	(0.07)		(0.07)	
GDPPC	−0.89		0.43	0.74	
	(11.3)		(12.6)	(10.8)	
GDPPC_1	0.40		1.91	3.21	
	(1.84)		(2.11)	(16.6)	
CORR	1.03*				
	(0.58)				
BQ	−0.84				
	(0.58)				
OPEN	0.12				
	(1.68)				
R^2	0.9040	0.8941	0.5495	0.8936	0.5780
Hausman统计量	3.32	1.19	23.91	1.99	7.98
Hausman检验P值	0.19	0.28	0.00	0.37	0.00
样本容量	来自33个国家的261个样本				

ᶠ固定效应模型；ʳ随机效应模型。

* 表明在10%的水平上显著；** 表明在5%的水平上显著；*** 表明在1%的水平上显著。

注：Hausman检验的原假设是存在国家和时间的随机效应；括号中的数据是标准差。

在全部五个回归模型中，TCI的估计系数都为正，且在1%的水平上显著，这高度支持如下假说——一国推行违背比较优势战略的程度越高，这个国家的收入分配就越不平等。这一结果不随初始收入分配的平等程度而改变。

在模型4.1、4.2和4.4中，IGINI系数也为正，且在1%的水平上显著。这与Li et al.(1998)的检验结果相一致，表明初始收入分配状况会对后续期间的收入分配造成一定的延续效应。

在模型 4.1、4.3 和 4.4 中，GDPPC 和 GDPPC_1 的估计系数都不显著，且除模型 4.1 中的 GDPPC 外，GDPPC 和 GDPPC_1 的系数均为正，同理论预期相反。因此，可以拒绝 Kuznets 的倒 U 形收入分配假说。

在模型 4.1 的结果中，$CORR_{i,t}$ 的系数为正，同理论预期相反。对此的一个可能的解释是，腐败对收入分配的影响难以在收入分配调查中得到准确的反映。官员质量 $BQ_{i,t}$ 的系数为负，符合预期，但不显著。开放程度 OPEN 的系数为正，但也不显著。

从上述结果可以清楚地看出，发展战略和初始收入分配状况是一个经济体收入分配的两个最重要的决定因素。如前所述，如果一个经济体的政府推行遵循比较优势的战略，那么即使该经济体的初始收入分配不平等，其收入分配的平等性也会逐渐提高。事实上，这就是在中国台湾和其他东亚新兴工业化经济体中表现出的"平等的增长"（Fei et al., 1979）。

转型与经济绩效

如前所述，如果发展中国家的政府推行违背比较优势的战略，那么拥有比较优势的劳动密集型部门的发展就会受到抑制，许多制度都会受到扭曲，由此导致不良的资源配置和低效率。因此，在向市场经济转型的过程中，国家需要为劳动密集型部门的发展创造有利环境，并在同时为原先发展战略下建立起的企业缺乏自生能力的问题寻找出路，从而为消除原先的扭曲和干预铺路。增长绩效就依赖于国家处理这些问题的能力。违背比较优势的战略总是伴随着较高的 TCI，如果在改革或转型以后，一国能够成功地实现劳动密集型部门的发展，那么资源配置和增长绩效就会得到改善，TCI 也会随之降低。因此，根据理论预期，如果违背比较优势战略的转型能够成功地实现，那么就会导致 TCI 的负向变化。这种负向变化的程度越大，预期增长率就越高。因此，为了检验假说 5，本文引入一个新的变量 ΔTCI，其含义是 1990—1999 年间平均 TCI 的对数值与 1970—1979 年间平均 TCI 的对数值之间的差距，之所以这样选取时段，是因为社会主义国家的转型及其他发展中国家的改革始于 20 世纪 80 年代。

回归的因变量是 1980—1999 年间人均 GDP 的年均增长率的对数值。除 ΔTCI 外，解释变量还包括 20 世纪 70 年代平均 TCI 的对数值、1980 年的初始人均 GDP 以及其他代表制度质量、开放程度和人口规模的解释变量(这几个变量类似于检验假说 1 时所使用的变量)。

这里通过两种方法检验这一假说。第一种方法使用了数据集中所有国家的观测值,而第二种方法仅将 Easterly and Sewadeh(2002)所定义的发展中国家纳入样本。在两种方法下各进行了三个回归——其中两个使用 OLS 方法,一个使用 2SLS 方法,之所以使用 2SLS 方法,是为了控制制度质量和开放程度的内生性问题。表 7 给出了回归结果。

表 7 发展战略与经济改革和转型绩效

	模型 5.1 (OLS)	模型 5.2 (OLS)	模型 5.3 (2SLS)	模型 5.4 (OLS)	模型 5.5 (OLS)	模型 5.6 (2SLS)
常数项	2.53	3.79	-2.94	4.28	-4.50	-9.03
	(3.17)	(3.63)	(3.97)	(4.24)	(5.01)	(6.43)
ΔTCI	-1.25**	-0.91**	-1.12**	-1.16*	-1.02*	-1.30**
	(0.55)	(0.45)	(0.51)	(0.66)	(0.52)	(0.60)
LnTCI70	-0.84**	-0.38	-0.52	-0.61	-0.26	-0.31
	(0.41)	(0.34)	(0.38)	(0.48)	(0.38)	(0.45)
LnGDP80	-0.04	-1.32***	-0.31	-0.34	-0.78*	-0.12
	(0.35)	(0.37)	(0.38)	(0.50)	(0.45)	(0.57)
RL01		1.31***			1.78***	
		(0.37)			(0.47)	
INST			0.44			0.96
			(0.60)			(1.18)
LnOPEN1		0.71*			0.54	
		(0.36)			(0.49)	
TRADE1			1.50**			2.23*
			(0.70)			(1.26)
LnDIST		0.16	0.57*		-0.06	0.34
		(0.28)	(0.29)		(0.33)	(0.36)
LnPOP1		0.52***	0.44***		0.79***	0.78**
		(0.17)	(0.16)		(0.19)	(0.29)

（续表）

	模型 5.1 （OLS）	模型 5.2 （OLS）	模型 5.3 （2SLS）	模型 5.4 （OLS）	模型 5.5 （OLS）	模型 5.6 （2SLS）
LANDLOCK		−0.87 (0.57)	−0.06 (0.68)		−0.55 (0.73)	0.54 (1.15)
调整 R^2	0.13	0.43	0.27	0.03	0.45	0.24
样本容量	76	72	72	50	49	49

* 表明在10%的水平上显著；** 表明在5%的水平上显著；*** 表明在1%的水平上显著。
注：因变量是1980—1999年间人均GDP的年均增长率，回归模型5.4—5.6中的数据样本只包括Easterly and Sewadeh(2002)所定义的发展中国家；括号中的数据是标准差。

与理论预期一致，在六个回归中，ΔTCI的符号都为负，且估计值显著异于零。这些结果支持如下假说：在20世纪70至90年代，TCI的值下降得越多，则由此带来的1980—1999年间人均GDP年均增长率的增加就越大。因此，对于推行违背比较优势战略的国家而言，如果政府能够处理好由违背比较优势战略向遵循比较优势战略的转型，那么该国的增长绩效就会得到改善。从估计结果可以推知，在20世纪70至90年代，TCI的值每降低10%，1980—1999年间人均GDP的年均增长率就会提高0.1—0.13个百分点。

其他解释变量的符号也符合理论预期，但是，除人口规模的符号在六个回归中都为正且高度显著外，其他变量或者不显著，或者在一些回归中显著而在另一些回归中不显著。

简言之，如假说5所预测，中小企业进入在原先违背比较优势的战略下受抑制的部门，对于经济在转型过程中实现动态增长而言十分关键。

结语

本文指出，大多数发展中国家采取了不合适的发展战略，因此经济收敛受阻，经济波动性加大，收入分配恶化。在经济改革和转型期间，一国的经济绩效取决于该国是否有能力创造一个有利于劳动密集型产业发展的环境。而劳动密集型产业在以前由于政府采取了违背比较优势的战略而受到抑制。在尽快缩小与发达国家的产业/技术差距方面，发展中国家有着强烈的愿望。然而，由于要素禀赋结构层次较低，发展中国家在资本密集型产业/技术方面没有比较优势，如果它们的企业进入这些产业或采取这些技术，那么这些企业在开放、自由、竞争性市场中就没有自生能力。要优先发展不具有比较优势的产业/技术，发展中国家的政府常常采取违背比较优势的战略，通过扭曲利率、汇率以及其他价格来对不具有自生能力的企业给予政策支持。它们还用行政手段给优先行业的企业按被扭曲的价格直接分配资源。通过上述政策手段，一个发展中国家可能能够在该经济不具有比较优势的先进行业建立起采用高技术的企业。然而，该经济金融市场的发展将受到抑制，外贸将发展缓慢，寻租活动将变得猖獗，宏观经济将不稳定，收入分配格局将不佳，经济将十分没有竞争力，该国的收入也将不能向发达国家收敛。

在这里，我认为，一个经济的最优产业结构和技术结构内生决定于该经济的要素禀赋结构，对于发展中国家来说，遵循比较优势的战略更好。该战略会吸引发展中国家的企业进入该国具有比较优势的产业，促使企业以低成本从更为发达的国家借鉴并采用适当的技术。这样的经济会拥有竞争力。这样的国家也将得到要素禀赋结构的快速升级，从而带动其产业结构和技术结构的快速升级。这样，遵循比较优势的战略就有助于发展中国家实现高速增长，并为下一步的高速增长打下基础。经济向发达国家的收敛就将变为现实。从跨国分析中得到的经验证据也与上述假说相一致。

要实施遵循比较优势的战略，需要政府维持一个开放、自由、竞争性的市场。政府也可采取产业政策，促进企业的产业升级和技术升级。但是，产业政策的使用应局限于信息分享、投资协调以及对先行者带来的外部性的补偿方面。

不管作用是好还是坏，发展中国家的政府在该国的经济发展方面都起到了重要作用。正如 Lewis(1965)所说："没有明智的政府的正面刺激，没有哪个国家能够实现经济的进步……另一方面，政府的不当行为妨碍经济的例子也很多。"在这里我要指出的是，要使一个发展中国家的政府成为明智的政府，最重要的任务是选择正确的发展战略。

附录：数据描述

表 A1 根据制造业增加值计算的 TCI

122 个国家(地区)

国家(地区)	技术选择指数(TCI)(1963—1999)		人均 GDP 增长率(%)(1962—1999)		黑市溢价(1960—1999)		审批手续数量(1999)	经济自由指数(IEF)(1970—2005)		征用风险(1982—1997)		实际独立性(1945—1998)		开放程度(1960—2003)	
	均值	标准差	均值	标准差	均值	标准差	均值	均值	标准差	均值	标准差	均值	标准差	均值	标准差
阿尔巴尼亚	1.771	0.095	1.713	9.190	7.503	6.492		5.483	0.742	7.264				48.321	15.940
阿尔及利亚	2.157	0.979	1.377	8.127	147.937	137.826		4.363	0.481	6.763				56.805	15.229
阿根廷	2.564	0.588	0.915	5.742	40.934	77.874	14.000	5.365	1.172	6.313		3.140		16.423	6.248
澳大利亚	1.073	0.162	2.150	2.036	0.000	0.000	2.000	7.585	0.461	9.379		7.000		32.905	5.337
奥地利	1.083	0.071	2.790	1.831	0.000	0.000	9.000	7.149	0.545	9.743		7.000		69.527	15.824
巴哈马	1.929	0.845	1.504	6.985	12.539	12.764				7.793				129.182	10.750
孟加拉国	4.302	0.902	1.192	4.091	96.876	66.359		4.990	0.969	5.413				22.414	5.646
巴巴多斯	1.283	0.521	2.449	4.566	7.442	4.861		5.615	0.142					118.786	14.759
比利时	1.017	0.122	2.626	1.959	0.000	0.000	8.000	7.316	0.179	9.686		7.000		120.602	25.441
伯利兹	1.067	0.072	3.256	4.168	26.857	21.769		6.235	0.497					116.954	9.390
贝宁	13.694	2.026	0.861	3.185	3.424	4.533		5.212	0.406					40.868	12.273
不丹	4.514		4.247	3.278	3.045	3.521								68.883	10.109
玻利维亚	7.341	2.905	0.377	3.590	32.334	84.457	20.000	5.915	1.095	5.600		3.520		49.479	4.896
博茨瓦纳	1.791	0.801	6.421	5.132	13.180	11.245		6.578	0.681	8.007				103.668	24.533
巴西	5.373	1.195	2.371	4.076	29.063	36.841	15.000	5.207	0.868	7.881		3.692		17.317	4.359
保加利亚	1.372	0.089	1.541	5.288	7.423	10.158	10.000	5.536	0.889	9.036		3.679		90.813	16.009
喀麦隆	7.018	1.626	0.977	5.993	3.431	4.531		5.597	0.144	6.463				48.559	9.062
加拿大	1.531	0.199	2.110	2.097	0.000	0.000	2.000	7.858	0.282	9.721		7.000		55.645	14.057
中非共和国	9.830	2.221	−0.837	3.924	3.271	4.456								53.552	13.560

(续表)

122 个国家(地区)

国家(地区)	技术选择指数(TCI) (1963—1999)		人均GDP增长率(%) (1962—1999)		黑市溢价 (1960—1999)		审批手续数量 (1999)	经济自由指数(IEF) (1970—2005)		征用风险 (1982—1997)		实际独立性 (1945—1998)		开放程度 (1960—2003)	
	均值	标准差	均值	标准差	均值	标准差	均值	均值	标准差	均值	标准差	均值	标准差	均值	标准差
智利	4.307	1.223	2.595	4.798	38.157	104.680	10.000	6.554	1.345	7.800		3.667		46.041	14.844
中国内地	4.165	1.327	6.003	7.381	71.004	111.533	12.000	5.397	0.525	8.114		2.321		26.614	16.924
哥伦比亚	4.466	0.701	1.780	2.117	7.993	7.510	18.000	5.282	0.256	7.350		5.074		30.873	5.286
刚果(金)	6.847	2.614	1.190	5.896	2.866	4.064				5.146				104.950	19.420
哥斯达黎加	2.190	0.683	1.833	3.350	40.799	67.249		6.730	0.755	7.038		3.192		70.816	13.687
科特迪瓦															
克罗地亚	1.581	0.637	0.884	8.096	37.525	25.826	12.000	5.855	0.680	8.486				102.438	19.668
塞浦路斯	1.308	0.310	5.357	4.515	4.671	4.550	3.000	6.327	0.680	9.721		7.000		104.364	8.351
丹麦	1.178	0.079	2.100	2.230	0.000	0.000		7.268	0.502	6.356		3.340		64.511	7.827
多米尼加共和国	2.532	0.368	2.800	5.232	31.641	36.064	21.000	5.300	0.592	6.763		4.148		59.607	20.106
厄瓜多尔	3.878	1.238	1.263	3.381	20.225	24.613	16.000	6.468	1.264	6.800		3.519		50.157	9.744
埃及	2.012	0.238	3.013	2.913	39.256	45.442	11.000			5.206				48.161	13.088
萨尔瓦多	4.229	1.569	0.825	3.925	42.640	48.101				6.047				56.661	9.927
埃塞俄比亚	17.921	2.621	0.326	7.127	72.262	73.517		5.963	0.231					32.004	10.522
斐济	1.564	0.214	1.711	4.700	1.605	1.939								101.288	15.192
芬兰	1.237	0.116	2.885	3.009	0.000	0.000	5.000	7.371	0.462	9.721		7.000		54.250	10.204
法国	1.106	0.096	2.519	1.664	0.000	0.000	15.000	6.645	0.432	9.707		5.283		38.959	9.083
加蓬	2.119	0.759	2.538	10.245	1.740	4.035		4.944	0.470	7.556				93.218	15.593
冈比亚	5.442	3.157	0.595	3.398	6.511	11.907				8.385				101.192	17.250
加纳	5.962	2.075	0.071	4.253	248.144	729.713	10.000	5.159	1.390	6.219		1.943		47.462	25.698
希腊	1.337	0.087	3.200	3.878	5.412	5.028	15.000	6.394	0.532	7.481		5.792		40.066	10.166

发展战略、制度与经济绩效 379

(续表)

122 个国家（地区）

国家（地区）	技术选择指数（TCI）(1963—1999)		人均GDP增长率(%)(1962—1999)		黑市溢价(1960—1999)		审批手续数量(1999)	经济自由指数(IEF)(1970—2005)		征用风险(1982—1997)		实际独立性(1945—1998)		开放程度(1960—2003)	
	均值	标准差	均值	标准差	均值	标准差	均值	均值	标准差	均值	标准差	均值	标准差	均值	标准差
危地马拉	3.303	0.279	1.230	2.500	12.346	15.467		6.321	0.542	5.156				39.266	7.322
圭亚那	0.733		0.935	5.216	209.506	270.332		6.242	0.556	5.956				151.372	49.475
洪都拉斯	3.183	0.790	0.820	2.946	12.008	26.842		6.180	0.359	5.413				68.718	16.915
中国香港	0.713	0.071	5.192	4.445	-0.416	1.383				8.488				209.386	52.589
匈牙利	1.151	0.183	3.338	4.210	165.435	155.711	8.000	6.489	1.059	9.079		3.735		86.700	25.216
冰岛	0.802	0.134	2.823	3.809	1.233	1.423		6.906	1.102	9.700		6.959		72.982	6.502
印度	3.635	0.421	2.573	3.077	26.530	24.692	10.000	5.744	0.729	8.069		2.981		15.517	6.343
印度尼西亚	3.073	0.408	3.581	3.974	273.451	806.400	11.000	5.863	0.535	7.475				44.716	16.991
伊朗			0.231	7.115	464.833	857.111				4.694				38.814	16.870
伊拉克	1.646	0.577	-2.515	18.460	851.008	2093.052				2.400					
爱尔兰	1.853	0.507	4.179	2.806	0.600	3.795	3.000	7.491	0.642	9.721		7.000		105.765	31.741
以色列	1.287	0.232	2.744	3.677	14.077	17.706	5.000	5.686	1.283	8.513		7.000		79.064	23.283
意大利	1.292	0.134	2.794	2.143	0.000	0.000	16.000	6.422	0.656	9.457		7.000		40.020	8.718
牙买加	3.248	0.621	0.756	4.339	19.076	17.070	6.000	6.200	1.023	7.044		7.000		87.759	15.792
日本	1.680	0.083	4.056	3.678	1.750	3.350	11.000	7.071	0.316	9.721		7.000		20.925	3.495
约旦	1.936	0.492	1.980	7.193	3.399	2.899	14.000	6.335	0.698	6.556		2.208		119.307	14.334
肯尼亚	0.335	0.030	1.241	4.785	15.722	14.031	11.000	5.973	0.786	6.406		3.250		60.309	7.232
韩国	2.816	0.493	5.797	3.615	15.251	24.015	13.000			8.569		3.140		53.775	18.238
科威特	1.090	0.477	-3.916	8.708	0.001	0.399		6.609	0.817	7.056				96.580	11.295
拉脱维亚	1.638	0.010	2.893	7.074	7.233	6.266	7.000	6.622	0.818			3.333		104.600	20.540
莱索托	8.719	2.037	3.935	6.891	9.133	8.125								112.698	33.884

(续表)

122 个国家(地区)

国家(地区)	技术选择指数(TCI)(1963—1999)		人均 GDP 增长率(%)(1962—1999)		黑市溢价(1960—1999)		审批手续数量(1999)		经济自由指数(IEF)(1970—2005)		征用风险(1982—1997)		实际独立性(1945—1998)		开放程度(1960—2003)	
	均值	标准差	均值	标准差	均值	标准差	均值	标准差	均值	标准差	均值	标准差	均值	标准差	均值	标准差
利比亚	0.836	0.176	3.425	16.053	82.000	127.559					5.088				77.574	18.966
卢森堡	0.914	0.101	3.163	3.267	0.375	0.466			7.703	0.105	10.000				198.318	32.906
中国澳门	0.384	0.060	2.666	4.375											156.762	28.830
马达加斯加岛	5.373	0.498	-1.041	4.032	15.000	21.331	17.000		5.316	0.599	4.686		3.684		40.325	9.212
马拉维	8.631	2.923	1.309	5.380	36.658	31.917	12.000		5.038	0.397	6.863		1.571		60.909	8.653
马来西亚	1.854	0.191	3.926	3.483	1.172	1.634	7.000		6.819	0.382	8.150		5.381		122.600	49.604
马耳他	1.143	0.091	5.196	4.244	2.724	5.448			6.236	0.663	7.875				162.837	27.787
毛里求斯	1.121	0.447	4.355	1.678	4.892	7.090			6.669	0.893					116.900	13.110
墨西哥	2.969	0.242	1.982	3.395	4.772	8.816	15.000		6.159	0.591	7.469		3.241		31.384	16.422
摩尔多瓦	4.073	0.611	-1.986	10.241	0.000	0.000									122.079	25.610
蒙古	3.697	0.860	-0.258	6.501	0.635	3.085	5.000				7.950		3.333		120.161	32.221
摩洛哥	3.201	0.383	1.926	4.544	7.673	6.987	13.000		5.600	0.526	6.713		1.930		51.277	10.001
纳米比亚	3.711		-0.226	2.509	1.230	2.130			6.239	0.351	5.400				114.971	16.921
尼泊尔	4.174	0.342	1.359	2.893	33.574	34.464			5.448	0.271					33.297	15.010
荷兰	1.158	0.204	2.253	1.946	0.000	0.000	8.000		7.620	0.305	9.979		7.000		100.484	12.498
荷属安的列斯群岛	0.767	0.110	-1.846	1.312	-0.333	2.417										
新西兰	1.061	0.188	1.420	2.906	0.600	3.795	3.000		7.656	0.900	9.736		7.000		57.134	6.072
尼日利亚	9.338	6.549	0.801	7.314	86.273	109.203	9.000		4.659	0.915	5.300		2.784		49.170	24.309
挪威	0.914	0.072	3.090	1.723	0.000	0.000	4.000		6.890	0.534	9.850		7.000		73.425	3.821
阿曼	1.036	0.151	6.296	16.124	0.460	1.061			7.125	0.440	7.321				93.117	12.928
巴基斯坦	6.114	1.221	2.564	2.397	38.871	42.583	8.000		5.190	0.632	6.150		4.083		32.965	4.991

（续表）

122个国家（地区）

国家（地区）	技术选择指数(TCI)(1963—1999)		人均GDP增长率(%)(1962—1999)		黑市溢价(1960—1999)		审批手续数量(1999)		经济自由指数(IEF)(1970—2005)		征用风险(1982—1997)		实际独立性(1945—1998)		开放程度(1960—2003)	
	均值	标准差	均值	标准差	均值	标准差	均值	标准差	均值	标准差	均值	标准差	均值	标准差	均值	标准差
巴拿马	2.738	0.550	2.186	4.133	0.000	0.000	7.000		6.811	0.590	6.063		3.611		154.750	27.245
巴布亚新几内亚	7.250	1.541	1.177	4.902	15.938	15.557					7.743				82.113	17.158
巴拉圭	2.852	0.450	1.598	3.634	25.390	37.524			6.041	0.405	6.900				48.239	20.040
秘鲁	5.128	1.162	0.783	4.825	36.554	64.825	8.000		5.648	1.496	6.206		3.769		34.543	5.348
菲律宾	4.571	1.143	1.304	3.004	9.418	13.474	14.000		6.176	0.725	5.788		4.038		56.720	24.885
波兰	1.704	0.327	3.320	3.604	351.565	270.847	11.000		5.755	1.103	7.814		3.538		51.814	5.736
葡萄牙	1.265	0.257	3.684	3.804	4.263	7.944	12.000		6.635	1.028	9.006		3.538		57.577	11.450
波多黎各	3.814	0.718	3.760	2.936											133.300	24.180
卡塔尔	1.595	0.387			0.203	0.259					7.857				80.400	6.756
罗马尼亚	1.086	0.046	0.400	5.217	169.469	158.714	16.000		5.149	0.711	7.557		3.180		60.521	11.528
俄罗斯	0.999	0.108	-1.259	7.645	520.000	576.479	20.000				8.500		2.796		56.640	19.001
沙特阿拉伯	1.675	1.101														
塞内加尔	8.914	2.469	0.003	4.200	3.431	4.531	16.000		5.506	0.494	5.925		3.000		62.380	14.527
塞拉利昂	1.406	0.203	-0.780	5.760	129.831	308.869	7.000		4.994	0.708	5.708				48.373	11.093
新加坡	1.176	0.004	5.576	4.289	0.800	0.988			8.364	0.365	9.394		3.421			
斯洛伐克	1.071	0.112	2.123	4.236	10.000	6.880	9.000		5.811	0.453			3.808		118.000	12.035
南非	1.853	0.162	0.924	3.562	4.239	11.191	9.000		6.364	0.537	7.350		7.000		50.766	5.868
西班牙	1.267	0.199	3.332	2.698	2.344	2.235	11.000		6.750	0.508	9.550		3.471		35.180	12.544
斯里兰卡	2.728	0.341	2.831	1.983	50.615	50.224	8.000		5.720	0.407	6.538		6.176		70.775	10.682
苏丹	6.761		1.119	5.531	87.922	155.904					4.019				28.406	5.289

(续表)

122个国家(地区)

国家(地区)	技术选择指数(TCI)(1963—1999)		人均GDP增长率(%)(1962—1999)		黑市溢价(1960—1999)		审批手续数量(1999)		经济自由指数(IEF)(1970—2005)		征用风险(1982—1997)		实际独立性(1945—1998)		开放程度(1960—2003)	
	均值	标准差	均值	标准差	均值	标准差	均值	标准差	均值	标准差	均值	标准差	均值	标准差	均值	标准差
苏里南	2.409	0.532	0.217	6.114	14.683	8.356					5.169				94.879	29.815
斯威士兰	3.817	0.733	2.008	4.193	11.283	7.128									146.657	30.193
瑞典	1.206	0.124	2.198	1.993	0.000	0.000	6.000		6.856	0.681	9.500		7.000		58.955	13.210
瑞士	0.992	0.086	1.393	2.265	0.000	0.000	7.000		8.179	0.168	9.986		7.000		64.777	8.952
叙利亚	2.058	0.755	2.559	8.022	128.798	211.522					5.413				51.880	13.155
坦桑尼亚	3.233	0.370	1.297	2.384	86.952	92.424	13.000		5.213	1.183	6.888		3.000		48.043	9.123
泰国	7.201	2.613	4.641	3.640	0.418	2.889	9.000		6.514	0.386	7.644		3.039		60.693	28.782
多哥	9.660	2.364	1.270	6.390	3.431	4.531			4.979	0.326	6.500				83.123	18.104
特立尼达和多巴哥	1.475	0.446	2.043	4.713	30.029	20.051					7.294				89.984	18.725
突尼斯	2.891	1.243	3.117	3.613	27.354	41.695	9.000		5.613	0.557	6.506		1.625		69.147	22.894
土耳其	4.586	0.968	1.937	4.124	18.921	20.025	13.000		5.181	0.812	7.288		5.943		30.608	16.899
乌干达	6.236	0.376	2.259	3.224	198.418	301.088	11.000		5.332	1.640	4.800		2.735		35.186	9.543
阿拉伯联合酋长国	0.365	0.013	-3.028	8.110	-1.255	3.172					6.944				110.931	17.137
英国	1.358	0.154	2.149	1.795	0.000	0.000	5.000		7.626	0.766	9.764		7.000		49.873	6.861
美国	1.588	0.108	2.193	1.979	0.000	0.000	4.000		8.135	0.273	9.979		7.000		17.046	5.272
乌拉圭	2.036	0.430	0.887	4.408	11.699	26.516	10.000		6.304	0.426	6.938		4.712		35.923	7.589
委内瑞拉	2.826	0.843	-0.776	4.695	26.885	62.964	14.000		5.254	0.900	7.106		5.093		110.931	17.137
纳米比亚	5.909	1.694	-0.776	4.695	85.435	119.817	6.000		5.653	1.336	6.669		2.257		77.325	13.388
津巴布韦	5.118	1.358	0.450	5.847	52.239	56.792	5.000		3.912	0.855	6.025		4.643		53.964	16.555

注释

1. Lin(2003)基于制造业的资本密集度与整个经济体的资本密集度之比构造了另一个指标,作为测度违背比较优势战略实施程度的代理变量。它与此处使用的代理变量高度相关,并且,利用它得到的实证分析结果与本部分报告的结果类似。但是,只有很少的国家能够提供该国制造业所用资本量的数据。因此,为了扩大所研究的国家数量,我在本部分使用的代理变量是由式(1)定义的基于制造业增加值的变量。
2. 20世纪60年代、70年代、80年代和90年代的样本数分别为86、97、107和114。
3. 表2至表4取自Lin and Liu(2004)。
4. 这些发现与Lin(2003)的结果类似,在后者中,作者用制造业的资本密集度与整个经济的资本密集度的比例来衡量TCI。Lin(2003)用两阶段最小二乘法估计了发展战略选择对经济增长的影响。在第一阶段,用TCI对衡量一个经济的要素禀赋结构的几个变量进行回归。该回归的残差被用作一个经济对遵循比较优势战略的偏离程度的代理变量。如果一个经济采取遵循比较优势的战略,则该残差值应该为0,如果采取违背比较优势的战略则不为0。第二阶段回归是一个跨国增长方程,因变量是人均真实GDP的年均增长率。结果表明,在所有方程中,发展战略的这一代理变量的符号为负且是统计显著的,符合预期。1970—1980年间发展战略对人均GDP增长率的影响大小是1980—1992年间的两倍。结果表明,如果一个发展中国家,比如印度,采取违背比较优势的战略,使得TCI为8.47,残差为3.6,那么,这个国家在1970—1992年间的人均真实GDP的年增长率将降低0.47%。
5. 对此的详述,参见Deininger and Squire(1996)。

参考文献

Deininger, K., and L. Squire. 1996. "A New Data Set Measuring Income Inequality," *World Bank Economic Review* 10 (3): 565—591.

Djankov, S. and P. Murrell. 2002. "Enterprise Restructuring in Transition: A Quantitative Survey," *Journal of Economic Literature* 40 (3): 739—792.

Dollar, D., and A. Kraay. 2003. "Institutions, Trade, and Growth," *Journal of Monetary Economics* 50 (1): 133—162.

Easterly, W., and M. Sewadeh. 2002. Global Development Network Database, http://www.worldbank.org/research/growth/GDNdata.htm

Easterly, W., and H. Yu. 2000. "Global Development Growth Network Database," Technical Report, World Bank, Washington, DC.

Fei, J., G. Ranis, and S. W. Y. Kuo. 1979. *Growth with Equity: The Taiwan Case*. New York: Oxford University Press.

Frankel, J., and D. Romer. 1999. "Does Trade Cause Growth?" *American Economic Review* 89 (June): 379—399.

Gwartney, J., and R. Lawson. 2007. *Economic Freedom of the World 2007 Annual Report*. Vancouver: Fraser Institute.

Hall, R. E., and C. Jones. 1999. "Why

Do Some Countries Produce So Much More Output per Worker than Others?" *Quarterly Journal of Economics* 114 (1): 83—116.

Kaufmann, D., and A. Kraay. 2002. "Growth without Governance," Policy Research Working Paper No. 2928, World Bank, Washington, DC.

Krugman, P., and M. Obstfeld. 1997. *International Economics: Theory and Policy*, Fourth Edition. Reading, MA: Addison-Wesley.

Lewis, W. A. 1965. *Theory of Economic Growth*. New York: Harper & Row: 376.

Li, H. Y., L. Squire, and H. Zou. 1998. "Explaining International and Intertemporal Variations in Income Inequality," *Economic Journal* 108: 26—43.

Lin, J. Y., 2003. "Development Strategy, Viability, and Economic Convergence," *Economic Development and Cultural Change* 51 (2): 276—308. (Reprinted in part in this chapter.)

Lin, J. Y., and M. Liu. 2004. "Development Strategy, Transition and Challenges of Development in Lagging Regions," China Center for Economic Research Working Paper Series 2004-2. Peking University, Beijing.

Sachs, J. D., and A. M. Warner. 2001. "The Curse of Natural Resources," *European Economic Review* 45 (4—6) (May): 827—838.

Samuelson, P. A. 1978. *The Collected Scientific Papers of Paul A. Samuelson*, edited by H. Nagasani and K. Crowley. Cambridge, MA: MIT Press.

United Nations Industrial Development Organisation. 2002. *International Year-book of Industrial Statistics*. Edward Elgar Publishing.

World Bank. Various years. *World Development Indicators*. Washington, DC: World Bank.

结语:致新结构经济学大道上的后来者[*]

新结构经济学的内涵

我首先回答一个问题:是不是在研究当中放进了结构就是新结构经济学?对这个问题我的回答是:"不是。"因为我对新结构经济学有一个明确的定义,就是用新古典的方法来研究在经济发展过程当中结构和结构演变的决定因素(包括影响劳动生产力的产业和技术结构,以及影响交易费用的基础设施和制度安排结构),并通过这些研究来理解发展中国家的经济怎样才能得到更好的发展。只有这样的研究才叫新结构经济学。如果一个研究不是研究结构是怎么决定的,是怎么演变的,也就是没有把结构内生化,那么即使在模型中放进结构,也用新古典的方法来研究结构可能产生的影响,这样的研究也不是新结构经济学。以第一代的发展经济学——结构主义为例,在其理论中发展中国家的产业结构与发达国家的产业结构也不一样,但是在模型中结构没有内生化,只是被当作外生给定的,所以,结构主义的理论模型中虽然有发达国家和发展中国家结构的差异,但是,这样的理论分析不是新结构经济学的分析。同样,即使在新近的经济学文献中,也可能有些论文以新古典的方法来研究发达国家和发展中国家的结构差异所产生的影响,但是只要结构是外生给定的,没有内生化,就不算是新结构经济学的研究。新结构经济学的研究中必须把结构内生化,也必须把结构的演化内生化。所谓内生,指的是一个变量是模型中各个决策者选择的结果,而不是决策者做选择时不可改变的参数。当然这个

---

[*] 本文改编自作者 2015 年 12 月 19 日在新结构经济学专题研讨会(冬令营)总结会上的发言。

定义是比较窄的,但是我采取这样的定义是有目的的。

新结构经济学以要素禀赋及其结构作为研究的切入点

在现代经济学文献里当然也有学者以新古典的方法来研究结构的内生化,比如有些经济学家用家庭偏好来推导出产业结构随着收入的提高而内生变化,但新结构经济学强调的是用要素禀赋及其结构来内生产业结构及其变化。为什么要用要素禀赋及其结构来内生产业结构及其变化?因为我们研究的是发展经济学,不仅要研究结构如何内生决定和演化,还要由此内生收入水平的变化。要达到这个目的,用家庭偏好则做不到,它可以说明由于收入水平变化,家庭的需求会不同,内生出产业结构的差异,但收入的变化则被外生给定,同时,在开放的经济中产品可以贸易,那就没有办法决定随着收入的增加产业结构如何演变。

以要素禀赋及其结构作为切入点来内生化产业结构,并且由此推动结构的变迁是一个比较好的方式。为什么呢?原因是发达国家要素禀赋结构和发展中国家要素禀赋结构的差异是明显的,而且在每一个时点上是给定的。我们做任何研究分析,必须以一个给定的参数作为切入点,才能去内生那个时点的其他变量。如果这个参数本身对各个决策者来说都不是给定的且不可变化的,那就不能作为切入点来内生出其他变量。每一个时点的要素禀赋是一个总量的概念,做决策的人不管是政府、企业还是家庭,都只能将其作为给定的参数,无法进行改变。

那么,是不是国际资本可以流动以后,要素禀赋给定这个假定就被推翻掉了?我认为不能推翻。虽然发达国家的资本可能往发展中国家流动,但绝对不会流动到使发达国家的人均资本和发展中国家的人均资本一样多的程度。发达国家的资本一定是有人拥有的,他在配置资源上的目的是使回报最大化。如果资本流动到发展中国家,怎样才能实现回报的最大化?一定是流向发展中国家具有比较优势的产业,也就是劳动密集型产业。所以,即便发达国家的资本拥有者愿意让资本流动到发展中国家,也不会让发展中国家的人均资本和发达国家的一样多,因为这是违反理性的。我知道现在有很多理论模型假定了国际资本可以流动以后,人均资本就不重要了;可是,这样的一个假定本身就违反了新古典经济学最基本的理性原则。实际上,即使资本可以在国际上流动,但相对于发展中国家的要素禀赋来说,这也是可以忽略的,是不可能改变发展中国家和发达国家要素禀赋结构差异的本质特性的。就像伽利略为了验证重力加速度,在比萨斜塔做实验的时候假定没有空气阻力,相对于他做实验时所用铅球的质量密度和塔顶到地面的距离而言,空气阻力所产生的效果是可以忽略不计的。我们现在从一个国家的要素禀赋及其结构出发,来研究产业技术选择,即使有国际资本的流动,也不会从根本上改变不同发展程度的国家要素禀赋结构的不同,所以,在研究产业结构时,国际资本流动对产业结构的影响可以给予舍弃,不用考虑。

此外,理论的目的是认识世界和改造世界,我们研究的是发展,很需要这个被作为分析切入点的参数。它在每一个时点上是给定的,但是随时间是可以变化的,如果不能变化,那么即使这个变量对所要解释的现象非常重要,但对改变世界来说,决策者也将是无能为力的。例如,在研究拉丁美洲和北美的发展绩效差异时,阿西莫格鲁理论模型的切入点是,四五百年前,欧洲对美洲开始殖民时,拉丁美洲天气炎热,去那里的白种人死亡率很高,白种人在那里活下来的概率非常小,所以在殖民开始的时候就要大量掠夺,形成了掠夺性的制度安排。北美天气较温和,到那里的白种人大多活了下来,在那里工作,慢慢形成了社区性的、相互帮助的、权利界定清楚的制度安排。他写了一个很严谨的理论模型把制度内生化并做了实证检验,好像很有说服力。假定他是对的,拉丁美洲的人就永远没有希望了。因为现在没有一个时光机器可以倒回到四百年前,而且还要说服上帝把拉丁美洲的天气改一改。你说有办法吗?如果没办法知道了也没用。

新结构经济学从要素禀赋及其结构作为切入点来分析,因为要素禀赋及其结构在每个时点上,对一个经济体中所有的决策者,不管是政府、企业还是家庭来说,都是给定且不能变化的,但是,随着时间的变化,资本是可以积累的,劳动力随着人口的增长也是可以变动的,这就让我们有了一个抓手,来改变要素禀赋及其结构。

以要素禀赋及其结构作为分析的切入点,不仅是因为要素禀赋及其结构在每一个时点上给定,随着时间可以变化,而且是因为此二者是经济分析中最根本的参数。经济学家分析经济问题时,无非是从收入(预算)效应和替代(相对价格)效应来分析决策者的选择。张五常先生常说他研究问题时只考虑替代效应,也就是相对价格效应。这是因为他研究的不是经济动态发展的问题,所以,他在分析经济现象时只要看替代效应就可以了。我们研究的则是经济动态发展的问题,除了替代(相对价格)效应,有时还要看收入(预算)效应。其实,除了做统计学或是经济计量之类的方法论研究,所有经济学家所提出的理论即使再复杂,到最后不是讲收入效应,就是讲替代效应如何影响决策者的选择。要素禀赋在每一个时点上决定了一个国家在这一时点上可支配的资本、劳动力和自然资源的总量,也就是这个国家在这个时点的总预算;在每个时点上要素禀赋的结构由各个要素在那个时点的相对稀缺性决定,这个相对稀缺性就决定了各个要素的相对价格(在一般均衡模型中,还需要考虑生产技术和家庭需求的特性)。所以,要素禀赋及其结构是新古典分析中的两个最基本的参数。

新结构经济学继承和发展了新古典和马克思主义经济学

新结构经济学借鉴了新古典经济学的分析方法,其思想来源则是马克思主义经济学。马克思主义经济学强调经济基础决定上层建筑,上层建筑如果不适应经济基础也会反作用于经济基础。什么是经济基础?马克思主义指的是生产的方法和方式,也就是产业的技术、资本、规模、风险等产业结构的内涵。马克思以生产方法、方式为经济基础来研究制度结构等一系列上层建筑的决定和变化,但是生产方法、方式及其变化是怎样决定的?在马克思主义经济学中这些是外生给定的,没有解释生产方法、方式的决定和变化的机制是什么,在新结构经济学中则内生决定于要素禀赋及其结构的变化。也就是说,新结构经济学是以比经济基础更基础的要素禀赋及其结构作为切入点把生产方法、方式及其上层建筑都内生化了。所以新结构经济学既继承了新古典经济学,也继承了马克思主义经济学;既发展了新古典经济学,也发展了马克思主义经济学。

为什么把结构内生化很重要?因为如果不把结构内生化,那么一个理论模型即便再漂亮,也不能真正解释经济发展现象背后的因果机制,还经常会误导改变世界的努力。回到结构主义的例子,如果把发达国家和发展中国家产业结构的差异当作外生给定,那么,就会试图用重工业优先发展或进口替代的方式直接在发展中国家采用发达国家的产业结构。同样,新自由主义把发达国家和发展中国家的制度差异当作外生给定,所以,也就会试图用休克疗法的方式要发展中国家直接去采用发达国家的制度安排。结果是好心没有好的结果。另外,像解释卢卡斯谜题一样,如果在模型中没有将产业结构内生化,而是把发达国家和发展中国家的产业结构直接当作外生给定,那么发达国家产业的资本密集度高,所需要的资本多,发展中国家产业的资本密集度低,所需要的资本少,随着发展中国家的资本积累,资本就注定会流到发达国家去。根据这种模型,除非发展中国家改为采用和发达国家一样的资本密集型产业,否则发展中国家永远赶不上发达国家。不过,如果真按照这种模型来做,结果将和原来的结构主义的政策一样。其实这样的模型并没有真正解释发展中国家资本流动的现象。实际上,发展得好的发展中国家,不仅没有资本外逃,而且有资本流入。只有发展得不好的国家,资本才会流出到发达国家。原因是发展得好的国家,随着资本的积累,产业结构不断升级到新的具有比较优势的资本更为密集的产业,资本的回报高,资本就不会外逃。如果按照结构主义去进行赶超,资本被配置到不符合比较优势的产业,那么不仅资本回报低,而且,为了保护补贴不符合比较优势的产业,就会有许多扭曲,创造了扭曲的租金和寻租的机会,寻租的不法所得就会有外逃的积极性。把产业结构内生化,才能解释在什么情况下一个发展中国家资本会流入,在什么情况下资本会外逃。

一个理论只有在根据这个理论的逻辑所做的所有推论都不被经验事实所证伪时,才能暂时被接受,经不起这个考验的理论通常是因为这个理论把内生的现象外生化了。经济学家容易做出好心干坏事的事来,一般是因为忘了所要改变的现象是内生的。

另外,要内生化就要从最根本的决定因素出发,不要把由这个最根本的因素所决定的果的中间变量作为出发点。从禅宗的语言来说,就是要从"第一义"出发来观察现象,而不要从第二义、第三义出发来观察现象。在现实世界中,一个最根本的因会产生果,这个果又会变成因,产生下一个层次的果,这个果又会变成因去产生下下个层次的果,如此因因果果生生不息。如果不是从最根本的因出发来观察世界,而是从中间的果作为因出发来观察世界,似乎也能解释现象,但是按照这种理论的政策建议来做的结果经常会事与愿违。例如,在20世纪80年代发展中国家进行经济转型前,经济效率很低,政府对市场有许多干预和扭曲,不难构建一个理论模型来说明这些干预和扭曲会导致资源错误配置和寻租行为以致经济效率低下,新自由主义就是根据这样的模型建议转型中国家按照华盛顿共识把各种干预和扭曲以"休克疗法"的方式取消掉。但是,这样的模型忽略了转型前政府的干预和扭曲是政府违反比较优势，出于保护补贴在赶超产业中缺乏自生能力的企业的需要而内生的制度安排，推行这种忽略扭曲内生性的转型方式的结果是经济的崩溃、停滞和危机不断。

然而，从最根本的决定因素出发来观察社会经济现象所构建的理论就能够逻辑自洽地解释最多现象。比如在《中国的奇迹》一书中，我以中国转型前的要素禀赋结构作为切入点讨论了中国转型前后的各种制度安排和政策措施的形成及其效果，探讨的问题很多，我自信整本书的逻辑是一以贯之的。2007年的马歇尔讲座，我以同样的切入点把观察的范畴扩大到整个发展中国家第二次世界大战以后60年的发展成败，探讨的问题更多，整个逻辑也是一以贯之的。我不仅讨论了各种扭曲及其效果，如何转型才能达到稳定和快速发展，同时还讨论了市场的作用、政府的作用、产业政策的作用，以及最优金融结构、教育结构、潮涌现象，等等。每个现象都可以写一个很严谨的数理模型，并且这些模型到最后都是可以加总的、内部逻辑自洽的，因为这些模型都是以同一个最根本的因作为出发点，所以能够形成一个逻辑自洽的理论体系。

要素禀赋及其结构内生决定了经济基础，后者又内生决定了上层建筑，遗憾的是，现在的主流经济学里，除了研究国际贸易的人在20世纪六七十年代的赫克歇尔-俄林模型里还从要素禀赋结构来解释国际贸易的产生和流向，其他的理论包括宏观经济学、金融经济学、劳动经济学等，都没有结构的概念，不区分发达国家和发展中国家。即使是国际贸易理论到了80年代转向以专业化来解释国际贸易以后，也忽视了要素禀赋及其结构的重要性。例如，现在的国际贸易以异质性企业（heterogeneity firm）来解释贸易的产生：不管在哪种发展程度的国家，每一个产业中确实都有企业异质性的现象，其中只有比较好的企业才会出口，这个我同意。但是，在一个资本相对短缺的发展中国家的资本很密集的产业里，不管企业如何优秀，也没有可能对资本相对丰裕的发达国家出口资本很密集的产品，发达国家和发展中国家的国际贸易实际上还是决定于要素禀赋结构的。克鲁格曼提出的专业化也是这样。其实克鲁格曼自己说得很清楚，专业化谈的是同一个发展程度的国家之间的贸易，不同发展程度的国家之间的贸易还是必须用赫克歇尔-俄林的理论来解释。我们研究的是发展中国家怎样逐步地趋向发达国家，需要了解发展中国家的产业结构怎样决定和演进，发展中国家怎样逐渐地变成发达国家。以要素禀赋及其结构作为切入点来研究最有说服力,而且,这个切入点可以逻辑一贯地解释最多的现象。

现代的主流经济学界由于忽视了不同发展程度的国家的产业技术和作为其上层建筑的各种结构的差异,导致按主流经济学来做政策的发展中国家没有一个成功的,我希望经由新结构经济学的努力,能够把不同发展程度国家的结构差异性引进主流经济学各个子领域的理论模型中,这样不仅发展了主流经济学,而且,能够使现代经济学真正可以帮助我们认识世界,真正帮助我们改造世界。

新结构经济学未来努力的方向

那么从目前来讲,有志于从事新结构经济学研究的朋友们所要努力的方向是什么?我想主要有两个方面的工作:一个是把新结构经济学体系中的各种理论数理模型化,另一个是用数据来检验各个数理模型的推论。新结构经济学对各种问题、现象的分析,逻辑是清晰的,所以应该都是可以模型化的,无非是有没有找到好的数学形式罢了。当然,我们要将结构引进经济学的数理模型并将其内生化,确实是不容易的。

我与王勇和鞠建东老师做的这篇论文[1]并不完美,模型中做了很多特殊假定(ad hoc assumption)。但就目前来说,可以作为新结构经济学的一个基本模型。因为至少它表达了新结构经济学最核心的观点,即不同发展程度的国家有不同的产业结构,一国在某一特定时点的产业结构是由该国在那一时点的要素禀赋结构决定的,产业结构的变化是由要素禀赋结构的变化来推动的。这个模型基本上是马歇尔的体系,即假定是信息完全的、不存在摩擦的完美世界。如果把信息不完全、有摩擦等引进来,就可以讨论政府、产业政策等在产业升级中的作用;如果再引进家庭进行储蓄提供资金,企业进行投资提供回报,以及风险和信息不对称等,就可以讨论金融的作用;等等。所以我觉得这篇文章的模型可以作为一个新结构经济学的基本模型,在此基础上来模型化新结构经济学讨论的其他问题。

但是,我觉得我们的野心也可以大一点。我们可以考虑在阿罗-德布鲁(AD)的一般均衡体系里引进要素禀赋结构以及产业和其他结构,并让产业和其他结构的决定和变化内生于要素禀赋的结构及其变化,使没有结构的AD体系成为这个更为一般的均衡体系的一个特例。我知道要引进结构并将其内生化很难。但是,阿罗当初要把从亚当·

斯密到马歇尔发展起来的新古典体系用数学很简洁地表示出来也是很难的,所以,他找了数学家德布鲁和他合作,虽然阿罗自己的数学也非常好。他们对从亚当·斯密到马歇尔的整个体系、整个机制是什么都很了解,然后他们找了一个合适的数学形式把这个体系、机制表示出来。AD一般均衡体系的一个最大的问题是没有结构,我们现在认为经济发展的表层现象是收入水平的不断提高,表层之下则是决定劳动生产率水平的产业技术结构和决定交易费用的基础设施、制度安排结构的不断变迁,而不同发展程度国家的产业、技术、基础设施和制度结构及其演变则是由要素禀赋及其结构的差异和变化所决定的,要素禀赋结构的变化又是由家庭的生育选择所决定的劳动力增减和家庭的消费及储蓄选择所决定的资本积累的相对速度所推动的。

目前,我们还没有一个在最一般的条件之下的新结构经济学的一般均衡模型,我们能暂时接受那个有很多特殊假定的模型作为基本模型,但是,最后的目标是要把这些有特殊假定的约束都放松掉,用一个数学模型表示出来。既然如此,我们就要有意识地去寻找。当年卢卡斯推动理性预期革命时就是这样。他发现凯恩斯主义的理论不能解释滞涨的现象,他对这个现象产生的原因和机制有了新的认识,必须有一个新的数学方式才能表示出来,他就去找,最后找到了贝尔曼方程。同样的道理,我们现在知道研究发展问题,结构非常重要,而且结构的决定因素和演化必须由要素禀赋结构来决定和推动。既然逻辑这么清楚,一定能用数学模型表达出来,对此我们一定要有信心。

但是,努力必须有长远目标和短期目标。长远目标到最后,当然是使AD体系变成我们提出的新的一般均衡体系的一个特例——不是推翻。在这个体系中,我们可以把不同发展程度国家的每个发展阶段的结构特征都表示出来。这个目标不是一年两年的功夫就可以实现的,也许要几十年以后才能做成。在这种状况下,我接受鞠建东老师的建议,每年应该先有五到十篇使用模型有特殊假定的理论文章和实证研究文章在杂志上发表。这是我们大家共同努力的目标。文章不用追求完美,只要逻辑上没有漏洞,即使有特殊假定也没有关系。这个认识是我在芝加哥大学学习时,我的导师舒尔茨教授跟我说的。他说,如果要等到一篇文章完美再发表,那他可能一篇也发表不了。这是他在已经拿到诺贝尔奖后讲的话。我的意思是,我们要尽力去做,有特殊假定没有关系,有时即使犯错误也没有关系,有几位拿到诺贝尔奖的经济学家,后来发现使他拿到诺贝尔奖的那篇文章的数学是有问题的。例如,詹姆斯·莫里斯(James Mirrlees)就是这样。但这并不影响他们的贡献,因为经济学理论最主要的贡献是提供新的观点,只要观点是对的、重要的,即使所用的数学有点问题,后来的学者也可以改进,但是当大家都不知道那个观点时,你先把那个观点提出来就是一个很大的贡献。

新结构经济学研究院的工作

我们的新结构经济学研究院将是一个平台,这个平台将用来推动新结构经济学理论模型的构建,研究院有几位核心的、在研究院工作的教授和研究人员,但是希望能以这个研究院搭建一个网络来联系志同道合者,推动大家一起进行合作研究。大家可以经常在研究院开会,经常来研究院交流、辩论。这是第一点。

第二,研究院应该收集尽量多的数据,以支持大家做实证检验。目前的学术规范要求在理论模型的文章里,必须至少用经验数据把特征事实描述得很清楚。一个理论模型应该有很多可检验的推论,即使没有数学模型,也可以根据因果逻辑推出许多可检验的假说,有了数据就可以做实证检验。现在学术期刊上发表的绝大多数是实证检验的文章,而不是数理模型的文章。

新结构经济学研究院还肩负有推广新结构经济学应用的任务。我深受王阳明的影响,一向是一个行动主义者:"知为行之始,行为知之成。"如果认为我们倡导的这个理论是对的,我们就要将之付诸行动,而且,行动产生的结果必须和行动前的预期一样,才能说这个理论是正确的。现在我们都在努力,运用这些理论去帮助地方政府、帮助我们国家、帮助其他发展中国家做政策,来看按照新结构经济学的理论框架所了解的结构及其变迁是由什么因素决定的,政府、企业、市场应该扮演什么角色来助推结构变迁、经济发展。如果我们能实际做出结果来展示给社会看,这样,可以让更多的人关注和接受新结构经济学,同时,这也是我们从事新结构经济学研究所要达到的目的,也就是认识世界和改造世界。如果一个理论不能改造世界,那这样的理论就是无用的理论。如果一个理论不能改造世界,通常是因为提出这个理论的学者并没有真正认识世界,这样的理论模型只是逻辑游戏。新结构经济学研究院希望成为一个实践的平台,在能力许可范围内,尽力和大家一起合作来推动实践。

在文章发表方面,我认为我们要两条腿走路,一方面,我们每年选一些主题,开一些研讨会,找一些在国际上有影响的杂志来出专刊。我发现,在学界里面看专刊的人比较多,在有影响力的杂志出版,这些文章的观点和发现大家比较容易接受。另一方面,我们应该有勇气去建模、做严谨的实证研究,直接瞄准主流的顶级杂志,接受匿名评审的考验。新结构经济学还处于新创阶段,可以做的重要题目有很多,如果我们每年能够在顶级杂志上发表五到十篇论文,这样经过五年、十年在学界已经有了影响,再出自己的杂志,学界就不会说我们是关起门来自说自话。

关于组织学会也要再过几年。这个学会的成员不能只是中国经济学家,如果朝着上面的方向去努力,十年后新结构经济学就在经济学界立住脚了。从亚当·斯密以来世界经济的中心就是世界经济学的研究中心,十几二十年后中国有可能成为世界经济的中心,在这个世界经济中心出现了新结构经济学的理论创新,这个新理论体系是做研究的金矿,国外学者也会乐于以新结构经济学的视角来做研究,那时研究新结构经济学的就不会只有中国经济学家了,届时再成立学会也就水到渠成。目前可以把成立学会作为目标,尽量去建立同盟,鼓励更多的经济学家参与新结构经济学的研究。

新结构经济学与诺贝尔经济学奖

一直有很多人提及诺贝尔经济学奖的问题,我相信新结构经济学应该得诺奖。我相信不仅是新结构经济学应该得诺奖,新结构经济学衍生出来的很多领域也应该得诺奖。首先,最优金融结构理论,这是在现有的金融理论里面所没有的,最优金融结构理论可以解决发展中国家广大的农户、微小中型企业的金融问题。过去的金融理论都建议发展中国家按发达国家的金融安排来发展其金融体系,这解决不了发展中国家广大的农户、微小中型企业的融资需求,导致这些国家经济发展不好,贫困问题不能解决。虽然孟加拉国出现了小额贷款,但是小额贷款是出于人道主义,贷款金额太小,不能解决发展问题。金融存在的目的是为实体经济服务,不同发展阶段的实体经济,它的资本需求和风险特性不一样,合适的金融安排当然也不一样。我觉得这是一个诺奖的题目。其次,潮涌理论,它对现有的宏观货币政策、财政政策有很多新的思考,是对现有的主流宏观理论的扩展,使宏观理论和发展中国家的宏观现象能够进行比较好的结合,这样的理论能够帮助发展中国家实现经济的稳定发展。这也是诺奖的题目。接下来是超越凯恩斯主义，目前的宏观经济理论是周期理论，发展中国家的政府可以把应对周期和促进增长的政策结合在一起考虑，对财政政策、货币政策都有新的洞见。这也是诺奖的题目。

我们要努力，不要醒得早，起得晚。这些题目都是我常讲的，从要素禀赋及其结构出发，内生决定产业、技术结构和基础设施及制度结构，随着要素禀赋结构的变化，这些结构都会变化；在结构演变过程中，都会对人力资本、金融、宏观的作用有许多新的认识和政策思考，这些题目都能够有严谨的数学模型和实证检验。

我相信沿着新结构经济学的方向去做研究，可能得到的不是一个诺奖，而是三个、五个，甚至是十个诺奖。但是我知道不会是我得到，肯定是在你们这一代或是在你们下一代。如果你们努力的话就是在你们这一代，要不然就是在下一代。这是很显然的，因为我知道诺奖的评审过程。每年诺奖的评审过程都是由诺奖委员会邀请大约1 500名著名的经济学家做推荐人，这1 500名经济学家包括北欧四国经济相关院系的正教授、先前诺奖的获得者，再加上国际主流经济学界有影响力的经济学家。我了解到这1 500名经济学家中有一半会推荐自己，因为有名的经济学家通常都觉得自己的贡献很大；有一半会推荐其他人，被推荐的人中相对比较集中的也就只能得到十几二十个人的推荐。被别人推荐的，推荐他的通常是自己的学生。即使得到十几二十票，进入了前五名，也不是第一次进去就可以获奖，通常要连续几年才有机会。

那么，中国经济学家要得诺奖，前提条件是什么？我们不是北欧四国，我们现在也没有人得诺奖，所以，中国经济学家要得到诺奖，必须先教出50名能够进入国际排名前1 500名的经济学家来。这不容易，因为现在所有的顶尖杂志都是由西方主流经济学家所控制的。我们现在关心的问题是为什么难发表。因为目前的主流经济学家不了解发展中国家的现象，所以就要花很多时间去解释。如果我们写的论文是沿着他们的话语体系，按照他们的思路去写他们关心的问题，这样就相对容易发表。沿着新结构经济学的新的理论体系写，他们总是半信半疑，而且也不认为这些问题有多重要。所以，即使现在有100个、200个经济学家沿着新结构经济学的理论框架来做研究，要有50人进入国际前1 500名大概也很难。

既然不可能得诺奖，那我为什么还那么努力呢？

作为一名学者,首先,我还希望给经济学界引进一个新的视角,就是结构的视角。因为现代的主流经济学理论基本上没有结构,最近开始有人关注结构问题,但是还是很少。绝大多数的主流经济理论和模型还是没有结构,所以无法区别发展中国家和发达国家。我希望经济学界在研究经济问题时,大家先天地就会考虑到发展中国家和发达国家的结构差异。我希望给经济学界带进这个新的视角。

有了这个视角后,我还希望为经济学家在研究结构时带进一个切入点。我刚才讲了,很多带有结构的模型是以更根本的因所决定的果作为研究的前提的,这样的结构模型并不能帮助我们真正地认识世界和改造世界。我希望经济学家在研究结构问题时能够以要素禀赋及其结构作为切入点。我很确信要素禀赋及其结构是各种结构的最根本的决定因素。马克思主义所说的经济基础已经够根本的了,但是马克思主义并没有讲生产方法、方式的决定因素是什么,其决定的机制如何,也就是没有把生产方法、方式内生化,只说是生产力演化的自然结果。以要素禀赋及其结构作为切入点可以把生产方法、方式内生化,而且,要素禀赋及其结构自身的变化机制也是清楚的。

接下来,我希望给经济学理论体系留下一个概念——企业的自生能力。企业的自生能力指的是一个正常管理的企业在开放竞争的市场环境中获得社会可接受的利润率的能力。我希望企业的自生能力能够变成经济学家讨论问题时的一个通用概念。我从出版《中国的奇迹》一书以后,讨论的发展和转型问题很多,之所以能够自成体系、一以贯之,而且讨论问题时能够很快抓住问题的核心,是因为我脑子里有一个企业自生能力的概念。有了这一概念,就容易找到现实世界中许多现象的微观基础,知道那些制度或扭曲是不是内生的,那些政策变动是不是会有预期的效果。企业的自生能力实际上是整个新结构经济学理论体系的微观基础。

最后,我有一个愿望。我希望经济学的理论能够帮助所有发展中国家发展经济,消除贫困,实现共享和繁荣。以现有的主流的经济学理论来说明发展中国家的问题似乎头头是道,但是,第二次世界大战以来尚无根据主流经济学的理论制定政策而取得成功的发展中国家,少数几个在发展和转型过程中取得成功的国家和经济体的主要政策在推行时,从现有的主流理论来看都是错误的。我希望经济学理论有一天不仅能够作为批评的利器来说明发展中国家的问题,而且,更重要的是,也能够作为解决问题,推动发展中国家社会经济繁荣、共享的指南针。

我希望一个视角、一个切入点、一个概念、一个愿望能够成为经济学界的共识和共同努力的目标,如果这个目标能够实现,我便心满意足。

注释

1. Ju, Jiandong, Justin Lin, and Yong Wang. 2015. "Endowment Structures, Industrial Dynamics, and Economic Growth," *Journal of Monetary Economics* 76(C):244—263.